Heine-Jahrbuch 2024

Sabine Brenner-Wilczek (Hrsg.)
Heinrich-Heine-Institut der Landeshauptstadt Düsseldorf

63. Jahrgang

1682 J.B. METZLER

Anschrift der Herausgeberin:
Sabine Brenner-Wilczek
Heinrich-Heine-Institut
Düsseldorf, Deutschland

Redaktion: Martin Willems
Herausgegeben in Verbindung mit der
Heinrich-Heine-Gesellschaft

ISSN 0073-1692   ISSN 2628-5312   (electronic)
Heine-Jahrbuch
ISBN 978-3-662-70168-3   ISBN 978-3-662-70169-0   (eBook)
https://doi.org/10.1007/978-3-662-70169-0

Die Deutsche Nationalbibliothek verzeichnet diese Publikation in der Deutschen Nationalbibliografie; detaillierte bibliografische Daten sind im Internet über https://portal.dnb.de abrufbar.

Einbandgestaltung: Willy Löffelhardt

Planung/Lektorat: Oliver Schuetze

J.B. Metzler ist ein Imprint der eingetragenen Gesellschaft Springer-Verlag GmbH, DE und ist ein Teil von Springer Nature.
Die Anschrift der Gesellschaft ist: Heidelberger Platz 3, 14197 Berlin, Germany

Wenn Sie dieses Produkt entsorgen, geben Sie das Papier bitte zum Recycling.

Inhaltsverzeichnis

Siglen

B   Heinrich Heine: Sämtliche Schriften. Hrsg. v. Klaus
Briegleb. Bd. 1–6. München 1968–1976.

DHA   Heinrich Heine: Historisch-kritische Gesamtausgabe der
Werke. In Verbindung mit dem Heinrich-Heine-Institut
hrsg. v. Manfred Windfuhr im Auftrag der Landeshauptstadt Düsseldorf. Bd. 1–16. Hamburg 1973–1997.

Galley/Estermann Heinrich Heines Werk im Urteil seiner Zeitgenossen.
Hrsg. v. Eberhard Galley und Alfred Estermann.
Bd. 1–6. Hamburg 1981–1992.

Goltschnigg/Steinecke Heine und die Nachwelt. Geschichte seiner Wirkung in
den deutschsprachigen Ländern. Texte und Kontexte,
Analysen und Kommentare. Hrsg. v. Dietmar
Goltschnigg und Hartmut Steinecke. Bd. 1–3. Berlin
2006–2011.

HJb   Heine-Jahrbuch. Hrsg. vom Heinrich-Heine-Institut
Düsseldorf (bis 1973: Heine-Archiv Düsseldorf) in
Verbindung mit der Heinrich-Heine-Gesellschaft. Jg.
1–32 Hamburg 1962–1994; Jg. 33 ff. Stuttgart, Weimar
1995–2019; Jg. 59 ff. Berlin, Heidelberg 2020 –.

Höhn   Gerhard Höhn: Heine-Handbuch. Zeit, Person, Werk.
Stuttgart, Weimar [1]1987, [2]1997, [3]2004.

auf der Horst/Singh Heinrich Heines Werk im Urteil seiner Zeitgenossen.
Begründet v. Eberhard Galley und Alfred Estermann.
Hrsg. v. Christoph auf der Horst und Sikander Singh.
Bd. 7–13. Stuttgart, Weimar 2002–2006.

HSA   Heinrich Heine: Werke, Briefwechsel, Lebenszeugnisse.
                               Säkularausgabe. Hrsg. v. den Nationalen Forschungs-
                               und Gedenkstätten der klassischen deutschen Literatur in
                               Weimar (seit 1991: Stiftung Weimarer Klassik) und dem
                               Centre National de la Recherche Scientifique in Paris.
                               Bd. 1–27. Berlin, Paris 1970 ff.

Mende   Fritz Mende: Heinrich Heine. Chronik seines Lebens
                               und Werkes. 2. bearb. u. erw. Aufl. Stuttgart, Berlin,
                               Köln, Mainz 1981.

Werner/Houben   Begegnungen mit Heine. Berichte der Zeitgenossen.
                               Hrsg. v. Michael Werner in Fortführung v. H. H.
                               Houbens „Gespräche mit Heine". Bd. 1, 2. Hamburg
                               1973.

Aufsätze

Vom poetischen Großoheim zum erdichteten Onkel
Heines Poetisierungen zweier Familienmitglieder als literarische Verlautbarung in immer auch autobiographischen Berichten über seine mütterliche und väterliche Familie

Joseph A. Kruse

1. Plädoyer zugunsten von Heines poetisierten Verwandten-Darstellungen

Es ist längst aus der Mode gekommen, sich in literaturwissenschaftlichen Überlegungen, und selbst bei der Beschäftigung mit autobiographischen Werken einschlägiger Provenienz, ohne jedes schlechte Gewissen unentwegt um Herkunft und Verwandtschaft, Familienverhältnisse und Generationenfolgen, Begabungsüberschneidungen und spezielle Traditionen allzu viel Gedanken zu machen. Zwar zählt die kreative Person unbedingt, aber ihr veröffentlichter oder überlieferter Text ist vorrangig zu beachten beziehungsweise zu erforschen – und beides, Schreibaktion wie deren Ergebnis, meist als Druck-Erzeugnis oder Publikation, sollen höchstens in ihrer verzwickten Abhängigkeit voneinander verstanden werden, also weder ohne real relevante beziehungsgeschichtliche Irrfahrten noch interpretatorisch allzu spekulative Nebenwege. Wobei das Letztere am ehesten Gnade findet. Denn ein Publikum auf der Lauer mag in der Tat seine Tücken, aber auch die unverbildete Erwartung besitzen. Gelegentlich hat besonders das Feuilleton dessen unberechenbare Interessen immer noch im Auge. Doch die Kriterien der Literaturkritik regieren mit harter Hand. Die früher geradezu sklavisch vorherrschende Herkunfts-, Korrelations- oder Vergleichbarkeitsdebatte in Bezug auf Eltern, Ehe, Kind und Kegel wird darum gern als überflüssige und vom Thema ablenkende privatisierende Neugier abgestempelt.

Das muss jedoch in manchen Fällen aus unterschiedlichen Gründen durchaus nicht sein, wenn der künstlerische sprich literarische Gegenstand aufgrund eigener

J. A. Kruse (✉)
Berlin, Deutschland
E-Mail: josephantonkruse@googlemail.com

© Der/die Herausgeber bzw. der/die Autor(en), exklusiv lizenziert an Springer-Verlag GmbH, DE, ein Teil von Springer Nature 2024
S. Brenner-Wilczek, *Heine-Jahrbuch 2024*, Heine-Jahrbuch,
https://doi.org/10.1007/978-3-662-70169-0_1

waghalsiger Gerüchte und krankhaft-erlogener Behauptungen geradezu nach Informationen schreit, wie zum Beispiel die jüngst erschienene, in jedem Sinne
große Biographie über den Expressionisten Paul Zech (1881–1946) unter Beweis
gestellt hat. Dieser literarisch hochinteressante Hallodri mit seinen sogar rhei-
nisch-bergischen Bezugnahmen, der unter anderem zu den Ehren eines Beitrags
der positiven Heine-Nachwirkung gelangte und somit unserem Dichter auch im
argentinischen Exil einen gebührenden Platz einzuräumen versuchte, er und sein
Werk wären ohne eine ebenso sachliche wie praktische Aufdeckung der familiären
und personellen, oft genug seiner begabten Phantasie entsprungenen kruden Verflechtungen überhaupt nicht zu begreifen.[1]

Auch in unserem Falle wird aus gewissermaßen institutionellen, da einigen
Heine-Gedenk- wie Forschungsstätten genuin zugehörigen wie verpflichte-
ten sprich archivisch-bibliothekarisch-musealen Beweggründen, für eine Zick-
zack-Betrachtung in literarhistorischen Zusammenhängen mit biographischen
Bezügen gerade beim Exempel dieses Dichters plädiert. Dabei ist von vornherein
festzuhalten, dass Heine sehr viel wahrhaftiger mit seiner veröffentlichten Lebensgeschichte umgeht, sogar eine erstaunliche Genauigkeit aufweist, die einer quel-
lenmäßigen Nachprüfung standhält, selbst wenn er sich nicht ohne einige Retu-
schen oder vage Botschaften der Öffentlichkeit überantwortet: Sein endlich nur
dem einvernehmlichen Urteil der Heine-Philologie zu verdankendes Geburtsjahr
legt davon Zeugnis ab. Insofern kann er nach wie vor voller Recht und mit zahlreichen Gründen, wie Manfred Windfuhr, Herausgeber der Düsseldorfer Heine-Ausgabe (1973–1997), es im Titel von eigenen Heine-Beiträgen aus vier Jahrzehnten
zum inzwischen selbst Geschichte gewordenen 200. Dichter-Geburtstag getan hat,
insgesamt als bleibendes „Rätsel" charakterisiert werden.[2]

Auch wenn Geschlechter-Berichte im nicht fiktionalen, nämlich realen Sinn
grundsätzlich und auch gemäß wechselnder Deutungs-Variationen nur sehr be-
dingt eine Rolle spielen, ähnlich viel oder wenig wie die oft und immer wieder
wabernden Interessen an der Aufdeckung so beliebt gewesener persönlich-eroti-
scher Verhältnisse und Gestalten, was vor einem halben Jahrhundert bereits von
Jost Hermand in Bezug auf Heines autobiographisches Reisebild „Ideen. Das
Buch Le Grand" als „aus den dumpfen Bereichen positivistischer Unterrocks-
schnüffeleien" stammend gegeißelt wurde[3], bleiben solche Botschaften aber dennoch häufig genug und genauso oft von überraschender Berechtigung, will sagen
von unbedingt erforderlichem Erkenntnis-Gewinn. Zum Verständnis der Autorschaft und des Werks gehört offenbar nach wie vor wenigstens eine gewisse Ein-
bettung in Vor- wie Nachgeschichte von Herkunft, Verwandtschaft, sozialem Status und Schaffensbedingungen der zu behandelnden Persönlichkeit dazu. All das
bietet tatsächlich eine nicht unwesentliche Hilfe bei interpretatorischer und psy-
chologischer Bemühung an. Gewisse Wesenszüge wie Text-Beschaffenheiten sind
einfach besser durch das Geflecht aus Familie, Erziehung und Umwelt, ja selbst
durch die Nachwirkung zu deuten, die zusammengenommen ein ganzes sozial-po-
litisches Feld bilden, das es zu bestellen gilt. Dies jedenfalls ist besser und führt zu
nützlicheren Ergebnissen, als wenn solche familiären Herkunfts-Kombinationen
einfach ignoriert würden. Man kann beruhigt den landläufigen Spruchweisheiten

folgen: Von Nichts kommt Nichts! Dabei sei von vornherein auf die durch und durch historischen Verhältnisse hingewiesen, über die es hier nachzusinnen gilt. Denn nichts im Verlauf der Zeit bleibt sich gleich, nicht einmal die früher so festgeschriebene Struktur von Familie und Ehe, Eltern- wie Verwandtschaft und die damit einhergehende Aufzucht einer nächsten Generation von Kindern oder deren Geschlechtszugehörigkeit. Allein die einschneidenden Veränderungen in dieser zwar nie als nur unbestritten ehrwürdig eingeschätzten, sondern häufig fragilen Institution, die sich allerdings in den letzten Jahren gewaltig im öffentlich-rechtlichen Bereich wie im weiten Bewusstsein der Bevölkerung weltweit ergeben und radikal gewandelt haben, senden ein Signal zugunsten stets anzuwendender Vorsicht bei der Beurteilung solch angeblich stabilen sozialen Erbes, als gäbe es immer schon und inzwischen besonders keine nennenswerten grundlegenden Verwerfungen.

2. „Wahlverwandtschaften" allüberall und jederzeit

Manche in unserem Fall quasi aus offizieller Verpflichtung erwachsenen Fragen haben jedenfalls zum eigenen Erstaunen bei der Sucht und Suche nach in mehrfachem Sinne als ‚genealogische' Erklärungen zu bezeichnenden Antworten letztendlich immer auch zeitgenössische wie nachgeborene und der Lektüre nicht abgeneigte Menschen unter dem Publikum interessiert, die sich mit völlig anderen Lebens- oder Berufsproblemen herumzuschlagen hatten. Sie vermochten ihre eigenen speziellen Fragen wie in einem Spiegel genau in den Werken der Literatur aus allen möglichen Epochen und Weltgegenden unter anderem eben auch wegen der speziellen Beschaffenheiten ihrer ‚Meisterinnen' und ‚Meister' wiederzuentdecken und sich daran zu messen. Das wird zweifellos immer so bleiben. Solche Aspekte gehören unweigerlich zur stets nachgefragten magischen Aura jeglicher Kunst hinzu. Und Heines Leben, Werk und Wirkung bilden dafür eines der herausragenden Beispiele. Sein Schreibansatz ist ohne seine autobiographischen Verweise gar nicht zu begreifen. Da steht er nicht allein: In der Weltliteratur aller Zeiten, Länder oder Gegenden wimmelt es geradezu von thematisch sich immer auch als Befreiungsschriften über familiäre Konstellationen, Anregungen wie Verwundungen zu lesende Werke. Dabei mag selbst der Roman „Die Wahlverwandtschaften" von 1809, „das undurchdringlichste und vielleicht vieldeutigste Buch, das Goethe geschrieben hat"[4], über manche verborgen gehaltenen familiären Geheimnisse, den warnend vieldeutigen Hinweis auf die nur schwer zu steuernde Macht familiärer Abhängigkeit samt allen damit verwobenen seelischen und körperlichen Verquickungen liefern. Allerdings hat sich obendrein der Horizont unserer Betrachtungsweise inzwischen längst erweitert: vom einzelnen philologischen Fach etwa zu kulturwissenschaftlichen Fragestellungen, wobei ungemein viele teils nachbarliche, teils von weither kommende Disziplinen auch für das früher oft ‚unschuldig' hagiographische Modell der Lebensbeschreibung ihre jeweils relevanten Rollen zu spielen haben und zu dechiffrierend verfeinerten Sichtweisen zu verhelfen vermögen. Man denke zum Beispiel daran, dass Sigmund Freud (1856–1939) genau in Heines Sterbejahr geboren wurde und auf seine spezielle Weise dessen spektakuläres ebenso poetisches wie politisches Engagement erfolgreich auf das Gebiet der Seelenerkundung sprich Psychoanalyse weiterzuführen, ja zumal in den Beobachtungen „Der Witz und seine Beziehung zum Unbewußten" (1905), seinerseits zu würdigen verstand.[5]

Erörterungen im oben angesprochenen Sinn erweisen sich also bei der Einschätzung jedes Menschen als hilfreich: Ob jemand seine jeweilig kulturelle und familiäre Herkunft einfach leugnet oder verleumdet, wie es sozusagen Heines französischer Vorgänger auf dem weiten Felde der ebenso kritischen und, noch einmal sei auf diese besondere Begabung verwiesen, nämlich witzigen Aufklärung, der ebenso vielseitig kämpferische wie charakterlich überraschend feinfühlige – und das trotz ewiger Streitigkeiten – große Voltaire (1694–1778) ausdrücklich getan hat. Geboren wurde er als François-Marie Arouet in Paris und ist dort, nach manchen anderen Stationen, auch gestorben. Seit 1719 trat er als Voltaire beziehungsweise de Voltaire hervor.[6] Mit ihm besitzt der ein knappes Jahrhundert jüngere Heinrich Heine (geboren 1797 in Düsseldorf und gestorben 1856 in Paris) nach Auftreten wie Wirkung zweifellos manche Ähnlichkeiten, geradezu eine schon früh und dann oft betonte „Verwandtschaft".[7] Ja, Heine selbst spricht mit folgender „Selbstdefinition"[8] nicht ohne Ironie über sich als „arme deutsche Nachtigall, die ihr Nest in der Perücke Voltaires gebaut hat".[9] Dies bezieht sich auf die souveräne Sicht und jenes auf elegant scharfsinnige Weise gegen jeden Stachel der Anpassung gerichtete Element der Literatur beider wahrhaft überragender Gestalten. Es gilt jedoch genauso für das Empfinden angegriffener Gesundheit wie für den trotzdem immensen Fleiß. Beide waren jeweils „der krankste von Euch allen" (DHA VIII/I, 80)[10], wie Heine das ausdrückt, und dennoch um Freundschaften ebenso bemüht wie um Liebschaften. Regelmäßige Umzüge gehörten beinahe für beide zum Lebenselixier. Beide waren schon zu ihrer Zeit berühmt und geradezu besessen von ihrer ursprünglichen Heimat, dabei jahrelang im von ihnen trotz aller Erfolge so empfundenen ‚Exil' zuhause: Voltaire aus Paris unter anderem etwa in Potsdam und Genf, Heine aus Deutschland ein Vierteljahrhundert in der französischen Hauptstadt. Beide verließen sich auf Finanzspekulationen und beide führten Erbschaftsprozesse, Voltaire mit seinem älteren Bruder, Heine mit seinem Vetter Carl. Vor allem aber die uneigennützig-heroische wie positive Seite! Beide ließen sich niemals schrecken oder mundtot machen: Voltaire nicht in der Affäre Calas, ausgelöst durch ein aus Vorurteilen eminent falsches Todesurteil rechthaberischer Richter in Toulouse, und Heine nicht durch das Verbot des Jungen Deutschland, wodurch beide zeitversetzt der jeweiligen staatlichen Obrigkeit berechtigten und nachhaltigen Widerstand entgegensetzten.

Was ist durch Nähe oder Distanz zur Familie gewonnen oder verloren? Voltaire stellt die abrupte Abkehr dar und ein durch sich selbst komplett verselbständigtes Beispiel extremer Familienferne, Heine dagegen bietet sich an als ein gegenteiliges Exempel von dankbarer Nähe, freilich genauso der schonungslosen, auch literarischen, Auseinandersetzung oder des gar erbittert öffentlich ausgetragenen Erbschaftsstreits nach dem Tode seines Onkels Salomon, wie Voltaire ihn wegen seines Bruders führt. Denn es ist keineswegs gleichgültig, ob jemand seine Familie ernst nimmt, sie liebt und einige Personen darunter von Fall zu Fall auch ablehnt oder gar hasst und sie im Werk beschreibt und ihnen ihre je sich wandelnde Rolle zuweist, sodass alles in allem von einer überwältigenden Fülle enger ‚Familiarität' gesprochen werden kann, oder ob jemand sich völlig von seinen Wurzeln löst. Voltaire stellte als Tragödien-Dichter einmal nicht ohne abgehobene Arroganz fest: „Wer seinem Lande gute Dienste leistet, braucht keine Vorfahren".[11] Er erfand sich seinen Namen und scheute, um sich von der durchaus respektablen Familie Arouet abzusetzen, unter anderem nicht einmal die Verwendung anrüchiger Gerüchte über seine früh verstorbene Mutter. Der Rest der Verwandtschaft, vor allem der Bruder, doch mit Ausnahme seiner geliebten Schwester samt der verwaisten zwei Nichten, verschwand mehr oder weniger völlig von der Bildfläche und wurde, außer wiederum bei einer der Nichten, Madame Denis, in seinem Verhältnis mit ihr von seltsamem Nebengeschmack, eigensinnig ad acta gelegt. Heine, sein späterer deutsch-französischer Adept aus einer jüdischen und somit Außenseiter-Familie, bildet in Hinsicht auf ein familiäres Bewusstsein, wie gesagt, das genaue Gegenteil. Die besonders hervorzuhebende Anhänglichkeit an seine Mutter Betty und seine einzige Schwester Charlotte in Hamburg sowie deren Kinder, besonders die Nichten, allerdings weniger an die beiden Brüder Gustav in Wien und Maximilian in St. Petersburg, könnte man trotz mancher Einschränkungen als geradezu sprichwörtlich bezeichnen.[12]

Voltaire und Heine besaßen eine gemeinsame Eigenschaft, die bereits angesprochene Begabung zur Freundschaft, was denn auch immer so etwas wie die ‚freie Wahl' von Vertrauten als Ausgleich zu den Anverwandten darstellt. Dennoch bleibt zu betonen, dass gerade poetische Erfindungen oder literarische Struktureingriffe bei Angehörigen und Verwandten, zumal bei Heine, zu seiner schon früh geübten Selbstdarstellung oder einer, wie vor Jahrzehnten in der Heine-Forschung von Michael Werner schon so bezeichneten, „Imagepflege" geführt haben.[13] Eine direkte Veränderung erfuhr allerdings nur sein ursprünglicher Vorname Harry zu Heinrich bei der protestantischen Taufe am Ende seines Jurastudiums, was schließlich für den ‚französischen' Heine gelegentlich die schlichte Übersetzung ins Französische als Henri sowie der eigenständigen Aussprache des Hausnamens „M' Enri Enn" oder, „zusammen gezogen", wie Heine bemerkt, einfach „Enrienne" nach sich zog; darüber zeigt sich unser Dichter selber besorgt-belustigt durch die Verkündung vor allem der Verwandlung zum reinen Nichts in der Verballhornung als „M' Un rien". (DHA XV, 84)[14] Der deutsche Hausname dagegen gehörte in dieser Form schon nicht mehr zu etwa jenen auffällig stigmatisierten Signalen, wie sie oftmals in der christlichen Mehrheitsgesellschaft Mitglieder der jüdischen Bevölkerung trugen oder weiterhin tragen. Den Aufstieg in adelige Verhältnisse, wie es dem für finanzielle Dinge hoch begabten und für die höheren europäischen Stände unglaublich interessierten Voltaire in geradezu widersprüchlicher Weise gelang, gänzlich gegen die späteren Prinzipien der von ihm ideell mit vorbereiteten großen Französischen Revolution, geschah seinem deutsch-jüdisch-französischen Abbild alles in allem trotz seiner formulierten Vorbehalte und bedauerlichen gesundheitlichen Lage denn auch nicht gerade ‚armen

Poeten' Heine zumindest innerhalb der eigenen engsten Familie in erstaunlicher Weise ebenso.[15] Und was das anging, hatte in Titellust und übersteigertem gesellschaftlichen Anspruch und Geltungsdrang der Großoheim ebenso erfindungs- wie listenreich unbedenklich die Nase vorn.

3. „Solidarität der Generazionen" und deren „Familienlegenden"

Schon der ersten Heine-Biographie gelingt, was die bedingungslose Zusammenschau von Verwandtschaft und Einzelperson angeht, ein Meisterstück, da sie gleichzeitig sachlich und maßvoll bleibt. Der frühe Heine-Forscher Adolf Strodtmann (1829–1879) mit manch vormärzlich vergleichbaren Exilerfahrungen ist in dieser Hinsicht tatsächlich zu loben, obgleich er später durch sein Nationalgefühl anlässlich des Deutsch-Französischen Krieges von 1870/71 mit seinen gesamtdeutschen Kaiserreichfolgen durch patriotisches Verhalten seinem Autor krass widerspricht. Am Ende fällt er gar durch antifranzösische Verse und Berichte aus dem Rahmen. Solche Sündenfälle sind leider in manchen Lebensläufen und vielerorts zu beklagen. Verständlich, dass Salomon Heines französische Schwiegertochter Cécile geb. Furtado in Hamburg, ohne darauf Bezug zu nehmen oder vielleicht überhaupt von der keimenden Heine-Philologie intensiv gewusst zu haben, genau das Gegenteil für das „langsam" verkommende „Landhaus der Schwiegereltern in Ottensen"[16] an der Elbchaussee mit deutlich antideutschem Anspruch für sich in Anspruch nimmt. Doch zurück zu Strodtmann: Durch dessen Sinneswandel werden trotz allem seine eigentlichen Verdienste nicht gänzlich zunichtegemacht. Denn ihm ist immerhin die erste offizielle, vom Dichter selbst erhoffte und vorbereitete Heine-Gesamtausgabe des Hoffmann-und-Campe-Verlags in Hamburg zu verdanken (1861–1866; 1869 sowie 1884 [der letzte Band mit dem „Memoiren"-Fragment hrsg. von Eduard Engel]) und nach kleinen Vorboten als Gefolge solcher intimen Kenntnis die zweibändige Lebens- und Werk-Beschreibung Heines (zuerst Berlin 1867–1869; verbessert 1873–1874; 3. Aufl. Hamburg 1884)[17], in der er bereits ganz zu Anfang das Hohelied von dessen zwei hier in Sonderheit in Rede stehenden Verwandten der väterlichen wie mütterlichen Seite singt. Dabei folgt er nicht etwa einem der unterschiedlichen Generation nach in Betracht zu ziehenden Lebensalter, sondern widmet schlicht der durch den Vatersnamen bestimmten Reihenfolge der Heine'schen Herkunft als erstes seine Aufmerksamkeit. Er hebt nämlich zunächst den ‚Millionärsonkel' Salomon Heine (1767–1844) aus Hamburg, den jüngeren Bruder des Dichtervaters, hervor, um dann erst den Orientreisenden, den älteren Bruder von Heines mütterlichem Großvater, dem ‚Judendoktor' Gottschalk van Geldern, eben Heines ‚Großoheim', wie früher hauptsächlich die männlich-mütterlichen Geschwister (oder die Verwandten solcher direkt matriarchalischen Seite) genannt wurden, namens Simon van Geldern (1720–1788) oder erhabener: „Der Chevalier von Geldern"[18], in sachlich gebührender

Weise einzuflechten.[19] Dabei ist dessen Gestalt erst ein Lustrum nach Strodtmann durch Heines „Memoiren"-Fragment recht eigentlich wiederbelebt worden.

Damit folgte der Biograph im Übrigen ganz der vom Dichter in seinen Verlautbarungen selbst vorgenommenen Weise einer Betrachtung „der Solidarität der Generazionen", was gerade die in Rede stehenden Familienmitglieder betrifft. Denn er sprach zwar stets, wie die „böswilligsten Insinuazionen" seiner Feinde zu Unrecht als Folge etwaiger „eiteln Hintergedanken" in die Welt gesetzt hätten, „sehr viel von meiner mütterlichen Familie, aber gar nichts von meinen väterlichen Sippen und Magen", was mit selbstbewusster Geste in umgekehrter Weise „auch meinem seligen Collegen, Wolfgang Goethe" vorgeworfen worden sei. Das aber geschah bei Heine allein aus landschaftlichen Gründen seines Geburtsorts Düsseldorf, wo ihm verständlicherweise mehr über die mütterlich-rheinische als über die väterlich-norddeutsche Familie aus der ‚Fremde' durch die ortsansässigen „weiblichen Barden" mütterlicherseits vorgesungen wurde, „die der jungen Brut tagtäglich die alten Familienlegenden mit epischer Monotonie" vortrugen, „während sie die obligate Dudelsackbegleitung durch das Schnarren ihrer Nasen ersetzten." (DHA XV, 74) Treffend ironischer hätte vom todkranken Autor die damals übliche familiäre Überlieferung nicht karikiert werden können. Doch die literarisch-poetischen Texte Heines, auch das muss gesagt sein, gelten, trotz früher autobiographischer Bemühungen, erstaunlicherweise bei unseren beiden Beispielen zunächst von Beginn an eher dem Onkel und erst im späten, posthum 1884, und somit auch nach Strodtmanns Tod, veröffentlichten „Memoiren"-Fragment seinem Großoheim. Letzterer ist sozusagen damit der nachträglich gewürdigte Fluchtpunkt eines ebenfalls ‚abenteuerlich'-außergewöhnlichen Lebens.

Und so viel soll noch als nicht weiter überraschendes Ergebnis bei den im Folgenden genannten vielen Namen vermerkt sein, was die lebendige biographische Heine-Literatur in der Nachfolge Strodtmanns angeht: Ohne Großoheim und besonders den Onkel kommt sie niemals aus, setzt aber jeweils verschiedene erzählerische oder wertende Akzente. Verständlicherweise findet der Großoheim immer seine poetische Rolle als Anreger und Vorbild, der Onkel dagegen muss – freilich oft genug nicht ohne respektvolle Anerkennung – den teilweise verständnislosen oder hochmütigen Widerpart übernehmen. Seien es nach der Forschungsüberlieferung in nicht unbedingt strikter zeitlicher Folge Gustav Karpeles, Max Brod, Ludwig Marcuse, Carl Brinitzer, Eberhard Galley, Siegbert S. Prawer, Manfred Windfuhr, Jost Hermand, Jeffrey L. Sammons, Fritz J. Raddatz, Lew Kopelew, Wolfgang Hädecke, Klaus Briegleb, Gerhard Höhn, Jan-Christoph Hauschild und Michael Werner, Edda Ziegler, Bernd Kortländer, Kerstin Decker, Christian Liedtke oder Rolf Hosfeld, um aus der Fülle der Monographien bis heute wenigstens einige wichtige Namen zu nennen (wobei in der hier zur Debatte stehenden Reihe das weibliche Element, das ansonsten in der Heine-Forschung durchaus eine wichtige Rolle spielt, nurmehr spärlich vertreten ist). Alle stehen mehr oder weniger, ob unausgesprochen oder es betonend, vor dem Phänomen einer offenbar im jüdischen Kontext besonders verpflichtenden Familienhistorie von Enge wie Nähe, die ihrerseits eine Besonderheit darstellt im unbedingt verantwortungsvollen, endlosen Zusammenhang und im dennoch allüberall zeitabhängigen Wandel

familiärer Strukturen. Denn auch unsere Stellungnahmen im Laufe der Zeit unterliegen selber einem Wechsel in Wahrnehmung wie Gewichtung von inzwischen
veränderten und gelegentlich nur noch relativen Verflechtungen jener Urerlebnisse
von ‚Sippen und Magen‘. Das ist eine Wendung, die Heine auch in seinem späten
Familien-Gedicht aus dem Nachlass in jeweils umgekehrter Reihenfolge wegen
des Reims auf „Lippen" wie „Rippen" und somit seines involvierten Körpers als
„die Magen und die Sippen" (DHA III/I, 359) am Schluss der beiden Quartette
ironisch heranzieht.[20]

Beide zeitversetzten und sich unbekannt gebliebenen Verwandten unseres
Schriftstellers, der den Düsseldorfer ‚Großoheim‘ übrigens ebenso wenig kennen lernen konnte, wie es der Hamburger Onkel vermochte, interessieren uns im
grenzüberschreitenden und nicht gerade übersichtlichen Familiengeflecht hier
ausschließlich. Dabei spielen besonders die aus der Überlieferung gewonnenen
summarischen Reflexionen eine Rolle, keine neuen Funde oder spektakulären
Erkenntnisse. Solche bestehen schlicht und einfach in den diesmal in Sonderheit
betonten bewusst schriftstellerischen Partien von Heines Werk. Das ist beim Großoheim sowieso der Fall, aber auch für den Onkel gibt es poetische Spiegelbilder,
die das Verhältnis komplettieren. Also handelt es sich bei einer solchen Verwand-
ten-Betrachtung um eine speziell den Literatur- wie Textprozess begleitende Sicht-
weise. Zugleich sei darauf hingewiesen, dass mit dieser etwa im hamburgischen
Kontext von ihm so genannten „Familienmenagerie", worin sein Onkel Salomon
den „Löven unserer Menagerie" gab, trotz der im Anschluss damit verbundenen
hübschen Ermahnung „Erschrick nicht gleich wenn er mahl brüllt. Ist er doch von
Herzen edel und gut. In der Fütterungstunde ist er immer sehr zahm" (HSA XXI,
57)[21], manch anderes an Urteilen und Vorurteilen verknüpft ist. Es handelt sich
hier ja um einen Begriff, der aus dem zoologischen oder Zirkusbereich stammt
und den seit der wirklichen Präsenz einer „Menagerie von mehr als 170 Exemp-
laren der schönsten, seltensten und wildesten Thiere" (DHA VI, 191; 462)[22] im
Sommer 1822 Heine nicht nur in den „Briefen aus Berlin" gerne ironisch auf andere Zusammenschlüsse anwandte.

Angesichts mancher damit verknüpften Probleme gehört denn auch eine in
jedem Sinne mehrdeutige Assoziation von Mehrzahl oder Einzahl der Zustandsbe-
schreibung in der Wortfügung „Familien-Bande"[23] mit sowohl positivem Sinn der
unleugbaren Verknüpfung wie einem abschätzigen Ton, der auf eine finster-räu-
berische Gesellschaft abzielt, zweifellos zu diesem metaphorischen Feld. All das,
Bild und Deutung der beiden Figuren von Rhein und Elbe, soll hier aber wiederum unter dem ebenso ausdrücklich wie eindeutig bevorzugten Gesichtspunkt der
ihnen gewidmeten literarischen Texte des Dichters eine Rolle spielen. Denn unsere These lautet: Heine hat – neben der realen verwandtschaftlichen Beziehung
mit ihren Verknüpfungen und Voraussetzungen – gewissermaßen die Gemälde
der zwei Vertreter seiner Familie als künstlerisch-poetische Arbeit mit den unterschiedlichsten Farben, Lichtern wie Schatten entworfen, literarisch erschaffen,
verwandelt und ausgestaltet. Die einzig der Wirklichkeit entsprechende Person ist
nicht einmal der Dichter selbst, der sich persönlich dabei ebenfalls ausgesprochen
findig zu erdichten wusste. Heine lebte immer von Rollen, bis hin zur letzten vom

‚Lazarus', die ihm und seinem Publikum die literarische, endlos leidende Poeten-Existenz begreiflicher machen und zu einer wiederbelebten Metapher vom Widergänger gestalten sollte. Die vom Verfasser beschriebenen ‚Vorgänger' wiederum verleihen solcherart familiären Berichten oder Erzählungen, denen heutzutage geradezu inflationär die Bezeichnung ‚Narrativ' beigelegt würde, von vornherein einige bemerkenswerte, von ihm sinnreich beeinflusste oder bestimmte Konturen. Dabei machen solche gehäuft auftretenden Bezeichnungen mit dem Hinweis darauf, wie untrennbar wir agieren, was früher ohne jede Waghalsigkeit mit Leib und Seele bezeichnet wurde, durchaus Sinn und darauf aufmerksam, dass gerade ‚sprachliche Kunstwerke' ihre speziellen tiefgründigen Verankerungen besitzen.[24] Und solche lassen sich für beide Verwandten behaupten, auch wenn sie gelegentlich geradezu geheimnisvoll, doch ständig präsent sind, dabei außerordentlich eindrucksvoll und letztendlich unleugbar für ein ganzes Leben eine produktive Reibungsfläche bieten. Die beiden ihn vor allem beschäftigenden Verwandten empfangen somit, und das soll im Folgenden unterstrichen sein, ihre dokumentierte Bedeutung also vor allem durch die Text-Erfindungen in Vers (Salomon Heine) oder Prosa (Simon van Geldern den Älteren) des Neffen beziehungsweise Großneffen.

4. „Unsterblichkeit der Familie" und zwei ‚literarische' Figuren

Zu den familien-theoretischen Bemerkungen zugunsten der hier ausgewählten Konstellation von Großoheim und Onkel noch weitere, textspezifische und speziellere literarische Ergebnisse, wie sie sich bei Simon van Geldern und Salomon Heine feststellen lassen. Es ist durchaus so, dass unser Autor den Ideen über die Verwandtschaft sowie über das Konstrukt von Familie überhaupt, die später als literarische Dokumente bis in die Gegenwart hinein und zweifellos mit Gewinn weit darüber hinaus eine bedenkenswerte Rolle zu spielen haben, manche Fürsorge hat zuteilwerden lassen. Die „Unsterblichkeit der Familie"[25] treibt ihn, der seinerseits offenbar keine leiblichen Nachkommen besaß und dessen erst aus Versorgungsgründen verzögert geschlossene, sogar französisch-katholische Ehe des protestantisch gewordenen Juden mit der sehr viel jüngeren, wohl gar nicht kirchlich überfrommen, aber eben römisch-katholischen Lebensgefährtin Augustine Crescence Mirat (1815–1883), genannt ‚Mathilde', kinderlos blieb, tatsächlich in einem außerordentlichen Maße um. Seine von ihm gewählte Umschreibung einer überindividuellen Ewigkeit stammt ähnlich wie die Voltaire-Notiz wiederum, die langsame Entstehung von Reflexionen bekundend und sich nicht grundlos auf den Großoheim beziehend, aus dem nicht unwichtigen Fundus der Lesarten, diesmal zum „Memoiren"-Fragment. Heine spricht im Zusammenhang seiner Assoziationen über Simon van Geldern d. Ä., der hier zur Debatte steht, im Unterschied zum Bruder seiner Mutter mit demselben Vornamen, der auf ihn in der Realität auf eine eigene, fast liebenswürdig-schrullig zu nennende Art einen ebenfalls besonderen Eindruck gemacht hat und erst die Entdeckung des älteren Simon mit seinem Nachlass auf dem Dachboden des van Geldernschen Hauses „Arche Noä" in der Mertensgasse 1 ermöglichte[26], in quasi religionshistorischer Manier. Er referiert nach Jahrzehnten die „alten Familienlegenden" und überliefert somit den ihm indirekt bekannt gemachten Düsseldorfer Vorfahr als einen spiegelbildlichen Ahn voll außergewöhnlichem Welterkundungsdrang.

Allerdings muss man unseren landläufig als immer witzig verstandenen Dichter zwischen den Zeilen oft genug mehr als ernst nehmen. Insofern trifft nicht nur die humorig-geläufige Zeile eines Liedes aus der berühmten Operette „Der Vetter von Dingsda" (1921) bei ihm den Kern. Dort heißt es in Ausschmückung jeglicher ironisch betrachteten familiären Verbindung mit den Geschwistern der eigenen Eltern samt den zugehörigen Personen ungemein einprägsam: „Onkel und Tante, das sind Verwandte, die man am liebsten von hinten sieht!" Heines niederrheinischer Landsmann, kein ganzes Jahrhundert später im rheinabwärts gelegenen Emmerich geboren, der Komponist Eduard Künneke (1885–1953), hatte mit diesem Musikwerk Erfolg. Solchen jedoch besaß vor ihm schon Heine durch den stets gegenwärtigen selben Umkreis und mit den sehr viel tiefer gefassten Rollen der hier zu betrachtenden Gestalten. Heine ging sogar so weit, seinem namhaften Hamburger Onkel Salomon keck vorzuhalten, dass dieser erst aufgrund des berühmten Neffen einen zweifellos unsterblichen Namen trüge.[27] Er kehrt also die Generationenfolge und deren Ansehen aufgrund des frühen eigenen größeren, obendrein ‚idealen' Ruhmes und Rufes durch den „Genius" versus dem ebenso notwendig wie bequem verwandten ‚materiellen' „Geldsack"[28] radikal um. Und was die als ausgleichend geltende Frau Salomons anging, seine Tante mit dem von Seiten der Mutter vertrauten Vornamen Betty geb. Goldschmidt (1777–1837), ihretwegen wurde offenbar häufiger geargwöhnt, dass er bei ihr ganz nach der Weise des „Vetters aus Dingsda" verführe. Trotzdem gibt es von ihm für sie das nicht für den Druck bestimmte Widmungsgedicht „Sonnenaufgang" mit seinem Lobpreis der mehrmals angerufenen „schönen Tante" (DHA I/I, 528), sehr passend zu den freien Rhythmen der „Nordsee"-Gedichte seines „Buchs der Lieder", das sich partout sehen lassen kann.[29] Wie verhielt sich die Generation der Vettern und Cousinen untereinander? Auch darüber, vor allem über die ‚Cousinenliebe', ist viel gemutmaßt worden. In diesem Zusammenhang aber darf nicht unterschlagen werden, mit welchem Grad aufopfernder Pflege sich der jugendliche Dichter zu Beginn seiner Pariser Zeit im Frühjahr 1832 während der großen Cholera-Epidemie um seinen über ein Jahrzehnt jüngeren Hamburger Vetter Carl (1810–1865), der damals die französische Hauptstadt besuchte, gekümmert hat. Heine war tatsächlich ein Muster der Tapferkeit und des Mutes!

Doch alles in allem: Der Dichter wurde „unsterblich", wie schon der Norddeutsche Detlev von Liliencron während der üblichen Heine-Debatten emphatisch bekannte.[30] Die Verwandtschaft blieb lange genug in seinem bedeutenderen Schlepptau. Salomon Heines und seines Sohnes Carl Persönlichkeiten wie Namen genießen wenigstens, wenn auch wie beim Dichter selbst stets mit Verspätung in der öffentlichen Anerkennung[31], in Hamburg ein Fortleben allein schon durch

wohltätige Stiftungen: Salomon Heine als „Mann der That" zumal für das Israelitische Krankenhaus von 1839 zum Andenken an seine Frau. Darüber gibt es Heines
grandioses Gedicht von November 1843, als der Dichter zum ersten Mal Hamburg
von Paris aus besuchte, und zwar zweifellos voller Bewunderung zu Ehren des
Onkels wie der Einrichtung: „Ein Hospital für arme, kranke Juden" lautet die erste
Zeile, während am Schluss als „reich're Spende" Salomons „Thräne" bedacht
wird, „Die kostbar schöne Thräne, die er weinte / Ob der unheilbar großen Brü-
derkrankheit." (DHA II, 117 f.)[32] Und schließlich Carl Heines Engagement für die
Hamburger Kunsthalle. Mit dem Fortbestand des Andenkens an den Großoheim
aus Düsseldorf ist es schon weniger ‚öffentlich' bestellt. Er wirkt vor allem im Ge-
heimen der jüdischen Emanzipationsgeschichte fort, deren integrer Gewährsmann
er war. Für die Gleichheit der jüdischen Mitbürger war der dem tatkräftigen Abbé
Henri Grégoire aus dem Elsass der lebhafteste Zeuge. Von der daraus folgenden
wirklich ‚revolutionären' politischen Gesetzgebung, und zwar dann in ihrer Napoleonischen Fassung, profitierte schließlich noch der Schüler Heine auf seinem
Lyceum am ehemals katholisch-franziskanischen Ordensplatze mehr als deutlich.
Anders hätte er seine öffentliche Laufbahn, wenn auch teilweise unter Beschränkungen oder mit den geläufigen Kompromissen der Taufe, gar nicht beschreiten
können. Ja, der Chevalier besitzt seine fortdauernde Bedeutung eben auch zweifellos durch die vom Großneffen und Widergänger errungene Weltgeltung, die unter
anderem solchen Idealen der Menschenrechte mit ihrem literarisch höchsten Profil
zu verdanken ist.

5. Der erschaffene Großoheim und der (nicht nur real erlebte, sondern auch) erdichtete Onkel

Nun sollen einige Akzente hinzukommen, um die These von der ‚Erfindung' seiner beiden Verwandten zu vertiefen. Es handelt sich dabei um Blickwinkel unter-
schiedlicher Art, deren Zusammenspiel hoffentlich die Ambivalenz im mehrfachen
Sinne von Heines autobiographischem Erleben umso begreiflicher oder deutlicher
macht. Er war durch und durch gewohnt, die Welt durch die Brille der selbstver-
antworteten Sprachschöpfung zu sehen, wodurch letztere ihren ganz persönlichen Phantasieraum erhielt, in dem sich eben auch die Familie tummelte. Dabei
ist klar, dass der Großoheim, der im Briefwerk überhaupt keine Rolle spielt oder
Erwähnung findet[33], nur durch Heines Literarisierung seine Figur und seine Bedeutung erlangt, während beim Onkel hingegen die Dichtung zu den manchmal
alltäglich empfundenen Berührungen und Konflikten samt ihrer Mixtur aus Liebe,
Grobheit wie schlagkräftigem Impuls als eigene, sowohl verschleiernd als auch
bekräftigend, kritische Ausdrucksform hinzutritt. Insofern kann die Beziehung
insgesamt nach heutigem Sprachgebrauch durchaus als ‚toxisch' – mit mancherlei
freundlicheren Zwischenräumen – charakterisiert werden. Salomon Heine dominiert als eine der wichtigsten Bezugspersonen vor allem im Vergleich zum nume-
risch bescheidenen Simon van Geldern d. Ä., aber selbst zu vielen anderen aus der

gesamten ‚Sippschaft' sämtliche Personenregister der Brief- wie Werkausgaben oder anderer Standard-Zeugnisse, wie sie die sogenannten ‚Gespräche' darstellen, geradewegs deutlich.

5.1. Orte, Landschaften und die weite Welt

Als waltete von vornherein Gerechtigkeit, hat Heine bei der Auswahl seiner Familienangehörigen und deren Bedeutung nicht nur einesteils die mütterliche wie väterliche Seite berücksichtigt, sondern obendrein damit auch die Hauptorte seiner deutschen Zeit, nämlich Düsseldorf und Hamburg, ausgezeichnet. Andererseits gehört er selber als nach Paris emigrierter Schriftsteller, wie bereits der Sammeltitel „Reisebilder" aus der deutschen Zeit andeutet, zu den Zugvögeln, der durch das damalige Schlagwort „Bewegung" aber auch „Exil" voll und ganz zu kennzeichnen ist und somit wiederum mit Voltaire ungemeine Parallelen aufweist. „Mit zwanzig Jahren weiß er schon, daß sein wahres Vaterland das Exil ist, oder vielmehr die Bewegung", schreibt dessen Biograph Orieux.[34]

Gerade Hamburg und „Heines Hamburger Zeit"[35] mit der unvermeidlichen wie lebensnotwendigen Verbindung vor allem zum privaten Hause Salomon Heines an der Elbchaussee spielt die herausragende Rolle im biographischen Kontext des erwachsenen Dichters. Ohne Hamburg, wo denn auch schließlich seine Mutter und die Familie seiner Schwester Charlotte Embden wohnten, lief gar nichts, außerdem wurde dort Julius Campe sein lebenslanger Freund und Verleger. Die Beziehung zur Hansestadt hatte schon weit vor Ralph Giordanos Familiensaga „Die Bertinis"[36] über eine teilweise jüdische Familie mit andererseits italienischen Wurzeln ohne greifbare Zugehörigkeit zur Jüdischen Gemeinde, die auch bei den Heines nur für die großelterliche wie elterliche Generation noch selbstverständlich gewesen war, eben gerade die Heine-Familie mit ihrem geradezu unzerstörbar wirkenden Bezug zu Hamburg eine solche lokal kolorierte Verbindung gestiftet. Wie die Infamie des Dritten Reiches die Familie Bertini verfolgte, hätte sich selbst der hellsichtige Dichter nicht vorstellen können. Aber Opfer dieser Verfolgung wurde zumindest die Erinnerung an seine Familie auch. Für den heutigen Leser bemerkenswert bleibt der Glücksort der beiden ältesten Söhne Cesar und Roman Bertini (letzterer als desillusionierter, aber mutiger ‚Held' dieser ebenso abwechslungs- wie facettenreichen Familiengeschichte), nämlich die Elbchaussee, wo die Familie gleich nach Ende des Zweiten Weltkrieges, geradezu als Folge einer jahrelangen „glühenden, symbolträchtigen Sehnsucht"[37] eine Wohnung erhält, also gut 100 Jahre nach Salomon Heines Tod, der sein dortiges Landhaus in wahrlich nicht so mörderischen Zeiten trotz spürbarer Ausgrenzung ebenfalls als Auszeichnung empfinden konnte. Im zugehörigen Gartenhaus wird heutzutage seit Jahren durch die kulturelle Arbeit, wie sie einer lebendigen Gedenkstätte eignet, sowohl des Onkels wie seines Neffen auf anregende Art gedacht.

Der Großoheim allerdings schlägt als ausdauernder Pilger, bewegter Wanderer und Eroberer von Bekanntschaften in für damals so unterschiedlichen Weltteilen

alle Rekorde: So trifft er sogar Voltaire in Genf[38] und bildet gewissermaßen den
Widergänger von Heines spanisch-jüdisch-mittelalterlichem Helden seines Dich-
tergedichtes über „Jehuda ben Halevi" aus dem Zyklus „Hebräische Melodien"
des „Romanzero" von 1851, während Heine selbst dann erst ausdrücklich als tod-
kranker Dichter in der Figuration seines Großoheims und für sein Publikum erst
nach dem eigenen Tode wiederkehrt. Die Litanei der Länder und Orte besitzt bereits ihren eigenen Reiz. Insofern gehört Simon in der Tat zu den großen Aben-
teurern vor jeglichem Tourismus in der Geschichte des aktiven Welterlebnisses.
Er konnte sich unter anderem auf ein ganzes Geflecht der außergewöhnlich weit
verteilten van Geldernschen Verwandtschaft in halb Europa stützen.[39] Selbst hierin
ahmte der Großneffe, allerdings eher im Kleinen, ihn nach. Überwältigend liest
sich das „Ortsregister" in Ludwig Rosenthals historischem „Bericht mit dem bisher meist unveröffentlichten Quellenmaterial" des in jedem Sinne sagenhaften
Großoheims.[40] Das gesamte Alphabet kann – bis auf die Ausnahme von Q, X und
Y – mit Namen beliefert werden, deren Gesamtzahl (wobei Düsseldorf ausgespart
ist) knapp 230 Verweise umfasst. Dass auch sein Großneffe neben verwandtschaftlichen Stützpunkten ein besonders intensives poetologisches Verhältnis zu bestimmten Städten pflegte, ist in der Heine-Forschung hinlänglich bekannt und gehört zu seiner Art und Weise, sich die Welt zu inkorporieren.[41] So ist er wie dieser
der Weltliteratur zugewandt. Und was stets als rätselhaft empfunden wurde, Heines Widmung seines „Reisebilds" „Ideen. Das Buch Le Grand" an „Evelina", wird
nach dem Muster der europäisch grenzüberschreitenden Vorliebe des Chevaliers
schlicht und einfach von seinem Großneffen auf den bereits 1778 anonym erschienenen englischen Bestseller von Frances „Fanny" Burney mit dem Titel „Evelina
oder eines jungen Frauenzimmers Eintritt in die Welt" mit seinem Vorausgriff auf
Jane Austen anspielen lassen.[42]

5.2. Die poetische Wiederkehr des Großoheims

Der Chevalier von Geldern wird also vom Großneffen offenbar erst am Lebensende aus dem tiefen „Brunnen der Vergangenheit", wie es zu Beginn des „Joseph"-Romans von Thomas Mann heißt[43], auf unvergleichliche Weise einer See-
lenverwandtschaft mit diesem „Grenzgänger" wie zeitweise totalen kindlichen
Identifikation mit ihm erlöst.[44] Der junge Heine entdeckt ihn aus den bis heute
gültigen Überlieferungsträgern von Geschichte, den Archiv- und Nachlassmateri-
alien im van Geldernschen Hause wie in der Düsseldorfer Bibliothek, die ihm zum
Teil unverständlich sind, aber dennoch den Schlüssel zur eigenen verborgenen
Existenz aus Verwandtschaft und Ähnlichkeit bieten sowie das Fenster aufstoßen
auf Möglichkeiten der eigenen Existenz. Der Chevalier von Geldern lebt, in den
Orient reisend und aus ihm zurückkehrend, bis heute ganz aus der Erinnerungs-
und Identifikationsarbeit seines Großneffen in der Literatur fort. Dort ist er zu
einer magischen Größe geworden, dort hat sein Nachfahr ihn zum Muster des Je-
rusalem-treuen Juden entworfen und seine erotischen wie weltläufigen Abenteuer

nach dem Muster eines Casanova oder Cagliostro für die Nachwelt im Manuskript seines erst posthum gedruckten „Memoiren"-Fragments überliefert. Auch dies gewissermaßen ein Indiz für die Entstehung von spätem Andenken und dessen intimer bereits kindlicher Anverwandlung. Im Vergleich zu seinem im Fragment kaum eine Rolle spielenden Onkel Salomon ist der Chevalier durch und durch konkurrenzlos. Und er spielte auch im wahren Leben durchaus in einer von Heine offenbar gar nicht bekannten Liga und bildet das intellektuelle Gegenbild zum Millionärsonkel: nämlich als erstaunlich zäher und ehrgeiziger Kandidat für das Amt des Bibliothekars in Wolfenbüttel, das freilich dann von einem Großen der deutschen Aufklärungs-Literatur wahrgenommen wurde, von Gotthold Ephraim Lessing.

Insofern ist hier vor allem die Tatsache von Bedeutung, dass der Großoheim und das Werk des Dichters eine Symbiose eingegangen sind, aus dem Heine zeitweise sein eigenes Leben und den Ursprung der autobiographischen Begabung verstand. Um sowohl die Empfindung wie Leistung Heines nachempfinden zu können, seien nur aus dem Anfang und dem Ende der Chevalier-Episode einige kennzeichnende Charakteristika zitiert. Heine spricht über die „Antiquitäten der Dachkammer", worunter der „beste und kostbarste Fund jedoch" eben „ein Notizenbuch von der Hand eines Bruders meines Großvaters, den man den Chevalier oder den Morgenländer nannte und von welchem immer die alten Muhmen so viel zu singen und zu sagen wußten". Er müsse „ein sonderbarer Heiliger gewesen seyn", was zwar von beschreibender Distanz, aber gewiss nicht abfällig klingen soll. Er erzählt, dass Simon nach Jerusalem „wallfahrtete, wo er, in der Verzückung des Gebetes, auf dem Berge Moria ein Gesicht hatte". Auch hier die übliche Verfremdungsmethode: „Was sah er? Er offenbarte es nie." Von seiner Zeit als „Anführer" eines unabhängigen Beduinenstammes ist die Rede, der sich „zu einer Art Mosaismus bekannte" – und schließlich das Fazit: „europäisch zu reden, der fromme Visionär ward Räuberhauptmann" mit vielen Kenntnissen, die „nach seiner Heimkehr ins Abendland so viele Bewundrung erregte". Was Wunder, dass der kleine Entdecker sogar von dessen französischem, in London erschienenem „Oratorium" mit dem Titel „Moses auf dem Horeb" auf „den höchsten Bücherbrettern" in der „Düsseldorfer Bibliothek" von diesem Vorfahr einen ganz und gar „unauslöschlichen Eindruck auf mein junges Gemüth" empfing, „als lebte ich nur eine Fortsetzung des Lebens jenes Längstverstorbenen!" – „Dieser wunderliche Zustand dauerte wohl ein Jahr" und trotz der Wiedergewinnung seines „Selbstbewußtseyns" seien „doch geheime Spuren in meiner Seele" als „Nachwirkungen jener Traumzeit wo ich mein eigner Großoheim war", verblieben. Umso erstaunlicher oder vielleicht auch gerade deswegen verständlich, dass der Dichter erst auf dem Sterbebett im „Memoiren"-Fragment mit diesen historisch durchaus belegbaren Erzählungen herausrückt. Erst sein Vater habe des Dichters „Fehler", die dieser „gern auf Rechnung meines morgenländischen Doppeltgängers" geschoben habe, „schalkhaft" dahingehend aufgelöst, dass er hoffe, der „Großoheim" habe „keine Wechsel unterschrieben", die dem Autor „einst zur Bezahlung präsentirt werden könnten." Das ist nicht geschehen und damit endet die Geschichte mit ebenjener Reflexion über die Generationen und deren „Solidarität", bis diese „vielleicht durch einen Universalbankrott" (DHA XV, 70–74) endet. Ein prophetisches, ja desillusioniert-verzweifeltes Wort, das bei aller traditionellen Liebe mit heimeligem Familiengerede denn doch nichts zu tun hat. Und wovon die nachgewachsenen Generationen unserer Gegenwart inzwischen ihre ganz eigenen Protestgesänge anzustimmen wissen.

Der wie ein kritischer Lobgesang zu verstehende Text insgesamt zeigt in der Tat, dass außer der identifikatorischen Neigung auch die übrigen Eigenschaften des Großneffen nicht zu kurz kommen: sein Humor und seine Ironie, gleichzeitig aber auch der Respekt vor jeder Variante des humanen Vollzugs aus Zufall und willentlich-origineller Entscheidung.

5.3. ‚Salomonische' Exempel

Bei Salomon Heine handelt es sich, wie gesagt, in Bezug auf das Werk des Dichters, anders als beim Großoheim mit seiner Spätfiguration, wahrlich nicht um einen einzigen und dazu noch posthumen Text über ihn, sondern neben den zahlreichen sonstigen Zeugnissen um verschiedene literarische Verlautbarungen, die den Onkel zum manchmal gebrochenen, gefürchteten und unzuverlässigen ‚Helden' machen. In der gesamten Dichter-Gemeinde hat er ohne Rücksicht auf so manche Zuwendung und Vor- wie Fürsorge für den gesamten Düsseldorfer Zweig ohnehin schlechte Karten. Vielleicht ist das angesichts des spektakulären Erscheinens seines hochbegabten Neffen als Frühstarter der Weltliteratur sogar verständlich. Selbst eine moderne juristische Stimme hat bei aller Anerkennung der „Unterstützung durch die Familie" und damit für Salomon einiges Verständnis für die Situation des „fast vollständig" enterbten Dichters nach der Eröffnung des Testaments, das die oben genannte „Kränkung" widerspiegelt: „Statt der erwarteten stattlichen Summe hatte ihn sein schwerreicher Onkel mit einem kläglichen Legat von lediglich 8000 Mark banco ‚abgespeist' und ihm die zu Lebzeiten zugewendete Pension testamentarisch nicht zugesichert"; das habe einen fast zweijährigen ‚Erbschaftsstreit' Heines mit seinem Vetter Carl zur Folge gehabt, an dessen Ende dieser ihm die Fortzahlung der Jahresrente bis an sein Lebensende und Alimentierung seiner Witwe zugesichert habe.[45] Heines autobiographische Neigung mag möglicherweise subkutan immer ihr Wesen treiben, und sei es, dass ganze Lyriksammlungen wie gerade der späte „Romanzero" bei aller Vorsicht gegenüber früheren, durchaus zur rügenden, nämlich den Text und die Person allzu identisch sehenden Interpretationen, so z. B. beim „Buch der Lieder" oder beim Zyklus „Verschiedene" der „Neuen Gedichte", als ‚lyrische Memoiren'[46] zu lesen sein könnten. Dennoch enthält schon der Zyklus des mit persönlicher Bedeutung aufgeladenen „Die Heimkehr" aus dem „Buch der Lieder" jenes sechste Gedicht mit sieben Strophen „Als ich, auf der Reise, zufällig / Der Liebsten Familie fand" (DHA I/I, 213–215)[47], wo nach der Hochzeit seiner Schwester Charlotte offenbar Salomon Heines eigener kleiner Kreis samt der angebeteten Cousine Amalie dem jungen Dichter begegnet. Man achte auf das Wörtchen „zufällig" (DHA VI, 182), das schon in Heines autobiographischer Düsseldorf-Darstellung von „Ideen. Das

Buch Le Grand" dem Ort der Geburt jene schwebende Nuance des Zufalls verleiht, mit der Heine gerne operiert. Als Zufalls-Motiv des Fragveworts „Wo" bestimmt es indirekt sogar noch sein sogenanntes Grabgedicht „Wo wird einst des Wandermüden". (DHA II, 197)[48] Er scheut sich dabei nicht, gar das gesamte Universum für das Andenken des Einzelnen zu berufen. Genauso auch im Gedicht aus den „Lamentazionen" des „Romanzero" mit der Frage „Jetzt wohin?" (DHA III/I, 101 f.): dort werden verschiedene Länder abgeschritten und verworfen – sein verlorener Stern hat sich vielleicht im Labyrinth des Himmels verirrt.

Hier in dem Reisestations-Gedicht samt zufälligem ‚Familientreffen' sind Wiedersehen und beklagter Liebesverlust mit dem fremden Ort verknüpft. Der pater familias hat vor allem seine hier freilich nicht weiter dominierende „Rolle des Onkel-Königs Salomon"[49] zu spielen: Ihm wäre naturgemäß manch negativer Zug zu eigen als ehemaliger Hort der verehrten Freundin, die ja nicht erlangt wurde. Dies ist die eine Seite der oft bei Heine anklingenden seelisch-musikalischen Saite, also ein als Leitmotiv verwendeter trauriger Ton und somit Echo seines zeitgenössisch romantischen Lebens, von dem bis heute so viele der Vertonungen künden. Der andere dagegen, abgesehen vom „Hospital"-Gedicht just ein Jahr vor Salomons Tod mitsamt der Enterbung, muss als ungemeiner Misston beschrieben werden: Dieser meldet sich bereits im „Historien"-Gedicht aus dem „Romanzero" unter dem Titel „Der Dichter Firdusi"[50], mit seinen autobiographischen Andeutungen besonders im Mittelteil, vor allem jedoch in der bedrohlichen „Affrontenburg", womit der eben berufene ‚locus amoenus' an der Elbchaussee gemeint ist, und durch „Der Philanthrop", beide aus den „Gedichten. 1853 und 1854". Er wird dann offen vor allem in den noch späteren, auf das familiäre „Schweigegebot"[51] weniger Acht gebenden Nachlass-Gedichten fortgeführt: „Nicht gedacht soll seiner werden", „Wer ein Herz hat und im Herzen", „Nachts, erfaßt vom wilden Geiste", „Ein Sonett": „Sie küßten mich mit ihren falschen Lippen", „Orpheisch" sowie anderen. Und er äußert sich hier tatsächlich nicht nur wie noch beim „Firdusi" verschleiert oder untergründig. Auch hinter der in der Mehrzahl beklagten Verwandtschaft verbirgt sich jeweils als Hauptverursacher der ihm gegenüber untreu gewordene Onkel. Zum Dichtergedicht über den persischen Nationaldichter Firdusi, zum Orte des ‚Affronts' gegen ihn sowie zu den späteren, seine Leiden verstärkenden und je variierenden Texten werden im Folgenden, gewissermaßen um das so tragische Thema ‚Salomon' abzuschließen, noch einige Hinweise folgen.

Aus den genannten Texten sollen jeweils nur die Hauptlinien oder Schlagworte die unablässige Arbeit des Dichters an diesem so schrecklichen ‚Mythos' seiner späten Existenz, der sich erst nach längerem Ringen am Ende durch den einlenkenden Vetter zum halbwegs erträglichen ‚guten Märchen' wandelte, beispielhaft herangezogen werden. Was man im wahren Leben schon nicht ertragen kann, wird in der Literatur zu einem Menetekel von Untergang und Verzweiflung. Körperlicher Verfall und seelischer Mangel bilden eine verschworene Gemeinschaft. Wie Heine solche Existenzprobleme poetisch meistert, gehört zu den bewundernswertesten Leistungen nicht nur seiner Lyrik. Die charakterliche Spannweite Salomons aus der Sicht des Dichters gerät somit aufs Ganze gesehen zum literarischen Mysterium: Segen und Fluch zugleich!

Spiegelbildich stellt sich die Erzählung über ‚Firdusi' dar: In 17 Schaffensjahren schuf der Dichter 200.000 Verse des Nationalepos („Seines Liedes Riesenteppich"), für die er nach den Worten des Schahs glaubte pro Vers einen Goldthoman zu erhalten. Das wäre die übliche Währung aus den Händen des Schahs. Aber er erhielt als „Ehrensold" nur „etwa" diese Zahl in Gestalt von „Silberthomans". Der Dichter, der sich gerade „In der Badstub' zu Gasna" befand, als die schwarzen Boten des Schahs die Geldsäcke brachten, wollte sich „Hastig", wie es heißt, „am lang ersehnten / Goldesanblick" laben, „gewahrt'" jedoch „mit Bestürzung" nur das bleiche „Silber", lacht „Bitter", teilt die Geldsendung in „drey / Gleiche Theile" und verschenkt je ein Drittel als Botenlohn an die „beiden schwarzen Boten" und „einem Badeknechte" als „Trinkgeld". Er selber greift zum „Wanderstab" und verlässt die „Hauptstadt" (DHA III/I, 49–55) in Richtung seiner Vaterstadt Thus. Das ist die Handlung des ersten Teils in 18 vierzeiligen Strophen, zusammen also 72 Versen. Dann folgt die ‚Angel', um die sich die Verserzählung dreht, mit vier vierzeiligen Strophen, also 16 Zeilen, deren Tendenz gleich im Anschluss kurz erläutert werden soll – diese widerspricht jedenfalls ganz und gar der ‚salomonischen' Weisheit aus dem biblischen Bericht über den so klug urteilenden König im alten Israel. Im dritten Teil mit seinerseits dem ersten Teil entsprechenden 72 Zeilen, allerdings in 36 zweizeiligen Strophen, hört der Schah Firdusi zufällig die wunderbaren Zeilen des Auftragsgedichts singen und lässt daraufhin eine Karawane mit Schätzen beladen, um sie dem Verfasser zu überbringen. Sie langt erst in der Beerdigungsstunde des Dichters just am Stadttor der Gegenseite an. Die überbordende Wiedergutmachung kommt zu spät!

Jede schlichte Parallelisierung wäre unangebracht. Doch geben die 16 Mittelverse als insgesamt in Anführung gesetzte Rede Firdusis mit seinem Urteil über den Schah zu denken[52]: Die erste Hälfte bespricht die Tat. Über einen Wortbruch, „menschlich ordinär", hätte der persische Dichter nicht „Zürnen" mögen. Wohl aber über die „schnöde" Täuschung, „den Doppelsinn der Rede / Und des Schweigens größre List" – das ist „unverzeihlich". Die zweite Hälfte charakterisiert den ‚Geber' dann ebenfalls in der Vergangenheitsform, als gehöre er nicht mehr unter die Lebenden. Hier sollen beide Strophen als heimliches Abbild des Onkels zitiert sein:

> Stattlich war er, würdevoll / Von Gestalt und von Geberden, / Wen'ge glichen ihm auf Erden, / War ein König jeder Zoll. // Wie die Sonn' am Himmelsbogen, / Feuerblicks, sah er mich an, / Er, der Wahrheit stolzer Mann – / Und er hat mich doch belogen. (DHA III/I, 52)

So im Firdusischen Selbstgespräch der Schah, mit dem der Onkel nach Lage der Dinge angesichts seines als freier Schriftsteller lebenden Neffen zweifellos einige Ähnlichkeit besitzt.

In dieselbe Richtung zielt das Gedicht „Affrontenburg", VII. Text der „Gedichte 1853 und 1854": Vom alten „Schloß mit Thurm und Zinne / Und seinem blöden Menschenvolk" ist die Rede, das angesichts der verfließenden Zeit ihm „nimmer aus dem Sinne" kommt, wo „Furcht" besteht vor dem alten „Brummbär Boreas" und wo Tränen flossen, „mein Herz gekränket ward", wo die „ganze schmutz'ge Sippschaft" gleich die „mir erwiesenen Affronte" erfahren hat. Die Rosen waren vergiftet und auch die Nachtigall „genoß" vom „selben Gifte". „Vermaledeiter Garten", so heißt es, und von „Gespensterfurcht" am „hellen lichten Tag" weiß er zu berichten. „Spuk", „Aechzen, Röcheln, Stöhnen" – das sind die Ingredienzen. In der Ferne das Meer, dessen Brandung auch in des Dichters „Brust" zu vernehmen ist; „Das war ein Tosen, Rasen, Schäumen –". Die letzte der 17 Strophen lautet: „Mit Neid sah ich die Schiffe ziehn / Vorüber nach beglückten Landen – / Doch mich hielt das verdammte Schloß / Gefesselt in verfluchten Banden." (ebd., 195–197) Diese Motive vergeblicher Sehnsucht kennt man bei Heine; seine Verzweiflung jedoch hat in den Jahren der ‚Matratzengruft' begreiflicherweise noch zugenommen. Und die Familie und somit der Onkel sind nicht unschuldig daran.

Das lange XII. Gedicht (21 vierzeilige Strophen) mit dem Titel „Der Philanthrop" aus dieser späten schon zu Lebzeiten erschienenen lyrischen Sammlung benutzt geradezu einen bis heute geltenden Salomonschen Ehrentitel vom „Menschenfreund"[53], um diesen ad absurdum zu führen. Denn der reiche „Bruder" dieser ungereimten Verse weist die arme „Schwester" ab, weil er ein „Gastmahl" zu geben hat. Die Arme stirbt, der Reiche macht selber sein Testament mit zahllosen Stiftungen, z. B. an „Die Judenbekehrungsgesellschaft / Und das Taubstummen-Institut" und wird als „großer Wohlthäter der Menschheit!" (ebd., 212–214) fürstlich beerdigt. Dabei fehlt es der Schilderung nicht am wohlbekannt bitteren Schalk und unehrerbietigen Witz. Der Bogen zum eigenen Erleben des Autors war für ein kundiges Publikum leicht zu schlagen. Das gilt sogar für seine versteckt familiären, deutlich neutestamentlichen Anspielungen auf Pharisäertum und Wohltätigkeit, für das XVI. Gedicht „Erinnerung an Hammonia"[54] genauso.

Nun noch zur Abrundung einige Bemerkungen zur oben genannten Auswahl-Liste der einschlägigen Nachlassgedichte. In der Tat wird in den Versen „Nicht gedacht soll seiner werden", die Heine den „Lazarus"-Texten zugeordnet hatte, „die Blume der Verwünschung" beschworen, nämlich die Auslöschung einer Person „aus der Menschen / Angedenken hier auf Erden" (DHA III/I, 346 f.) – damit ist selbst die hehre Weise der humansten Sepulkralkultur im Verlauf der jüdischen Überlieferung, alle Gräber sowie deren Tote der ewigen Erinnerung zu überantworten, endgültig zum Scheitern verurteilt. Dieser Fluch ist hart und Beleg dafür, wie sehr Heine im Innersten durch das Verhalten der Familie, sprich den Onkel und seine Umgebung, getroffen wurde. Ergreifend ebenfalls die drei Strophen von „Wer ein Herz hat und im Herzen". Dort ist seine Liebe zur Familie angesprochen, die ihn schon zur „Hälfte" durch den Streit „geknebelt und gebunden" hat. Ohne Zunge, die seiner „Leiche" ausgeschnitten wurde, kann er nicht mehr „redend" aus dem „Schattenreiche" erscheinen: Der Dichter wird somit „die an mir verübten / Lächerlichen Frevelthaten" auch in Zukunft „nie verrathen". (ebd., 348) Wer so klagt, erlebt die Isolation durch die störrische Verwandtschaft als Vernichtungsfeldzug.

Von tiefer Resignation ist auch das vierstrophige Gedicht „Nachts, erfaßt vom wilden Geiste" gekennzeichnet. Die Formulierungen sprechen für sich: „Leib und

Seele sind gebrochen", „Blutsfreunde" haben ihm „den Tod gegeben" – „Und die schnöde Meuchelthat / Ward verübet durch Verrath". Die letzten beiden Zeilen bringen die Situation auf den Punkt, für den Salomon zwar den Auslöser, aber längst nicht die einzige Ursache bildet. Der Bezug zum Helden Siegfried macht das deutlich: „Leicht erspäht Familienlist, / Wo der Held verwundbar ist." (ebd., 349 f.) Die zwei letzten in Erinnerung zu rufenden Texte bilden dazu ein Echo. Im Gedicht „Ein Sonett" mit der ersten Zeile „Sie küßten mich mit ihren falschen Lippen" ist der Wein, den „Sie", die Verwandten, dem Dichter „kredenzt" haben, mit „Gift" versetzt, „Arglistig stahlen sie mein junges Leben", heißt es, nach dem „Kirchenbuche" ist er „ein Christ" und folgert entsprechend: „deßhalb, bevor ich sterbe, / Will ich Euch fromm und brüderlich verzeihen." Doch das wird ihm „sauer" – „mit meinem Fluche / Möcht ich weit lieber Euch vermaladeyen: / Daß Euch der Herr verdamme und verderbe." (ebd., 359) Hier sind die finsteren Grenzen der sogenannten lieben Verwandtschaft erreicht; der Dichter kann und will seiner Vergeltungsabsicht nicht Herr werden.

Und genau das ist auch bei „Orpheisch" mit der Eingangszeile „In stillen Nächten denk' ich oft" der Fall. Die deutsche Sage von Siegfried ist von ihm, wie gesagt, im Zusammenhang des von ihm als Mord empfundenen Verhaltens zitiert worden, genauso denn auch die griechische Sage vom Sänger Orpheus, der sich mit der „Unterwelt und ihren Schrecken" auskennt. Wie so oft sind es die „stillen" Nächte, in denen der Dichter seinen düsteren Gedanken nachgehen muss, nämlich seinen Widerpart, den Onkel, selbst im „tiefsten Höllenpfuhle", zur Rede zu stellen. Die vierte und letzte Strophe enthält die mitleidlose Verdammung: „Hinunter jetzt ins Land der Qual, / Wo Händeringen nur und Zähneklappern – / Ich reiße dir die Larve ab, / Der angepralten Großmuth Purpurlappen –". (DHA III/I, 359 f.) Hier wird endgültig deutlich, dass der so gerne auch von Heine als bergend belobigte Schoß der Familie genauso vom Gegenteil, von seinem Verderben kündet. Oder anders: derart nah liegen im von Heine erschaffenen Bilde des Onkels erhabene und erschreckende Eigenschaften beisammen. Heine muss als empfindlich Betroffener (objektiv gesehen) gewiss nicht immer auf der richtigen Seite sachgerechter Urteile stehen, gerade weil ihm selbst immer bewusst war, wie sehr sein gesamtes Leben durch den Onkel Salomon mitgetragen wurde und bestimmt blieb. Das bestätigt letztendlich sein auch durch den anschließenden Erbschaftsstreit nicht hinfällig gewordener Brief an die Schwester Charlotte gleich nach Salomons Tod Ende Dezember 1844: „Dieser Mann spielt eine große Rolle in meiner Lebensgeschichte und soll unvergeßlich geschildert werden. Welch ein Herz! Welch ein Kopf!" Er vergisst nicht auf Salomons Wohlwollen gegenüber Mathilde anzuspielen und darauf, dass er „diesen Sommer mir in der Aufregung sogar einen Schlag mit dem Stock gegeben – ach Gott! wie gern bekäme ich wieder meine Schläge. Könnte ich nur weinen!" (HSA XXII, 150) Aber dennoch wird sein geflügeltes Wort aus seinem Lebensrückblick „Enfant perdü"[55] vom gebrochenen Herzen auch in diesem Zusammenhang wohl für immer die unberechenbaren Wunden aus familiären, trotzdem stets unstabilen, Abhängigkeiten bezeichnen.

6. Resümee: Vom Zauber familiär erfundener Empfindungen

Was Heine für Großoheim wie Onkel schafft, entspricht ganz einer Aufnahme dieser Verwandten in den weltliterarischen Olymp mit ihren Rollen und Charaktereigenschaften, die das Menschliche in seiner mannigfaltigen Gestalt spiegeln. Beide sind hier aus der Heine-Familie nicht die einzigen, aber wohl doch jene, die vor allem durch den literarischen Fundus angereichert oder mit poetischen Mitteln erfunden wurden. Und gerade deshalb könnten wir ihnen so viel abgewinnen und darüber froh sein, dass der Dichter uns seine Vor- wie Gegenbilder gleich mitgeliefert hat. Diese Meditationen aus Hochachtung vor einem unsterblichen Duo im Familienverband könnten also trotz manches Krakelees des berechtigten Misstrauens oder einer ironischen Distanz dazu beitragen, dass, wie gesagt, die Wendung ‚von Nichts kommt Nichts'[56] im „Fall Heine"[56] durchaus die gesamte weitläufige und noch so unterschiedliche ‚Familienmenagerie' als kleines Korrektiv interpretatorischer Annäherung würdigend einzuschließen vermag. Angesichts der inzwischen vergangenen Generationen samt deren Erfahrungen von Diktatur, Kriegen und Verfolgung gerade jener Familien, zu denen die Heines und van Gelderns des 18. und 19. Jahrhunderts gehörten, können bei allen positiven wie negativen Verwerfungen, die das System Familie seitdem erlebt hat, die hier vorgenommenen Blicke auf damals auch nicht eben unproblematische oder komplizierte Verhältnisse im Spiegel der ‚Poesie' gewiss manchen Aufschluss geben über die dabei erstaunlich gleich gebliebene ‚conditio humana', die trotz allem immer auch von so vielen guten Eigenschaften wie Fürsorge, Anhänglichkeit, prägender Liebe und erstaunlicher Nähe wie Dankbarkeit geprägt ist. All solche überkommenen wie erworbenen Tugenden wussten damals und bis heute ihren wirkkräftigen Zauber innerhalb der noch so variablen ‚Erziehung des Menschengeschlechtes' (so der Titel des religionsphilosophischen Werks von Heines Lieblingsautor Lessing aus dem Jahre 1780) zu bewahren. Heines familiäre Ambivalenzen zwischen Konflikt und Lösung, Streit und Versöhnung, Verehrung und skeptischer Sicht bilden schließlich die vielen Möglichkeiten von Zufällen und Schicksalen ab, deren Teile wir immer auch selber sind und bleiben.

Anmerkungen

1 Alfred Hübner: Die Leben des Paul Zech. Eine Biographie. Heidelberg 2021 (935 S.[!]).; vgl. meine Besprechung des Bandes im Düsseldorfer Jahrbuch. Beiträge zur Geschichte des Niederrheins 92 (2022), S. 298–301.

2 Manfred Windfuhr: Rätsel Heine. Autorprofil – Werk – Wirkung. Heidelberg 1997.

3 Jost Hermand: Heines „Ideen. Das Buch Le Grand". – In: Internationaler Heine-Kongreß Düsseldorf 1972. Referate und Diskussionen. Hrsg. v. Manfred Windfuhr. Hamburg 1973, S. 370–385, hier S. 370. (Hermand war der Bearbeiter des zuallererst erschienenen Bandes [Bd. VI mit den „Reisebildern"] im Rahmen der von M. Windfuhr hrsg. großen Düsseldorfer historisch-kritischen Heine-Gesamtausgabe der Werke in 16 Bänden, vgl. die ausführliche Anm. 9)

4 Johann Wolfgang von Goethe: Werke. Hamburger Ausgabe in 14 Bänden. Hrsg. von Erich
   Trunz. Hamburg [6]1965, hier Bd. 6 (die Anmerkungen zu „Die Wahlverwandtschaften" von
   Benno von Wiese), S. 653: Dort heißt es weiter über die ambivalente Lektüremöglichkeit,
   dass auch „noch die – hier besonders spärlichen – Selbstdeutungen […] die Dichtung wie
   hinter einem *durchsichtigen und undurchsichtigen Schleier*" verbergen würden [an Zelter,
   16. August 1809].

5 Vgl. Jocelyne Kolb: Heine as Freud's Double in „Der Witz und seine Beziehung zum Unbewußten". – In: HJb 31 (1992), S. 137–162.

6 Vgl. die 1966 bei Flammarion erschienene Biographie von Jean Orieux: Das Leben des
   Voltaire. Frankfurt a. M. 1968. Aus dem Französischen von Julia Kirchner (Neuausgabe des
   Insel-Verlages 1978).

7 Höhn [3]2004, S. 183; s. auch S. 493.

8 Jan-Christoph Hauschild/Michael Werner: „Der Zweck des Lebens ist das Leben selbst".
   Heinrich Heine. Eine Biographie. Köln 1997, S. 299.

9 Ebd. Heines Zitat in deutscher Übersetzung; diese von Heine auf Französisch zweimal
   benutzte, allerdings nach Wortlaut wie Schreibung etwas variierte, Wendung begegnet
   uns im Juni 1855 im „Anhang" zur „Lutèce" unter „Vorworte und Erklärungen" und der
   Überschrift: „Voyez mon livre de Lutèce! Juni 1855. Ursprünglicher Schluß der ‚Préface'
   zu ‚Poëmes et Légendes'", I. Teil, s. Heinrich Heine: Historisch-kritische Gesamtausgabe
   der Werke. In Verbindung mit dem Heinrich-Heine-Institut hrsg. von Manfred Windfuhr.
   Düsseldorfer Ausgabe [= DHA]. 16 Bde., Hamburg 1973–1997 (die Namen der verschiedenen Bearbeiterinnen und -bearbeiter werden wie in diesem Fall bei dem ersten Verweis
   auf den entsprechenden Bd. genannt), hier Bd. XIV/I, [Bandbearbeiter: Volkmar Hansen]
   „Lutezia II", Text, Apparat 43.–58. Artikel, S. 301: „que j'etais un rossignol allemand qui
   a fait son nid dans la peruque de M. de Voltaire" – und ebenso in einem Briefe Heines aus
   dem Juli 1855 „An Unbekannten Adressaten in Paris" (Heinrich Heine: Werke, Briefwechsel, Lebenszeugnisse. Hrsg. von den Nationalen Forschungs- und Gedenkstätten der klassischen deutschen Literatur in Weimar und dem Centre National de la Recherche Scientifique
   in Paris. Weimarer Säkularausgabe [= HSA], die Briefe in Bd. XX–XXVII, Berlin / Paris
   1970 ff., hier Bd. XXIII, 441): „Je vous assure, il se trouve très mal à son aise de pauvre
   rossignol allemand qui a fait son nid dans la peruque de M. Voltaire!". – Aus dem besagten
   Briefentwurf zur Übersendung seiner „Poëmes et Légendes" wird dieser Voltaire-Vergleich
   beispielsweise auch eigens zitiert von Mende [2]1981, S. 332 (so ebenso schon in der 1. Aufl.
   von 1970, S. 321).

10 Bandbearbeiter: Manfred Windfuhr. („Ich bin der krankste von Euch allen und umso bedau-
   ernswürdiger, da ich weiß was Gesundheit ist". Dort heißt es vorher: „Die Welt ist die Si-
   gnatur des Wortes", und es geht u. a. um den Gegenspieler Voltaires, nämlich Jean-Jacques
   Rousseau. – Voltaire seinerseits war lebenslang todkrank und dann doch wieder genauso
   angeregt und schaffenskräftig.)

11 Orieux: Voltaire [Anm. 6], S. 13. (Dieser Vers aus Voltaires, übrigens Friedrich II. von Preußen gewidmeter Tragödie „Mérope", erschienen 1744 – Orieux, S. 296, nennt sie „eine seiner besten" –, bildet das Motto zu Beginn des ersten Kapitels über „Die Herren Arouet".)

12 S. z. B. Sylvia Steckmest: Heinrich Heines Geschwister Charlotte, Gustav, Maximilian. Mit
   einem Vorwort von Christian Liedtke. Norderstedt 2018.

13 Vgl. Michael Werner: Imagepflege. Heines Presselenkung zur Propagierung seines Persön-
   lichkeitsbildes. – In: Heinrich Heine. Artistik und Engagement. Hrsg. v. Wolfgang Kutten-
   keuler. Stuttgart 1977, S. 267–283.

14 Bandbearbeiter: Gerd Heinemann.

15 Vgl. etwa Sylvia Steckmest: Der „Bordeauer Pöbel". Heinrich Heines französische Verwandtschaft. – In: HJb 56 (2017), S. 111–130.

16 Sylvia Steckmest: „Nach dem letzten Willen des Verblichenen". Das große Erbe Carl Hei-
    nes. – In: HJb 53 (2014), S. 224–234, hier S. 232.
17 Vgl. den Heine-Artikel von Joseph A. Kruse in: Vormärz-Handbuch. Hrsg. v. Norbert Otto
    Eke. Bielefeld 2020, S. 790–796, hier S. 790, wo bereits auf diese Ambivalenz hingewiesen
    wird.
18 Vgl. das zuerst 1937 im deutschen Exilverlag Querido zu Amsterdam erschienene Werk von
    Fritz Heymann mit dem Obertitel „Der Chevalier von Geldern. Eine Chronik der Abenteuer
    der Juden", das dann mit einem Vorwort von Hermann Kesten in Köln 1963 und mit dem
    abgewandelten Untertitel „Geschichten jüdischer Abenteurer" mit einem einleitenden Essay
    von Julius H. Schoeps 1985 in Königstein/Ts. erschien; dem „Chevalier" ist unter den 11
    Kapiteln das siebte und längste gewidmet.
19 S. Adolf Strodtmann: H. Heine's Leben und Werke. Hamburg ^{3}1884, hier Bd. 1, S. 3 f. (Sa-
    lomon Heine, als des Dichters Onkel väterlicherseits, und Simon van Geldern, als ‚Groß-
    oheim' mütterlicherseits.)
20 Bandbearbeiter: Frauke Bartelt/Alberto Destro.
21 Heine an Rudolf Christiani mit der Anrede „Mon chèr cousin!", 15. Juli 1833; der Lüne-
    burger Freund Heines heiratete damals eine französische Cousine Heines namens Charlotte
    Heine und wurde auf diese Weise mit der ihm durchaus bereits bekannten Großfamilie noch
    vertrauter gemacht.
22 Bandbearbeiter: Jost Hermand. In „Ideen. Das Buch Le Grand", Kap. VII aus dem 2. „Rei-
    sebilder"-Band, spricht Heine von „der Tafel mit einer ganzen Menagerie von Grafen, Prin-
    zen, Prinzessinnen, Kammerherren" etc., was im Kommentar mit der zitierten Anzeige aus
    der „Spenerschen Zeitung" Nr. 85 u. 86 v. 16. Juli u. 10. August 1822 erläutert wird. Die
    Menagerie gehörte den Herren Henri Martin und Hermann van Acken; auf letzteren kommt
    Georg Weerth in seinem Brief aus „Buenos Ayres" an Heine in Paris vom 1. April 1855
    noch zu sprechen: „Ueber den Schenktisch hängen lebensgroße Parodien titianischer Nudi-
    täten und die ganze Wirthschaft duftet nach der Menagerie eines Van Aken." (HSA XXVII,
    294) Damit spielt Weerth auf „eine der Attraktionen des Hamburger Bergs, des Hamburger
    Vergnügungszentrums vor dem Millerntor" (HSA XXVII, 243) an.
23 Vgl. Joseph A. Kruse: Familien-Bande. Heines Versuch, seine Memoiren zu schreiben. Mit
    Blick auf die Verwandtschaft bis heute. – In: Das Jerusalemer Heine-Symposium. Gedächt-
    nis, Mythos, Modernität. Hrsg. v. Klaus Briegleb u. Itta Shedletzky. Hamburg 2001, S. 17–
    35.
24 Vgl. Fritz Breithaupt: Das narrative Gehirn. Berlin 2022.
25 S. Joseph A. Kruse: Die Unsterblichkeit der Familie. Über Heinrich Heines Herkunft und
    Verwandtschaft. – In: Heinrich Heine in Jerusalem. Internationale Konferenz 2001 im Kon-
    rad-Adenauer-Konferenzzentrum in Mishkenot Sha'ananim. Hrsg. v. Naomi Kaplansky,
    Elisheva Moatti, Itta Shedletzky. Hamburg 2006, S. 14–41.
26 Das nicht sehr große Haus an dieser Stelle in der Mertensgasse 1 hat im Heine-Jahr 1997
    der 1932 vom damaligen Bäckermeister Willi Weidenhaupt, Inhaber des Heine-Geburtshau-
    ses in der Bolkerstraße 53 und Begründer einer privaten Heine-Gedenkstätte dort, ins Leben
    gerufene Heimatverein „Düsseldorfer Jonges" erworben und zu seiner Geschäftsstelle ge-
    macht.
27 Darauf bezieht sich der nicht ohne Humor versehene Onkel in seinen Briefen an den Neffen
    vom 24. Dezember 1839 mit der Absenderbezeichnung: „[…] Dein Onkel Salomon Heine /
    Der Mann der Dein Name führt / Spas" und vom 26. Dezember 1843 mit der Adressenvari-
    ation: „An den Mann, der gefunden, daß daß Beste was an mir ist, daß ich sein Name führe
    –". (HSA XXV, 234; HSA XXVI, 86)
28 Vgl. Michael Werner: Genius und Geldsack. Zum Problem des Schriftstellerberufs bei
    Heinrich Heine. Hamburg 1978. – Der Titel der Studie ist einem Heine-Zitat zu verdanken:

Am 27. Februar 1846 schreibt Heine dem jungen Ferdinand Lassalle, einem seiner Berater während des Erbschaftsstreits mit dem Vetter Carl Heine, Sohn und Erbe Salomon Heines, wobei er das gern von ihm benutzte Wort „Genius" mit seiner erwarteten, aber nicht eingetroffenen Pension verwendet, vom „Kampf des Genius mit dem Geldsak". (HSA XXII, 208)

29 Bandbearbeiter: Pierre Grappin. Text unter „Nicht für den Druck bestimmte Texte": Das Gedicht korrespondiert mit dem „Sonnenuntergang" des 1. Zyklus des lyrischen Teils der „Nordsee" im 1. „Reisebilder"-Band von 1826, stammt aus dem September 1825 und entstand auf Norderney zum 48. Geburtstag der Tante, im Mai 1826 wurde es im ersten fertiggestellten Sonderexemplar der „Reisebilder" den Hamburger Verwandten überreicht, so der Kommentar in DHA I/II, 1196.

30 S. Joseph A. Kruse: Heines Hamburger Zeit. Hamburg 1972, S. 12.

31 Für Salomon Heine ist das nach manchen früheren Vorläufern anerkennenswerterweise durch die Arbeit von Sylvia Steckmest geleistet worden: Salomon Heine. Bankier, Mäzen und Menschenfreund. Die Biographie eines großen Hamburgers. Hamburg 2017.

32 Bandbearbeiterin: Elisabeth Genton.

33 Vgl. HSA Registerband XX-XXVII.

34 Orieux: Voltaire [Anm. 6], S. 67.

35 Vgl. Kruse: Heines Hamburger Zeit [Anm. 30]. Diese Studie bietet bereits vor einem halben Jahrhundert einen sachlich-quellenbezogenen Überblick über das Verhältnis des Dichters zu seinem Millionärsonkel und dessen Familie (S. 79–97), speziell zu Salomon Heine s. S. 80–87.

36 Ralph Giordano: Die Bertinis. Roman. Frankfurt a. M. 1982, wo denn auch im Barmbeker Stadtpark in den Jahren 1926–1933 das Heine-Denkmal von Hugo Lederer „in nachdenklicher Pose", nahe der beliebten Panther-Darstellung, im Vergleich dazu „bei den Bertinis" jedoch „kaum Beachtung" fand und ebenso wenig, als dann nur noch der Sockel übrig blieb (S. 48; 147). – Vgl. dazu Christian Liedtke: Heines Denkmäler, 1891–2012. Ein kommentiertes Verzeichnis. – In: HJb 53 (2014), S. 170–214, hier S. 182 f.

37 Ebd. [Giordano: Die Bertinis], S. 684.

38 Vgl. Ludwig Rosenthal: Heinrich Heines Großoheim Simon von Geldern. Ein historischer Bericht mit dem bisher meist unveröffentlichten Quellenmaterial. Kastellaun 1978, Pers. reg.; Rolf Hosfeld: Heinrich Heine. Die Erfindung des europäischen Intellektuellen. München 2014, S. 28 weist eigens darauf hin.

39 S. z. B. Joseph A. Kruse: „Sehr viel von meiner mütterlichen Familie" (H. Heine). Geschichte und Bedeutung der van Gelderns. – In: Ders.: Heine-Zeit. Stuttgart/Weimar 1997, S. 1–44, hier bes. S. 16–18.

40 Rosenthal: Heinrich Heines Großoheim [Anm. 38], S. 207–210 (zweispaltig).

41 Vgl. Margit Dirscherl: Heinrich Heines Poetik der Stadt. Stuttgart 2016, worauf sich ebenso dankbar wie ausdrücklich bezieht Joseph A. Kruse: Nach-Gedacht: „Heinrich Heines Poetik der Stadt". – In: Heinrich Heine. Miszellen aus Berlin. Hrsg. v. Roland Schiffter, Sabine Bierwirth, Arnold Pistiak. Berlin 2018, S. 218–279.

42 S. Joseph A. Kruse: Simon von Geldern (1720–1788), der Morgenländer. – In: Grenzgänger. Jüdische Wissenschaftler, Träumer und Abenteurer zwischen Orient und Okzident. Hrsg. v. Julius H. Schoeps u. Thomas Gertzen. Berlin/Leipzig 2020, S. 310–333, hier S. 317.

43 Thomas Mann: Joseph und seine Brüder I. Die Geschichten Jaakobs. Roman; Der junge Joseph. Roman. Hrsg. u. textkritisch durchgesehen von Jan Assmann, Dieter Borchmeyer und Stephan Stachorski unter Mitwirkung von Peter Huber. Frankfurt a. M. 2018 (= Th. M.: Große kommentierte Frankfurter Ausgabe, Bd. 7/1), S. IX.

44 Vgl. Kruse: Simon von Geldern [Anm. 42], Titel und die 4. bzw. letzte Abteilung, unter der dieser Beitrag als erster folgt.

45 Ursula Stein: Heinrich Heine und das Geistige Eigentum. Berlin 2007, S. 21; 35 (Anm.
    94). – Sie stützt sich dabei auf die drei einschlägigen Heine-Biographien von Jan-Christoph
    Hauschild/Michael Werner, Ludwig Marcuse und Fritz J. Raddatz. – Hier sei ferner vor
    allem auf die Studie von Ludwig Rosenthal verwiesen: Heinrich Heines Erbschaftsstreit.
    Hintergründe, Verlauf, Folgen. Bonn 1982.

46 S. Ursula Broicher: Der „Romanzero". Heinrich Heines lyrische Memoiren. Krefeld 2020.

47 Doppeldruck, wobei die erste Fassung die Situation noch ein wenig verfremde-
    ter wiedergibt („Als ich meines Liebchens Familie / Zufällig im Bade fand" –
    DHA I/I, 212).

48 Von Strodtmann erst 1869 in den „Letzten Gedichten und Gedanken" gedruckt.

49 So beschreibt Klaus Briegleb in einem psychoanalytischen Rekurs die überragende Funk-
    tion des Onkels im Leben des Dichters (s. K. B.: Opfer Heine? Versuche über Schriftzüge
    der Revolution. Frankfurt a. M. 1986, S. 32).

50 Vgl. Joseph A. Kruse: Heinrich Heines ‚Der Dichter Firdusi': Fremde Historie als eigene
    Situation. – In: Ballade und Historismus. Die Geschichtsballade des 19. Jahrhunderts. Hrsg.
    v. Winfried Woesler. Heidelberg 2000, S. 116–134.

51 S. den Kommentar zum „Romanzero", „Gedichte. 1853 und 1854" u. „Lyrischer Nachlaß",
    DHA III/II, 726, wo aus den „Gedichten. 1853 und 1854" „Der Philanthrop" und „Erinne-
    rung an Hammonia" als Anspielungen auf die Hamburger Verwandtschaft genannt werden;
    aus den Nachlassgedichten sind es die oben aufgeführten, gefolgt von dem verräterisch und
    mit Recht verwendeten „u. a.".

52 S. DHA III/I, 51 f.

53 Steckmest: Salomon Heine [Anm. 31], im Untertitel nach „Bankier" und „Mäzen" mit viel
    Berechtigung als dritte Bezeichnung: „Menschenfreund".

54 DHA III/I, 220 f.

55 Ebd., 122. („Romanzero. Lamentazionen, XX – Schlusstext –: „Doch fall' ich unbesiegt,
    und meine Waffen / Sind nicht gebrochen – Nur mein Herze brach.")

56 Vgl. den Titel von Marcel Reich-Ranicki: Der Fall Heine. Stuttgart 1997.

Theodor Storms Heine
Zwischen Faszination und Vorbehalten

Eckart Pastor

1. Faszination

Seit der ersten Begegnung mit dem „Buch der Lieder" hat sich Theodor Storm dem damals schon berühmten Dichter Heinrich Heine verbunden gefühlt, „dem ich noch immer meine Dankgebete in die Gruft stammle."[1] Mit Heines Werk kam er freilich erst 1835, im Alter von 18 Jahren also, durch Ferdinand Röse, einen älteren Schulfreund, in Berührung. Diesem hat Storm ein halbes Jahrhundert später ein immer wieder zitiertes und kommentiertes[2], weil bemerkenswertes, Porträt gewidmet, in dem er in aufschlussreicher Weise den Abend seiner Heine-Initiation schildert:

> Nie werde ich den Spätherbstabend vergessen, an dem er [Röse] mich dort in Heines mir noch unbekanntes „Buch der Lieder" einweihte. Aus dem verschlossenen Glasschrank, der den Oberteil einer Schatulle bildete, nahm er das Exemplar auf schlechtem Druckpapier, und während wir am warmen Ofen saßen und draußen der Wind durch die Schiffstaue sauste, begann er mit gedämpfter Stimme zu lesen: „Am fernen Horizonte", „Nach Frankreich zogen zwei Grenadier'", „Über die Berge steigt schon die Sonne" und so eines nach dem andern; zuletzt „Wir saßen am Fischerhause und sahen nach der See"; ich war wie verzaubert von diesen stimmungsvollen Liedern, es war Morgen und es nachtete um mich, und als er endlich, fast heimlich das Buch fortlegend, schloß: „Das Schiff war nicht mehr sichtbar"; es dunkelte gar zu sehr", da war mir, als seien die Tore einer neuen Welt vor mir aufgerissen worden. Gleich am andern Morgen kaufte ich mir das „Buch der Lieder" und zwar auf Velin-Papier.[3]

Die Erinnerungen eines alten Mannes, genauer: eines alten Dichters, der seine Worte freilich nach wie vor ganz bewusst setzt. Er hätte schreiben können, dass

E. Pastor (✉)
Banneux (Sprimont), Belgien
E-Mail: E.Pastor@uliege.be

Röse ihn in Heines Werk „einführte" oder damit „bekannt machte", er wählt aber das religiös konnotierte Wort „einweihte".[4] Und in der Tat gleicht die Schilderung dieser Initiation einem heiligen Akt, was vielleicht nicht überrascht, wenn man an die eben zitierten „Dankgebete" denkt. Der „verschlossene […] Glasschrank, der den Oberteil einer Schatulle bildete" gleicht auffallend einem Tabernakelschrank, in dem nicht nur in katholischen Kirchen das „Allerheiligste" aufbewahrt wird. Mit dem Öffnen des sorgsam verschlossenen Schreins wurden die „Tore einer neuen Welt" aufgerissen, wobei sicher an biblische Vorformulierungen über den Einzug des Heiligen zu denken ist wie „Machet die Tore und die Türen in der Welt hoch, dass der König der Ehre einziehe!" (Ps 24,7) oder „Siehe, ich habe vor dir gegeben eine offene Tür, und niemand kann sie zuschließen". (Offb 3,8) Im Entwurf zu seinen „Erinnerungen an Eduard Mörike" entsinnt sich Storm nicht zufällig, wie er in den Röseschen Vorleseraum „durch eine düstere *kirchenhohe* Außendiele" gelangt war.[5] Dass sich der junge Mann gleich am Tag nach diesem Ereignis das „Buch der Lieder" auf Velin-Papier kauft, einer pergamentähnlich-exquisiten Papiersorte[6], ist dann nur ein passender Ausfluss der feierlich-weihevollen Zeremonie. Und diese damals erstandene Heinesche „Erstausgabe" vergleicht er auch in einem der Entwürfe zu einer Tischrede anlässlich seines 70. Geburtstags ganz im angesprochenen Sinne ausgerechnet mit einem „Gebetbuch"[7], das immer noch in seinem Bücherschrank stehe. Im Verlauf jenes Röse-Abends hat ja die Heinesche Dichtkunst ein wahres Wunder vollbracht: „… es war Morgen und es nachtete um mich". Eine derart ausdrückliche Sakralisierung der Lyrik ganz allgemein findet man immer wieder bei Storm – deutlichstes Beispiel ist wohl das Vorwort zu seinem „Hausbuch aus deutschen Dichtern seit Claudius" aus dem Jahre 1875, wenn er schreibt:

> […] in seiner Wirkung soll das lyrische Gedicht dem Leser – man gestatte den Ausdruck – zugleich eine Offenbarung und Erlösung, oder mindestens eine Genugtuung gewähren, die er sich selbst nicht hätte geben können, sei es nun, daß es unsre Anschauung und Empfindung in ungeahnter Weise erweitert und in die Tiefe führt, oder, was halb bewußt in Duft und Dämmer in uns lag, in überraschender Klarheit erscheinen läßt.[8]

Einer solchen Forderung hätte möglicherweise Heinrich Heine freudig zugestimmt, da ja „Offenbarung und Erlösung" sogleich als ausschließlich diesseitsbezogen verortet werden – nicht überraschend beim (freilich bibelfesten) Atheisten Storm, der in jenem „poetische[n] Glaubensbekenntnis", wie er es nach eigener Aussage im „Hausbuch"-Vorwort niedergelegt habe[9], der Lyrik zum Ziel setzt, auf das Unterbewusstsein des Lesers oder Hörers einzuwirken und ihm in wundersamer Weise „Klarheit" herbeizuzaubern.

Zwei Bemerkungen im Röse-Porträt sind schließlich auch höchst aufschlussreich für den jungen wie den alten Storm: Der Satz „… während wir am warmen Ofen saßen und draußen der Wind durch die Schiffstaue sauste, begann er mit gedämpfter Stimme zu lesen", lässt für diesen Weiheakt an die sonst bei Storm der Liebe vorbehaltene „ins Haus heimgeholte Transzendenz" denken[10], an eine also geradeso wie die Liebe bei Storm gegen das Weltgetöse abgeschirmte, im weitesten Wortsinne „heimliche" und sakrale Begebenheit.

Darüber hinaus ist in unserem Zusammenhang natürlich besonders das einzige Adjektiv bezeichnend, das Storm den Heineschen Gedichten zuweist: „stimmungsvoll". Die Stimmung der Lieder bringe das nächtliche Wunder hervor. Und dieser Eindruck ist nicht unbedingt nur dem jungen Zuhörer Storm zuzuschreiben, sondern auch das, was dem alten Dichter in Erinnerung geblieben ist. Dazu Anne Petersen:

> ‚Stimmung' ist [...] die zentrale poetologische Kategorie in Storms Lyrikkonzept. Sie ist sowohl schöpferischer Ausgangspunkt als auch zentrale Wirkungsabsicht der Lyrik. Im Rahmen eines höchst reflektierten Schreibprozesses setzt Storm Sprache als Instrument ein, um die Rezeption des Lesers oder Hörers zu steuern und in ihnen emotionale Effekte gezielt hervorzurufen. Auf diese Weise verbindet der Dichter in diesem Sinne sein inspirierendes Erlebnis mit dem ästhetischen Erleben des Lesers oder Hörers. Das Ergebnis ist der ästhetische Schein der Versöhnung zwischen Innen- und Außenwelt, ein gefühlter Zustand von Einklang und Verständnis.[11]

Mit einigem Recht hat Heinrich Detering diesbezüglich die Frage gestellt, „ob hier tatsächlich ausgerechnet die Dichtung Heinrich Heines als Musterbeispiel taugt" und hinzugefügt, „dass jedenfalls Storm dieser Ansicht war"[12], was ja Storms Vorwort zu seiner Anthologie „Deutsche Liebeslieder seit Johann Christian Günther" aus dem Jahr 1859 mehr als deutlich belegt:

> Er [Heine] erhob – man gestatte den Ausdruck – das „Stimmungsgedicht" zu einer eigenen Gattung, indem er mit einem seltenen Sinn für das Wesentliche den Hörer in eine das Gemüt ergreifende Situation versetzt und ihn dann schweigend diesem Eindruck überläßt; er macht es um uns tagen und Abend werden und erfüllt unser Herz mit dem ganzen Eindruck, den wir in der günstigsten Stunde von der Natur selber hätten empfangen können.[13]

Hat Theodor Storm etwa Heine falsch gelesen oder gehört? Sind Stimmungsgedichte denn überhaupt Heines Domäne? „... es war Morgen und es nachtete um mich" und „er macht es um uns tagen und Abend werden": Diese ganz gleichsinnigen, wundergetränkten Aussagen, sind sie die eigenwilligen Bemerkungen eines ja inzwischen erwachsen gewordenen Mannes, der am Wesentlichen vorbeischaut oder vorbeihört?

Vor vierzig Jahren bereits hat Wolfgang Preisendanz in seiner klarsichtigen Heine-Monographie einige immer noch bedenkenswerte Zurechtrückungen vorgenommen, wenn er es „nachgerade kurios" findet,

> mit welcher Beharrlichkeit das 3. Gedicht der ‚Heimkehr', das Gedicht „Mein Herz, mein Herz ist traurig" unter Hunderten von einem Interpreten nach dem andern ausersehen wurde, Heines Lyrik paradigmatisch zu repräsentieren. Aber es gibt viele, sehr viele Gedichte ohne Bruch, ohne Zwiespalt, ohne Widerspiel von Ironie und Sentimentalität, ohne ironische Textformanten und -signale, ohne die Suggestion, das Gedicht als ganzes ironisch auf einen textexternen Kontext zu beziehen [...] Oft genug nimmt sich die pathetisch-sentimentale Sprechweise ihr Recht ohne einen sie ironisierenden Hintergrund; die Versuchung, nach altem Muster die Entfremdung im Gedicht aufzuheben, ist keineswegs abgewiesen, es gibt zahlreiche eindeutige, einstimmige Gedichte ohne jede Vorbehaltlichkeit.[14]

Dagegen beharren jüngere Heine-ForscherInnen wie Renate Stauf gerade auf den durchgängigen „Vorbehaltlichkeiten" in Heines Schreibart:

Besteht doch Heines Sprachkunst gerade darin, durch oft kaum wahrnehmbare Verrückungen und Verschiebungen des sprachlichen Materials und durch das Anstimmen dissonanter Töne, alles das zu verweigern, was die romantischen Sprach- und Stimmungsbilder
noch versprechen: atmosphärische Naturerlebnisse, eine symbolische Beziehung zwischen Mensch und Natur, ausschwingende Emotionen, authentische Liebessehnsucht, absolute Liebe und echten Liebesschmerz.[15]

Preisendanz ist vorsichtiger, denn mit dem Adverb „oft" schließt er natürlich keineswegs das aus, was Stauf kategorisch als Heines spezifische Sprachkunst herausstellt. Es gibt eben beides, gerade im „Buch der Lieder": einerseits „die pathe-
tisch-sentimentale Sprechweise" ohne einen „sie ironisierenden Hintergrund" und
andererseits die Verweigerung der „romantischen Sprach- und Stimmungsbilder"
mit ihren „ausschwingenden Emotionen": „Die fast zum Reflex gewordene An-
nahme, daß hinter jedem Wort Ironie stecken muß, ist genauso mißlich wie die ent-
gegengesetzte Ablehnung der ‚Stimmungsbrechung'." (Kolb)[16]

Wenn wir nun aber diejenigen Heine-Gedichte betrachten, die der alte Storm
sich bei der Schilderung des Röse-Abends in Erinnerung ruft, so gehören sie allesamt, wenigstens auf den ersten Blick oder Eindruck, eher der Gruppe „ohne
Vorbehaltlichkeiten" an, die Preisendanz mit seiner Zurechtrückung anspricht:
„Am fernen Horizonte" (DHA I, 227), „Nach Frankreich zogen zwei Grenadier'"
(ebd., 77 f.), „Ueber die Berge steigt schon die Sonne" (ebd., 297), „Wir saßen
am Fischerhause, / Und schauten nach der See". (ebd., 215 f.) Man kann ja wohl
annehmen, dass Ferdinand Röse damals dem andächtigen jungen Mann nur eine
Auswahl aus Heines Sammlung vorgetragen hat und dabei möglicherweise einsei-
tig selektiv vorgegangen ist. Dafür spricht schon allein in Storms Bericht, dass das
Gedicht „Wir saßen am Fischerhause" zuallerletzt gelesen wurde und im „Buch
der Lieder" keineswegs das Ende bildet. Hätte also an diesem Abend Storm allein
„Stimmungsgedichte" zu Ohren bekommen und daher keinerlei „Vorbehaltlichkeiten" zur Kenntnis nehmen können?

Vergessen wir nicht, dass er 1859, also fast ein Vierteljahrhundert nach dem Lübecker Erweckungserlebnis, Heine immer noch die Erfindung der Gattung „Stim-
mungsgedicht" zuschreibt und noch einmal Jahrzehnte später für dessen Lieder lediglich das Adjektiv „stimmungsvoll" übrighat, wobei doch kein Zweifel daran besteht, dass er inzwischen immer wieder die nicht umsonst „vergriffene Ausgabe"
seines (Gebet-)„Buchs der Lieder" zur Hand genommen und eifrig durchgelesen
hat. Und selbst wenn wir die vom alten Storm ausdrücklich erinnerten Gedichte
einmal genauer in Augenschein nehmen, können wir auch dort, mit Renate Stauf
zu reden, einige „oft kaum wahrnehmbare Verrückungen und Verschiebungen des
sprachlichen Materials" und auch „das Anstimmen dissonanter Töne" schwerlich
wegdiskutieren.

Die Nr. XVI des Zyklus „Heimkehr" verstärkt bereits gewisse Bedenken:

Am fernen Horizonte
Erscheint, wie ein Nebelbild,
Die Stadt mit ihren Thürmen
In Abenddämmrung gehüllt.

Ein feuchter Windzug kräuselt
Die graue Wasserbahn;
Mit traurigem Tacte rudert
Der Schiffer in meinem Kahn.

Die Sonne hebt sich noch einmal
Leuchtend vom Boden empor,
Und zeigt mir jene Stelle,
Wo ich das Liebste verlor. (DHA I, 227)

Mit dem geringfügigen Verstoß gegen die Erwartung im letzten Vers („das Liebste" statt „die Liebste") wird möglicherweise nachträglich die Aufmerksamkeit geweckt für eine vorangegangene Außergewöhnlichkeit: „Die Sonne hebt sich noch einmal / Leuchtend vom Boden empor" – kann sich denn die Sonne in der „Abenddämmrung", also während des Sonnenuntergangs, „noch einmal emporheben"? Normal wäre gewesen, dass sie noch einmal aus dem Nebel hervortaucht, aber nicht, dass sie noch einmal „aufgeht"! Damit wird doch jedenfalls für den aufmerksamen Leser oder Zuhörer die Illusion zerstört, dass der Dichter hier ein glaubhaftes Erlebnis zumindest fiktiv gestaltet.

Das so oft seinerzeit beschworene Thema von Trennung und schmerzlichem Abschied (wie etwa in Wilhelm Müllers von Schubert vertontem Gedicht „Gute Nacht": „Fremd zieh' ich wieder aus") nimmt Heine auch in Lied LXXXIII der „Heimkehr" auf:

Ueber die Berge steigt schon die Sonne,
Die Lämmerheerde läutet fern;
Mein Liebchen, mein Lamm, meine Sonne und Wonne,
Noch einmal säh' ich dich gar zu gern!

Ich schaue hinauf, mit spähender Miene –
Leb' wohl, mein Kind, ich wandre von hier!
Vergebens! Es regt sich keine Gardine;
Sie liegt noch und schläft – und träumt von mir? (ebd., 297)

Die unentschiedene Frage am Ende, die nur durch das Fragezeichen als solche erkennbar ist – „träumt sie von mir?" hätte sich bruchlos eingefügt –, lenkt wiederum den Blick zurück auf eine andere (reimende) Ungereimtheit: Aus dem durchgängigen vierhebigen Metrum der Verse bricht der dritte Vers der ersten Strophe mit einer fünften Hebung nahezu provozierend aus[17] und bevölkert überdies sein Versende mit einem banalen Binnenreim, in dem sich Sonne wieder einmal auf Wonne (geradeso wie Herz auf Schmerz) reimt. Und dass im gleichen Vers das „Liebchen" als „mein Lamm" in die eben zuvor erwähnte „Lämmerheerde" eingereiht wird, entbehrt wohl auch nicht der Ironie.

Und dann sollten wir ebenfalls nicht verschweigen, dass in dem insgesamt tatsächlich recht stimmungsvollen Gedicht „Wir saßen am Fischerhause" aus dem gleichen Zyklus (Nr. VII) die vorletzte Strophe doch heftig an der Stimmung rüttelt:

In Lappland sind schmutzige Leute,
Plattköpfig, breitmäulig und klein;
Sie kauern ums Feuer, und backen
Sich Fische, und quäken und schrei'n. (DHA I, 216)

Da wundern wir uns schließlich doch, dass dem Theodor Storm wenigstens an derlei Stellen nicht die Stimmung abhandengekommen ist.[18]

Und letzten Endes sollten wir auch bei genauerem Überdenken nicht übersehen, dass Heines (stimmungsvolles?) Gedicht „Die Grenadiere" mit der uneingeschränkten Sympathie für die aus Russland geschlagen durch Deutschland ziehenden französischen Soldaten sich herausfordernd querstellt zu den vorherrschenden Diskursen der Zeit, aus denen nur der unsägliche und bis weit ins 20. Jahrhundert hinein so populäre Ernst Moritz Arndt, für den „jeder Franzmann heißet Feind"[19], zur gleichen Situation zitiert sei:

Es wirbeln die Trommeln: Heraus! Heraus!
Zum Kriege der Rache ins Feld hinaus!
Die Franzen sie fliehen! Frisch hinterdrein!
Wer wollte wohl heute der letzte sein?

Auf! Frische Gesellen! Und greift die Wehr!
Auf! Über die schnöden Banditen her!
Färbt Lanzen und Schwerter im Blute rot
Und schlaget die Schelmenfranzosen tot.

So hetzet sie munter zum Rhein, zum Rhein,
Und über den Rhein und über den Rhein;
Wo Worte der Treue der Deutsche spricht,
Da wohne französische Lüge nicht.[20]

Gerhard Höhn zählt „Die Grenadiere", die um 1820 entstandene *Romanze*, mit Recht „zu den Meisterwerken der frühen Lyrik", wo sich bereits „Heines lebenslanges Engagement für die freiheitlichen Ideale der Französischen Revolution" ankündige.[21] Aber es geht ja nicht nur um Ideale, sondern auch um die Rehabilitation der laut Arndt „schnöden Banditen" und „Schelmenfranzosen", die Heine in den „Reisebildern" mitleidig die „Waisenkinder des Ruhms"(DHA VI, 198) nennen wird und denen er in der Romanze voller Zuneigung den allbekannten Mythos von einer kaiserlichen Wiederkehr zuschreibt. Diesen beanspruchen ja zu gleicher Zeit die Deutschen für sich und sehnen ihn inbrünstig aus dem Kyffhäuser und natürlich nicht von der Insel Elba herbei. Den deutschen Mythos um Friedrich Barbarossa wird dann Heine bekanntlich viel später in „Deutschland. Ein Wintermährchen" unerbittlich antinationalistisch und antipreußisch wenden.[22]

2. Vorbehalte

An dieser Stelle nun müssen wir die (wie immer) zuverlässigen Einwände von Peter Goldammer in unsere Überlegungen einbeziehen: „Was Storm im Alter über seine Entdeckung der Heineschen Lyrik geäußert hat, fand zunächst keine

Entsprechung bei dem *jungen* Poeten." Und dann führt Goldammer aus, dass Storm seiner Braut Constanze Esmarch 1844 das „Buch der Lieder" geschickt und im Begleitbrief geschrieben habe:

> H[eine] ist der Dichter einer Uebergangsperiode, die das alte Falsche wegzuräumen sucht, aber noch nichts Neues an die Stelle zu setzen weiß. Daher wittert er in allem die alte Schlafmütze, auch im Heiligsten, mit seiner übermüthigen Zersetzungslust löst er alles auf, rüttelt an Allem.[23]

Goldammer kommentiert den von Storm bei Karl Goedeke („Deutschlands Dichter von 1815 bis 1843") entliehenen Ausdruck „Zersetzungslust":

> Mit dem späteren, präfaschistischen und offen faschistischen Gebrauch der Wörter *zersetzend* und *Zersetzung* hat das, was hier *Zersetzungslust* genannt wird, noch wenig zu tun. Daß aber Storm diese Vokabel kommentarlos übernimmt, zeigt, daß er wohl kaum etwas mit dieser Komponente der Heineschen Lyrik anzufangen gewußt hat.[24]

Seien wir ein wenig genauer: Nicht nur und zweifellos hat Storm „wohl kaum etwas mit dieser Komponente der Heineschen Lyrik anzufangen gewußt", sondern er behauptet, dass gerade diese „übermüthige Zersetzungslust" überhaupt „nichts Neues" sei und, schlimmer noch, auch das „Heiligste" (man achte wieder auf den Wortschatz!) und damit das für ihn Eigentliche der Lyrik „auflöse". Da kreiert Storm gewissermaßen zwei Heines, den Stimmungsdichter Heine, den er sein Leben lang verehren wird, und den „Zersetzer" Heine, den er noch in den 1840er Jahren immerhin kritisch zur Kenntnis nimmt und dann schlicht und einfach zu verdrängen scheint, weil im Sakralraum der Lyrik Blasphemie, will sagen: die Infragestellung der sakral-stimmungsvollen Lyrik, nichts zu suchen habe. Und so ist es nicht erstaunlich, dass er in den nachgelassenen Schriften Heines, die 1869 von Adolf Strodtmann unter dem Titel „Heinrich Heine. Letzte Gedichte und Gedanken" herausgegeben wurden[25] und in denen sich kaum bis dahin unveröffentlichte Texte des jungen und angeblich so „stimmungsvollen" Heine finden, „viel unbedeutendes Zeug" ausmacht, wie er gegenüber der jungen Dichterin Ada Christen konstatiert.[26]

Freilich können wir es nicht ohne Weiteres bei einem solch eindeutigen Befund bewenden lassen. Unter den Gedichten Heines, die Storm 1875 in sein „Hausbuch aus deutschen Dichtern seit Claudius" aufgenommen hat, sind nämlich bei aller Vorliebe für den „Stimmungsdichter" seine beiden Heines vertreten, der, um Storms Wortschatz zu verwenden, „Herzbezwingende"[27] und, in freilich bescheidenerem Umfang, auch der „Zersetzende", mit dem der Herausgeber der Anthologie so augenscheinlich „nichts anzufangen gewußt" habe.

In der Anthologie hat Storm die Klassiker Goethe und Schiller wegen ihrer ohnehin großen Bekanntheit und Verbreitung von vornherein ausgeschlossen. Heine ist mit 19 Gedichten vertreten – im Vergleich: Uhland mit 16, Eichendorff mit 17, aber Rückert erstaunlicherweise mit 25! Von den Heine-Gedichten stammen 8 aus dem „Buch der Lieder", 7 aus den „Neuen Gedichten", und 4 aus dem „Romanzero", darunter eines aus dem „Lazarus"-Zyklus. Die Texte sind nicht durchgängig chronologisch angeordnet, sondern nach ihrem Genre: den ersten Teil bilden die liedhaften Gedichte, den zweiten Teil die balladenartigen Romanzen, deren

Corpus mit den frühen „Grenadieren" anhebt und mit der späten „Frau Sorge"
schließt. Das, wie ich meine, gelungene Ende bildet das (erst posthum veröffentlichte) Gedicht mit der Bitte des Todkranken an Gott, endlich sterben zu dürfen
(„Die Söhne des Glückes beneide ich nicht"):

> […]
> Ob deiner Inconsequenz, O Herr,
> Erlaube daß ich staune:
> Du schufest den fröhlichsten Dichter und raubst
> Ihm jetzt seine gute Laune
>
> Der Schmerz verdumpft den heitern Sinn
> Und macht mich melancholisch;
> Nimmt nicht der traurige Spaß ein End,
> So werd' ich am Ende katholisch.
>
> Ich heule dir dann die Ohren voll
> Wie andre gute Christen –
> O Miserere! Verloren geht
> Der beste der Humoristen! (DHA III, 349)

Heinescher konnte diese Auswahl kaum schließen: ein Text aus lauter „Vorbehaltlichkeiten". Und doch muss man sich fragen, wie denn der unbefangene Leser,
dem da über ein gutes Dutzend Seiten hinweg die (wenigstens für Storm) stimmungsvollen Gedichte „ohne einen sie ironisierenden Hintergrund" (Preisendanz)
dargeboten wurden, auf die Idee kommen konnte, dass mit Heine „der beste der
Humoristen" verloren gehe. Einzig im unmittelbar vorangehenden Text „Frau
Sorge" waren die schönen Träume von Glück und Mai mit bitterem Humor „wie
eine Seifenblase" geplatzt:

> […]
> An meinem Bett in der Winternacht
> Als Wärterin die Sorge wacht.
> Sie trägt eine weiße Unterjack',
> Ein schwarzes Mützchen, und schnupft Tabak.
> Die Dose knarrt so gräßlich,
> Die Alte nickt so häßlich.
>
> Mir träumt manchmal, gekommen sey
> Zurück das Glück und der junge May
> Und die Freundschaft und der Mückenschwarm -
> Da knarrt die Dose - daß Gott erbarm,
> Es platzt die Seifenblase -
> Die Alte schneuzt die Nase. (DHA III, 116)

Ich will glauben, dass Theodor Storm möglicherweise schweren Herzens, aber bewusst diese beiden Texte ans Ende der Heine-Auswahl gesetzt hat, weil da nach
„den ausschwingenden Emotionen" mit all dem, „was die romantischen Sprach-
und Stimmungsbilder noch versprechen" (Stauf[28]), buchstäblich die Seifenblasen
platzen und beißend humorvoll „Zersetzung" an einer Art Lyrik vorgenommen
wird, an die sich der alte Storm noch melancholisch erinnert, von der er aber für

sein eigenes lyrisches Schaffen auch Abschied zu nehmen sich anschickt – man denke an seine berückenden Todesgedichte seit den 1860er Jahren wie etwa „Ein Sterbender"[29] oder – besonders beeindruckend – „Geh nicht hinein", im Rhythmus (nicht im Metrum) mancher Gedichte aus Heines „Nordsee"-Zyklus:

> […]
> In jenem hohen dämmrigen Gemach
> – Beklommne Schwüle ist drin eingeschlossen –,
> Dort hinterm Wandschirm auf dem Bette liegt
> Etwas – geh nicht hinein! Es schaut dich fremd
> Und furchtbar an.
>   Vor wenig Stunden noch
> Auf jenen Kissen lag sein blondes Haupt;
> Zwar bleich von Qualen, denn des Lebens Fäden
> Zerrissen jäh; doch seine Augen sprachen
> Noch zärtlich, und mitunter lächelt' er,
> Als säh er noch in goldne Erdenferne.
>   Da plötzlich losch es aus; er wußt es plötzlich
> – Und ein Entsetzen schrie aus seiner Brust,
> Daß ratlos Mitleid, die am Lager saßen,
> In Stein verwandelte –, er lag am Abgrund;
> Bodenlos, ganz ohne Boden. – „Hilf!
> Ach Vater, lieber Vater!" Taumelnd schlug
> Er um sich mit den Armen; ziellos griffen
> In leere Luft die Hände; noch ein Schrei –
> Und dann verschwand er.
>   Dort, wo er gelegen,
> Dort hinterm Wandschirm, stumm und einsam liegt
> Jetzt etwas; – bleib, geh nicht hinein! Es schaut
> Dich fremd und furchtbar an; für viele Tage
> Kannst du nicht leben, wenn du es erblickt.
>
> „Und weiter – du, der du ihn liebtest – hast
> Nichts weiter du zu sagen?"
> Weiter nichts.[30]

Es muss allerdings deutlich die auf der Hand liegende Feststellung Peter Goldammers wiederholt werden, dass Theodor Storm nur die Heinesche Lyrik intensiv aufgenommen hat und sich über seine Prosa weitgehend ausschweigt:

> Über Heine als „Vormärz"-Dichter und über sein Verhältnis zum Jungen Deutschland lesen wir bei Storm kein Wort […] Deutlich auf den Spuren der Heineschen „Reisebilder" finden wir Storm in dem 1871 entstandenen Prosa-Stück „Eine Halligfahrt". […] Von Heines übrigen Prosaschriften dürfte Storm, wenn überhaupt, nur oberflächlich Kenntnis genommen haben. Nicht einmal das Buch über die „Romantische Schule" hat er irgendwo erwähnt, obschon es ihn doch hätte interessieren müssen.[31]

Damit liegt Storm, von der Diffamierung abgesehen, die man ihm nicht nachsagen kann, ganz auf der Linie der damaligen „Zweiteilung" des Heine-Bildes, das Christian Liedtke treffend beschreibt: „Der ,politische' Prosaautor wird abgelehnt und diffamiert, der ,Dichter' des ,Buchs der Lieder' hingegen schwärmerisch verehrt."[32]

Dem ist nur hinzuzufügen, dass für Storm in all den Heineschen Prosaschriften, die er ja in seinem Bücherschrank stehen hatte, vielleicht zu erbarmungslos dessen „übermüthige Zersetzungslust" am Werke war.

3. „Abenddämmerung" und „Meeresstrand" – in zwei Dichterwerkstätten

Wenn der Heine-Freund diese befangene, voreingenommene Rezeptionsweise Storms zwar kopfschüttelnd, aber immerhin nachsichtig in Kauf nimmt und sich ausschließlich auf denjenigen Bereich beschränkt, in dem die beiden gewissermaßen miteinander korrespondieren können, sind doch auch lohnende Einblicke in ganz verschiedene Dichterwerkstätten denkbar. Um solche Möglichkeiten anzudeuten, sollen abschließend kurz zwei motivverwandte und, wie ich meine, sehr gelungene Gedichte der beiden Dichter nebeneinandergestellt werden.

Die Größe des Lyrikers Heine hat ja Storm selbst, wie wir sahen, immer wieder hervorgehoben, er nennt ihn gegenüber Erich Schmidt „unsern größten lyrischen Formkünstler […] ich kann nichts dafür, daß er ein Jude war"[33]; aber Friedrich Sengle, der bekannte Kenner der deutschen Literatur des 19. Jahrhunderts, hat sicher auch nicht Unrecht, wenn er behauptet, dass es

> […] auch für einen kritischen Literarhistoriker tatsächlich sehr schwer [ist], zwischen der um 1800 geborenen Generation (Heine, Droste-Hülshoff, Mörike, Platen) und der um 1870 geborenen impressionistischen Generation (George, Hofmannsthal, Rilke) einen größeren Lyriker in Deutschland zu finden als Storm.[34]

In der Tat erleben wir den Husumer Dichter im ausgewählten Gedicht „Meeresstrand" meines Erachtens auf einem Höhepunkt seines poetischen Könnens. Und Heines berückende „Abenddämmerung", in die vergleichende Perspektive versetzt, bestätigt vielleicht, das sei vorweg gesagt, Sengles These, dass Heine „für Storm eher ein bedeutender Vorgänger als ein Nachbar im Geiste"[35] gewesen sei.

Heinrich Heine: Abenddämmerung (1825–26)

Am blassen Meeresstrande
Saß ich gedankenbekümmert und einsam.
Die Sonne neigte sich tiefer, und warf
Glührothe Streifen auf das Wasser,
Und die weißen, weiten Wellen,
Von der Fluth gedrängt,
Schäumten und rauschten näher und näher –
Ein seltsam Geräusch, ein Flüstern und Pfeifen,
Ein Lachen und Murmeln, Seufzen und Sausen,
Dazwischen ein wiegenliedheimliches Singen –
Mir war als hört' ich verscholl'ne Sagen,
Uralte, liebliche Mährchen,
Die ich einst, als Knabe,
Von Nachbarskindern vernahm,

Wenn wir am Sommerabend,
Auf den Treppensteinen der Hausthür,
Zum stillen Erzählen niederkauerten,
Mit kleinen, horchenden Herzen
Und neugierklugen Augen; –
Während die großen Mädchen,
Neben duftenden Blumentöpfen,
Gegenüber am Fenster saßen,
Rosengesichter,
Lächelnd und mondbeglänzt. (DHA I, 359 f.)

Theodor Storm: Meeresstrand (um 1853)

An's Haf nun fliegt die Möwe,
Und Dämmrung bricht herein;
Über die feuchten Watten
Spiegelt der Abendschein.

Graues Geflügel huschet
Neben dem Wasser her;
Wie Träume liegen die Inseln
Im Nebel auf dem Meer.

Ich höre des gärenden Schlammes
Geheimnisvollen Ton,
Einsames Vogelrufen –
So war es immer schon.

Noch einmal schauert leise
Und schweiget dann der Wind;
Vernehmlich werden die Stimmen,
Die über der Tiefe sind.[36]

Heinrich Heine, „wie wenig Andere, hat gezeigt, was die einfachsten Worte vermögen, sobald nur die rhythmische Weise dazu gefunden ist." So rechtfertigt Storm im Vorwort zu seiner Anthologie „Deutsche Liebeslieder seit Johann Christian Günther" die Entscheidung, in seiner ersten Gedichtsammlung neben Goethe „wie billig, Heinrich Heine am reichlichsten vertreten" zu sehen.[37] In Bezug auf unsere beiden Gedichte allerdings verbietet sich fast die Frage, wer denn da „die einfachsten Worte" gefunden habe. Die beschworenen Dinge und Geschehnisse sind zwar denkbar nahe beieinander:

Heine	Storm
Meeresstrand	Meeresstrand
Wasser	Wasser
einsam	einsam
Abenddämmerung	Abendschein
vernahm	vernehmlich
einst	immer schon

Heine	Storm
Sonne neigt sich tiefer	Dämmrung
als hört' ich	ich höre
seltsam Geräusch	geheimnisvolle[r] Ton,
Flüstern, Pfeifen, Lachen, Murmeln,	Vogelrufen, schauern,
Seufzen, Sausen, Singen	schweigen, Stimmen

Aber in den ersten Text ist – typisch Heine – eine Reihe ganz ungewöhnlicher Wörter und Wendungen eingestreut.[38] Dagegen beschränkt sich gerade der Storm- sche „Meeresstrand" auf „die einfachsten Worte" und nimmt den Leser oder Zu- hörer mit in seine von Anfang bis Ende durchgehaltene Stimmung, gerade so, als hätte Storm in aller Konsequenz dem nachgeeifert, was er dem angeblichen „Stim- mungsdichter" Heine so enthusiastisch nachsagt. Wortschöpfungen wie „gedan- kenbekümmert", „wiegenliedheimlich" oder „neugierklug" wären ihm nicht in den Sinn gekommen, und seine Metapher „gärender Schlamm" fällt schon fast aus dem Rahmen und ist allein daher wahrscheinlich als besonders bedeutungsschwer zu verstehen, auch wenn sie vielleicht nicht so spontan berührt wie etwa die „klei- nen, horchenden Herzen" bei Heine. Und wenn wir schließlich in dessen „Abend- dämmerung" nach der von Storm bewundernd angesprochenen „rhythmischen Weise" suchen, bringt uns Heines hier geradezu die Prosa streifende „Weise" fast ins Straucheln, was uns bei Storm sicher nicht droht.

Wenn ich nach diesen wenigen Befunden ohne jedes Werturteil Heines Versen eine offene Lockerheit nachsage und dem Stormschen Gedicht eine streng ge- schlossene Dichte, mag man dies als eine voreilige Vereinfachung kritisieren, und doch scheint mir damit ein erster Vergleichspunkt gegeben zu sein. Während bei Storm der Ort Meeresstrand nie verlassen wird und sich der Blick nur ganz kurz in die Vergangenheit eben dieses Ortes richtet („So war es immer schon"), schweift das Ich bei Heine nicht nur zurück in die Kindheit, sondern verlässt dabei auch endgültig den Meeresstrand – beide Gedichte lösen so freilich ihre Titel ein: das eine verbleibt in beiden Zeitebenen in der „Abenddämmerung", das andere beharr- lich am „Meeresstrand".

Storm hat Heines „Abenddämmerung" nicht in sein „Hausbuch" aufgenom- men, möglicherweise nicht nur, weil es das Register der „einfachsten Worte" ver- lässt, sondern vielleicht auch, weil es keine geschlossene stimmungsvolle Situ- ation darbietet, sondern Vorgänge gewissermaßen episch erzählt – nicht zufällig sind die Verse reimlos. Eine ganz ähnliche Grundstruktur wie dieses Heine-Ge- dicht weist ja die Mehrzahl der Stormschen Novellen auf, die dabei dann freilich in die narrative Breite gehen: Wie hier im Heine-Gedicht das wunderbar beschwo- rene Rauschen des Meeres dem Ich die Vergangenheit heraufruft, so sind es bei Storm von Elisabeths Porträt an der Wand in „Immensee" bis zur fast vergesse- nen Zeitschrift im „Schimmelreiter" die verschiedensten Erinnerungsauslöser, die einst Erlebtes oder Geschehenes in die Gegenwart hereinholen. So ist Heines „Abenddämmerung" – man gestatte den Ausdruck – ganz wie die „Loreley" ein Rahmengedicht, dem freilich auch der Rahmenschluss fehlt. Mag sein, dass das

„gedankenbekümmerte" und „einsame" Ich, das da in seine Kindheit mit ihrem „wiegenliedheimlichen Singen" und ihren „Rosengesichtern" versunken ist, sich den Rückweg zum „blassen Meeresstrande" verbietet. Aufschlussreich ist übrigens in diesem Zusammenhang, dass die „*Rosen*gesichter" sich ganz alleine in dem einzigen nur zweihebigen Vers des Gedichtes ansiedeln und somit ihre Bedeutung gegenüber der „Blässe" des Strandes noch hervorgehoben wird.

Spätestens an dieser Stelle nun muss für unsere nebeneinandergerückten Gedichte darauf verwiesen werden, dass zu Storms „Meeresstrand" eine Reihe von Interpretationen geliefert wurden, dass mir aber in diesem Fall die bis ins kleinste Detail vordringende und doch den literaturhistorischen Überblick bewahrende Deutung von Irmgard Roebling vorbildlich erscheint. Einleuchtend arbeitet Roebling ihre These von dem poetologischen Antrieb des Textes heraus, zieht überzeugende Parallelen zu zeitgenössischen Lyrikern, vor allem zu Charles Baudelaire, und kommt zu dem Schluss:

> Die Stimmen *über der Tiefe* erscheinen als Vorklang poetischer Kräfte, die nach neuer, bisher nicht bekannter, auch dem Autor geheimnisvoll erscheinender Verlautbarung suchen. Wenn Storm an Brinkmann schreibt, ein Gedicht sei „ein Stück andre Welt", und später an Gödecke, dass bei aller kunstvollen Planung auch „unberechenbar, unbegreifbar Andres" mitwirkt, so macht er deutlich, dass das Fremde, Neue, das für uns Rezipienten einen wesentlichen Teil ästhetischer Erfahrung ausmacht, auch für den Autor nicht immer vorhersehbar ist, aus geheimnisvollen Tiefen kommt. Der Entstehungsprozess setzt sich aus verschiedenen, dem Autor bekannten oder unbekannten Kräften zusammen, so dass sich die Vorstellungskomplexe von *Meer* und *Strand* als Übergangsbereiche vom Bekannten zum Unbekannten, Neuen in besonderer Weise für den dichtenden Autor als Strukturen einer inneren Landschaft anbieten, die seinen Schaffensprozess verdeutlichen.[39]

In solchem Verständnis kommt den in der Mitte des Gedichts stehenden Versen eine besondere Bedeutung zu: „Ich höre des gärenden Schlammes / Geheimnisvollen Ton".

„Im ‚gärenden Schlamm' könnte man", wie Roebling darlegt, „Kräfte des ‚poein' entdecken, eines kreativen Machens", sodass wie in einem Teig durch Gärung etwas geheimnisvoll Neues entsteht, das das sprechende Ich, den Leser mitnehmend, erlauschend formt. „Der Künstler wird zum Alchemisten, der aus Schlamm und Erde Gold macht."[40] Nicht zu übersehen ist, wie nahe wir hier bei der sakralen Wundergläubigkeit sind, die den alten Storm gegenüber der frühen Lyrik Heines noch nicht verlassen hat.

Aus diesen zentralen Versen vom „gärenden Schlamm" können wir einen grundsätzlichen Abstand zum Heine-Gedicht ablesen. Was Storm hier anstrebt, ist, mit Dieter Lohmeier zu sprechen, „[…] ein Gedicht, das mit Mitteln sprachlicher Gestaltung im Leser die Illusion erzeugt, als sei es unmittelbar aus einem Erlebnis hervorgegangen und als habe der Leser an diesem Erlebnis unmittelbaren Anteil."[41]

Deutliches Zeichen dieser „unmittelbaren" Gegenwärtigkeit ist die präsentische Verbform „ich höre", die sich radikal vom Heineschen „mir war als hört' ich" absetzt. Diese letztere Wendung markiert ja ein „als ob", das nicht auf eine Illusion der Gegenwärtigkeit aus ist und überdies das Gedicht deutlich als Nachschrift („mir war") ausweist, was im Storm-Gedicht mit seinem Anliegen, Stimmung zu erzeugen, durch den Verbleib in der Gegenwart beharrlich vertuscht wird. Während Storm auf eine illusionäre, aber stimmungsträchtige „Unmittelbarkeit" abzielt, bleibt bei Heine eine durchgängige Mittelbarkeit[42] erhalten, eine Vorbehaltlichkeit, die mit dem Konjunktiv „als hört' ich" einen Irrealis ins Spiel bringt. Dergestalt wird das Erinnerte als vorgespiegelt in der Schwebe gehalten: eine aus dem Gedächtnis des Ichs hervorgeholte, aber nicht einmal angeblich direkt erlauschte Kindheitsszene. Aufschlussreich ist nun, wie es zu diesem „als ob"-Spiel kommt, wie der Sprechende sich die Vergangenheit ein„bildet": Die ersten wiedergegebenen Eindrücke am Meeresstrand sind in der Tat visuell: „blass", „Sonne", „glührothe Streifen", „weiße, weite Wellen". Mit „schäumten" und vor allem „rauschten" beginnt der Übergang vom Gesehenen zum Gehörten („Geräusch", „Flüstern", „Pfeifen" usw.), in dem sich Naturlaute und, überhandnehmend, menschliche Geräusche mischen – mit dem emotionalen Höhepunkt des „wiegenliedheimlichen Singens". Mit dieser berückenden Wortschöpfung hat das Ich endgültig den Meeresstrand hinter sich gelassen, von dem in der herbei„gesungenen" Vergangenheit lediglich der Abend übrig bleibt, der aber als „Sommerabend" dem „blassen" Aufenthaltsort des Erinnernden entgegenkomponiert ist. Die Naturlaute haben Menschenworten das Feld geräumt: den „verschollenen Sagen", den „uralten, lieblichen Mährchen", dem „stillen Erzählen". Und was schon im „wiegenliedheimlichen Singen" buchstäblich anklang, bekräftigt sich in den „Erschaffnisse[n]" (DHA VII, 160), wie Heine selbst seine Sprachschöpfungen bezeichnet, „kleine, horchende Herzen" und „neugierkluge Augen": Mit meinem schöpferischen Sprechen, sagt das Ich, schenke ich den Visionen und Lauten aus der Vergangenheit Worte und schaffe sie neu, sodass sie das anheimelnde Gegenbild zu meiner Gegenwart und ihrer Gedankenbekümmernis und Einsamkeit werden kann. Und so geht der zweite Teil des Gedichts den umgekehrten Weg des Anfangs, vom Gehörten („horchende Herzen") zum Gesehenen („neugierkluge Augen"), vom „Erzählen" zum Anschauen der bürgerlich-idyllischen Straßenszene und darüber hinaus von der untergehenden *Sonne* am blassen Strand zu den lächelnden und *mond*beglänzten Rosengesichtern.

Mit dem Eintauchen ins Kinderdasein jedoch und den dabei aufgerufenen „Merk- und Stichwörtern" (Kortländer[43]) aus vergangenen (romantischen) Tagen, „verschollne Sagen", „uralte, liebliche Mährchen", „stilles Erzählen", „duftende Blumentöpfe", „Rosengesichter" und ganz besonders „mondbeglänzt", das natürlich die urromantisch „mondbeglänzte Zaubernacht" Ludwig Tiecks mit leiser Ironie herbeiholt, rückt zwar der nun am blassen Meeresstrand schmerzvoll empfundene Verlust ins Bewusstsein; aber indem diese Einbuße distanzierend beschworen („mir war als hört' ich") und in Worte gefasst wird, und zwar nicht irgendwelche, („kleine, horchende Herzen", „neugierkluge Augen"), verdichtet sich aus „Flüstern und Pfeifen", aus „Lachen und Murmeln", „Seufzen und Sausen" eine Art Wiegenlied, das dem „gedankenbekümmerten" Gram am Meeresstrand entgegengesungen wird.

Was hier in der „Abenddämmerung" vorgeht, scheint mir am Ende von Heines humorsprühenden „Schöpfungsliedern" aus den „Neuen Gedichten" ganz ernsthaft formuliert und vom Schöpfer-Gott auf den Schöpfer von Dichtung übertragbar:

Krankheit ist wohl der letzte Grund
Des ganzen Schöpferdrangs gewesen;
Erschaffend konnte ich genesen,
Erschaffend wurde ich gesund. (DHA II, 63[44])

Heines „Abenddämmerung" und Storms „Meeresstrand" verarbeiten, wie wir sahen, ganz vergleichbare Motive und Vorgänge und gelangen zu völlig verschiedenen Texten, in denen es aber jedes Mal vorrangig um künstlerisches Schaffen geht. „Meeresstrand", darin sind sich die Storm-Forscher einig, kommt für Storm als geschlossenes, stimmungsvolles, in sich ruhendes Kunstwerk, als „poésie pure" (Roebling[45]) sicher seiner Idealvorstellung vom gelungenen Gedicht nahe. Ob Heine eine derartige Idealvorstellung überhaupt gehabt hat, scheint mir zweifelhaft:

> Heine war in seiner Art immer ein experimenteller Schriftsteller, der auf der Suche nach Ausdruckskraft, plausibler Selbstdarstellung und Leserpopularität stets daran interessiert war, neue Gattungen, Töne und Stoffe auszuprobieren. (Michael Perraudin[46])

Seine Lyrik wie sein gesamtes Schreiben folgten seinem geistigen und künstlerischen Werdegang und waren viel intensiver als Theodor Storms Lyrik in die politischen und sozialen Zustände und Entwicklungen in Europa impliziert, mit dem steten Bedürfnis, auf diese einzuwirken:

> [...] in ihm spielt sich das Zeitgeschehen ab, seine Äußerungen kommen immer unmittelbar aus der Werkstatt des denkenden und dichtenden Geistes. Der muß allemal die wechselnde Augenblicksregung dem Lehrgebäude vorziehen. (Werner Vordtriede[47])

Dies soll durchaus nicht heißen, dass Storm ein unpolitischer, in seiner „Husumerei" (Fontane) befangener Schriftsteller gewesen wäre: Mit solchem „Missverständnis" (Detering[48]) hat die Storm-Forschung inzwischen längst aufgeräumt. Aber seine (wenigstens theoretische) Auffassung von der „idealen" Lyrik und ihrem sakralen Nimbus findet in Heines Äußerungen zur dichterischen Tätigkeit sicher keinerlei Entsprechung.

Der oben angeführte Befund von Friedrich Sengle also, dass Heine „für Storm eher ein bedeutender Vorgänger als ein Nachbar im Geiste" gewesen sei, ist kaum in Frage zu stellen: Die von Storm besonders geschätzten Werke Heines liegen in der Tat zeitlich vor seinem eigenen lyrischen Schaffen und haben sicher zu seiner Entfaltung als Dichter beigetragen, auch wenn er den „Vorgänger" nur in Auswahl verinnerlicht hat. Wer „Vorgänger" ist, so könnte man allerdings meinen, dessen Dichten hafte etwas Abgelebtes, Zukunftloses an: Bei allem Einverständnis mit den Thesen von Irmgard Roebling zur Zeitgenossenschaft von Storms Lyrik mit modernen geistigen „Nachbarn" wie Baudelaire: Der Lyrik Heines und ihren gelungenen Besonderheiten werden in seiner Nachfolge viele Dichterohren lauschen – in unserem Zusammenhang nur ein ganz winziges Beispiel: die wunderbaren Wendungen von den „kleinen, horchenden Herzen" und den „neugierklugen Augen" könnten wir bei jemandem wie Rainer Maria Rilke lesen –, gar nicht zu reden von den mannigfaltigen „Vorbehaltlichkeiten" in Gedichten aus der Feder von so vielen bedeutenden „Nachgängern" Heines bis in unsere Gegenwart hinein.

Anmerkungen

1   Theodor Storm – Klaus Groth: Briefwechsel. Hrsg. v. Boy Hinrichs. Berlin 1990, S. 68.

2   Etwa in Peter Goldammers verdienstvollem Aufsatz „Er ist ohne Zweifel unser erster Lyri-
    ker". Was Heinrich Heine für Theodor Storm bedeutet hat. – In: Storm-Blätter aus Heiligen-
    stadt 11 (2005), S. 5.

3   LL 4, S. 444. Hier und im Folgenden werden Storms Schriften (Sigle: LL 1–4) zitiert nach
    der Werkausgabe im Deutschen Klassikerverlag: Theodor Storm: Sämtliche Werke in vier
    Bänden. Hrsg. v. Karl-Ernst Laage u. Dieter Lohmeier. Frankfurt/M. 1987.

4   An anderer Stelle situiert Storm das Lesen bei Röse in eine „weihevollste […] Stunde" (LL
    1, S. 881), die Regina Fasold mit Recht einen „Moment von fast sakraler Bedeutung" nennt
    (R. F.: Bindungsmuster – Theodor Storms Jugendfreundschaft mit Ferdinand Röse. – In:
    Storm-Blätter aus Heiligenstadt 11 (2005), S. 37; im Entwurf zu Storms „Erinnerungen an
    Eduard Mörike" lesen wir eine ähnliche Formulierung: „[…] wurde ich […] in die Heine-
    sche Stimmungspoesie eingeweiht." (LL 4, S. 964)

5   LL 4 [Anm. 3], S. 964.

6   Herkunft des Wortes aus französisch *vélin*, das seinerseits aus dem altfranzösischen Wort
    veel für das Kalb stammt (vgl. engl. *veal*). Aus Kalbfell wurde das feinste Pergamentpapier
    hergestellt.

7   LL 4 [Anm. 3], S. 488.

8   Hausbuch aus deutschen Dichtern seit Claudius. Eine kritische Anthologie von Theodor
    Storm. Hrsg. m. e. Nachw. v. Gerd Eversberg u. Walter Hettche. Husum 1991, S. VII f.

9   Brief an Gustav Hoerter vom 1. April 1878. – In: Theodor Storm: Briefe. Hrsg. v. Peter
    Goldammer. Berlin 1972. Bd. II, S. 151.

10 Eckart Pastor: „Schließe mir die Augen beide …" Überlegungen zum poetischen Kosmos
    des jungen Storm. – In: Schriften der Theodor-Storm-Gesellschaft 32 (1983), S. 67 und In:
    Eckart Pastor: Die Sprache der Erinnerung. Zu den Novellen von Theodor Storm. Frank-
    furt/M. 1988, S. 18. Die Wendung wurde wieder aufgenommen in dem sehr instruktiven
    Aufsatz von Moritz Baßler: „Die ins Haus heimgeholte Transzendenz". Theodor Storms
    Liebesauffassung vor dem Hintergrund der Philosophie Ludwig Feuerbachs. – In: Schriften
    der Theodor-Storm-Gesellschaft 36 (1987), S. 43–60.

11 Anne Petersen: Zum lyrischen Grundverständnis Storms. – In: Storm-Handbuch. Leben –
    Werk – Wirkung. Hrsg. v. Christian Demandt u. Philipp Theisohn. Stuttgart 2017, S. 56.
    Vgl. hierzu auch: Heinrich Detering: Die Stimmen und die Stimmung. Storms Naturge-
    dichte. – In: Stimmung und Methode. Hrsg. v. Friederike Reents u. Burkhard Meyer-Si-
    ckendiek. Tübingen 2013, S. 219–234.

12 Heinrich Detering: „Der letzte Lyriker". Erlebnis und Gedicht – zum Wandel einer poeto-
    logischen Kategorie bei Storm. – In: Schriften der Theodor-Storm-Gesellschaft 53 (2004),
    S. 34.

13 LL 4 [Anm. 3], S. 382.

14 Wolfgang Preisendanz: Heinrich Heine. Werkstrukturen und Epochenbezüge. München
    ²1983, S. 112.

15 Renate Stauf: Heinrich Heine. Gedichte und Prosa (Klassiker-Lektüren 13). Berlin 2010,
    S. 32.

16 Jocelyne Kolb: Die Lorelei oder die Legende um Heine. – In: Interpretationen. Gedichte
    von Heinrich Heine (Reclam Interpretationen). Hrsg. v. Bernd Kortländer. Stuttgart 2013,
    S. 57.

17 Sich auf Rüdiger Zymner berufend, nennt Pauline Solvi Ähnliches anlässlich des „Lo-
    reley"-Gedichts eine „metrische Dysbalance", die zu einem „erzählerischen Störmoment,

einem ‚Attraktor‘" führe (P. S.: Prisma eines Ichs. Versuch einer narratologischen Ausdifferenzierung der Ich-Ebenen in Heinrich Heines „Heimkehr"-Zyklus. – In: HJb 61 (2022), S. 10.

18 Ein wenig anders, aber schließlich doch in unserem Sinn, bemerkt diesbezüglich Dieter Lohmeier in seinen Kommentaren zu Storms Lyrik (LL 1 [Anm. 3], S. 746): „… wie Robert Schumann als Komponist des Zyklus „Dichterliebe" nahm Storm nicht die spezifisch modernen Züge an Heine wahr, sondern fast ausschließlich die romantisch-liedhaften; gerade das nur wenig ironische Gedicht „Wir saßen am Fischerhause" aus dem „Buch der Lieder" muß ihm während seiner Lübecker Schulzeit einen besonders nachhaltigen Eindruck gemacht haben."

19 Ernst Moritz Arndt: Gedichte. Hrsg. v. Michael Holzinger. Berlin [3]2015, S. 115.

20 Ebd., S. 143.

21 Höhn [3]2004, S. 73.

22 Vgl. ebd. S. 118: „Hinter der antipreußischen Wendung des Mythos steht […] noch die Vorstellung des Napoleon-Verehrers Heine von einem sozialen Kaisertum."

23 Goldammer: „Er ist ohne Zweifel unser erster Lyriker" [Anm. 2], S. 7. Der Briefauszug natürlich auch in: Theodor Storm – Constanze Esmarch. Briefwechsel. Kritische Ausgabe. Hrsg. v. Regina Fasold. Berlin 2002. Bd. II, S. 446.

24 Goldammer: „Er ist ohne Zweifel unser erster Lyriker" [Anm. 2], S. 7.

25 Faksimiledruck in der Reihe „Forgotten Books". London 2018.

26 An Ada Christen am 30. Januar 1870. – In: Theodor Storm: Briefe [Anm. 9], Bd. II, S. 11.

27 An Hartmuth Brinkmann am 28. März 1852. – In: Theodor Storm: Briefe [Anm. 9], Bd. I, S. 155.

28 Stauf: Heinrich Heine [Anm. 15], S. 32.

29 LL 1 [Anm. 3], S. 79–82.

30 Ebd., S. 93–94.

31 Goldammer: „Er ist ohne Zweifel unser erster Lyriker" [Anm. 2], S. 14.

32 Christian Liedtke: Heinrich Heine (Rowohlts Monographien 50685). Hamburg [4]2021, S. 84.

33 An Erich Schmidt am 24. August 1884. – In: Theodor Storm: Briefe [Anm. 9], Bd. 2, S. 300.

34 Friedrich Sengle: Storms lyrische Eigenleistung. Abgrenzung von anderen großen Lyrikern des 19. Jahrhunderts. – In: Schriften der Theodor-Storm-Gesellschaft 28 (1979), S. 22.

35 Ebd.

36 LL 1 [Anm. 3], 14–15.

37 LL 4 [Anm. 3], 382.

38 Zum schöpferischen Wortschatz Heines vgl. Almuth Grésillon: La règle et le monstre: Le mot-valise. Interogations sur la langue, à partir d'un corpus de Heinrich Heine. Tübingen 1984; Christian Liedtke: „Briefschreibungsunordentlichkeit"? Beobachtungen zu Sprache und Stil in Heinrich Heines Briefen. – In: Rhetorik als Skandal. Heinrich Heines Sprache. Hrsg. v. Kálmán Kovács. Bielefeld 2009, S. 135–154; Eckart Pastor: ‚Wöhnlich‘ nur in der Sprache. Zu einigen schöpferischen Schreibarten Heinrich Heines. – In: HJb 62 (2023), S. 215–245.

39 Irmgard Roebling: Theodor Storms ästhetische Heimat. Studien zur Lyrik und zum Erzählwerk Storms. Würzburg 2012, S. 143 f.

40 Ebd., S. 112.

41 Dieter Lohmeier: Das Erlebnisgedicht bei Theodor Storm. – In: Schriften der Theodor-Storm-Gesellschaft 30 (1981), S. 12.

42 Einen ganz ähnlich typischen Gegensatz hat Müller-Seidel zwischen der Unmittelbarkeit in Brentanos „Lore Lay"-Ballade und der Mittelbarkeit in Heines „Lorelei" beobachtet: Walter Müller-Seidel: Probleme der literarischen Wertung. Stuttgart 1965, S. 112.

43 Bernd Kortländer: Die Sphinx im Märchenwald. – In: Interpretationen [Anm. 16], S. 18.

44 Die Gottähnlichkeit des Dichters betont ja Gott selbst in diesen Versen: „Der Stoff, das Ma-
    terial des Gedichts, / Das saugt sich nicht aus dem Finger; / Kein Gott erschafft die Welt aus
    dem Nichts, / So wenig wie irdische Singer." (DHA II, 63)

45 Roebling: Theodor Storms ästhetische Heimat [Anm. 39], S. 81.

46 Michael Perraudin: „Der schöne Heros, der früh dahinsinkt …" Poesie, Mythos und Politik
    in Heines *Die Grenadiere*. – In: Interpretationen [Anm. 16], S. 33.

47 Werner Vordtriede: Einführung. – In: Heinrich Heine: Buch der Lieder, Deutschland, ein
    Wintermärchen und andere Gedichte. Nach dem Text der Ausgaben letzter Hand mit einer
    Einführung und Zeittafel von W. V. München ⁵1992, S. 24.

48 Man lese hierzu nur den Beitrag von Heinrich Detering: Storms Politik. – In: Storm-Hand-
    buch [Anm. 11], S. 33–38.

„Du mußt morgen wiederkommen, ich will dir die Wahrheit sagen über Heinrich Heine." Rollenspiel und Identitätssuche in Tankred Dorsts „Harrys Kopf"

Davina Beck

1. „Warum Dichter?"[1]

Heinrich Heine ist ein beliebter Gegenstand von fiktionalen Darstellungen der Gegenwartsliteratur. Der 2020 erschienene Roman „Der weiße Abgrund" von Henning Boëtius erzählt so beispielsweise von Heines letzten Lebensjahren. Im Untertitel wird das Werk vereindeutigend als „Heinrich-Heine-Roman" ausgewiesen. In Karen Duves Bestsellerroman „Fräulein Nettes kurzer Sommer" aus dem Jahr 2018 geht es zwar hauptsächlich um die junge Annette von Droste-Hülshoff, der Göttinger Student Heine hat jedoch trotzdem einen nennenswerten Nebenauftritt. Diese beiden aktuellen Beispiele aus der deutschen Literatur mögen illustrieren, dass nach wie vor ein Interesse speziell an Heine als Person besteht. In Hinblick darauf, dass Heine diesbezüglich keine Ausnahme ist – auch Dichter wie Goethe oder Kleist sind regelmäßig als historische Figuren anzutreffen –, werfen jene Darstellungen gleichzeitig die Frage auf, weshalb Schriftsteller immer wieder zum Mittelpunkt literarischer Texte werden.

Tankred Dorst ging dem Sachverhalt in seiner Tübinger Poetik-Vorlesung im Rahmen der Ausführungen zu seinem Stück „Harrys Kopf" nach. Zu diesem Zeitpunkt, im Frühjahr 1997, hatte Dorst neben zahlreichen Texten mit märchenhaften und mittelalterlichen Sujets fünf Stücke veröffentlicht, die sich mit Leben und Werk historischer Schriftsteller der Weltliteratur befassen. Innerhalb von vier Jahrzehnten waren Ernst Toller in „Toller" (1968), der norwegische Nobelpreisträger Knut Hamsun in „Eiszeit" (1973), die französischen Schriftsteller Edmond und Jules de Goncourt in „Goncourt oder Die Abschaffung des Todes" (1977), der

D. Beck (✉)
Deutsches Institut, Johannes Gutenberg-Universität Mainz, Mainz, Deutschland
E-Mail: davibeck@uni-mainz.de

© Der/die Herausgeber bzw. der/die Autor(en), exklusiv lizenziert an Springer-Verlag GmbH, DE, ein Teil von Springer Nature 2024
S. Brenner-Wilczek, *Heine-Jahrbuch 2024*, Heine-Jahrbuch,
https://doi.org/10.1007/978-3-662-70169-0_3

Italiener Gabriele D'Annunzio in „Der verbotene Garten" (1983) und Leo Tolstoi
in „Was sollen wir tun" (1996) zu dramatischen Akteuren geworden. Im Laufe des
Jahres 1997 stieß das Heinrich-Heine-Werk „Harrys Kopf" dazu, das als Auftrags-
arbeit für das Düsseldorfer Schauspiel zum 200. Geburtstag Heines entstand. Erste
Entwürfe hierfür reichen bereits ins Jahr 1969 zurück.[2] Am 17. Oktober 1997 feierte das Stück seine Uraufführung unter der Regie von Wilfried Minks. Im Jahr
darauf wurde „Harrys Kopf" von Hans Gerd Krogmann für den Süddeutschen
Rundfunk (SDR) als Hörspiel inszeniert. 2002 folgte eine Übersetzung ins Spanische.[3]
Dass Dorsts Interesse für Schriftsteller im neuen Jahrtausend nicht nachließ,
beweist sein 2007 publiziertes Stück „Künstler", in dem unter anderem Rainer
Maria Rilke einen Auftritt hat. Mit dieser Vielzahl und Vielfalt stellt Dorst im Lite-
raturbetrieb der letzten 50 Jahre keinen Einzelfall dar. Autoren wie Peter Härtling,
Dieter Kühn oder der genannte Henning Boëtius haben sich einen Namen damit
gemacht, über historische Schriftsteller zu schreiben, was meistens mit einer Darstellung der jeweiligen Personen als handelnde Akteure einhergeht. Mit anderen
Worten: Schriftsteller der Vergangenheit wirken nicht nur über die Werke, die sie
hinterlassen haben, sondern auch als biografisch-fiktionaler Gegenstand.
Die eingangs gestellte Frage „Warum Dichter?" beantwortet Tankred Dorst
für sich selbst mit der Absicht, „der Wahrheit meiner Personen näherzukommen,
auch den vielleicht feindlichen, ungeliebten".[4] Zu diesen ungeliebten Personen ist
Heinrich Heine nicht zu zählen. Dorst erklärt, mit seinem Stück „an den Dichter
Heine, an diese Person [zu] erinnern, die mir, seit ich 14 war, am Herzen lag."[5]
Der Aussage sind in Hinblick auf die literarische Beschäftigung mit Heine zwei
Intentionen zu entnehmen. Erstens will der Autor dazu beitragen, Heinrich Heine
im kulturellen Gedächtnis zu erhalten. Das Jubiläum 1997 bot hierzu einen nahe-
liegenden Anlass. Angesichts der unüberschaubaren Menge an Forschungslitera-
tur, Biografien und Einrichtungen, die Heines Namen tragen, sowie der Anzahl an
Texten, die allein 1997 entstanden[6], scheint für dieses Vorhaben keine Notwen-
digkeit zu bestehen. Blickt man jedoch genauer in Heines Rezeptionsgeschichte,
die durch Ablehnung, Verbote und Kontroversen noch in der zweiten Hälfte des
20. Jahrhunderts bestach, und bedenkt, dass Dorsts Entwürfe in eine Zeit zurück-
reichen, in der Heines Ausschluss aus dem Kanon noch präsent war, mutet die
Absicht nachvollziehbar an.[7] Zweitens dient Dorst die Auseinandersetzung mit
Schriftstellern als eine Form von ästhetischer Selbstvergewisserung. Er möchte auf
literarischem Weg etwas über die Personen erfahren. Dabei klingt an, dass weniger eine historische Wahrheit gemeint ist, die Dorst interessiert, und mehr eine Be-
wusstwerdung über sein eigenes Verständnis.
Bei der Suche nach einem Schriftsteller (aus Autorperspektive), einem Schriftsteller nach sich selbst oder von Figuren nach einem Schriftsteller (beides aus Fi-
gurenperspektive) handelt es sich um wiederkehrende Motive in der gegenwärtigen Beschäftigung mit Personen der Vergangenheit. In seinem Roman „Hoffmann
oder Die vielfältige Liebe" (2001) erzählt Peter Härtling etwa von der Fragilität
E. T. A. Hoffmanns und macht zugleich den narrativen Konstruktionsprozess der
Figur sowie die Schwierigkeiten, fundiertes Wissen über die historische Person zu

erhalten, transparent.[8] Eine nähere Betrachtung dieser Suche ist gerade deshalb aufschlussreich, weil sich Gegenwartsautor und fiktionalisierter historischer Dichter stets ihre schriftstellerische Identität teilen, mögen sie zeitlich und ideologisch ansonsten weit auseinanderliegen. Diese Übereinstimmung führt zur besonderen Möglichkeit der Spiegelung in einer Figur und der Einbringung eigener Überlegungen in einen Text. Tatsächlich plante Dorst in einem frühen Entwurf, sich als Figur in „Harrys Kopf" einzuschreiben, um seine Fragen an Heine zu richten.[9]

Im weiteren Verlauf werde ich vorrangig zwei Fragekomplexen nachgehen: Erstens steht im Fokus, wie Heinrich Heine in „Harrys Kopf" inszeniert wird. Eng damit verbunden ist die Frage nach der Konstruktion seiner literarischen Identität. ‚Identität' verstehe ich mit Jürgen Straub als die Gesamtheit der qualitativen Merkmale, die ein Subjekt auszeichnen und in diesem Fall literarisch vermittelt werden.[10] Dementsprechend wird danach gefragt, welche Mittel Dorst einsetzt, um Heine zu präsentieren. Zweitens geht es darum zu eruieren, wie Dorst die Suche nach dem vermeintlich wahren Heine darstellt und zu welchen Erkenntnissen das Stück gelangt.

Von der Forschung wurde „Harrys Kopf" bisher wenig beachtet: Einer Fülle an Bemerkungen zur Uraufführung stehen kaum wissenschaftliche Abhandlungen gegenüber.[11] Im deutschsprachigen Raum ist Ioana Crăciun die einzige, die sich eingehend mit dem Drama beschäftigt hat.[12] Im umfassenden Band zu Heines Wirkungsgeschichte 1957–2006 von Dietmar Goltschnigg und Hartmut Steinecke ist ein Auszug aus „Harrys Kopf" abgedruckt; das Stück selbst wird „[z]u den bedeutendsten literarischen Werken in Heines Wirkungsgeschichte" gezählt.[13] Angesichts der zugeschriebenen Bedeutung, der Relevanz von Tankred Dorst als deutschem Bühnenautor und dem Stellenwert Heinrich Heines mag das Desinteresse der Forschung verwundern. Insofern sollen diese Ausführungen auch dazu beitragen, Licht auf ein vernachlässigtes Stück zu werfen.

2. Identitätskonstruktionen

Tankred Dorst arbeitet in „Harrys Kopf" mit einer offenen Dramaturgie. Das Stück besteht aus einer Abfolge von 15 unterschiedlich langen, betitelten Szenen inklusive eines Prologs. Heinrich Heine tritt in allen von ihnen auf oder ist, mit Blick auf den Prolog, zentrales Thema. Selbst in Szenen, die Heines Leben kontextualisieren, indem sie sich mit Ereignissen wie der Revolution 1848 oder der Industrialisierung beschäftigen, ist Heine vertreten. Dies markiert einen Unterschied zu Dorsts anderen Künstlerdramen, insbesondere denen über deutschsprachige Schriftsteller, und unterstreicht den Fokus, den der Autor auf den Aspekt Identität legt.

Zeitlich ist das Stück in Heines letzten Lebensjahren angesiedelt, allerdings bauen die Szenen nicht chronologisch aufeinander auf und sind auch nicht genau datierbar. Ausnahmen bilden „Du wirst mich nicht los", die am 1. September 1841, dem Tag nach Heines Hochzeit, spielt, und „Thanatos", welche auf Heines

Todestag, den 17. Februar 1856, datiert. Ihre Anordnung ist aber nicht als willkürlich zu verstehen. Zusammengehalten werden sie, abgesehen von Heine als Hauptfigur, durch den fiktiven Journalisten Cokker, auf den noch einzugehen sein wird.

Alle Szenen spielen in einem nicht näher spezifizierten Raum mit sieben
Türen. Dieser Raum dient je nach Situation als Heines Wohnung in der Pariser
Rue d'Amsterdam, Kaffeehaus oder als Straßen von Paris. In seiner Poetik-Vorlesung bestimmt Dorst den Raum genauer: Ihm zufolge spielen sich alle Szenen
gleichzeitig in Heines Kopf ab.[14] Auch Rezensionen interpretieren die Geschehnisse auf diese Weise, während in der Forschung eine andere Deutung vorgenommen wurde.[15] In Hinblick auf das Verständnis des Dramas ist die Beantwortung
der Frage, ob sich Heine alle Begebenheiten nur einbildet, letztlich nicht weiter
wichtig. Das Stück legt keinen Wert darauf, eine schlüssige Begründung für den
Zusammenhang der präsentierten Ereignisse zu liefern.

Für die Konstruktion von „Harrys Kopf" greift der Verfasser auf literarische
Werke des historischen Heine, zeitgenössische Berichte und weitere Dokumente
wie Briefäußerungen Ludwig Börnes zurück, die intertextuell in den Text ver-
flochten und neu kontextualisiert werden. Er hegt aber keinen Anspruch auf historische Korrektheit: „Theater, das hieß für mich: Erfindung, auch wenn Dokumente
in diese Erfindung eingebunden sind."[16] Dieses Verständnis zeigt sich in der Anlage von Zeit und Raum, besonders deutlich aber an der Einbindung von Figuren,
die dem Plausibilitätsprinzip widersprechen. Das Werk lässt Nasenstern, Trom-
melhans, einen taubstummen Knaben sowie Ludwig Börne auftreten und sie mit
Heine und weiteren Figuren interagieren. Bei den ersten drei Figuren handelt es
sich um fiktive Gestalten aus Heines Fragment gebliebenem Roman „Der Rabbi
von Bacherach" und damit um interfigurale Übernahmen aus einem anderen literarischen Text. Mit Wolfgang G. Müller ist von „re-used figures in allographic
sequels" zu sprechen.[17] Börne starb 1837, die Szene, in der er auftritt, spielt jedoch erst 1848. Von keiner Instanz des Dramas wird hinterfragt oder erklärt, weshalb fiktive oder verstorbene Figuren auftreten, im Gegenteil wird die logische
Unmöglichkeit des Auftretens sogar noch von Heine adressiert. Zu Nasenstern
sagt er: „Du mußt tun, was ich sage. Ich habe dich erfunden, Nasenstern, in einer
sehr schönen Geschichte."[18] Börnes Auftritt kommentiert er mit den Worten: „Ich
weiß, warum Sie kommen, Herr Börne. Sie sind gestorben, ich noch nicht ganz.
Posthum wollen Sie mir vorwerfen, daß ich nicht im Freien unter den Revolutionären herumspringe".[19] Selbst wenn man mit Börnes Lebensdaten nicht vertraut
ist oder die fiktiven Figuren nicht dem „Rabbi von Bacherach" zuordnen kann,
wird hiermit ihre Fiktionalität signalisiert und ihnen so die Funktion eines Fiktio-
nalitätsmarkers verliehen.

Tankred Dorst nutzt mit Intertextualität, Interfiguralität, Anachronismen, dem
Aufbrechen der linearen Zeitstruktur sowie, darauf sei mit Blick auf den nachfol-
gend analysierten Prolog verwiesen, der Pluralität von Wahrnehmung Verfahren,
die typischerweise der Postmoderne zugeordnet werden. Der Philosoph Wolfgang Welsch charakterisiert die Postmoderne wie folgt: „Die Grunderfahrung
der Postmoderne ist die des unüberschreitbaren Rechts hochgradig differenter

Wissensformen, Lebensentwürfe, Handlungsmuster."[20] Dorst hat sein Stück nicht mit dieser Strömung in Verbindung gebracht, auch wurden die genannten Methoden bereits lange vorher verwendet. Überträgt man Welschs Beschreibung dennoch auf „Harrys Kopf", so mag sich darin ein Hinweis verbergen, mit welcher Darstellung von Heine zu rechnen ist.

3. Auf Heines Spuren

„Harrys Kopf" beginnt mit einem Prolog, in dem namenlose Figuren – nur betitelt mit ‚Herr' oder ‚Dame' – auftreten, die von persönlichen Besuchen bei Heine in Paris oder ihren Erfahrungen mit ihm berichten. Die Schilderungen werden im Text nacheinander wiedergegeben, laut Regieanweisung sprechen die Figuren aber gleichzeitig, sodass immer nur Ausschnitte aus den Berichten zu verstehen sind.[21] Oberflächlich betrachtet handelt es sich um erste Impressionen im Umgang mit Heine, bevor dieser ab der nächsten Szene selbst in Aktion gezeigt wird. Tatsächlich bereitet der Prolog die weitere Handlung vor: Zum einen, indem die Figuren ein Bild von Heines Gesundheitszustand vermitteln. Der Schriftsteller war seit Mai 1848 körperlich gelähmt und verbrachte bekanntlich die letzten Jahre seines Lebens bettlägerig und unter Einfluss von Schmerzmitteln in seiner selbst benannten Matratzengruft. Trotz seines Zustandes empfing er weiterhin Gäste, mit denen er Gespräche führte. Zum anderen werden sein ironisch-witziger Charakter, sein Geltungsbedürfnis und seine Eitelkeit hervorgehoben sowie wiederkehrende Motive vorweggenommen, darunter seine Konkurrenz zu Börne oder die Bedeutsamkeit des Themas Geld für ihn.

Aufschlussreich in ihrer Zusammenstellung sind die Beiträge insofern, als sie bewusst unterschiedliche Eindrücke des Menschen Heine wiedergeben. So beschreibt eine Dame, wie sehr sie von Mitleid ergriffen gewesen sei bei Heines Anblick. Erwähnt werden seine stark gekrümmten, lahmen Beine und die geschlossenen Augen. Da er seine Augenlider nicht mehr selbstständig öffnen kann, muss er die Hand zur Hilfe nehmen. Dieser Vorgang des Augenöffnens habe „etwas äußerst Krankhaftes, Fremdes, fast Unheimliches".[22] Im Kontrast dazu berichtet ein Herr: „Heine schien lange nicht so krank, als man ihn geschildert."[23]

Manche Berichte zeugen davon, wie eine übersteigerte Idealvorstellung in der persönlichen Begegnung mit Heine ernüchtert wird:

> Ich kann wohl sagen, bebenden Herzens suchte ich das Haus auf, welches den begeisterten Freiheitssänger beherbergte […], [wo ich] sogleich einen Teil meiner schönen Illusionen einbüßte, da statt der sich mir gebildeten Individualität ich einen selbst im Liegen kleinen, ziemlich wohlbeleibten Mann mit rundem und nur durch den von wirklich schönen Augen belebten orientalischen Typus ausgezeichnetem Gesicht erblickte. Mein Désappointment […] wurde vermehrt durch den Familiendialekt des Dichters, und wie dieser sich rückhaltlos gegen mich beklagte, kontraktlich fest an seinen deutschen Verleger gebunden zu sein […] und ich vermochte nicht, den Dichter von dem profanen Thema des Geldes und der Einnahme abzubringen.[24]

Ein weiterer Herr konstatiert: „Im ganzen machte mir der Dichter, den ich so hoch halte, als Mensch keinen besonderen Eindruck." Kurz darauf wird diese Perspektive durch die Äußerung eines anderen Herrn wieder unterlaufen: „Heine machte in seinen Unterhaltungen den Eindruck eines genialen Mannes.'"[25]

Die Berichte gehen zurück auf den von H. H. Houben erstmals 1926 herausgegebenen Band „Gespräche mit Heine".[26] Darin versammelt Houben historisch überlieferte, wenn auch nicht zwingend inhaltlich korrekte, Gesprächsberichte von Zeitgenossen mit Heine sowie Schilderungen und Anekdoten, die mit dem Schriftsteller zu tun haben. Im Prolog von „Harrys Kopf" erscheinen sie überwiegend wortwörtlich, aber anonymisiert und teilweise auf mehrere Sprecher und andere Geschlechter verteilt. Das Stück suggeriert, dass es egal ist, wer zu welchem Zeitpunkt Heine beschrieben hat. Kein Bericht – ob er nun von einer Heine nahestehenden Person stammt oder nicht – kann folglich mehr Gültigkeit als ein anderer beanspruchen. Dadurch sind aber auch Quelle und zeitlicher Zusammenhang nicht mehr nachvollziehbar, was wichtig wäre, um die Plausibilität der Äußerungen zu Heines Gesundheitszustand zu bewerten.[27]

Im Unterschied zu Crăciun gehe ich nicht davon aus, dass das Durcheinandersprechen „[z]u einer radikalen Infragestellung der Relevanz dieser Berichte für das Verständnis der Identität Heinrich Heines" beiträgt.[28] Gegen eine Irrelevanz spricht, dass Themen und Eindrücke des Prologs später im Stück wiederkehren. Richtig ist, dass es aufgrund der Kontraste und Widersprüche grundsätzlich schwierig ist, sich ein unbefangenes eigenes Bild von Heine zu machen, was durch ein akustisches Nichtverstehen verkompliziert wird. Meines Erachtens betont das Durcheinandersprechen die Vielfalt der Geschichten. Statt der einen, konsistenten Erzählung, wer Heine war, gibt es lediglich Fragmente an Informationen, denen das Moment der Unzuverlässigkeit anhaftet, weil sie durch subjektive Wahrnehmung gewonnen und adressatenabhängig womöglich noch einmal aktiv verändert werden. Diese Subjektivität wird auf der Produktionsebene wiederum verdoppelt durch Dorsts Auswahlprozess. Houben bietet vom Beginn von Heines Paris-Aufenthalt 1831 bis zu dessen Tod eine Sammlung von über 600 Aussagen. Im Drama wird – gewiss auch aus Gründen der Ökonomie – auf eine Handvoll davon zurückgegriffen. Sie demonstrieren daher ebenso, wie der Verfasser Heine verstanden wissen will: als einen in Auftreten und Wahrnehmung widersprüchlichen, vor Krankheiten nicht gefeiten Menschen.

Um sich Heine fiktional zu nähern, nutzt Dorst den erwähnten Mister Cokker, der in der zweiten Szene „Monsieur ist nicht zu Hause" eingeführt wird und in insgesamt sechs Szenen vorkommt, womit er nach Heine die zweithäufigste Zahl an Auftritten innehat. Cokker stellt sich als Journalist vor, der für ein englisches Literaturjournal tätig sei und über Heine schreiben möchte. Ein persönliches Interesse an dem Dichter hat er nicht. Auf Nachfrage kann er keines seiner Gedichte nennen, über die er zuvor noch angekündigt hat zu schreiben, da er sie nicht gelesen habe und von Lyrik auch gar nichts verstehe.[29]

Die Nutzung einer fiktiven Figur als Träger der (metaphorischen) Suche nach einem Schriftsteller ist in der deutschsprachigen Literatur des ausgehenden 20. Jahrhunderts auffallend oft anzutreffen. Hanns-Josef Ortheil erfindet in seinem

Roman „Faustinas Küsse" (1998) den Römer Giovanni Beri, der in Goethe einen politischen Verschwörer vermutet und versucht, so viel wie möglich über den Unbekannten herauszufinden. Im Verlauf seiner Nachforschungen entwickelt er eine Faszination für Goethe und entdeckt den „Werther" identifikatorisch für sich. Nach Goethes Abreise übernimmt er dessen römische Maleridentität. In Christoph Ransmayrs Roman „Die letzte Welt" (1988) begibt sich der gleichfalls erfundene Römer Cotta auf die Suche nach Ovid, über dessen Tod Gerüchte kursieren. Cotta kann ihn in Tomi am Schwarzen Meer, dem Verbannungsort Ovids, nicht finden. Stattdessen begegnet er einer Stadt mit Figuren aus Ovids „Metamorphosen". Fiktive Figuren eröffnen die Möglichkeit, eigene Ideen an das historische Material anzubinden und bieten sich für zeitgenössische Autoren offenkundig damit an, eine Suche in Szene zu setzen.

Die Existenz Cokkers geht zurück auf ein von Houben überliefertes Gespräch zwischen Heine und dem französischen Journalisten Philarète Chasles. Dass Chasles über Heines Leben schreiben will, bringt diesen auf die Idee, eine Biografie zu improvisieren.[30] In „Harrys Kopf" steht Cokker vor Heines Wohnung und wünscht, mit diesem zu sprechen. Mit den Worten: „Ein Monsieur Heine wohnt hier nicht" macht Heine die Tür wieder zu.[31] Die sich daran anschließende Situation ist ganz auf eine komische Wirkung angelegt. Cokker klopft nacheinander an den verschiedenen Türen, versucht in die Wohnung zu gelangen, wird wieder hinausgedrängt und schafft es schließlich, auf einem Stuhl Platz zu nehmen, wo er auf den vermeintlich abwesenden Heine warten will. Heine begegnet ihm mit immer neuen, widersprüchlichen Ausreden, um ihn loszuwerden. Zunächst gibt er zu, dass Heine zwar an diesem Ort wohnt, aber nicht zu Hause sei. Auf den Einwand, er sei Heine, entgegnet er: „Selbst wenn ich Monsieur Heine wäre, wäre ich nicht zu Hause."[32] Schließlich erklärt Heine, Monsieur Heine nicht zu kennen und ihn auch nicht mehr kennenlernen zu können, weil dieser gestorben sei. Er habe sich „aus Liebeskummer" und „wegen der allgemeinen Dummheit der Journalisten" erschossen.[33] Dass es sich um Heine handelt, verraten die im Prolog angekündigte Eitelkeit und ironische Art der Figur. Cokkers Aussage, in England seien Journalisten nicht dumm, kontert Heine sarkastisch: „Schade, daß Heine Sie nicht kennengelernt hat. Er hätte auf eine Pistole verzichten können". Zum literarischen Stellenwert von Heine, den er nun plötzlich doch kennt, sagt er: „Heine ist der bedeutendste Lyriker nach Goethe".[34] Er zitiert aus seinem Gedicht „Lore-Ley" und kennzeichnet es als „großartige Zeilen von dem großartigen deutschen Dichter Heinrich Heine."[35] Erst Heines hinzutretende Ehefrau Mathilde bestätigt, dass es sich um Heine handelt und löst so unabsichtlich das Verwirrspiel auf.

Neben aller Komik verdeutlicht das Gespräch, dass Heine – der ja ebenfalls als Journalist tätig war, wenngleich er als solcher im Drama nicht agiert – nicht mit dem Journalisten über sich reden will. Alles, was er über sich sagt, ist entweder erfunden oder stellt ihn in ein positives Licht. Dass er in der dritten Person von sich spricht und lange abstreitet, der gesuchte Dichter zu sein, erzeugt Distanz und macht auf die Fiktionalität des Protagonisten aufmerksam, der eine medial vermittelte, aber nicht identische Version der historischen Person ist.

Das Spiel um Heine und Cokker setzt sich nach der Szene fort: Mal taucht Cokker hinter einer Theke auf, wo er sich versteckt hat, mal steht er lauschend hinter einer Tür oder in einem Kleiderschrank, um „höflich wie unverschämt und zudringlich"[36] auf Informationen zu beharren. Die Komik, mit der seine Auftritte versehen sind, deutet auf den Charakter der Suche hin, die vom Autor nicht als bitterernst verstanden werden will. Dorst hat nicht den Anspruch, ein umfassendes Bild von Heine zu liefern. Stattdessen präsentiert er ausgewählte Aspekte, die seiner Vorstellung des Dichters entspringen: „Ich muß meinen Heine und auch die anderen Personen des Stücks in mir selbst entdecken, ich muß Heine auf meine Weise verstehen, um ihn schreiben zu können."[37]

Dorsts Verständnis von Heine ist, wie es sich im Prolog angedeutet hat, das eines facettenreichen Mannes, der sich jeder Eindeutigkeit entzieht. Im raschen Wechsel ist der Protagonist mal schwerkrank und unbeweglich, mal von Tatendrang beseelt und angriffslustig, manchmal beides innerhalb einer Szene. Sein Geburtsname Harry löst in ihm ein Kindheitstrauma aus, das ihn während eines Gesprächs mit Cokker unter einen Tisch fliehen lässt.[38] Stets zeichnet die Figur aber auch ihre sarkastisch-freche Art aus, wobei die Grenze zum Hochmut nicht immer trennscharf zu ziehen ist.[39] Damit unterscheidet sich das Stück von anderen Heine-Darstellungen zur Entstehungszeit des Dramas, die ein mythisiertes Bild von Heines letzten Lebensjahren und -momenten zeichnen.[40]

Auch sonst ist die Figur von Kontrasten und Widersprüchen geprägt. Auf der einen Seite bekennt Heine, die Deutschen zu lieben, auf der anderen sei es ein Unglück, Deutscher zu sein.[41] Die antiken Götter bedeuten ihm viel, im nächsten Satz lehnt er sie wieder ab.[42] Generell gewährt das Stück Heines komplexer religiöser Identität viel Raum: Die Szenen „Eine Religion", „Kinderspiel", „Alte Geschichte" sowie „Ein Zicklein, ein Zicklein" sind vollständig diesem Sachverhalt gewidmet. Die drei letztgenannten thematisieren Heines jüdische Herkunft, aber auch atheistische und christliche Gedanken werden von der Hauptfigur artikuliert. Heine deutet selbst wiederholt auf seine zwei Meinungen hin, die Figur weiß also um ihre Gegensätzlichkeit. Es findet jedoch keine tiefere Reflexion über die daraus resultierenden Folgen statt. Der Protagonist macht im Verlauf der Handlung keine Entwicklung durch, auch dann nicht, als sein Weltbild ins Wanken gerät: Gegenüber Börne äußert Heine, dass er sich für ein literarisches Genie halte, von dem mindestens zwanzig Gedichte unsterblich seien.[43] Kurz darauf wird er von Aufständischen unsanft zu Boden gestoßen, weil die Tische gebraucht werden, auf denen er liegt.[44] Die anknüpfende Szene „Papier" zeigt Heine auf dem Straßenpflaster, während Menschen unachtsam an ihm vorbeirennen. Dabei entdeckt er Papierfetzen seiner eigenen Gedichte und zeigt sich betroffen, dass er vergessen wird.[45] Das Stück verdeutlicht auf drastische Weise, wie die Auffassung, die der Protagonist von sich vermittelt, in Konfrontation mit der Realität gerät und hier einer Überprüfung nicht standhält.

Der Dichter Heine ist in „Harrys Kopf" vorrangig präsent über Texte, die in den Dramentext montiert werden. Einem Ausschnitt aus dem „Wintermährchen", konkret den ursprünglich vorgesehenen Anfangsstrophen über seinen Abschied aus Paris, und dem „Rabbi von Bacherach" sind sogar eine ganze Szene gewidmet.

Dies unterstreicht, dass die schriftstellerische Identität Heines für Dorst grundsätzlich von Relevanz ist (anders als die journalistische), der Erfindungs- bzw.
Schreibprozess aber nicht für eine Darstellung infrage kommt.[46] Mit Crăciun ist
dieses Vorgehen als ein Merkmal der Gegenwartsliteratur zu konstatieren:

> Nicht mehr primär als Künstler steht der historische verbürgte Dichter im Mittel-
> punkt zeitgenössischer Künstlerdramen, sondern als völlig entmythisierte, ins Tragiko-
> misch-Groteske projizierte, anonyme Existenz, die Revolutionen, Aufständen, Utopien
> aller Art und Couleur zum Opfer fällt.[47]

Dorst zeigt den Privatmenschen Heine primär in der Rolle als Ehemann. Über die
Ehe des historischen Heine existieren zahlreiche Berichte und Selbstaussagen.[48]
Das Augenmerk ist daher auch hier darauf zu richten, welche biografischen Aspekte Dorst verarbeitet. Im Laufe mehrerer Szenen kommt es zu Auseinandersetzungen zwischen der streitsüchtigen, mit unflätigen Ausdrücken um sich werfen-
den Mathilde, die in „Du wirst mich nicht los" in eine Rangelei mündet.[49] Um ein
ernsthaftes Zerwürfnis handelt es sich nicht. Am Ende eines heftigen Wortwechsels über Mathildes Papagei, den Heine aus Eifersucht vergiftet hat, geht das Ehepaar lachend davon, um einen neuen Papagei zu kaufen. Über Heine ist in diesem
Kontext außerdem zu erfahren, dass er seine Frau regelmäßig verprügelt.[50] Die Er-
ziehungs- und Bildungsmaßnahmen, die er ihr angedeihen lässt, sowie das Geld,
das er für sie (unter anderem für Bekleidung) ausgibt, lassen ihn wie eine Art Pyg-
malion erscheinen, der an der Vervollkommnung seiner Ehefrau arbeitet.[51] Die
historische Mathilde konnte kein Deutsch und verstand wenig von Heines Beruf.
Seine jüdische Herkunft hielt Heine vor ihr zurück. Auch diesen Aspekt verwer-
tet das Stück durch Mathildes Ressentiments gegenüber Juden und ihrer Aussage,
dass sie nie einen Juden geheiratet hätte.[52]

Der Eindruck, der hier von Heine vermittelt wird, kontrastiert einerseits erneut
zu dem Bild des genialen Dichters. Andererseits zeigt der Text Heine als einen
Menschen, der einen Teil seiner Identität auch im Privatleben verschleiert und so
selbst seiner eigenen Ehefrau fremd bleiben muss.

4. Zwischen Inszenierungen, Maskeraden und Unwahrheiten

Das Bild, das „Harrys Kopf" von Heinrich Heine bietet, wird im Wesentlichen
geprägt von verschiedenen Identitäten, die der Protagonist vorgibt zu sein. In der
Szene „Hier finde ich Sie", die sich schwerpunktmäßig mit den revolutionären Ereignissen von 1848 und der Haltung der Schriftsteller Heine, Börne und Balzac
befasst, inszeniert sich Heine als Unterstützer der Revolutionären, denen er auf
Kosten seiner Gesundheit und Mobilität seine Kutsche gegeben habe, um eine
Barrikade zu bauen.[53] Wieder ist es Mathilde, die aufklärt, dass Heine die Kutsche
nicht verschenkt hat, sondern der Wagen gestohlen und er auf die Straße geworfen wurde.[54] Tatsächlich hält Heine von einer direkten revolutionären Beteiligung

nichts, wie er in einem Gespräch mit deutschen Arbeitern und Handwerkern klarstellt, die ihre Hoffnungen in ihn setzen: „Sie sind ein großer deutscher Dichter, Sie sollen unsere Stimme sein! Besuchen Sie unsere Versammlungen und geben Sie den schon beinahe Verzagenden den Mut zurück! Das leidende, unterdrückte Volk braucht Sie!"[55] Heine ist zwar ein grundsätzlicher Unterstützer der Revolution, will sich aber, ähnlich wie das historische Pendant, nicht instrumentalisieren lassen.[56] Er wehrt daher ab:

> Wir opfern uns gern für die Emanzipation des Volkes, aber die Nähe und Berührung ist mir persönlich unangenehm. Und gar die Umarmung und Liebkosung des Volkes – Gott bewahre mich davor! Gehen Sie bitte nach Hause! Lassen Sie mich erst tot sein, dann stehe ich zur Verfügung.[57]

Auf seine Falschdarstellung angesprochen, bekennt Heine, dass er „manchmal […] gar nichts gegen Lügerei" habe und ihn zuweilen „große Lust" erfasst, „meine Biographie, die Gott mir nicht allzu günstig entworfen hat, hier und da zu verbessern und nach meinem Gusto zurechtzuschneidern."[58] Dass der Einzelne sein Leben selbst gestaltet, ist ein wesentliches Kennzeichen der Moderne. Ulrich Beck spricht von „Bausätze[n] biographischer Kombinationsmöglichkeiten" und erklärt: „Individualisierung bedeutet in diesem Sinne, daß die Biographie der Menschen aus vorgegebenen Fixierungen herausgelöst, offen, entscheidungsabhängig und als Aufgabe in das Handeln jedes einzelnen gelegt wird."[59] Im Fall Heine geht es weniger um die eigene Handlungsmacht und mehr darum, das missliche Ereignis zu verdrängen und seine Außenwirkung mit Falschaussagen und Maskeraden zu seinen Gunsten beeinflussen zu wollen. Die Biografie, von der er spricht, meint darum nichts anderes als das öffentliche Bild, das er in die eigene Hand nehmen möchte. Manfred Prisching zufolge bedarf es stets einer Inszenierung, um Erwartungshaltungen zu befriedigen.[60] Hier sind es die Erwartungen der Revolutionäre, denen Heine genügen möchte. Die faktische Entwendung der Kutsche, die bestätigt, dass er als Dichter nicht über den Geschehnissen steht und keine besondere Rücksichtnahme zu erwarten hat, wendet er um in eine ehrenvolle Handlung, die seiner Biografie schmeichelt. Heines Lügen haben innerhalb der Handlung keine negativen Konsequenzen, weder für ihn noch für andere. Sie sorgen jedoch aus Leser- bzw. Zuschauerperspektive für ein permanentes Hinterfragen seiner Aussagen.

Insbesondere mit Cokker treibt der Protagonist ein Spiel um Wahrheit und Fiktion. Möchte er ihn anfänglich loswerden, ergehen später – nicht immer ganz ernst gemeinte – Aufforderungen an ihn, bestimmte Aspekte zu notieren: „Schreiben Sie: Der Dichter Heinrich Heine ist aus Liebe verrückt geworden, er hat sich in einen Papagei verwandelt und wird den Rest seines Lebens in Mathildes Käfig verbringen."[61] In der Szene „Köpfe" ruft Heine explizit nach ihm. Er fragt Cokker, ob er alles bisher Gesagte notiert habe und zerreißt nach dessen Bestätigung die Notizen mit der Begründung: „Ich will nicht, daß eine falsche Biographie von mir unter die Leute kommt. Der Gedanke ist mir entsetzlich."[62] Auf Cokkers Abwehr, nichts hinzugefügt oder ausgelassen zu haben, betont Heine, dass alles gelogen und erfunden sei. Erneut macht der Protagonist seine Biografie zum Thema. Unter dem Eindruck der unwahren Geschichte um die Kutsche erscheint als falsch nicht das faktisch Falsche, sondern das, was Heine selbst als solches festlegt. Cokker startet noch einmal einen Versuch, den echten Heine zu finden: „Wenn all dies, was Sie so bereitwillig erzählt haben, erfunden oder, wie Sie selbst sagen, erlogen war, wie war Ihr Leben dann in Wahrheit?"[63] Anstelle der Wahrheit wird ihm eine weitere Lüge in Form eines grotesken Schauspiels präsentiert: Heine erzählt, er sei ein Revolutionär, der mit 25 Jahren hingerichtet worden wäre. Seine insgesamt vier Köpfe seien in Blumentöpfe gesetzt worden (eine Anspielung auf eine Geschichte aus Boccaccios „Decamerone"), die nun als Requisiten hineingetragen werden. Nacheinander zitieren die Köpfe seine Gedichte „Weltlauf", „Fromme Warnung", „Die Rose, die Lilie, die Taube, die Sonne" und eine Passage aus dem „Wintermährchen".

Über das Auftreten des Einzelnen in der Gesellschaft schreibt Prisching: „Die Wirklichkeit ist nicht gegeben, sondern sie muss gedeutet, inszeniert und dramaturgisch aufbereitet werden."[64] Die Wahrheit, nach der Cokker sucht, zeigt sich hier und in folgenden Auftritten als immer neue Inszenierung Heines: als Bankier, der den Dichter Heine leugnet, oder armer Narr, der im Regen sitzen muss. Auf Cokkers Anmerkungen zur Fingiertheit seiner Rollen geht er nicht ein. Heines Identität ist nicht eindeutig zu fassen, weil er selbst kein einheitliches und kohärentes Bild vorgibt. Vor dem Hintergrund aktueller soziologischer Überlegungen zum Subjekt in der Moderne kann Dorsts Figur als eine hybride Identität gelten. Andreas Reckwitz erörtert diesbezüglich:

> Die Moderne produziert keine eindeutige, homogene Subjektstruktur, sie liefert vielmehr ein Feld der Auseinandersetzung um kulturelle *Differenzen* bezüglich dessen, was das Subjekt ist und wie es sich formen kann. Kennzeichnend für die Moderne ist gerade, dass sie dem Subjekt *keine* definitive Form gibt, sondern diese sich als ein Kontingenzproblem, eine offene Frage auftut, auf die unterschiedliche, immer wieder neue und andere kulturelle Antworten geliefert werden. [...] Gleichzeitig sind diese Subjektkulturen nicht eindeutig gebaut, sie sind vielmehr durch eine spezifische *Hybridität* gekennzeichnet.[65]

Der Protagonist zeichnet sich dadurch aus, dass er sich auf Handlungsebene selbst erfindet. Dabei wirken die Erfindungen spontan und kontingent, könnten also auch anders sein. Die Möglichkeit zur Gestaltung der Identität wird in der Soziologie oft als Problematik beschrieben, die zu Ungewissheit und Orientierungslosigkeit führen kann. So erläutert Beck, wie die Modernisierung zu Individualisierung geführt hat, die unter anderem in den Verlust von traditionellen Sicherheiten mündet. Zygmunt Bauman hebt generell die Konsequenzen hervor, die das moderne Subjekt für seine Entscheidungen tragen muss.[66] In „Harrys Kopf" ist beides nicht der Fall, der Protagonist ist, anders als Hoffmann in dem zu Beginn erwähnten Roman von Härtling[67], stets Herr über seine Identitäten und Lügengeschichten. Allerdings bietet das Stück auch keine Innenansicht und keine Monologe; was Heine de facto denkt, fühlt und beabsichtigt, ist nicht zu erfahren. Dorst geht es insgesamt weniger darum, sich in Heine bzw. seiner Identitätsvielfalt zu spiegeln. Heine wird nicht als historisches Pendant inszeniert, der Autor begegnet ihm von außen, ohne über Zugang zu seinen Gedanken zu verfügen.

5. Verhinderte Wahrheit

Die Wahrheitssuche wird in der letzten Szene zu ihrem Abschluss gebracht. Darin kommt es zu einem Gespräch zwischen dem Dichter und Mouche an Heines Todestag. Die historische Mouche (eigentlich Elise Krinitz) besuchte Heine in seinen verbleibenden Lebensmonaten häufig und wurde zu seiner letzten Liebe.[68] Die Szene besticht dadurch, dass sie ohne Klamauk, wenn auch nicht ohne den typischen Humor Heines, auskommt. Sie bildet insofern eine Klammer zum Prolog, als nun der Protagonist Stellung zu den Besuchen nimmt. Heine fragt danach, wie er aussieht und deutet auf sein für Besucher erschreckendes Äußeres hin.[69] Ferner spricht er von dem für ihn ärgerlichen Umstand, dass Besucher ihn aus bloßer Neugier aufsuchen und ihre Berichte an Zeitungen schicken, um daraus Profit und Aufmerksamkeit zu schlagen.[70] Hierin liegt ein Hinweis auf den Sinn hinter dem Spiel, das Heine mit Cokker treibt: Heine führt den Wahrheits- und Informationsdrang des Journalisten im Speziellen und der Menschen im Allgemeinen vor, indem er ihm immer neue Geschichten vorsetzt. Über die Wahrheiten, die andere über ihn teilen, hat er zum Ende des Stücks nun keine Handhabe mehr.

Am Schluss der Szene kündigt Heine die lang erwartete Selbstoffenbarung an: „Du mußt morgen wiederkommen, ich will dir die Wahrheit sagen über Heinrich Heine."[71] Ausgerechnet Mouche, die nicht danach gefragt hat, im Gegenteil seine Texte auswendig kennt und aufrichtiges Interesse an dem Kranken zeigt, und nicht Cokker bietet Heine diese Informationen an. Ein Grund für Heines plötzliche Offenheit wird nicht genannt. Ebenso wenig ist zu erfahren, um welche Art von Wahrheit es sich handelt. Die abermalige Nutzung der dritten Person hat einen entfremdenden Effekt. Todgeweiht bleibt dem Matratzengruft-Heine nur die Rückschau auf den berühmten Dichter. Kurz darauf stirbt er und das Stück ist vorbei. Mit Blick auf die Anlage des Textes ist es nur konsequent, dass die Wahrheit ausbleibt und derjenige, um den es geht, endgültig verstummt.

„Heine, das ist wer?" Dieser Satz ist prominent in einem Übersichtswerk zu Heinrich Heine zu lesen.[72] Möchte man für „Harrys Kopf" eine Antwort finden, so ist Heine dort eine Figur, die zwischen Rollen und körperlichen Gebrechen changiert, sich jedoch nie hinter die Fassade schauen lässt. Der Schluss zeigt gleichwohl noch einmal, dass es nicht nur um diese Frage geht. Mit den Mitteln des Dramas reflektiert Dorst, wie verlässlich das Wissen um Heine ist, was gerade vor dem Hintergrund der Absicht, an diesen zu erinnern, an Relevanz gewinnt. Dorst führt vor, dass es die eine, fassbare Wahrheit über Heine nicht gibt und er sie nicht verkünden kann. Er knüpft damit an Überlegungen aus der Historiografie an, die in den 1970er Jahren von Hayden White formuliert und zur Entstehungszeit des Stücks verstärkt in der deutschsprachigen Forschung für erzählende Gattungen diskutiert wurden.[73] White ging von der Beobachtung aus, dass sich Geschichtsschreibung narrativer Mittel bedient. Hieraus schlussfolgerte er, dass Darstellungen von Geschichte stets einem subjektiven Konstruktionsprozess unterliegen, abhängig von den verwendeten Quellen und den (unbewussten) Absichten und Schlussfolgerungen eines Historikers. Der Darstellbarkeit einer faktischen, historischen Realität wird widersprochen.[74] Ich würde nicht so weit gehen wie Crăciun, die behauptet, dass Dorsts Kompositionstechnik darauf abziele, „das Geschichtsmaterial, das der tradierten Auffassung des Dichters Heinrich Heine zugrunde liegt, als Fiktion zu desavouieren."[75] Sein Vorgehen verweist vielmehr darauf, dass das historische Material kein vollständiges Bild von Heine schafft, sondern immer subjektive Interpretationen, die hier von einem Autor künstlerisch arrangiert werden.

Crăciun merkt weiter an, dass es in allen historischen Künstlerdramen von Tankred Dorst darum gehe, „die Aussagekraft geschichtlicher Dokumente […] sowie die Relevanz der Zitate aus dem dichterischen Werk für das Verständnis der Persönlichkeit eines Dichters als eines geschichtlichen Individuums zu hinterfragen."[76] Meines Erachtens tritt dies in keinem anderen seiner Dramen so stark an die Oberfläche wie in „Harrys Kopf". Das Stück ist durch die Art des Umgangs mit dem Thema Wahrheit in Bezug auf Identität selbstreflexiv, ohne dies explizit auszusprechen.

In seinem Einführungswerk über Heine merkt Werner Jung an: „Was ist nicht über Heinrich Heine in den zurückliegenden beiden Jahrhunderten alles gesagt und geschrieben worden."[77] Tankred Dorsts „Harrys Kopf" reiht sich in der Tat ein in eine lange Abfolge an Texten mit und über Heine. Allein für den Zeitraum 1957–2006 listen Goltschnigg und Steinecke 143 Rezeptionszeugnisse mit Heine-Bezug auf.[78] „Harrys Kopf" mag, wie dies in Rezensionen kritisch angemerkt wurde, kein neues Wissen im Sinne urkundlich belegter Fakten hervorgebracht haben.[79] Wohl aber gibt das Drama Aufschluss über eine Möglichkeit des Umgangs mit einem prominenten historischen Schriftsteller am Ende des 20. Jahrhunderts.

Anmerkungen

1 Tankred Dorst: Heine, möglicherweise. Tübinger Poetik-Vorlesung. – In: Tankred Dorst, Ursula Ehler: Werkstattberichte. Hrsg. v. Günther Erken. Frankfurt a. M. 1999, S. 154–176, hier S. 170.

2 Vgl. ebd., S. 154. In Dorsts Ausführungen sind Teile der Entwürfe abgedruckt. Ein frühes Fragment findet sich auch in Tankred Dorst: Notizen zu nichtgeschriebenen Stücken. – In: Werkbuch über Tankred Dorst. Hrsg. v. Horst Laube. Frankfurt a. M. 1974, S. 49–59, hier S. 59.

3 Tankred Dorst: La cabeza de Harry, Toller, El jardín prohibido, Fragmentos sobre D'Annunzio. Hondarribia 2002. Heines Bedeutung im spanischsprachigen Raum widmete sich erst kürzlich Isabel Hernández: Eine vergessene Lektüre von Heines Prosa in Spanien: die „Reisebilder" im Werk von Pío Baroja. – In: HJb 62 (2023), S. 241–255.

4 Dorst: Heine, möglicherweise [Anm. 1], S. 170.

5 Ebd., S. 155.

6 Goltschnigg und Steinecke listen neben „Harrys Kopf" 19 weitere künstlerische und nicht-künstlerische Texte aus dem Jahr 1997 mit Bezug zu Heine auf. Zum Vergleich: Für die gesamten 1990er Jahre sind es 30 Texte. Vgl. die Übersicht in Goltschnigg/Steinecke,

Bd. 3, S. 14 f. Zur Heine-Rezeption im Jubiläumsjahr 1997 vgl. die ausführliche Darstellung ebd., S. 129–158.

7   Vgl. hierzu (mit besonderem Bezug auf die Rezeption in der ersten Hälfte des 20. Jahrhunderts) Dietmar Goltschnigg: Heines Ausschluss aus dem Kanon deutscher Literatur. – In: Der Kanon. Perspektiven, Erweiterungen und Revisionen. Tagung österreichischer und tschechischer Germanistinnen und Germanisten Olmütz/Olomouc, 20.–23.09.2007. Hrsg. v. Jürgen Struger. Wien 2008, S. 203–224. Vgl. auch Dorsts Hinweis in Dorst: Heine, möglicherweise [Anm. 1], S. 155.

8   Vgl. Davina Beck: „Er war, das wußte er, nicht nur einer. Er war viele." Fragile Identität in Peter Härtlings „Hoffmann oder Die vielfältige Liebe". – In: Fragilität – literarische und filmische Narrative. Hrsg. v. Sebastian Arend, Julia Sander u. Lena Wetenkamp. Berlin 2023, S. 113–124, hier S. 121–123.

9   Vgl. Dorst: Heine, möglicherweise [Anm. 1], S. 159.

10 Vgl. Jürgen Straub: Identität. – In: Handbuch der Kulturwissenschaften. Hrsg. v. Friedrich Jaeger u. Burkhard Liebsch. Stuttgart, Weimar 2004, Bd. 1: Grundlagen und Schlüsselbegriffe, S. 277–305, hier S. 278.

11 Vgl. die Presseschau in Ioana Crăciun: Historische Dichtergestalten im zeitgenössischen deutschen Drama. Untersuchungen zu Theaterstücken von Tankred Dorst, Günter Grass, Martin Walser und Peter Weiss. Heidelberg 2008, S. 246.

12 Neben der zitierten Monografie sei verwiesen auf Ioana Crăciun: „Ich bin ein Kind der Revolution". Zur Gestalt Heinrich Heines in Tankred Dorsts Theaterstück „Harrys Kopf". – In: Harry … Heinrich … Henri … Heine. Deutscher, Jude, Europäer. Grazer Humboldt-Kolleg, 6.–11. Juni 2006. Hrsg. v. Dietmar Goltschnigg, Charlotte Grollegg-Edler u. Peter Revers. Berlin 2008, S. 367–386. Allerdings handelt es sich dabei lediglich um eine gekürzte und ansonsten fast wortgleiche Version des Kapitels aus der im selben Jahr publizierten Schrift.

13 Vgl. Goltschnigg/Steinecke, Bd. 3 [Anm. 6], S. 156.

14 Vgl. Dorst: Heine, möglicherweise [Anm. 1], S. 173.

15 Zu den Rezensionen vgl. Ulrich Deuter: Das Gesicht des Dichters: Masken. – In: Der Tagesspiegel, 19.10.1997, S. 26; Peter von Becker: Heinrich Heines letztes Band. – In: Der Tagesspiegel, 10.11.1997, S. 25. Mit Bezug auf ebenjene Rezensionen (und obwohl die Poetik-Vorlesung auch sonst zitiert wird) bestreitet Crăciun, dass das Stück in Heines Kopf spielt, da Dorst „nie eine Dramatik der Seelenlandschaften, der mentalen Welten, des verinnerlichten Erlebnisses, sondern stets eine der betont extrovertierten Gestik praktiziert hat." Stattdessen sei der Kopf „ein groteskes Bühnenrequisit", das auf die Französische Revolution verweise. Crăciun: Historische Dichtergestalten [Anm. 11], S. 248. Abgesehen davon, dass die Bezugnahme auf frühere Stücke nicht als Argument dafür herhalten kann, dass Dorst hier zwingend die gleiche Verfahrensweise nutzen muss, widerspricht sie sich an anderer Stelle, wenn sie sagt, dass es die Fantasie der Figur Heine ermögliche, in Kindheit und Zukunft zu reisen. Vgl. ebd., S. 267.

16 Dorst: Heine, möglicherweise [Anm. 1], S. 154.

17 Wolfgang G. Müller: Interfigurality. A Study on the Interdependence of Literary Figures. – In: Intertextuality. Hrsg. v. Heinrich F. Plett. Berlin, New York 1991, S. 101–121, hier S. 110. Müller kreierte den Terminus ‚Interfiguralität' in Ermangelung eines passenden Begriffs, da ‚Intertextualität' Figuren nicht präzise fasst. In der Forschung konnte er sich nicht etablieren; vielleicht weil Figuren ohnehin kaum im Blickfeld der intertextuellen Forschung stehen.

18 Tankred Dorst: Harrys Kopf. Frankfurt a. M. 1997, S. 46.

19 Ebd., S. 57 f.

20 Wolfgang Welsch: Unsere postmoderne Moderne. Berlin [7]2008, S. 5. ‚Postmoderne' zählt zu den umstrittenen Begriffen der Gegenwartskultur. Weder ihre Merkmale noch ihre zeitliche Eingrenzung sind eindeutig festgelegt (gleichwohl sich inzwischen ein festes Inventar

an Eigenschaften etablieren konnte). Welsch sah aufgrund der willkürlichen Verwendung des Begriffs schon 1987 (dem Jahr der Ersterscheinung seiner Monografie) das Ende der Postmoderne gekommen. Vgl. ebd., S. 10. Zuweilen wird er ganz abgelehnt und durch ‚Spätmoderne‘ ersetzt, um die Verbindungen zur Moderne zu betonen. Eine nähere Begriffsdiskussion soll an dieser Stelle indes nicht verfolgt werden.

21 Vgl. Dorst: Harrys Kopf [Anm. 18], S. 13.
22 Ebd., S. 21.
23 Ebd., S. 23.
24 Ebd., S. 18 f.
25 Ebd., S. 25.
26 H. H. Houben (Hrsg.): Gespräche mit Heine. Potsdam [2]1948. Dorst bezeichnete das Buch als „fast einzige Quelle und Anregung“ für „Harrys Kopf“. Dorst: Heine, möglicherweise [Anm. 1], S. 155.
27 Eine (unvollständige) namentliche Zuordnung der Aussagen in „Harrys Kopf“ zu den historischen Berichten findet sich in Crăciun [Anm. 11], S. 252 f. Die fünf zitierten Aussagen stammen von dem Arzt Eduard Fichte (August 1851, vgl. Houben: Gespräche mit Heine [Anm. 26], S. 886 f., dort falsch auf September datiert), Heines Verleger Julius Campe (Juli 1851, vgl. ebd., S. 863), dem Schriftsteller Wilhelm Zirges (1844/45, vgl. ebd. S. 512 f.), dem Schriftsteller Eduard von Bauernfeld (Juni 1845, vgl. ebd., S. 521) und dem Arzt Heinrich Rohlfs (Frühjahr 1851, vgl. ebd. S. 852). Fichtes und Campes Aussagen zu Heines Zustand wurden also fast zur selben Zeit getätigt. In der Forschung ist angemerkt worden, dass Campes positive Schilderung generell von den übrigen Beschreibungen Heines aus dem Jahr 1851 abweicht. Vgl. Henner Montanus: Der kranke Heine. Stuttgart, Weimar 1995, S. 190.
28 Crăciun: Historische Dichtergestalten [Anm. 11], S. 253 f.
29 Vgl. Dorst: Harrys Kopf [Anm. 18], S. 30.
30 Vgl. Dorst: Heine, möglicherweise [Anm. 1], S. 155 f. Dorst hat ebd. einen Teil des Gesprächs, das bereits im Original dramatisch präsentiert wird, wiedergegeben. Fälschlicherweise hält er Chasles für einen englischen Journalisten. Das vollständige Gespräch aus dem Jahr 1835 ist abgedruckt in Houben: Gespräche mit Heine [Anm. 26], S. 257–261. Auch der Aspekt der Wahrheit findet darin Erwähnung. Auf Chasles' Bemerkung, möglichst bei der Wahrheit zu bleiben, soll Heine geantwortet haben: „Wahr ist alles an dem Tag, da es gedruckt wird.“ Ebd., S. 259.
31 Dorst: Harrys Kopf [Anm. 18], S. 27.
32 Ebd., S. 29. Die Grundlage dieses Wortwechsels ist ebenfalls bei Houben zu finden und entspringt einem Bericht des Komponisten Friedrich Kücken aus dem Jahr 1843. Kücken erzählt, dass er angeblich monatelang mit dem Satz „Herr Heine ist nicht zuhause“ an Heines Tür abgewiesen wurde, einmal auch von diesem selbst. Vgl. Houben: Gespräche mit Heine [Anm. 26], S. 455 f.
33 Dorst: Harrys Kopf [Anm. 18], S. 29.
34 Ebd., S. 30.
35 Ebd., S. 31.
36 Barbara Bongartz: Tankred Dorst: Harrys Kopf [Rezension]. – In: HJb 37 (1998), S. 302–305, hier S. 304.
37 Dorst: Heine, möglicherweise [Anm. 1], S. 174 f.
38 Vgl. Dorst: Harrys Kopf [Anm. 18], S. 31. Das Trauma begleitet ihn im gesamten Stück. Das Motiv beruht auf einer Anekdote, die Heine in seinen Memoiren überliefert, aber auch durch andere Familienmitglieder (etwa Heines Bruder Gustav, vgl. Houben: Gespräche mit Heine [Anm. 26], S. 868) belegt ist. Ein Düsseldorfer Lumpensammler trieb seinen Esel mit dem Wort „Harrüh“ an. Aufgrund der Ähnlichkeit zu seinem ursprünglichen Vornamen wurde Heine in der Schule und Nachbarschaft damit aufgezogen. Vgl. hierzu Dorst:

Heine, möglicherweise [Anm. 1], S. 162, wo die Stelle zitiert wird. Allerdings bietet das Stück auch in dieser Hinsicht keine eindeutige Perspektive. In der Szene „Hier finde ich Sie" spielt Heine selbst auf die Erinnerung an und lacht darüber. Vgl. Dorst: Harrys Kopf [Anm. 18], S. 50.

39 Crăciun zufolge „bezichtigt Tankred Dorst seinen Protagonisten der kränkenden Arroganz und des reaktionären Elitismus." Crăciun: Historische Dichtergestalten [Anm. 11], S. 271. Schaumann meint, der Autor skizziere „einen egozentrischen und bequemen Heine, einen überaus eitlen Menschen, einen gefallsüchtigen Frauenhelden, der unfähig ist zu lieben". Caroline Schaumann: Tankred Dorst: Harrys Kopf [Rezension]. – In: Focus on Literatur 5 (1998), S. 117–119, hier S. 118. Diese negative Charakterisierung teile ich mit Blick auf das Stück nicht und sie geht auch nicht mit Dorsts Aussagen konform. Abgesehen davon belegen die Beispiele einen Befund, den Crăciun generell für zeitgenössische dramatische Darstellungen von Dichtern festhält: Indem das Stück die Erwartungshaltung des Publikums unterwandert (basierend auf dem überlieferten Bild Heines), erzeugt es eine bewusste Provokation. Vgl. Crăciun: Historische Dichtergestalten [Anm. 11], S. 14 f.

40 Vgl. den Hinweis in Schaumann: Tankred Dorst [Anm. 39], S. 118. Der Darstellung von Heine als Märtyrer widmet sich ausführlich Martina Hornung: Der heilige Tod. Legendenproduktion in der modernen deutschen Künstlerbiographie von 1805 bis 2005. Fallstudien zu Schiller, Goethe und Heine. Konstanz 2011, S. 288–388.

41 Vgl. Dorst: Harrys Kopf [Anm. 18], S. 36.

42 Vgl. ebd., S. 122.

43 Vgl. ebd., S. 60.

44 Vgl. ebd., S. 66.

45 Vgl. ebd., S. 67 f.

46 Am Ende der Szene „Die armen Reichen" rezitiert Heine „Sie saßen und tranken am Teetisch", nachdem mehrere Damen über Liebe gesprochen haben. (vgl. ebd., S. 78 f.) Allerdings erfolgt kein Hinweis, dass er das Gedicht erst in diesem Moment erfindet.

47 Crăciun: Historische Dichtergestalten [Anm. 11], S. 279 f. Dafür, dass die literarische Marginalisierung des Künstlertums nicht nur Dramen betrifft, bietet Martin Walsers Roman „Ein liebender Mann" (2008) über Goethes Liebe zu Ulrike von Levetzow ein prominentes Beispiel.

48 Einen prägnanten Überblick über Heines Leben mit Mathilde bietet Jan-Christoph Hauschild/Michael Werner: „Der Zweck des Lebens ist das Leben selbst." Heinrich Heine. Eine Biographie. Köln 1997, S. 307–330.

49 Vgl. Dorst: Harrys Kopf [Anm. 18], S. 43. Auch gegenüber anderen Figuren fällt sie durch Gewaltattacken auf. So schlägt Mathilde auf Börne ein (vgl. ebd., S. 63), wirft mit Heines Büchern nach Cokker (vgl. ebd., S. 83) und beleidigt Mouche derb. (vgl. ebd., S. 133 f.) Die historische Mathilde geriet im Zorn ebenfalls schnell außer sich. Vgl. Hauschild/Werner: Heinrich Heine [Anm. 48], S. 325. Einen exemplarischen Fall hierzu überliefert Alexandre Weill in Houben: Gespräche mit Heine [Anm. 26], S. 947–949.

50 Vgl. Dorst: Harrys Kopf [Anm. 18], S. 85. Zum historischen Heine siehe Hauschild/Werner: Heinrich Heine [Anm. 48], S. 316 f.

51 Der Pygmalion-Vergleich geht zurück auf einen Bericht Weills, demzufolge Heine sich selbst so bezeichnet hat. Vgl. Hauschild/Werner: Heinrich Heine [Anm. 48], S. 312. Dass Mathilde eigentlich Augustine Crescence hieß und von Heine Mathilde genannt wurde, weil ihm dieser Name besser gefiel, bestätigt diesen Eindruck.

52 Vgl. Dorst: Harrys Kopf [Anm. 18], S. 34.

53 Vgl. ebd., S. 45.

54 Vgl. ebd., S. 62. Dass die Kutsche für den Barrikadenbau genutzt wurde, ist durch Heine selbst überliefert. Vgl. Hauschild/Werner: Heinrich Heine [Anm. 48], S. 520.

55 Dorst: Harrys Kopf [Anm. 18], S. 115.

56 Crăciun weist nicht zu Unrecht auf die Parallelen zu Günter Grass' „Die Plebejer proben den Aufstand" (1966) hin. In dem Stück wird die Chef-Figur, die unübersehbar auf Bertolt Brecht anspielt, vom Volk ebenfalls gebeten, politisch für es einzustehen. Vgl. Crăciun: Historische Dichtergestalten [Anm. 11], S. 270. Zur ambivalenten Position des historischen Heine vgl. Hauschild/Werner: Heinrich Heine [Anm. 48], S. 522 f.

57 Dorst: Harrys Kopf [Anm. 18], S. 116.

58 Ebd., S. 62.

59 Ulrich Beck: Risikogesellschaft. Auf dem Weg in eine andere Moderne. Frankfurt a. M. 2003, S. 216 f.

60 Vgl. Manfred Prisching: Das Selbst, die Maske, der Bluff. Über die Inszenierung der eigenen Person. Wien 2009, S. 117.

61 Dorst: Harrys Kopf [Anm. 18], S. 82.

62 Ebd., S. 90.

63 Ebd.

64 Prisching: Das Selbst, die Maske, der Bluff [Anm. 60], S. 119.

65 Andreas Reckwitz: Das hybride Subjekt. Eine Theorie der Subjektkulturen von der bürgerlichen Moderne zur Postmoderne. Überarb. Neuaufl. Berlin 2020, S. 27.

66 Vgl. Beck: Risikogesellschaft [Anm. 59], S. 206; Zygmunt Bauman: Flüchtige Zeiten. Leben in der Ungewissheit. Hamburg 2008, S. 10.

67 Vgl. Beck: Fragile Identität [Anm. 8], S. 118 f.

68 Über Mouche ist nicht viel Gesichertes bekannt. Sie stammte aus Deutschland, war von dem Ehepaar Krinitz adoptiert worden, das in den 1820er Jahren seinen Wohnsitz nach Paris verlegt hatte, und verdingte sich unter verschiedenen Pseudonymen als Schriftstellerin, Sprach- und Klavierlehrerin. Der erste Besuch bei Heine fand im Juni 1855 statt. An seinem Todestag war sie nicht zugegen. Vgl. Hauschild/Werner: Heinrich Heine [Anm. 48], S. 599–602.

69 Vgl. Dorst: Harrys Kopf [Anm. 18], S. 123.

70 Vgl. ebd., S. 124.

71 Ebd., S. 137. Der letzte Satz ist abgewandelt aus Erinnerungen Mouches an das letzte Treffen mit Heine fünf Tage vor dessen Tod, hat dort aber keinen Bezug zur Wahrheit: „Auf morgen, hörst du? Säume nicht." Houben: Gespräche mit Heine [Anm. 26], S. 1061.

72 Werner Jung: Heinrich Heine. Paderborn 2010, S. 9.

73 Vgl. exemplarisch Ansgar Nünning: Grenzüberschreitungen: Neue Tendenzen im historischen Roman. – In: Radikalität und Mäßigung. Der englische Roman seit 1960. Hrsg. v. Annegret Maack u. Rüdiger Imhof. Darmstadt 1993, S. 54–73, hier S. 60–65.

74 Vgl. Erik Schilling: Der historische Roman seit der Postmoderne. Umberto Eco und die deutsche Literatur. Heidelberg 2012, S. 25–32.

75 Crăciun: Historische Dichtergestalten [Anm. 11], S. 247.

76 Ebd.

77 Jung: Heinrich Heine [Anm. 72], S. 9.

78 Vgl. die Übersicht in Goltschnigg/Steinecke, Bd. 3 [Anm. 6], S. 12–16.

79 Vgl. Schaumann: Tankred Dorst [Anm. 39], S. 119.

Liebes-Fatalitäten, Sabbath-Morgen und Seegespenst Franz von Gaudy und Heinrich Heine

Doris Fouquet-Plümacher

Heinrich Heine (1797–1856), der berühmte, und Franz von Gaudy (1800–1840), der heute nahezu vergessene Dichter, hatten 1829–1830 einen kurzen, direkten Kontakt um Gaudys Erstling „Erato" mit gegenseitiger Achtung und Wertschätzung. Heines Stern war mit „Reisebilder" (1826 ff.) und „Buch der Lieder" (1827) schon glänzend aufgegangen. Franz von Gaudy stand zu dieser Zeit als unbekannter Leutnant der preußischen Armee in Glogau (Schlesien) und hatte bisher nur in schlesischen Taschenbüchern und Almanachen publiziert. Der Kontakt erlosch und endete 1835 mit der Zusendung von Gaudys Napoleon-Zyklus „Kaiser-Lieder". Eine neue Begegnung auf literarischer Ebene erfolgte vier Jahre später in Gaudys satirischer Novelle „Der moderne Paris" (1839), in der ein Don-Juan-Baron Heines Lyrik wirkungsvoll als Sprache der Verführung einsetzt. Das übernahm Theodor Fontane im Roman „Effi Briest" (1895) und entwickelte es kunstvoll weiter.

Kurz die Vita: Franz von Gaudy (Frankfurt an der Oder 1800–1840 Berlin) war ein spätromantischer und realistischer Schriftsteller im Vormärz. Er schrieb Prosa und Gedichte, keine Dramen, d. h. Lyrik, Bildgedichte, politische Gedichte, Balladen und Romanzen sowie Novellen, Erzählungen, Versdichtungen, Genrebilder, Reiseberichte; er hatte eine ausgeprägt satirische Ader und war ein ausgezeichneter Übersetzer aus dem Französischen und Polnischen. Er stammt aus dem preußischen Militäradel und war von 1818 bis 1833 Leutnant in der preußischen Armee mit den Stationen Potsdam, Schlesien und dem Großherzogtum Posen. Von 1834 bis 1840 lebte er als freier Schriftsteller in Berlin, war Mitglied der Literarischen Mittwochsgesellschaft, eng befreundet mit Adelbert von Chamisso. Zwei Italienreisen, eine kurze 1835 und eine lange 1838/39, waren ihm Höhepunkte. Er starb

D. Fouquet-Plümacher (✉)
Berlin, Deutschland
E-Mail: fouquet@zedat.fu-berlin.de

am 5. Februar 1840 mit 39 Jahren plötzlich an einem Schlaganfall. Seine Grab-
stätte liegt auf dem Friedhof I am Halleschen Tor in Berlin.[1] Der Nachlass ist verloren. 1844 erschienen die „Sämtlichen Werke".[2] Bis zum Ersten Weltkrieg war er
bekannt und wurde gelesen. Derzeit erscheint eine neue Auswahlausgabe.[3]

Das frühe Werk Gaudys zeigt eine Vielzahl von Einflüssen und Vorbildern:
Friedrich Schiller bei seinen frühesten Gedichten[4]; E. T. A. Hoffmann in der Fortschreibung der Erzählung von Cervantes' Hund Berganza, in seinen Erzählungen
generell wie in der Wasserfrauendichtung „Die drei Schlangen"[5]; Jean Paul[6], den
er sehr verehrte, oft zitierte und zum Vorbild nahm. Der Einfluss von Heinrich
Heine ist im ersten Buch Gaudys, „Erato" (1829), in der Nachahmung von dessen
Stil sehr deutlich und mit der Widmung an Heine dokumentiert.

1. Franz von Gaudy: „Erato"

Die „Erato"-Widmung

Heine und Gaudy sind sich persönlich nie begegnet, ihre Verbindung besteht in
Kenntnis und gegenseitiger Wertschätzung ihrer Werke. Der Kontakt begann 1829
mit der Widmung des ersten Teils von „Erato" an Heine, dem 1830 ein brieflicher
Austausch folgte.

Erato ist die Muse der Liebesdichtung und des Gesanges. „Erato", Gaudys
erstes Buch, besteht aus drei sehr verschiedenen Teilen, die drei verschiedenen
Personen gewidmet sind; er nennt es im Brief an Heine vom 18. Mai 1830 sein
„dreifarbige[s] Ungeheuer[]".[7] Mehrfachwidmung war zu dieser Zeit durchaus
üblich[8]; auch Heine hat im „Buch der Lieder" drei Widmungen an ihm naheste-
hende Personen platziert: an Salomon Heine („empfange diese Blätter auf's neue
als ein Zeichen der Verehrung und Zueignung des Verfassers" – DHA I/II, 748),
Friederike Varnhagen von Ense („werden die Lieder der Heimkehr, als eine heitere
Huldigung, gewidmet vom Verfasser" – ebd., 868) und Friedrich Merckel („sind
die Bilder der Nordsee freundschaftlichst zugeeignet vom Verfasser" – ebd., 998);
vielleicht war das eine Anregung für Gaudy, vielleicht ein Zufall. In der 2. Auflage
von „Erato" (1836) sind die Widmungen gelöscht.

Die Widmungen in „Erato": Teil 1, „Freud' und Leid", Gedichte im Heine-Ton,
an Heinrich Heine, Teil 2, „Wasserrosen", romantische, religiös-pietistische Prosa,
an August von Blumröder, Teil 3, „Elegien", an J. v. R., das ist Jenny von Rochow
(1806–1879), seine Verlobte aus der Breslauer Zeit. Von ihr hatte er sich 1824/25
trennen müssen, vielleicht aus wirtschaftlichen Gründen (armer Adel), vielleicht
zog sie sich zurück. Die Gedichte an Jenny sind Liebeselegien, die Widmung lautet: „J. v. R. in schmerzlich-süßer Erinnerung geweiht." Damit schloss er eine persönliche Lebensphase ab.

Der zweite Teil, „Wasserrosen", trägt die Widmung: „August von Blumröder
als Beweis meiner innigsten Verehrung zugeeignet." Blumröder (1776–1860)

war ein liberaler, geistvoller Dichter aus Sondershausen, eine Generation älter als Gaudy, Offizier (er stand erst für, dann gegen Napoleon im Feld), Freimaurer, Prinzenerzieher, Landrat, 1848 hochbetagtes Mitglied der Frankfurter Nationalversammlung.[9] Gaudy hat 1827 während seiner Festungshaft auf Silberberg (Schlesien), als es ihm sehr elend ging, Trost und Hilfe im brieflichen Kontakt mit ihm gesucht.[10] Die „Wasserrosen" sind stimmungsvoll-romantische, religiös-pietistische, Jean Paul verpflichtete Prosatexte wie „Das Bild des Gekreuzigten", „Der Dorfkirchhof", „Johannes der Apostel", „Die Hochzeit von Kanaa". Die Wasserrose ist Gaudys weiße Blume der Romantik. Mit dieser Widmung verbeugt sich Gaudy vor dem Mann, dessen Werke er intensiv gelesen und geschätzt, und der ihm in seiner Festungszeit zugehört und ihn zu unterstützen versucht hatte, in Dankbarkeit und Achtung.

Der erste Teil von „Erato" trägt den Titel „Freud' und Leid" und die Widmung: „An H. Heine, als freundschaftlichen Gruß aus der Ferne". Die „Ferne" bedeutet einerseits „unbekannt" und ist auch wörtlich zu nehmen: Gaudy stand zu dieser Zeit weit im Osten in Glogau an der Oder in Garnison.

Die Widmung war der Versuch eines unbekannten Poeten an entlegenem Ort über den Kontakt zu einem bekannten, viel diskutierten Autor Anschluss an die deutschlandweite Literaturszene, an den literarischen Markt zu gewinnen. Bis dahin war er mit dem schlesischen Literaturkreis um Karl von Holtei (1798–1880) und Karl Schall (1780–1833) vertraut und hatte in deren Zeitschriften und Almanachen publiziert. Gaudy beschreibt seine Situation im Brief an Heine vom 18. Mai 1830 so:

> meine Manuskripte warten nicht ab bis sie gedruckt werden um krebsgängerische Bewegungen zu machen, und kehren zu meinem Entsetzen regelmäßig wie die Schwalben zum alten Neste zurück. Die hiesigen Buchhändler sind nur Krämer, und ich bin außer aller literarischer Verbindung. (Briefe 17 – HSA XXIV, 55)

Mit „Erato" gelang eine erste literarische Verbindung aus seinem engen Kreis heraus, eine zwar nur lockere und nicht andauernde, jedoch ein erster Sprung nach außen überhaupt.

Die „Erato"-Gedichte

„Freud' und Leid", der erste, Heinrich Heine gewidmete Teil von „Erato" enthält 56 wie im „Buch der Lieder" römisch nummerierte Gedichte, z. T. mit arabischen Ziffern untergliedert, insgesamt 79 Gedichte, meist ohne Titel:

I–XXIII / XXIV 1–6. Liebes-Fatalitäten / XXV–XLVI / XLVII Angeführt! / XLVIII Wappendeutung / XLIX König Artus / L Serenade / LI Die gefangene Schöne / LII Heimkehr / LIII Frauen-Undank / LIV 1–9. Niederländische Bilder / LV 1–2. Bilder in altfranzösischer Manier / LVI 1–10. Wandrers Schreibtafel.

Die ersten 23 Gedichte sind romantische und ironische Gedichte um die Liebe und die Dichtung. Sie zeigen die Art Liebe bzw. Liebesenttäuschung, wie sie für Heines Gedichte nicht nur dieser Zeit typisch ist, der Kipppunkt der Freude und des Glücks liegt jeweils in den letzten Versen:

III.

Sie saß an meiner Seite
Und tändelte kosend mit mir,
Und sprach: Ich zöge noch heute
Wär' ich die deine mit dir.

Ich schiffte nach jenen Landen,
Die still in der Südsee blühn,
Und baute an Meeresstranden
Ein Hüttchen heimlich und grün.

Dort unter den Kokosbäumen
Bebaut' ich das kleine Feld,
Und dächte kaum noch in Träumen
An die alte armselige Welt. –

Doch als sie in Kurzem erkannte,
Die Südsee sey doch weit,
Da blieb sie im Deutschen Lande,
Und hat einen Andern gefreit.[11]

Die Lebenserfahrung des zu weit entfernten Glücksortes ist bekannt, Joachim Ringelnatz hat sie 1912 von zwei Ameisen aus Hamburg mit dem Reiseziel Australien geschildert: „Bei Altona auf der Chaussee / Da taten ihnen die Beine weh, / Und da verzichteten sie weise / Denn auf den letzten Teil der Reise.“[12] Es ist immer wieder das Erwachen aus einer Illusion, aus einem Traum, das in der bitteren Wirklichkeit endet.

XXIV Liebes-Fatalitäten 1

Zu der theuren Herrin Füßen
Saß ich, auf der kleinen Bank,
Vor dem Mädchen, das in süßen
Tönen Liebeslieder sang.

Und in ihren Augen malte
Sich mein knieend Spiegelbild,
Und aus ihren Augen strahlte
Gegenliebe zart und mild.

Tändelnd spielt' ich mit den Bändern
An dem seidenen Gewand,
Und zu treuer Liebe Pfändern
Raubt' ich manches farb'ge Band.

Sie, die sonst so kalt und spröde,
War so freundlich jetzt, so gut;
Ich, der zagend sonst und blöde,
Redete mit freiem Muth.

Den entzückten Blicken zeigte
Sich ein fromm Marien-Bild,
Als sie sich hernieder neigte
Himmlisch gütig, himmlisch mild.

Da umfloß ein Strahlen-Schimmer
Der Geliebten Angesicht – –
Denn mein Glück war Traum, wie immer,
Und der Glanz – das Tageslicht.[13]

Wie „XXIV 1–6. Liebes-Fatalitäten" – der Titel könnte von Heine stammen – berichten die Gedichte von meist vergeblichem Mühen um die Geliebte: „Doch eh' sie mir noch vergeben – / Wacht' ich vor Weinen auf." (II) – „So viele schöne Küsse, gab die Geliebte mir – / Drauf hat sie sich empfohlen, und ich empfahl mich ihr." (XX) – „Die Schwalben, sie kehrten wieder, / Doch nicht der Bräutigam." (XXXIX) – „So liebst Du mich denn nicht länger? / Er aber lispelte: ‚Nein!'" (X) Doch wie wild und unglücklich das Liebesgeschehen sich auch vollzieht, „So mach' ich geschwind ein Liedchen draus – / Und lasse das Liedchen drucken" (IV, S. 4), wie es auch Heine mit „den alten Liebes-Eyern" (DHA I/I, 256) bzw. ihrer Fortsetzung tut: „du sperrst sie in ein Büchlein". (ebd.) Nach einem großartig ausgemalten „Sonnenaufgang", der sich aus dem „violetten wallenden Nebelmeere" bei schmetterndem Lerchengesang aus goldgesäumten Wolken purpurn leuchtend emporschwingt, heißt es mit „Wer wird uns in Leipzig glauben, / Daß die Erde so schön sey!" zurück in die Wirklichkeit. Im ironischen Ton werden die Nöte des Poeten dargestellt: „Ach, der Arme möchte dichten, / Und er weiß nicht was und wie" (LVI 8, S. 113–115) – vielleicht über duftende Orangen oder Rosen oder die Abencerragen in Alhambra?

Dann ergreift er rasch den Griffel,
Und skizzirt die eigne Noth,
Und des leeren Kopfes Jammer,
Statt der edlen Mauren Tod. (XXVIII, S. 40 f.)

Auch besinnliche Gedichte des weitverbreiteten Motivs der Todesnähe, das Heine häufig benutzt hat, finden sich, darunter XXVIII, das später als „Das Trauerhaus" oder „Der Dorfpfarrer" mehrfach vertont wurde: der Pfarrer sitzt über seiner Predigt, im Zimmer nebenan liegt seine tote Tochter, er sieht nach ihr und folgt dann weiter seiner Pflicht der Predigtniederschrift. (AW2, 462) Hinzuweisen ist ebenso auf das Gedicht XVI (S. 18) mit Selbstbezug zu seinen Karikaturen: „Oft kritzelt ich auf dem Papiere / Gar manche groteske Figur …". Gaudy war graphisch-künstlerisch begabt; durch die Ungunst der Überlieferung sind nur die Karikaturen aus seiner Armeezeit, und diese nur im Nachdruck, überliefert.[14]

Die mit Titeln versehenen längeren Gedichte XLVII–LIII schildern z. T. balladenhaft Episoden. In „XLVII Angeführt!" beobachtet er die Angebetete heimlich beim Ausziehen: „Ich zitterte in vorahnender Wonne – / Sie aber – löschte das Licht aus." (S. 65 f.) Es folgen zwei Wappengedichte: „XLVIII Wappendeutung an Friedrich Baron de la Motte-Fouqué" (S. 68–71)[15] und „XLIX König Artus. An L. v. C. W – a." (S. 72 f.), eine Wappenlegende.[16] Von der verbreiteten spanischen

Folklore zeugt „L Serenade": dem huldigenden Calatrava-Ritter gießt Donna Laura vom Balkon „Wasserfluthen" über den Kopf, ein Spott auf die hohe Dichtung anhand des hochberühmten Ritters und der hochberühmten Muse Petrarcas. „LII Heimkehr" (S. 76–78) beschreibt die trostlose Rückkunft eines Kriegers.

Bildgedichte

Einen Schwerpunkt bilden die Bildgedichte über neun niederländische und zwei französische Gemälde. Hier treffen sich Gaudy und Heine in ihrer Liebe zur bildenden Kunst: Heine hat diese Bildgedichte besonders geschätzt, im Brief an Karl August Varnhagen von Ense lobt er sie als „vortrefflich" (s. u.).

Bildgedichte sind eine seit der Antike berühmte Gattung[17], als frühes Beispiel gilt die Beschreibung des von Hephaistos geschmiedeten Schilds Achills. (Homer: Ilias, Gesang 18, 477–482) Berühmt ist gleichfalls Heinrich von Kleists „Der zerbrochne Krug" mit der Beschreibung der Scherben desselben durch Frau Marthe: „Hier grade auf dem Loch, wo jetzo nichts, / sind die gesamten niederländischen Provinzen / dem span'schen Philipp übergeben worden. / Hier im Ornat stand Kaiser Karl der Fünfte." (646–674, hier 648–651) Bei Gaudy sind es klassische Bildbeschreibungen. Er hat etwa 50 Bildgedichte geschrieben, die in den zeitgenössischen Ausgaben ohne Bild abgedruckt sind.[18] 20 hat er selbst für seine Sammlung „Gedichte" (1847) ausgewählt, sie sind jetzt mit Bild in „Gedichte" zu finden. (AW2, 186–221; 376–382)

Die niederländischen Bildgedichte 1–5 nennen nicht den Künstler[19], es folgen Nr. 6: „Nach Philipp Wouvermann"; Nr. 7: „Tenier's Katzen-Konzert" (ebd., 193); Nr. 8: „Nach Franz Mieris"; Nr. 9: „Nach Rembrand van Rhyn". (ebd., 204 f.)

Tenier's Katzen-Konzert

Es sammeln sich zum musikalischen Kranze
Von allen Dächern Katzen, jung und alt.
Gevatter Schuhu dirigirt das Ganze,
Die Notenrolle hält er fest umkrallt.

Ein rüst'ger Kater wedelt mit dem Schwanze
Den Takt, und blickt streng auf die Partitur.
Auch Namensvetter Meerkatz bläst zum Tanze,
Die Andern singen aus dem Kopfe nur. –

Saht ihr noch nie die Pest der Dilettanten,
Die Pflegeväter der Disharmonie,
Die trotz'gen Sinns der Kunst, der nie erkannten,
Ein Schnippchen schlagen? – Hier erblickt ihr sie.

Die Künstler der Bilder in altfranzösischer Manier sind ebenfalls nur nach SW9 (81–84) zu bestimmen: Nr. 1: „Nach Franz Boucher"; Nr. 2: „Nach A. Wateau" [sic].

In nahezu allen Fällen ist das Bestimmen der jeweiligen Bilder schwierig, da die Motive wie Soldatenleben, Aufbruch oder Rückkehr vom Kampf oder von der Jagd, Gartenszene, Interieurs, Personendarstellung usw. sich selten als ein bestimmtes Gemälde definieren lassen.

„*Wandrers Schreibtafel*"

Am Abschluss von „Freud' und Leid" steht „LVI Wandrers Schreibtafel", zehn Gedichte über Ausflüge in die Natur ganz im Heineschen Ton. Der Dichter zieht am frühen Sonntagmorgen, wenn „die dumpfen Glocken / Die Frommen ins Gotteshaus" ziehen, auf die „blauen Berge und in der Wälder Grün". (LVI 1) Bei einer Bergwanderung kommt nach wunderbarer Naturschilderung der typische Umkehrschluss: „So wandelte ich in den Wolken, wie ein unsterblicher Gott, / Und sah nichts von der Erde, wie ein unsterblicher Gott, / Und langweilte mich, wie ein unsterblicher Gott." (LVI 3) Unter 6 steht „Die Bergveste" (S. 109–111), eine Erinnerung an seine unglückliche Haft 1827 auf der Festung Silberberg, die er ein Jahr später auf einer Wanderung nochmals besucht und, jetzt in Erinnerung, froh den Berg hinabstürzend, verlässt, „Der goldnen Freiheit eine Hymne singend".[20] „9. Der Wasserfall" schildert den Künstler mit Pergament und Bleistift beim Skizzieren – und das Ergebnis: „Man glaubt, ein nasses Betttuch zu erblicken, / Im Souvenir zum Trocknen aufgehängt."

Ein politisches Gedicht ist zu nennen: „LI Die gefangene Schöne". Die schönste Prinzessin – die Freiheit – sitzt als Gefangene eines Riesen, „Der böseste der bösen Giganten", fest:

> „Wie ist des Riesen Name?"
> „Man nennt ihn Polizei!" –
> „Und Euer Kerker, Dame,
> Wie heißt er?" – „Stadtvogtei!"[21]

Die Stadtvogtei war das Polizeigefängnis in Berlin. „Auch sitzt die arme Dame / Noch heute in der Haft."[22] Kein Ritter wagt den Kampf um die Freiheit.[23] Hier zeigt die ironische, harmlose Darstellung Gaudys frühe Haltung. Sie ist eine ganz andere als die Heines, der von Beginn an politisch gegen Unfreiheit und alte Herrschaft ankämpfte. Gaudys politische Lyrik gewinnt erst nach seiner Niederlassung in Berlin (1834) eine wesentliche Rolle und wird später zu einem Schwerpunkt. (AW2, 435–441) Er beschreibt dann Unfreiheit und Unterdrückung genau und mit Sarkasmus, er konstatiert gnadenlos – im Nicht-Schlaraffenland Preußen sind „Nur Luft und Wasser steuerfrei / Und glücklich nur die Toten"[24] –, aber er ficht nicht dagegen an. Ganz anders schreibt der Kämpfer Heinrich Heine, der unermüdlich gegen Unfreiheit, Despotie und Willkürherrschaft angeht: „Rede Dolche, rede Schwerter!" (DHA II, 120)

Zensur

Außer in Ton und Thema findet sich in Gaudys Frühwerk in einem weiteren Aspekt ein Bezug auf Heine: die Zensur, das große Problem dieser Zeit.[25] In „Erato" hatte die schlesische Zensur „[z]wey Stellen, in welchen nicht schickliche Witze vorkommen, gestrichen."[26] Die schlesische Zensurbehörde sandte Listen der akzeptierten und abgelehnten Titel ohne Erläuterungen an das Oberzensurkollegium nach Berlin, es gibt somit keine Begründung für die „nicht schickliche[n] Witze". Im Druck ist eine Löschung optisch wahrnehmbar: Im Gedicht VI über Ritter, schöne Frauen und die Vergänglichkeit von Zeit und Liebe ist eine Strophe durch Gedankenstriche angezeigt, in der Fußnote steht: „Von der Zensur gestrichen".[27] Das Anzeigen von Zensurlöschungen war nicht selten zu dieser Zeit, berühmt als Nachweis seiner Originalität und seiner Verachtung der Zensur ist die Seite in Heines zweitem Teil der „Reisebilder", „Ideen. Das Buch Le Grand" (vgl. DHA VI, 201), die fast nur aus Gedankenstrichen besteht.

Gaudy war wie alle Autoren mit dem Problem Zensur sein Leben lang sehr viel ernster befasst als in diesem heiter anmutenden Zitat. Er arbeitete in lustige phantastische Geschichten groteske Zensurszenen ein: in der Wasserfrauendichtung „Canaletta" darf z. B. ein italienischer Dichter eine Elegie über das trostlose Los der Stockfische nicht drucken lassen, weil die Oberzensurbehörde in Mailand im genannten „x. Tyrann", der die Stockfische, „die Bürger ein und desselben Stammes", schmachvoll unterdrückt und mit Willkür und Grausamkeit traktiert, hochverräterische politische Anspielungen erkennt.[28] Diese Kritik war, um überhaupt gedruckt werden zu können, als Geschehen ins Ausland verlagert, eben nach Italien. Gaudy arbeitete wie die meisten Autoren dieser Zeit immer mit der Schere im Kopf. Eine bedeutende Auswahl aus den „Chansons" des französischen Volksdichters Pierre Jean Béranger (1780–1857) hatte Gaudy zusammen mit Adelbert von Chamisso übersetzt. In Berlin konnte sie nicht gedruckt werden, da Béranger in Preußen schon im Original verboten war[29]; bei Weidmann in Leipzig gelang jedoch die Publikation der Bérangerschen „Lieder" (1838). „Daß die Zensur ihn hat passiren lassen, ist mir ein ewiges Räthsel!" schreibt Gaudy am 10. Juni 1838 an Georg Harrys. (Briefe 121)

Die Briefe

Der direkte Kontakt Gaudy-Heine ist im Austausch von Briefen dokumentiert, vier von Gaudy und einer von Heine. Von den vier Briefen Gaudys ist der ausführliche vom 18. Mai 1830 der wichtigste, die anderen drei sind ‚nur' Begleitbriefe zu Buchsendungen.

1. Gaudy an Heine. Ohne Datum [Ende 1829], Glogau. Begleitbrief zur Übersendung von „Erato". Nicht überliefert. (Briefe 16.1 – Heine-Briefwechsel:
Fehlanzeige)
2. Heine an Gaudy. Ende April 1830, Wandsbek. Nicht überliefert. (Briefe 16.2 –
HSA XX, 410)
3. Gaudy an Heine. 18. Mai 1830, Glogau. – In: Sammlung Varnhagen, derzeit
Bibliotheca Jagiellońska Krakau. (Briefe 17 – HSA XXIV, 54)
4. Gaudy an Heine. 8. Oktober 1832, Posen. Nicht überliefert. Kopie einer Ab-
schrift im Goethe- und Schiller-Archiv in Weimar, GSA 176/4,1. Begleitbrief
zur Übersendung der „Gedanken-Sprünge eines der Cholera Entronnenen".
(Briefe 20 – HSA XXIV, 146) Das Buch befindet sich in der Nachlassbibliothek im Heinrich-Heine-Institut und trägt die Widmung Gaudys: „An H. Heine
Posen 8/10 32. d. V."
5. Gaudy an Heine. 20. Oktober 1835, Berlin. Begleitbrief zur Übersendung der
„Kaiser-Lieder". (Briefe 47 – HSA XXIV, 350)

„Erato" mit Begleitbrief ist Ende 1829/Anfang 1830 bei Heine angekommen, der
darüber am 4. Februar 1830 aus Hamburg an Varnhagen schreibt:

> Diese Tage erhielt ich ein Büchlein betitelt: Erato von Franz Freyherrn v. Gaudy; Glogau
> bey Heyman. 1829. worinn hübsche Lieder in meiner kurzen Manier und der Vfr hat sie
> mir dediziert. Besonders hat er einige niederländische und altfranzösische Gemälde in die-
> ser Manier sehr gut geschildert. (HSA XX, 384)

Die Antwort Heines an Gaudy ist ebenfalls nicht überliefert, das erste erhaltene
Zeugnis ist Gaudys Antwort vom 18. Mai 1830 aus der Garnison in Glogau – noch
in Glogau, denn kurz darauf war er wegen der polnischen Unruhen gegen die rus-
sische Besatzung weiter östlich im Großherzogtum Posen stationiert. Es ist der
wichtigste Brief, in dem er ausführlich auf seine Widmung, sein Werk und die Fragen Heines eingeht:

> Noch einmal muß ich mich entschuldigen, daß ich, der gänzlich Unbekannte, der homo
> novus in der Dichterwelt, es wagte, Ihren Namen au frontispice meines dreifarbigen Un-
> geheuers zu setzen. (In Parenthese bemerke ich, daß die streichsüchtige Censur doch nicht
> das Bedenklichste, das Buch selber, gestrichen hat. Bildet es denn nicht gleichsam die
> napoleonische Cocarde? Das erste Drittheil roth, das zweite weiß, das dritte blau?) Ich
> weiß, pour revenir au fait, trotzdem, daß ich Soldat bin, aus dem preußischen Landrecht
> zu wohl, daß ein uneheliches Kind nur den Namen der Mutter führen solle – und dennoch
> habe ich dem meinigen den seines geistigen Erzeugers, Heinrich Heine, auf die Stirn ge-
> schrieben. Zu dieser Indiskretion bewog mich außer dem lebhaften Wunsche Ihnen ein
> Zeichen meiner Ergebenheit zu geben, noch der die Rezensenten gleich vor die rechte
> Schmiede zu führen, und ihnen mein Vorbild unverhohlen zu nennen. Mit inniger Freude
> habe ich bemerkt, daß alle angebissen haben, und mit der stets wiederkehrenden Floskel
> „In Heinescher Manier" um sich werfen. (Briefe 17 – HSA XXIV, 54–55)

Gaudy bezeichnet Heine direkt als den „geistigen Erzeuger" seiner Gedichte, eine
bemerkenswerte Offenheit. Wie weit „Erato" sich am Vorbild Heine orientierte,
ist oben gezeigt worden. Es ist in der Folge tatsächlich so, dass von „Erato" nur

der erste, Heine gewidmete Teil in Erinnerung geblieben ist, die beiden anderen Teile, die August von Blumröder gewidmeten „Wasserrosen" und die Elegien an die frühere Verlobte, wurden nicht wahrgenommen, nur der große Name zählte. Sogar Johannes Reiske, der 1911 die einzige Dissertation über Gaudy verfasst hat und eigentlich genauer hingesehen haben müsste, schreibt: „Ja die Widmung des ganzen Büchleins an Heinrich Heine unterstreicht seinen Namen so nachdrücklich [...]".[30] Dabei ist es geblieben, 2010 heißt es in der „Reisebilder"-Ausgabe von Bernd Kortländer: „sein in der Heine-Nachfolge stehender Gedichtband ‚Erato'".[31]

Die Platen-Affäre

In Gaudys genanntem Antwortbrief vom 18. Mai 1830 geht es dann um zwei grundlegende, auch zusammenhängende Fragen: zunächst um Gaudys Position zum von Heine angefeindeten Adel, und dann um die Platen-Affäre, die Kap. 10–11 der „Bäder von Lukka" aus den „Reisebildern" aus dem Spätherbst 1829. (DHA VII/I, 125–152)

Die sogenannte Platen-Affäre war der große Literaturskandal der Zeit.[32] Heine machte August von Platen in den „Bädern von Lukka" als Dichter, als Adeligen und als Homosexuellen nieder. Heine hatte spöttische Verse von Karl Immermann über die Orientmode der Lyrik publiziert[33], Platen hatte diese richtig auf sich bezogen und darauf in „Der romantische Ödipus" Immermann als „Nimmermann" und Heine als mit Knoblauchgeruch behaftet und als „Petrark des Laubhüttenfestes"[34] benannt. Heine reagierte darauf in den „Reisebildern" sehr heftig und voll Erbitterung, er verhöhnt Platens Dichtung, besonders dessen Verskunst, verachtet ihn als typischen Adeligen, verspottet sogar seine Armut, und schmäht ihn über die drei Kapitel hin durchgehend als Homosexuellen; neben Wortspielen vom süßen Knaben und warmen Bruder auch mit Hinweisen unter der Gürtellinie. Im Brief an Karl Immermann vom 26. Dezember 1829 schreibt er: „Der arme Platen! C'est la guerre! Es galt kein scherzendes Tournier, sondern Vernichtungskrieg, und bey aller Besonnenheit kann ich die Folgen meines Buches noch nicht überschauen." (HSA XX, 374) Am 3. Januar 1830 heißt es im Brief an Varnhagen:

> Man merkt nicht, daß ich in ihm nur den Repräsentanten seiner Partey gezüchtigt, den frechen Freudenjungen der Aristokraten und Pfaffen habe ich nicht bloß auf aesthätischem Boden angreifen wollen, es war Krieg des Menschen gegen Menschen, und eben der Vorwurf den man mir jetzt im Publikum macht daß ich, der Niedriggeborene, den hochgeborenen Stand etwas schonen sollte, bringt mich zum Lachen. (ebd., 378)

Am 4. Februar 1830 schreibt er demselben:

> Keiner fühlt es tiefer als ich selbst, daß ich mir durch das Platensche Kapitel unsäglich geschadet, daß ich die Sache anders angreifen sollte, daß ich das Publikum und zwar das bessere verletzt, aber ich fühle zugleich, daß ich mit all meinem Talente nichts besseres hervorbringen konnte, und daß ich dennoch – coute que coute – ein Exempel statuieren mußte. (ebd., 384)

Heine versuchte die Rezeption entsprechend zu beeinflussen; es war eine unge-
heure Schlacht.

In diesem Toben der Rezeptionsschlacht antwortet Gaudy im genannten Brief
vom 18. Mai 1830 auf Heines Frage nach seinem Urteil zur Platen-Sache:

> Ihre letzte Frage, was ich von dem letzten Capitel des 3ten Theils Ihrer Reisebilder
> urtheile? gehört zu den verfänglichen. Von ihrer Beantwortung hängt ab, ob Sie mich
> ohne weiteres zu der von Ihnen so angefeindeten Kaste des Adels werfen sollen, oder ob
> Sie mich, nachdem ich meinen Stammbaum, wie ein Holländer in Japan das Cruzifix mit
> Füßen getreten habe, als seltne Ausnahme gelten lassen dürfen. Ich bin Aristokrat durch
> Geburt und durch Grundsätze, und daß es solche sind, sehen Sie aus meinem freien un-
> umwundenen Bekenntnisse, gegen einen Mann wie Sie, dessen Achtung ich dadurch nicht
> zu verscherzen glaube. Aber mehr als die Aristokratie des Standes gilt mir die des Geistes,
> und diese hat mich zu Ihnen gezogen, und wird es immer thun – Sie mögen Sich über
> den Stand äußern, wie Sie wollen. Sie leben der Zukunft – ich der Vergangenheit aber die
> Gegenwart lassen Sie uns gemeinschaftlich genießen. Wenn ich daher – ich rede frei – die
> letzte Abtheilung nicht mit dem reinen Wohlgefallen wie die vorhergehenden Alle gelesen
> habe, so rührt es nicht daher, daß ich die Partei eines Menschen wie Platen zu nehmen
> gedenke, der <u>keinem</u> Stande Ehre macht, sondern weil ich mich des Gefühles nicht erweh-
> ren kann, daß Sie einem so kläglichen Subjekte zu viel Aufmerksamkeit geschenkt haben
> dürften. Sie wollten Wahrheit, und ich gebe sie unverschleiert.
>
> Glauben Sie mir dagegen auch, Herr Doktor, daß dieses Gefühl, der Hochachtung und
> Liebe für den Dichter keinen Eintrag thut; daß ich nichts sehnlicher wünsche, als Ihnen
> im Leben einst näher stehen zu können; daß Sie mir durch Ihre Antwort einen sehr frohen
> Tag, deren ich nicht grade Überfluß habe, bereiteten, und daß ich Ihrer stets als eines über-
> aus werthen Freundes gedenken werde. Der Ihrige (Briefe 17 – HSA XXIV, 55–56)

Das Ausweichen bei Platen – „nicht mit dem reinen Wohlgefallen [. . .] gelesen" – erscheint als naheliegende diplomatische Lösung, um in dieser unlösba-
ren Situation nicht direkt Stellung zu nehmen. Es bedeutet zugleich eine leichte
Kritik, denn das „zu viel Aufmerksamkeit" kann als „zu viel Polemik" verstanden werden. Die Platen-Affäre war für beide Seiten, für Heine wie für Platen, von
negativen Folgen; Heines berufliche Vorhaben oder Wünsche einer Professur in
München zerschlugen sich endgültig, ein Jahr später zog er nach Paris; Platen, der
auf diese Attacke stumm geblieben war, blieb in Italien und starb 1835 in Syrakus.
Im „Deutschen Musenalmanach" von 1839, den Gaudy alleine herausgab[35],
steht Platens Porträt als Frontispiz, er war damit demonstrativ in die Heimat zu-
rückgeholt. Hier ist zudem zu bedenken, dass die Platzierung eines Heine-Porträts
im „Musenalmanach" von 1837 durch den Leipziger Verleger zu großem Aufruhr
bei den schwäbischen Dichtern unter dem Mitherausgeber Gustav Schwab geführt
hatte, der daraufhin mit allen Schwaben von Beiträgen zurückgetreten war; nur
noch Chamisso firmierte für dieses Jahr. Der Jahrgang 1838 trug Ludwig Uhlands
Bildnis, der von 1839 das von August von Platen. Er war damit literarisch hoch
eingeordnet und stand an einem ihm zustehenden Ort. Mit der Platzierung von
Platens Porträt an literarisch prominenter Stelle war die Platen-Affäre im Guten
abgeschlossen.

Heines Werbung für Gaudy bei Varnhagen

Heine immerhin war durch die Widmung von „Erato" geschmeichelt, mit Gaudys
Brief zufrieden und schätzte dessen Gedichte so weit, dass er mit einem empfeh-
lenden Brief Gaudys Buch und dessen Brief (den eben referierten) am 21. Juni
1830 an Karl August Varnhagen von Ense schickte. Heine schreibt, dass er Gaudy
wegen seines Adels zunächst nicht geantwortet habe,

> und obgleich ich die meisten Gedichte, schon in metrischer Hinsicht, besonders die hol-
> ländischen Bilder, vortrefflich fand, so zögerte ich doch bis vor 2 Monath, ehe ich dem
> Vfr antwortete – und ich glaube aus kleinlichem Unmuth gegen alles was nach Noblesse
> riecht. (HSA XX, 413)

Gaudy aber

> beschämt mich durch einliegenden Brief, der das vorsichtig Verfänglichste offen beant-
> wortet. Durch Zusendung desselben möchte ich Sie für Mann und Buch interessiren und
> Ihrem Ermessen unmittelbar anheimstellen wie weit ersterer ein Interesse verdient. Haben
> Sie also mal einen Schnitzel Zeit übrig, so widmen Sie ihn einer kurzen kritischen Be-
> sprechung dieses Buches, wie Sie es bey manchem gemacht, den Sie nicht kannten vorher
> […] (ebd.)

Das war eine regelrechte Werbung für Gaudy. Varnhagen teilte jedoch die Einschätzung Heines nicht, er antwortete am 21. September 1830:

> Hrn von Gaudy hab' ich mir hin und her betrachtet; so ganz übel ist er nicht, allein ich
> wüßte ihm doch kein Lob zu geben, das nicht Ihnen entzogen würde; er kann dem Vor-
> wurfe der Nachahmung dadurch, daß er ihn listig vorhersagt, nicht entgehen. Dabei aber
> fehlt ihm das Wichtige: er hat für seine Gebilde keinen festen Boden, sie stehen in der
> Luft. Für diese Dichtungs- und Sinnesweise ist der nährende Grund einer demokratischen
> Seele unerläßlich, einem Aristokraten muß sie, wie er nur eben damit spielt, unter den
> Händen sogleich verwelken; die Manier zerfällt in sich, sobald sie jenes großen geschicht-
> lichen Hinterhalts entbehrt. (HSA XXIV, 62)

Varnhagen trifft damit recht genau einen Punkt. Gaudy war zu dieser Zeit noch
selbstbewusst stolz auf seinen Adel, dem „von Gaudy" fügte er für kurze Zeit
(1829–1830) sogar noch den zweiten Familiennamen Craigmnie hinzu.[36] Das än-
derte sich nach „Erato", wo er zuerst und zuletzt als Franz Freiherr *von* Gaudy
auf dem Titelblatt firmierte. Danach heißt es nur noch Franz Freiherr Gaudy, er
ließ das „von" weg und bezeichnete sich als „dieser Herr Gaudy"[37], und später, im
Spott gegen den überheblichen Adel, als „bürgerlich, sehr bürgerlich".[38]

Die Rezensionen

Die Kritik trat dem ersten Buch Gaudys, seinem „dreifarbigen Ungeheuer[]", positiv gegenüber. Sie staunte über die ganz verschiedenen Formen und Stile, mit
denen der Autor zeigen wollte, was er alles kann. Der Anonymus in den „Blättern
für literarische Unterhaltung" nennt es 1830 „ein dreifaches Antlitz, und keines hat

Aehnlichkeit mit des andern Zügen". Die Nähe zu Heine wird spöttisch hervorgehoben, das ganze Heinesche Arsenal von „blutfinstern Gesellen, die schwarzen
Schlingen in Feuerlivree, die Zappelbeinleuchten im Galgenformat, der Herr Pastor mit Schwanz und Pferdefuß, die Besenstielmütterchen ..." usw. fehle zwar bei
Gaudy, aber in den einzelnen Gedichten „spukt H. Heine entsetzlich". Die beiden
anderen Teile werden gelobt, der Leser „wird nicht unbefriedigt von dem Dichter scheiden."[39] Der Rezensent der „Jenaischen allgemeinen Literaturzeitung"
schreibt:

> Ein schönes, bescheidenes und sich selbst erkennendes Talent giebt sich in dieser kleinen
> Sammlung lyrischer und elegischer Poesieen kund. Die Liebe ist ihr Element; allein eine
> Liebe, welche die reiche und selbständige Individualität des Dichters unverhüllt durch-
> schimmern lässt, und sich darin gefällt, ihren eigenen Schwärmereyen überall das *Körn-
> chen Salz* beyzumischen, ohne welches diese Empfindung zu einer selbstischen und für
> Andere unbrauchbaren wird. [...] Ein solches Gemisch von Sentimentalität und Ironie ist
> eine seltene Erscheinung in der deutschen Poesie, die stets das „Aeusserste" liebt, und ein
> so begabter Dichter verdient Aufmerksamkeit, die wir für ihn in Anspruch nehmen.[40]

Im „Morgenblatt für gebildete Stände" heißt es:

> Die erste größere Hälfte dieser Gedichte ist in der Manier Heines geschrieben, die andere
> dagegen trägt ein ernsthaftes, sogar frommes Gepräge. Ihrem poetischen Werthe nach sind
> die ersten vorzüglicher. Obgleich sie in Ungeniertheit, absichtlicher Liederlichkeit und
> Frivolität der Sprache wie des Inhalts als Nachahmungen Heines sich nicht verkennen las-
> sen, so sind sie doch weder so preziös noch so grämlich wie die ähnlichen Nachahmungen
> Heines von Immermann, sie sind vielmehr durch die heitre Laune, die sie durchgängig
> beseelt, angenehm und gefällig, und ihre Anspruchslosigkeit geht so weit, daß der Dichter
> sich muthwillig immer selbst herabsetzt, während Immermann umgekehrt und beständig
> seine Vortrefflichkeit ins Licht zu setzen bemüht ist.[41]

Gaudy hat sich selbst eine imaginäre „Autokritik" geschrieben, die unter diesem
Titel in seinem zweiten Buch, der Satiresammlung „Gedanken-Sprünge eines der
Cholera Entronnenen", erschien. Darin sind eine positive und eine negative Rezen-
sion vereint, jene nennt eben den Namen Heine, diese lautet:

> Sein Vorbild ist in der ersten ‚Freud' und Leid' betitelten Abtheilung, Heine. Ohne die
> Genialität des Genannten zu besitzen, theilt er alle Fehler desselben, Inkorrektheit, Nach-
> läßigkeiten und namentlich das freche Witzeln über das eigne Herz und alles Heilige.[42]

Angemerkt sei noch ein schwieriger Komplex: Humor, Satire, Ironie und Witz.
Hier nur ein Vergleich mit Heine: Julius Riffert (1854–1915) schreibt über den
Witz von Heine und den Humor von Gaudy:

> aber anstatt vom blitzenden Secirmesser des rein negativen Witzes über die kleinliche
> Kehrseite alles Großen und Erhabenen [...] in dem sich Heinrich Heine gefällt, greift
> Gaudy zum Zauberstabe des Humors, welcher Schatten- und Lichtseiten eines Gegenstan-
> des harmonisch zu verbinden weiß.[43]

Dieser Zauberstab erfordert bei Gaudy eine eigene Darstellung, man bedenke „Der
Humor, als das umgekehrte Erhabene" in Jean Pauls „Vorschule der Ästhetik"
(§ 32 „Humoristische Totalität").

Heine hat abschließend im Vorwort zum 2. Teil der 2. Auflage seiner „Reisebilder" (1831) Gaudys Werk freundlich empfohlen:

> Ich weiß nicht ob die „Erato" des Freyherrn Franz von Gaudy und das „Skizzenbuch"
> von Franz Kugler schon die gebührende Anerkennung gefunden; beyde Büchlein, die erst
> jüngst erschienen, haben mich so innig angesprochen, daß ich sie, in jedem Fall, ganz be-
> sonders rühmen muß. (DHA II, 205)

Gaudy hat Heine mit einer Nachahmung seiner Gedichte und deren Widmung
seine Verehrung bezeugt, Heine hat diese Gedichte geschätzt, hat für ihn bei Varnhagen geworben und ihn selbst empfohlen. Damit ist diese direkte Begegnung von
Heinrich Heine und Franz von Gaudy in gegenseitiger Wahrnehmung und Schätzung abgeschlossen.

Anklänge an den Heineschen Ton waren wohl noch in weiteren Werken dieser
Zeit zu bemerken, Gustav Schwab zählt zuletzt den Prolog von „Korallen" (1834)
„zu offenbare[n] Nachahmungen des Heineschen Tones"[44]:

> Gleich dem Taucher in der Glocke, stieg ich in der Träume Nacht;
> Nur Korallen, keine Perlen, hab' ich mit an's Licht gebracht.
> Wenn verschieden gleich an Größe, wie an Farbe mein Gewinn –
> Zieht ein Faden doch, die Liebe, sich durch alle Körner hin.

Gaudy geht auf die 2. Auflage von „Erato" (1836), die ohne Widmungen und
leicht verändert erschien, im Brief an Georg Harrys vom 15. März 1838 abwei-
send ein: „Von der Erato bitte ich nicht allzuviel Aufhebens zu machen – lauter
Jugendsünden, die ich gar gern vergessen wünschte." (Briefe 114) In seiner Lebensbeschreibung von 1839 heißt es rückblickend auf „Erato" und sein damaliges
Heine-Vorbild:

> Die erste Hälfte dieses Buchs entstand zum Theil unter dem Einfluß des eben bekannt
> werdenden Heine, und kann auch dessen Einwirkung nicht verleugnen; den eifrigen Be-
> strebungen des Verf. gelang es aber sich unmittelbar nach jener Jugendsünde wiederum zu
> emanzipiren, und von jeder unfreien Produktivität frei zu erhalten.[45]

Und in ebendiesem Jahre 1839 erschien in seiner letzten Publikation „Novellen
und Skizzen" die Novellen-Satire „Der moderne Paris", in der Heines Lyrik und
auch seine eigene von Heine beeinflusste Lyrikphase sehr ironisch dargestellt werden (s. Kapitel 4).

2. „Der Sabbath-Morgen"

Im Kontext von „Erato" ist ein Gedicht zu betrachten, das ebenfalls zu dieser Zeit
entstanden ist und mit der Nennung des „Buchs der Lieder" einen direkten Bezug
auf Heinrich Heine enthält. „Der Sabbath-Morgen" ist im „Deutschen Musenalmanach" 1833 (S. 251–253) erschienen und 1844 in SW23 (S. 36–38) abgedruckt,
aber späterhin unbeachtet geblieben; ein weiterer Druck war nicht zu ermitteln.

Adelbert von Chamisso lud Gaudy, „den Sänger, den man ungern im deutschen Dichterwald vermissen würde", am 23. März 1832 (Briefe 17.2, Nachtrag 2)
erstmals zu einem Beitrag für den „Deutschen Musenalmanach" ein. Umgehend
sandte Gaudy am 26. März 1832 aus Posen (Briefe 18) vier Gedichte an den Verleger, darunter:

Der Sabbath-Morgen

Sey mir gegrüßt aus voller jauchzender Brust,
Du Morgen des hochheiligen Sabbaths!
Sey mir gegrüßt!
Ruhen sollten am siebenten Tage,
So wollte es der weise Gesetzgeber,
Herr und Vieh und Knecht und Magd,
Und auch ich erfreue mich der beseligenden Ruhe,
Wenn gleich nicht dem Stamme Manassar entsprossen[46],
Dem reichlich gesegneten, dem hoch beglückten.

In seinem mit wollnen Franzen besetzten Gebetmäntelchen
Andächtig gehüllt,
Sitzt mir gegenüber am Fenster Meyer Hirsch, der feine Bery,
Und liest in den Erzählungen des seligen Rabbi Jehuda:
Wie der Tag zwölf Stunden habe,
Und in den ersten dreien der allmächtige Gott die Rechte studire,
Und in den andern dreien die Welten lenke,
Und in den dritten dreien die Welten ernähre,
Und in den letzten dreien ruhe,
Und mit dem Leviathan spiele und scherze.

Dies Alles liest Meyer Hirsch, der erleuchtete Kenner,
Kopfneigend, und hastig murmelnd, und mit dem Spitzbart wackelnd;
Und gönnt mir die heilige Ruhe des Sabbaths,
Ruhe von den Stürmen und Kämpfen der Woche,
Wo an dem Ur-Enkel, dem unschuldigen,
Des stahlgepanzerten Ahnherrn Judenverfolgungen
Er grausam rächt.

Und aus dem zweiten Fenster
Lächelt mir holdselig des Weisen blühende Tochter zu,
Das schwarzglänzende Haar in zierliche Strähne flechtend.
Ihr schlanker Wuchs gleicht dem der Gazelle, der Wüstedurchfliegenden,
Ihr Busen dem Schaum der Wellen des Sees,
Ihre Lippen strahlen wie Purpur von Sydon,
Das Auge aber, von seidnen Bogen umzirkelt,
Glänzt wie der Krystall der Bergschlucht. –
So schön ist die Tochter Meyer Hirsch's, des Weisen! –

Und in dem Busen pocht es und tobt es
Vor löblichem Feuereifer, die Schöne zu bekehren
Und ihre unsterbliche Seele zu retten.
O hätte ich nur ein Gebetbuch, ein herzergreifendes,
Sinnumwandelndes, vom Abgrund rettendes, wilddräuendes, und doch taubenmildes,
Ich wollte es senden der reizenden Tochter Israels –
So aber besteht mein Bücherschatz
Nur aus Heine's Buch der Lieder
Und der Rang- und Quartierliste der Königlich Preußischen Armee –
Und von beiden vermag ich mich nimmer zu trennen!

Die preisende Darstellung einer jüdischen Szenerie mit genauer Bibel- und Talmudkenntnis setzt ein gründliches Wissen über den Gegenstand voraus. Eingebettet ist dies jedoch in ein christliches Vorverständnis: der jüdische Sabbath, der

7. Wochentag der Ruhe, dauert von Freitagabend bis Samstagabend, der christliche Ruhetag ist der Sonntag. Unter einem Heine-Motto schildert Gaudy einen Sonntagmorgen mit „Sabbathstille":

Jornada I.

Mein Herz, mein Herz ist traurig,
Doch lustig leuchtet der Mai (DHA I/I, 209)
H. Heine
Rogate-Sonntag, 1832

Bräutlich verschämt zittern vom Perlenthränenschmuck bethaut im Strahlenküsse der Maisonne die Blüthen des heimlichen, lauschigen Plätzchens, auf welchem ich meinen Sonntagsmorgen verträume. Hohe Tannen verflechten, längs des schlängelnden Pfades, den der flüchtige Schmerlenbach verfolgt, ihre Aeste mit dem schmachtend herabsinkenden Gezweig der Weide. Träger als der Tannen Grün, als der bebenden Silberpappel Laub, windet sich das Erlenblatt aus der harzigen Knospe, träger noch das gezackte des Ahorns, während des Flieders dunkle Purpurtrauben längst in üppiger Fülle duften, während an zierlichem Stengel schon längst die Blume des Mais, Glöckchen an Glöckchen gereiht, verblühte, die der Erde sich anschmiegende Erdbeerblüthe aus den Ranken hervorlauscht, und rosige Flocke vom Apfelbaume schneit. [...] Alles knospet, rauschet, schwirrt und summt und flötet – aber der Menschen lärmendes Tosen verstummt vor der Feier des Sonntages – heilige Sabbathstille.

Es giebt solcher lieben, milden, ächt dichterischen Worte, denen Bild auf Bild entquillt, und alle freundlicher, beruhigender, schmerzenstillender Art, gleich den verschwimmenden Tönen der von kunstfertiger Hand berührten Harmonikaglocken, oder den weiter und weiter sich verbreitenden Wellenringen im Teiche. Solch ein Bilderkeim ist mir das Wort Sabbathstille. (Desengaño, 1834, S. 3 f.)

Diese Sabbathstille, geschildert an einem Berliner Sonntagmorgen anhand eines friedlich-feierlichen Kirchgangs zu einem französisch-reformierten Gottesdienst[47], ist der Assoziationsraum für den „Sabbath-Morgen".

Geschrieben wurde „Der Sabbath-Morgen" 1828/30 in Glogau, wo Gaudy seit 1825 stationiert war. Glogau (zu dieser Zeit auch als Groß-Glogau bezeichnet) war nach den Zerstörungen im Napoleonischen Krieg wieder aufgebaut und hergerichtet, hatte sich wieder als wichtige Handelsstadt etabliert, besaß ein katholisches und ein evangelisches Gymnasium, seit 1827 eine jüdische Schule, Buchhandlungen und Verlage, darunter Gaudys jüdischen Verleger Carl Heymann (1793–1862).[48] Gaudy schreibt in seinem Lebenslauf, dass er sich in Glogau „mit größerer Ruhe den Studien hingeben" konnte und „mit mehreren geistvollen dortigen Gelehrten in Verbindung" getreten sei.[49] Der Bekannteste ist Gottfried Günther Röller (1783–1869)[50], Direktor und Professor am evangelischen Gymnasium; er unterrichtete Griechisch, Hebräisch und Latein, gab Zeichenunterricht, schrieb Parodien; Gaudy war eng mit ihm befreundet.

Die jüdische Gemeinde dieser schlesischen Stadt zeichnete sich anfangs des neunzehnten Jahrhunderts durch eine ungewöhnliche Fülle von Bildung und Kenntnis des Judentums aus. Es ist gewiß kein Zufall, daß wir dieser Gemeinde mehrere hervorragende Männer verdanken, außer Michael Sachs noch Salomo Munk, Josef Lehmann, Josef Zedner, David Cassel, die alle Zierden der Judenheit und der jüdischen Wissenschaft geworden sind.[51]

Zu nennen ist des Weiteren Heymann Arnheim (1796–1869), ab 1827 Lehrer an der jüdischen Schule in Glogau, Rabbiner.[52] Der Bedeutendste war Michael Sachs (1808–1864), Rabbiner, Talmudist, Übersetzer. Arnheim und Sachs waren an der sogenannten Rabbinerbibel, der Übersetzung der Tora ins Deutsche, beteiligt.[53] Mit dem „Verein für Cultur und Wissenschaft der Juden" in Berlin bestand eine enge Verbindung.[54]

In diesem geistigen Kontext hat Gaudy besondere Kenntnis und Nähe zum jüdischen Leben und zur jüdischen Wissenschaft erworben und als Nicht-Jude (Vers 8) die begeisterten Verse zum Sabbath und zu jüdischer Tradition geschrieben. Er feiert das Judentum, dargestellt an nur einem Moment des Sabbaths, dem Sonnabendmorgen. Meyer Hirsch (Vers 12), hebräisch Meir Zwi, ist ein typisch jüdischer Name der Zeit[55], er gilt hier für den Rabbi, für den jüdischen Gelehrten an sich. Rabbi Jehuda (Vers 13) ist Jehuda ben Samuel Halevi (1074–1141), jüdischer Philosoph und hebräischer Dichter im sephardischen Spanien, zu dieser Zeit sehr beachtet und von Michael Sachs herausgegeben.[56] Heine, für den Sachs' „Religiöse Poesie" eine der Hauptquellen der „Hebräischen Melodien" seines „Romanzero" war, hat ihn später (1851) in „Jehuda ben Halevy" (DHA III/I, 130–135) bedichtet.

Die Quelle für die „Erzählungen des seligen Rabbi Jehuda" (Verse 14–19) liegt im Traktat „Avoda Zara" aus dem babylonischen Talmud:

> R. Jehuda sagte ja im Namen Rabhs: Zwölf Stunden hat der Tag; in den ersten drei Stunden sitzt der Heilige, gepriesen sei er, und befaßt sich mit der Tora; in den anderen sitzt er und richtet die ganze Welt, und sobald er sieht, daß die Welt sich der Vernichtung schuldig macht, erhebt er sich vom Stuhle des Rechtes und setzt sich auf den Stuhl der Barmherzigkeit; in den dritten sitzt er und ernährt die ganze Welt, von den gehörnten Büffeln bis zu den Nissen der Läuse; in den vierten sitzt der Heilige, gepriesen sei er, und scherzt mit dem Levjathan, denn es heißt: der Levjathan, den du geschaffen hast, um mit ihm zu spielen!?[57]

Den Leviathan hat Heine in den „Hebräischen Melodien" ausführlich bedacht: „Leviathan heißt der Fisch, / Welcher haust im Meeresgrunde; / Mit ihm spielet Gott der Herr / Alle Tage eine Stunde -". (DHA III/I, 167)

Schwierig zu deuten sind die Verse 20–26. Am Sabbath herrscht Frieden, während Meyer Hirsch an den Werktagen des „stahlgepanzerten Ahnherrn Judenverfolgungen" am „unschuldigen Ur-Enkel" grausam rächt. Damit sind die jahrhundertelangen Verfolgungen der Juden bezeichnet, doch wer ist der „unschuldige Ur-Enkel"? Vielleicht meinte Gaudy sich selbst und deutet damit seine freiheitliche Gesinnung und seine unglückliche Situation in der Armee an, aus der er ab 1826/27 verzweifelt zu entkommen versuchte.

„Des Weisen blühende Tochter" – Israel – wird in klassischen biblischen Schönheitsmetaphern beschrieben: mit schlankem Wuchs wie die Gazelle, schwarzglänzendem Haar, Meerschaum-Busen, purpurnen Lippen und kristall-leuchtenden Augen.

Die Fiktion der vergeblichen Suche nach einem geeigneten Gebetbuch für die reizende Tochter Israel dokumentiert deutlich die Ablehnung jeden Bekehrungsversuchs der Juden, jeder „Beförderung der Juden zum Christentum", wie die

offizielle Formulierung lautete. Eine Bekehrung soll mit keiner der üblichen ge-
winnenden oder bedrohenden Methoden versucht werden, weder herzergreifend,
noch wild dräuend oder taubenmild. Gaudy formuliert das später im Gedicht „Das
Märchen vom Schlaraffenlande" genau. Das richtige Schlaraffenland ist kein Land
von „Rheinweinstrom, / Vom Austernbaum, vom Tortendom, / Nichts von gebrat'-
nen Tauben", in ihm ist jedoch „An Weisheit, Duldung, Sitten, / Die Menschheit
vorgeschritten". (AW2, 45) Da heißt es: „Nur laßt mir Jeden was er ist, / Den
Juden Jud', den Christen Christ – / Wir hassen das Bekehren." (ebd., 46)

Die Schlussverse vom „Sabbath-Morgen" geben mit der Nennung zweier
Buchtitel, dem „Buch der Lieder" und der „Rang- und Quartierliste der Königlich Preußischen Armee", den Standpunkt eines Leutnants der preußischen Armee
zum Judentum und seine Bewunderung für den Dichter Heinrich Heine wieder.
Das Gedicht zeigt eine ironisch-heitere und zugleich ernste Mehrdeutigkeit: die
Achtung für das hochgelehrte Judentum und die jetzige Judenheit im Bild des Rab-
bis und der biblisch-schönen Tochter, die Ablehnung jedes Bekehrungsversuchs
und jeder Bedrängung des Judentums; im Hintergrund der getaufte Jude Heine,
Gaudys Verehrung für den Dichter und seine eigene Armee-Position. Heine hat das
Gedicht, als es 1833 im weitverbreiteten „Deutschen Musenalmanach" erschien,
sehr wahrscheinlich wahrgenommen; mehr war dazu nicht zu ermitteln.

Wegen der Titel- bzw. Themennähe zu Gaudys „Der Sabbath-Morgen" sei kurz
Heinrich Heines „Prinzessin Sabbath" genannt, die erste der „Hebräischen Melo-
dien" im „Romanzero". (DHA III/I, 125–129)[58] Das ist ein ganz anderes Gedicht.
Es stellt den Sabbath als Vermählung Israels (in Gestalt eines elend verzauberten
Prinzen) mit Prinzessin Sabbath („Perl' und Blume aller Schönheit", ebd., 127)
vom Freitagabend bis zum Havdala, dem Schlussritual am Sonnabendabend, dar.

3. Gaudy an Heine 1832 und 1835

Gaudy hat Heine danach noch zwei seiner Publikationen zugesandt, die aber ohne
Reaktion blieben. Am 10. Oktober 1832 sandte er ihm aus Posen sein zweites
Buch, die Satiresammlung „Gedanken-Sprünge eines der Cholera Entronnenen".
Heine war zu dieser Zeit dabei, sich weiter in Paris einzurichten; die „Gedanken-
Sprünge" sind zwar angekommen (Heinrich-Heine-Institut, Nachlassbibliothek
Nr. 72), es gab jedoch keine Antwort.

Gaudy stand zu dieser Zeit weit östlich im polnischen Preußen. In der Cholera-
Epidemie, die seit 1830 unaufhaltsam von Osten vordrang, waren viele Armee-
angehörige infiziert, auch Gaudy war vom 20.7. bis 2.8.1831 schwer erkrankt. Am
4. August trug er in sein Tagebuch ein:

> Der bleiche Heinrich ging vorbei,
> Schön Hedwig lag am Fenster.
> Sie sprach halblaut: Gott steh mir bei,
> Der unten schaut bleich wie Gespenster. H. Heine[59]

Zur Genesung konnte er sich zu seiner Schwester Constance von Kalckreuth auf Gut Schönborn bei Züllichau (Neumark, heute Kępsko bei Sulechow) zurückziehen. Hier stellte er die „Gedanken-Sprünge" zusammen, eine Sammlung von sieben Satiren, deren (neben der oben genannten „Autokritik") interessanteste vermerkt seien: „Nachricht von den allerneusten Schicksalen des Hundes Berganza" (S. 5–43), eine Fortschreibung der Erzählung vom sprechenden Hund von Cervantes und E. T. A. Hoffmann[60] und „Gedankenspiele eines Drallenburger Unter-Lieutenants" (S. 101–111).[61] Der Begleitbrief zu den „Gedanken-Sprüngen" ist erhalten. (Briefe 20 – HSA XXIV, 146) Gaudy nennt Heine seinen liebsten Geistesfreund und dankt ihm, dass er seiner an der „Reisebilder"-Stelle „so gütig-ehrenvoll" (ebd.) gedacht habe. Dann geht es um die bildende Kunst, wobei noch einmal die Kunstliebe von beiden, die in den Bildgedichten begegnete, deutlich wird. Gaudy lobt Heines Bericht über die Gemäldeausstellung im Pariser Salon von 1831 im „Morgenblatt".[62] Es folgt wieder die Zensur, die ihm eine „der Polnischen Insurrektion von 1792 entlehnte[], größere[] poetische[] Erzählung" (ebd.) abgelehnt habe, welche er nun an den Verlag Hoffmann nach Hamburg sende. Gaudy hatte sich mit der Stationierung dem östlichen Kulturkreis Polen zugewandt und Polnisch gelernt; er übersetzte und stellte polnische Themen in Vers und Prosa dar. 1832 war die Zeit nach dem Novemberaufstand im russisch besetzten Gebiet, als die Polen in den Westen nach Paris flohen, von den Deutschen wohl empfangen und in „Polenliedern" bedichtet.[63] „Paulina" ist eine tragische Versdichtung, die auf dem Hintergrund des Kampfes der Polen gegen die Russen die unglückliche Liebe einer Polin und eines Baltenrussen schildert. Vergeblich erhoffte Gaudy vermutlich über Heine bei Hoffmann Unterstützung für seine Publikation, „Paulina" erschien 2 Jahre später in Glogau.[64] Am Schluss dieses Begleitbriefes bittet Gaudy um eine Antwort, „und wäre es auch nur eine Visiten-Karte mit der lakonischen Quittung: Reçu. H. Heine." (ebd., 147) Es gab keine Antwort. Von seinen zahlreichen Publikationen der folgenden Jahre 1833/34 hat Gaudy keine weitere an Heine gesandt.

„Kaiser-Lieder" 1835

Die letzte persönliche Nachricht stammt von 1835: Gaudy sandte am 20. Oktober seine „Kaiser-Lieder"[65] an Heine nach Paris. In diesem Zyklus wird Napoleon als Heros des Jahrhunderts, als der letzte Mohikaner unter den Herrschern, gepriesen, ein seit seinem Tod 1821 viel dargestelltes Thema, mit dem Heine 1826 in den „Reisebildern" im Kapitel „Ideen. Das Buch Le Grand" (DHA VI, 193–201) hervorgetreten war. Damit stellte Gaudy sich direkt an seine Seite, „Kaiser-Lieder" ist ein Lobpreis „unsres Helden". Mit diesem Titel erregte Gaudy erstmals deutschlandweit literarische Aufmerksamkeit, es war sein Durchbruch. Der kurze Brief an Heine ist von einem neuen Standpunkt geschrieben, dem des Arrivierten und seiner selbst Sicheren, dem gelassenen Standpunkt auf gleicher Höhe wie der Empfänger, des Gleichen unter Gleichen:

Hochverehrter Herr Doktor,
zurückgekehrt von meinem Römerzuge[66] finde ich ein während meiner Abwesenheit ge-
drucktes Büchlein vor, ein von den Manen unsres Helden, des letzten Mohikans unter den
Gebietern des Jahrhunderts, geweihtes. Wolfgang Menzel wirft ihm zwar sein Tintenfaß
an den Kopf, weil ich ein Spree-Uferaner es gewagt Napoleon zu feiern, und will ich soll
den todten Kaiser in meine Türkengebete einflechten. Solch geistiger Scirocco macht
einen recht lendenlahm.
Ich drücke Ihnen herzlich die Hand, und bin mit alter Liebe und Verehrung der Ihrige
                                            Fhr: Gaudy (Briefe 47 – HSA XXIV, 350)

Es gab eine große politische Auseinandersetzung um die Napoleon-Deutung dieser Zeit[67], an vorderer Front agierte der Redakteur des „Cottaschen Morgenblatts",
Wolfgang Menzel, wie auch Ludwig Börne und Karl Gutzkow. Diese Buchzusen-
dung ist der letzte persönliche Kontakt Gaudys zu Heinrich Heine.

Hier wird erneut deutlich, auf welch verschiedener Position Heine und Gaudy
bei verwandter politischer Einstellung standen. Heine war der Kämpfer, der seit
seinem ersten Auftreten unerbittlich gegen überkommene Herrschaft, Adel, Stan-
desdünkel, Zensur, für politische Freiheit, Unabhängigkeit und Geistesfreiheit
kämpfte. Gaudys Entwicklung war eine andere; zunächst hatte er, von seiner Herkunft her bestimmt, mit Stolz auf seinen Adel in sich geruht, hatte diesen Dünkel
jedoch gänzlich abgelegt, sich in Berlin neu ausgerichtet, pries jetzt Napoleon als
Überwinder des Alten, als Herrscher einer neuen, freiheitlicheren Ordnung und
focht später nachdrücklich in seiner politischen Lyrik für Freiheit in umfassendem
Sinne, dies allerdings nicht im Kämpfermodus, sondern mittels bitterem Sarkasmus.[68]

4. Gaudys „Der moderne Paris" und Heines „Seegespenst"

„Der moderne Paris" kam 1839 mit den Novellen „Ludwiga", „Der Schweizer-
Soldat in Bologna" und „Jugend-Liebe" im letzten Buch Gaudys, „Novellen und
Skizzen"[69], heraus. „Ludwiga" behandelt den Untergang des alten Adels; „Der
Schweizer-Soldat in Bologna" stellt das Armeewesen kritisch dar und ist deswegen
mit seinem Geschehen aus Zensurgründen ganz ins Ausland verlagert; „Jugend-
Liebe. Süddeutsches Genrebild" schildert einen armen Knaben aus Heilbronn und
seine Seelenliebe zu einem feinen Fräulein; „Der moderne Paris" ist eine sehr
scharfe Satire über einen Don Juan-haften Baron aus Berlin, ein direktes Kontra
zu „Jugend-Liebe", eine Persiflage auf das traditionelle Liebeswerben und die
schwärmerische Anbetung der edlen Frau. Rezensionen der Novellensammlung
sind wohl wegen des kurz darauf erfolgten Todes Gaudys am 5. Februar 1840
nicht erschienen.[70]

Der antike Paris soll unter den drei Göttinnen Hera, Athene und Aphrodite die
schönste wählen; der moderne Paris – Baron Clementi – will gleichzeitig drei
Frauen an sich binden. Er ist ein „Courmacher von Profession" (S. 261), sucht als
einer von den Männern, „welche ohne die wahre Liebe jemals zu kennen, dennoch fortwährend huldigend dem weiblichen Geschlecht entgegentreten" (ebd.),

eine schöne, reiche Frau und hat schon eine „endlose Reihe der errungenen Siege"
(S. 224) hinter sich. Vom antiken Mythos ist nur die Dreizahl gewahrt: die drei
antiken Göttinnen erscheinen hier als moderne Großmutter, Mutter und Enkelin.
An mehreren Stellen fügt Gaudy interessante Betrachtungen zum Typ Mann wie
Baron Clementi wie zu den Frauen in Jugend, mittlerer Zeit und Alter ein, z. T. bestimmt von der Sicht eines sich als Don Juan fühlenden und handelnden Mannes,
z. T. als neutraler Beobachter der gesellschaftlichen Sitten der Zeit. Clementi sagt
mit großer Ichbezogenheit und hoher Selbsteinschätzung von sich selbst „nur so
viel, daß Don Juan, gegen mich gehalten, ein Kandidat der Theologie, ein Embryo,
höchstens gar nichts ist." (S. 248)[71]
Hier aber geht es um Heinrich Heines Gedichte, die die wesentliche Rolle bei
der ersten Liebeseroberung spielen, zugrunde liegt „Seegespenst":

Ich aber lag am Rande des Schiffes,
Und schaute, träumenden Auges,
Hinab in das spiegelklare Wasser,
Und schaute tiefer und tiefer –
Bis tief, im Meeresgrunde,
Anfangs wie dämmernde Nebel,
Jedoch allmählig farbenbestimmter,
Kirchenkuppel und Thürme sich zeigten,
Und endlich, sonnenklar, eine ganze Stadt,
Alterthümlich niederländisch,
Und menschenbelebt.
Bedächtige Männer, schwarzbemäntelt,
Mit weißen Halskrausen und Ehrenketten
Und langen Degen und langen Gesichtern,
Schreiten über den wimmelnden Marktplatz,
Nach dem treppenhohen Rathhaus',
Wo steinerne Kaiserbilder
Wacht halten mit Zepter und Schwerdt.
Unferne, vor langen Häuser-Reih'n,
Wo spiegelblanke Fenster
Und pyramidisch beschnittene Linden,
Wandeln seidenrauschende Jungfern,
Schlanke Leibchen, die Blumengesichter
Sittsam umschlossen von schwarzen Mützchen
Und hervorquellendem Goldhaar.
Bunte Gesellen, in spanischer Tracht,
Stolziren vorüber und nicken.
Bejahrte Frauen,
In braunen, verschollnen Gewändern,
Gesangbuch und Rosenkranz in der Hand,
Eilen, trippelnden Schritts,
Nach dem großen Dome,
Getrieben von Glockengeläute
Und rauschendem Orgelton.

Mich selbst ergreift des fernen Klangs
Geheimnißvoller Schauer!
Unendliches Sehnen, tiefe Wehmuth,
Beschleicht mein Herz,

Mein kaum geheiltes Herz; –
Mir ist als würden seine Wunden
Von lieben Lippen aufgeküßt,
Und thäten wieder bluten, –
Heiße, rothe Tropfen,
Die lang und langsam niederfall'n
Auf ein altes Haus, dort unten
In der tiefen Meerstadt,
Auf ein altes, hochgegiebeltes Haus
Das melancholisch menschenleer ist,
Nur daß am untern Fenster
Ein Mädchen sitzt,
Den Kopf auf den Arm gestützt,
Wie ein armes, vergessenes Kind –
Und ich kenne dich armes, vergessenes Kind!

So tief, meertief also
Verstecktest du dich vor mir,
Aus kindischer Laune,
Und konntest nicht mehr herauf,
Und saßest fremd unter fremden Leuten,
Jahrhunderte lang,
Derweilen ich, die Seele voll Gram,
Auf der ganzen Erde dich suchte,
Und immer dich suchte,
Du Immergeliebte,
Du Längstverlorene,
Du Endlichgefundene, –
Ich hab' dich gefunden und schaue wieder
Dein süßes Gesicht,
Die klugen, treuen Augen,
Das liebe Lächeln –
Und nimmer will ich dich wieder verlassen,
Und ich komme hinab zu dir,
Und mit ausgebreiteten Armen
Stürz' ich hinab an dein Herz –

Aber zur rechten Zeit noch
Ergriff mich beim Fuß der Capitän,
Und zog mich vom Schiffsrand,
Und rief, ärgerlich lachend:
Doktor, sind Sie des Teufels? (DHA, I/I, 385–389)

Baron Clementi ist auf Schiffsreise von Stettin nach Swinemünde unterwegs, er will die alte Generalin Emmeline von Weißenfels, umgeben vom dreifachen „Zaubergürtel des Ranges, des Reichtums und der Reize" (S. 224), für sich gewinnen, weil sie reich ist: „Würde ich sie sonst so glühend leidenschaftlich lieben?" (S. 230) Clementi inszeniert sich wie Heine im „Seegespenst" als Dichter dekorativ auf dem Schiffsdeck ruhend („Ich aber lag am Rande des Schiffes …", Vers 1), die Satire gewinnt hier gleich parodistische Züge; sein Freund Fahlland, sein Alter Ego, überliest seine Poesieproben: „Hm, hm! Flutengrab – starrer Blick hinab – ich lehne mich traurig an den Mast – bricht fast – Wer bricht? Ach so; das Herz, – Strand – Heimatsland – weiße Möwen" und spottet „Heine'sche Anleihe"!

(S. 230 – DHA I/I, 380) Clementi: „Oh! – Mir will das Herz zerspringen vor wildem Schmerzensdrang". (S. 231)[72] Clementi erzählt, wie er durch eine Hundebeißerei Unter den Linden, die er geschickt zu Ende brachte (jeder sollte seinen Hund am Schwanz packen und ihn auf Kommando aus dem Knäuel herausziehen), zur Bekanntschaft mit der Generalin gelangte und seither zu ihrem Salon gehörte. Dann folgen mit flutenfeuchtem Strand, knisternden Muscheln, übermutberauschten Meereswogen (vgl. DHA I/I, 365) und Sternenaugen (vgl. ebd., 378) weitere wörtliche Heine-Anspielungen und Tieck-Anleihen („Waldeinsamkeit" aus „Der blonde Eckbert"), sodann direkte Zitate. Clementi berichtet:

Ich regte die Idee, das Seebad in Swinemünde zu besuchen, an, sprach von Häringsdorfs liebeseliger Waldeinsamkeit, dem flutenfeuchten Strande, knisternden Muscheln, übermutberauschten Meereswogen, und Sternenaugen. Mit Begeisterung geht sie [Generalin Weißenfels] auf meinen Vorschlag ein, verläßt Berlin – das Dampfschiff vereinigt uns – und nun sitze ich schon seit fünf höllenbangen, abgrundschwarzen Viertelstunden auf dem Verdeck, und sie, die Lieblosfrostige, würdigt mich keines Blicks! O ich unglückseliger Tafft[73], wollt' ich sagen Atlas, eine Welt, eine komplette Welt von Schmerzen muß ich tragen![74]
„Wie Heine schon in seinem Buch der Lieder gesagt hat", bemerkte Fahlland spöttisch. „Bitte um Vergebung, Herr von Fahlland, dies sag' ich selber in einem meiner Gedichte." „Auch gut. So ist es denn Heine, welcher sich des Plagiats schuldig machte." „Auf Ehre, ja." (S. 237 f.)

Die Zitatenhäufung endet mit einem Knall: Heine als Plagiator, eine demonstrative Anspielung Gaudys auf seine frühe Heine-Nachahmung in „Erato", in Umkehrung der Fakten ein höchst ironischer Selbstspott über Vergangenes und zugleich eine Verbeugung vor Heine.

Daneben ist die Sprache des Barons vom Militärjargon geprägt, denn es geht um eine überfallartige Eroberung: „knatternde[] Granaten der Fragen", „plattdeutsche[r] Bombenschuß" (S. 213), „Augen-Bombardement" (S. 220), „Laufgräben […] in der Residenz" (S. 221), „die befehdete Zitadelle" mit „Außenwerke[n]" (S. 221), „Kartätschen-Salven meiner Liebesblicke" (S. 251).

Nach der massiven, prologhaften Heine-Einführung erscheint Generalin von Weißenfels. Clementi spielt die Rolle eines passionierten Liebhabers und überrumpelt sie mit Heineschen Versen:

und begann, Auge starr in Auge, mit jenen magnetischen, klapperschlangenähnlichen Blicken, und leidenschaftlichen, leisen und doch aus den Tiefen der Brust quellenden Tönen: „Emmeline, endlich, endlich habe ich Dich wieder! Endlich taucht aus herbstlich dämmernden Wolkenschleiern, aus weitaufschauendem, silbergrauem Weltmeer der glühend rothen Sonne festlichverklärtes Antlitz, und die geliebten süßen Augen, sie wachen wieder über meinem Haupte, und sie klingen und winken aus der blauen Himmelsdecke, und sie glänzen sieghaft und ruhig heiter, aber voller Liebe. Ja, ich habe Dich wieder gefunden und schaue wieder Dein süßes Gesicht, die klugen, treuen Augen, das liebe Lächeln, und will Dich nimmer wieder verlassen." – „Aber Clementi, Herr von Clementi", stammelte die Bestürzte, „wir sind nicht allein – welche Sprache" –
„Fünfhundert Jahre lang", fuhr der Heine's Nordseebilder auf das Unverschämteste plündernde und sie mit jämmerlichen Lappen eigner Fabrik verbrämende Baron fort, „Fünfhundert Jahr zum Allermindesten, saßest Du unter fremden Leuten, derweilen ich die Seele voll Gram Dich auf dem ganzen Schiffe suchte; und immer suchte, Du Immergeliebte, Du Längstverlorne, Du Endlichgefundene!" – (S. 241 f. – vgl. DHA I/I, 387)

Die Generalin weicht erschrocken zurück.

> Das war's aber gerade, was der edle Baronet beabsichtigte, und so fuhr er denn nur um
> so eifriger je mehr er bemerkte, daß er Eindruck mache, fort, Heinen zu bestehlen und
> seufzte beweglich: „Der Himmel wird dunkler, mein Herz wird wilder, und mit starker
> Hand reiße ich den Mastbaum aus dem Verdeck und tauche ihn in des Ätna's glühenden
> Schlund, und mit dieser Riesenfeder schreibe ich an die Himmelsdecke: Emmeline, ich
> liebe Dich."[75] (S. 242)

Unerschütterlich fährt Clementi mit der Plünderung Heines fort: „Du hast Diamanten und Perlen, hast Alles, was Menschen begehren, und hast die schönsten Augen – mein Liebchen, was willst Du mehr?" (S. 243)[76] Die Pretiosen, der
Reichtum der Generalin, sind ja der Grund seiner Werbung, die kraft des forcierten
überfallartigen Einsatzes Heinescher Poesie gelingt. Die Generalin geht überrascht
und geschmeichelt auf seine Werbung ein, sie „berauschte sich in dem Wahne
einen genialen Dichter zum Anbeter zu haben" (S. 243); die Verlobung soll bald
folgen.

Sein Freund Fahlland bittet ihn, bei weiteren Erzählungen seiner Erfolge „vor
allen Dingen aber in eignen und nicht fürder mit Heine'schen Zungen gegen mich
zu reden" (S. 249), d. h. in klarer, verständlicher Prosa. Die beiden folgenden Er-
oberungen gelingen denn auch ohne Heine-Lyrik ebenso rasch. Zunächst folgt die
von Fräulein Alwine von Blanken, „ein liebliches, sechzehnjähriges Blondin-
chen" (S. 251), die er als Nachbar einer Pension für Töchter höherer Stände flüch-
tig vom Sehen kennt. Ihr kann Clementi, wie er berichtet, an der eben erst ein-
genommenen Tafel „bereits zwischen dem Rindfleisch und der Mehlspeise meine
ewige Liebe zuschwören". (S. 253) Bei der nun zwingenden Wahl zwischen der
alten Generalin von Weißenfels oder der jungen Alwine von Blanken folgt im Gespräch mit Fahlland ein letztes Mal Heinrich Heine:

> Ich kann nicht mit Heine sagen: In welche soll ich mich verlieben, da Beide liebenswür-
> dig sind[77] – denn mein Herz löste bereits die Frage und liebt Beide mit gleicher Innigkeit.
> Mit um so größerem Recht aber passen die folgenden Verse:
>
> Die jungen unerfahrnen Glieder
> Sie sind so rührend anzusehn!
> Doch reizend sind geniale Augen,
> Die unsre Zärtlichkeit verstehn. (vgl. DHA II, 49)
>
> „Noch anwendbarer aber", bemerkte Fahlland, „dürften die Schlussverse sein":
>
> Es gleicht mein Herz dem grauen Freunde,
> Der zwischen zwei Gebündel Heu
> Still nachdenkt, welches von den beiden
> Das allerbeste Futter sei. (vgl. ebd.)
>
> „O Heine", lachte Clementi, „Du hast verruchte Nutzanwendungen." (S. 254)

Am folgenden Nachmittag erfolgt unter den eben neu eingetroffenen Gästen die
dritte Eroberung im absoluten Schnelltempo: „ein schönes, interessantes Weib mit
feingeschnittenen, gemütvollen, schwärmerischen Augen", Athanasia von Gehrkow.
(S. 259) Man plaudert zusammen, auf dem abendlichen Rückweg in der Kutsche
schwört Clementi der ihm bis dato Unbekannten ewige Liebe:

> Lauernd spannte er die aus Sentimentalität, Einsamkeit und Schmeichelei gedrehte Schlinge, harrte mit kalter Ueberlegenheit bis das Opfer sich fest in sein Lügengewebe verstrickt habe, um dann rasch den Knoten zu schürzen und sich der wehrlosen Beute zu bemeistern. Er preßte Athanasia's Hand an seine Lippen, er stammelte in glücklich-geheuchelter Verwirrung Schwüre der ewigen Liebe, er fühlte den blöden Gegendruck ihrer Hand. (S. 264)

Der Schluss folgt rasch, als Frau Generalin Weißenfels ihren neuen Verlobten Clementi ihren Verwandten vorstellt. Er berichtet seinem Alter Ego Fahlland die letzte Szene:

> Ich reiche Emmelinen den Arm – die Flügelthüren springen auf – ich vernehme die feierliche Vorstellung der Generalin: Baron Clementi, mein Verlobter – ein Doppelschrei schlägt an mein Ohr – ich sehe auf – entsetzlicher Anblick – Athanasia Gehrkow ist die Tochter – Alwine von Blanken, die Enkelin! (S. 267)

5. Gaudys Baron Clementi als Fontanes Major Crampas

In Theodor Fontanes Roman „Effi Briest"[78] (1895) assoziiert Effi bei einem Ritt am Strand anhand rot bewimpelter Bojen Vineta, die im Meer versunkene Stadt; Major Crampas zitiert dazu assoziativ Heinesche Verse, damit bahnt sich ein Liebesverhältnis zwischen beiden an. Die Bedeutung der Heineschen Verse für die Liebesanbahnung Crampas-Effi ist schon mehrfach sehr genau untersucht worden.[79]

Unbekannt ist bisher, dass Fontane die Anregung zu diesem Teil von „Effi Briest" aus Franz von Gaudys „Der moderne Paris" übernommen hat: Baron Clementi, der „Courmacher von Profession" (S. 261) mit einer „endlose[n] Reihe der errungenen Siege" (S. 224), ist ein halbes Jahrhundert später Major Crampas, „der Damenmann" (S. 122; 171), „rücksichtslos im Punkte chevaleresker Liebesabenteuer". (S. 158) Beide Herren verfolgen gezielt ihre Verführungsstrategien mit Frauenkenntnis und dem Einsatz von Heines „Nordsee"-Lyrik. Die dichterischen Verführungsworte sind dieselben, beide setzen die Heine-Dichtung blockhaft ein, Clementi massiv bei der Werbung um die Generalin, Crampas sanft dosiert eingangs der Beziehung zu Effi. Beide Szenerien spielen am Wasser, am Ostsee-Ufer im gleichen Ambiente eines Badeortes wie Swinemünde und Kessin. Die Elemente der scharfen Satire von 1839 sind im späteren Gesellschaftsroman von 1895 strukturell deutlich, aber in der Ausführung viel verhaltener gegeben und, das ist neu, im Hinblick auf das nachfolgende Romangeschehen bis zum unglücklichen Ende desselben anhand der späten „Romanzero"-Lyrik Heines weiterentwickelt.

Im Kapitel 17 des Romans reiten Effi und Major Crampas am Strand entlang, es gibt ein kleines Picknick. (S. 158 ff.) Beim anfänglichen Gespräch geht Effi gegenüber ihrer bisherigen Zurückhaltung im scherzhaften Ton recht weit: „Ich glaube wirklich, Major, Sie hielten es für ganz in der Ordnung, wenn ich Ihnen eine Liebeserklärung machte." (S. 159) Das ist eine bemerkenswerte Einleitung zur folgenden Szene, eine Art Einladung zum Flirt. Effi erinnert an Vineta,

Crampas referiert darauf Heines „Seegespenst", jedoch stark verkürzt auf einen nur kleinen Teil des Gedichts. Im Original (S. 83–84) leitet Heine den Blick des auf dem Schiffsdeck ruhenden Autors in die Tiefe des Wassers in eine altertümlich niederländische Stadt, wo schwarzbemäntelte Männer über den Marktplatz schreiten, „seidenrauschende Jungfern" und junge Männer in spanischer Tracht umherwandeln und bejahrte Frauen unter Glockengeläut zur Kirche gehen (Verse 4–34) mit der Erinnerung an eine leidenschaftliche frühe Liebe (Verse 53–73), worauf er sich zu ihr ins Wasser hinunterstürzen will, aber der Kapitän ihn zurückreißt.

Von Heines 78 „Seegespenst"-Versen gibt Fontane/Crampas nur ca. 30 wieder, vom Volk in der Stadt nur die bejahrten Frauen, die zwar auch trippeln, aber neue Kapotthüte tragen, und das Glockenläuten zum Kirchgang (Verse 28–34), bei dem ihn Sehnsucht erfasst „auch mit in die Kirche zu gehen, wenn auch bloß um der Kapotthüte willen, und vor Verlangen schreit er auf und will sich hinunterstürzen" (S. 160), dann packt der Kapitän zu. Der eigentliche Schwerpunkt, die von Gaudy/Clementi ausführlich und aufdringlich zitierte Liebe bzw. der Liebessog in die Wellen zum armen vergessenen Kind, zur Immergeliebten usw., fehlt. Zudem wirkt der Wunsch, sich um des „auch mit in die Kirche zu gehen" hinabstürzen zu wollen abwegig und soll verwirren. Fontane setzt eine genaue Heine-Kenntnis voraus und spielt wohl deswegen auf die Kürzung des Gedichtes an: „Ist es lang?" fragt Effi. Die Antwort Crampas' leitet geschickt zum nächsten Heine-Text: „Nein, es ist eigentlich kurz, etwas länger als ‚Du hast Diamanten und Perlen' oder ‚Deine weichen Lilienfinger' … und er berührte leise ihre Hand." (ebd.; im Original sind die Lilienfinger später weiß)

Crampas fasst seine Heine-Sicht zusammen: „Alles ist Leben, und vor allem versteht er sich auf die Liebe, die doch die Hauptsache bleibt. […] Er ist auch sehr für das Romantische, was freilich gleich nach der Liebe kommt und nach Meinung einiger sogar damit zusammenfällt." (S. 161) Von alledem weiß Effi wenig, „Innstetten war lieb und gut, aber ein Liebhaber war er nicht." (S. 119), sie ist vom unbestimmten Romantischen ergriffen, Crampas hat nicht nur im wörtlichen Sinne ihre Hand berührt.

Bis zu dieser Stelle gehen Baron Clementi wie Major Crampas bei ihrer Liebeswerbung gleichermaßen vor, beide zitieren Heinrich Heine aus dem „Seegespenst" und „Du hast Diamanten und Perlen", allerdings in jeweils sehr verschiedenem Umfang und Ton. Die von Clementi massiv und ausführlich vorgetragenen „Seegespenst"-Verse, mit denen er die Generalin überrumpelt, sind bei Crampas auf die harmlose Stelle der alten Frauen mit Kapotthüten und den Kirchgang verkürzt, von den „Diamanten und Perlen" zitiert Clementi die erste Strophe, Crampas nennt nur den Titel. Beide Don Juans suchen nicht „die Liebe", sondern nach genau vorgesehenem, vielfach geübtem Kalkül eine neue Eroberung, eine neue Liebesepisode und haben mit denselben Heine-Zitaten ihr Ziel, eine Frau zu gewinnen, erreicht. Gaudys Satire „Der moderne Paris" endet gattungsgemäß an diesem Punkt, in Fontanes Roman ist damit eine neue Ausgangsposition erreicht.

Fontane und Heine

Fontane entwickelt die Heine-Zitate als Strukturelement weiter und setzt sie spiegelbildlich zum folgenden Romangeschehen ein. Crampas führt Effi anhand dreier Beispiele aus dem „Romanzero" (1851) weiter in Heines Dichtung ein, sich von Gedicht zu Gedicht in Umfang und blutiger Drastik steigernd, was nach dem vorangegangenen poetischen Liebesrauschen überrascht. „Karl Stuart zum Beispiel trägt in einer dieser Romanzen seinen Kopf unterm Arm". (S. 161) Es geht um König Karl I. von England (1600–1649), der enthauptet wurde. („Carl I." – DHA III/I, 26 f.) Nach dieser kurzen Nennung fährt Crampas beim zweiten Gedicht etwas ausführlicher fort: „und noch fataler ist die Geschichte vom Vitzliputzli", dem mexikanischen Gott, „dem zwanzig oder dreißig [Spanier] geopfert werden. Das war da nicht anders, Landessitte, Kultus, und ging auch alles im Handumdrehen, Bauch auf, Herz 'raus …". (S. 161) Dieses sehr lange Gedicht „Vitzliputzli" schildert den blutigen Feldzug von Hernán Cortés (1485–1547) gegen die Azteken samt deren religiösen Todesritualen ausführlich:

> „Menschenopfer" heißt das Stück.
> Uralt ist der Stoff, die Fabel;
> In der christlichen Behandlung
> Ist das Schauspiel nicht so gräßlich.
>
> [...]
>
> Heute werden dir geschlachtet
> Achtzig Spanier
>
> [...]
>
> Achtzig Spanier, schmählich nackend,
> Ihre Hände auf dem Rücken
> Festgebunden, schleppt und schleift man
> Hoch hinauf die Tempeltreppe.
>
> Vor dem Vitzliputzli-Bilde
> Zwingt man sie das Knie zu beugen
> Und zu tanzen Possentänze,
> Und man zwingt sie durch Torturen,
>
> Die so grausam und entsetzlich,
> Daß der Angstschrey der Gequälten
> Ueberheulet das gesammte
> Kannibalen-Charivari. – (DHA III/I, 68–70)

Die Verse „‚Menschenopfer' heißt das Stück. / Uralt ist der Stoff, die Fabel" lassen sich naheliegend auf das Duell übertragen, das in seinem geregelten Ritus als Zweikampf „nicht so gräßlich" und doch tödlich ist. Das ist nur für den späteren Leser des Romans erkennbar, Effi findet die Beschreibung von „Bauch auf [...]" „indecent und degoutant zugleich". (S. 161)

Inzwischen hat man sich zum Picknick niedergelassen. Der eingangs begonnene Flirt-Ton („wenn ich Ihnen eine Liebeserklärung machte") wird von Crampas

scherzhaft fortgeführt: „Ein Korbdeckel ist kein Korb ...". (S. 162) Es folgt die
Nennung des Königs Blaubart, des sechsfachen Frauenmörders, der Effi aus Märchen wohlbekannt ist.

Sehr ausführlich referiert Crampas als drittes Heine-Gedicht die Geschichte
von Don Pedro, dem Grausamen, der den edlen Calatrava-Ritter Don Fredrego aus
Eifersucht enthaupten ließ. („Spanische Atriden" aus den „Lamentazionen" des
„Romanzero" – DHA III/I, 84–93) Damit rückt die blutige Gefahr für Effi immer
näher. „Und dieser Kalatrava-Ritter, sag' ich, hatte einen wunderschönen Hund
[...] also, sagen wir wie Rollo ...". (S. 163) Beim von Don Pedro heuchlerisch zu
Ehren Don Fredregos angerichteten Festmahl bleibt dessen Platz leer. Da jagt der
Hund, nun Effis Hund Rollo, herbei, springt

> auf den Stuhl und setzt ein abgeschlagenes Haupt auf den leergebliebenen Platz, und über
> eben dieses Haupt hinweg starrt Rollo auf sein Gegenüber, den König. Rollo hatte seinen
> Herrn auf seinem letzten Gange begleitet und im selben Augenblicke, wo das Beil fiel,
> hatte das treue Tier das fallende Haupt gepackt, und da war er nun, unser Freund Rollo,
> an der langen Festestafel und verklagte den königlichen Mörder. Effi war ganz still gewor-
> den. (S. 165)

Mit ihrem Hund Rollo fühlte sie sich selbst in unmittelbarer Gefahr. Beim Ab-
räumen des Picknicktisches nimmt Crampas das von Effi benutzte Glas an sich,
worauf sie ihn als sonderbaren Humoristen bezeichnet und in Wiederaufnahme
des Flirt-Tons der eingangs genannten hypothetischen „Liebeserklärung" hinzu-
fügt: „‚es ist zum Lachen, und ich geniere mich fast, es auszusprechen – so haben
Sie vor, sich vor der Zeit auf den König von Thule hin auszuspielen.' Er nickte
mit einem Anfluge von Schelmerei." (S. 166) Nach kurzem Dialog zum heiklen
Thema Thule/Buhle „schlug sie verwirrt und fast verlegen die Augen nieder"; hier
wird auch das Geheimhalten des Vorgangs vor Innstetten klar ausgesprochen. Effi
hat im Nachhinein „ganz leise das Gefühl einer überstandenen Gefahr und be-
glückwünschte sich, daß das alles nun mutmaßlich hinter ihr läge." (S. 167) Aber
es begann eben erst.

Zuhause geht der gewohnte Alltag weiter, es soll – wovor Effi graut – Abende
mit Wiederholung der italienischen Reise in Wort und Bild geben, „es sollten
sogar Photographien herumgereicht werden". (ebd.) Es folgt der mehr- und wieder nur ganz eindeutige „Schritt vom Wege", den Fontane dann in aller Diskretion
schildert.

Fontane deutet in der Szene am Strand anhand der Gedichte von Heinrich Heine
die Entwicklung des Liebesverhältnisses Crampas-Effi im Romangeschehen strukturell voraus. Da ist die Liebesanbahnung mit romantischen Heine-Gedichten, wie
sie Gaudy in „Der moderne Paris" in heftiger Satire vorgeführt hatte, im Roman
„Effi Briest" in geschicktes romantisches Liebeswerben eingebettet. Dem folgt mit
Gedichten aus dem „Romanzero" die dreifach blutige Vorausdeutung auf das töd-
liche Ende der Beziehung in einem nach altem Ehrenkodex gesellschaftlich vor-
gegebenem Ritual, im Duell Innstetten-Crampas: „‚... die Schüsse fielen. Crampas
stürzte." (S. 285)

Im Nachtrag sei noch ein Hinweis auf das Verhältnis von Fontane (1819–1898)
zu Gaudy (1800–1840) gegeben. Sie kannten sich nicht persönlich. Der junge

Fontane arbeitete von 1836–1840 als Apothekerlehrling in Berlin und beobachtete den Berliner literarischen Markt sehr genau:

Ich vertiefte mich in die Theaterkritiken von Ludwig Rellstab, las Novellen und Aufsätze von Gubitz und vor allem die Gedichte jener sechs oder sieben jungen Herren, die damals – vielleicht ohne viel persönliche Fühlung untereinander – eine Berliner Dichterschule bildeten. Unter ihnen waren Eduard Ferrand, Franz von Gaudy, Julius Minding und August Kopisch die weitaus besten, Talente, die sich denn auch, trotz allem Wandel der Zeiten, bis diese Stunde behauptet haben.[80]

Fontane wird in dieser seiner Berlin-Zeit nicht nur die hier erwähnten Gedichte, sondern auch Gaudys Novellen gelesen haben, mit Sicherheit „Der moderne Paris".

Anmerkungen

1 Vgl. URL: http://stiftung-historische-friedhoefe.de/wiederherrichtung-der-grabstaette-von-franz-freiherr-gaudy/, letzter Zugriff: 14.8.2024.
2 Franz von Gaudy: Sämtliche Werke. Hrsg. v. Arthur Mueller. 24 Bde. Berlin 1844. (Im Folgenden: SW) In Bd. 1, S. IX–LXIII: Franz Freiherrn Gaudy's Leben. – Deren Auswahl: Poetische und prosaische Werke. Neue Ausgabe. Hrsg. v. Arthur Mueller. Bd. 1–8. Berlin 1853–1854.
3 Franz von Gaudy: Ausgewählte Werke. Hrsg. v. Doris Fouquet-Plümacher. Hildesheim 2020 ff. – Bd. 1: Venetianische Novellen und italienische Erzählungen. 2020, S. 13–29: Franz Freiherr Gaudy. – Bd. 2: Gedichte. 2023. (Im Folgenden: AW) – Bd. 3: Satire, Versdichtung, Novelle ist im Druck.
4 „Nacht in Italien" und „Die Kindheit". – In: Eidora. Taschenbuch auf das Jahr 1823. Schleswig 1823. Vgl. AW2 [Anm. 3], S. 398 f.
5 Franz von Gaudy: Nachrichten von den allerneusten Schicksalen des Hundes Berganza. – In: Gedanken-Sprünge eines der Cholera Entronnenen. Glogau 1832. S. 5–43. – Franz von Gaudy: Die drei Schlangen. – In: Deutsche Blätter für Poesie, Litteratur, Kunst und Theater 118–121 (1823). – Franz von Gaudy: Canaletta. Die drei Schlangen. Ill. v. Rainer Ehrt. Nachwort v. Doris Fouquet-Plümacher. Gransee 2022.
6 Im 2. Teil von „Erato" (S. 150 f.) widmete er Jean Paul eine Apotheose: „XII. Die Verklärung (Zum 14ten November 1825)", Jean Pauls Todestag. Bei seiner ersten Italienreise 1835 besuchte Gaudy auf dem Hinweg das Grab Jean Pauls in Bayreuth (Mein Römerzug. 3 Teile. Berlin 1836, Teil 1, S. 7 f.).
7 Halbzahm in einer Lumpenwelt. Briefe von und an Franz Freiherrn Gaudy. Hrsg. v. Rainer Hillenbrand. Frankfurt a. M. 2002. (Im Folgenden: Briefe) – Briefe. Nachtrag 1: Rainer Hillenbrand: Eine Ergänzung zu Gaudys Briefwechsel. – In: Archiv für das Studium der neueren Sprachen und Literaturen 244 (2007), S. 101 f. – Briefe. Nachtrag 2: Doris Fouquet-Plümacher: Briefe von und an Franz Freiherrn Gaudy. – In: Archiv für das Studium der neueren Sprachen und Literaturen 257 (2020), S. 137–154. Die Briefe werden mit der jeweiligen Nummer angegeben.
8 Walter Kühn: Von Hesiod bis Brecht. Eine Literaturgeschichte der Widmung. Trier 2021, S. 225–261: Widmen auf verlorenem Posten: Heinrich Heine.
9 Gaudy schätzte besonders Blumröders Roman „Der verhüllte Bote aus der Heimat" – ein klassischer Entwicklungsroman. Sehr lesenswert ist seine unter dem Pseudonym Theophilus Phosphorus veröffentlichte Satire „Die Spukgeister in der Kirche und im Staate" mit der „Dedication an Sr. Excellenz, den hochseligen Herrn Procurator oder Landpfleger von

Palästina, Pontius Pilatus, ominösen Andenkens." Blumröder ist besonders mit seinen Publikationen um den Schriftsteller Johann Carl Wezel (1747–1819) bekannt geblieben.

10 Briefe 13–15 [Anm. 7]. Doris Fouquet-Plümacher: Franz Freiherr Gaudy 1827 auf der Festung Silberberg. Frankfurt (Oder) 2020 (Frankfurter Buntbücher, 65), S. 24–26.

11 Franz von Gaudy: Erato. Glogau 1829, S. 3 f.

12 Joachim Ringelnatz: Das Gesamtwerk. 7 Bde. Zürich 1994, Bd. 1, S. 65 f.

13 Gaudy: Erato [Anm. 11], S. 25 f.

14 Franz von Gaudy: Das Karikaturenbuch. Hrsg. v. Fedor von Zobeltitz. Berlin 1906.

15 Mit Fouqué hatte Gaudy seit 1823 Kontakt, da seine Verlobte Jenny von Rochow mit dessen Gattin Caroline de la Motte-Fouqué, geb. Rochow, verwandt war. Das Wappengedicht erschien erneut in Gaudys Sammlung von Heroldsgedichten, „Schild-Sagen" (1834), S. 19–23. Zum Kontakt vgl. die Briefe 10–12 von 1824–1825. – In: Briefe [Anm. 7].

16 Das Wappen ist beschrieben, aber nicht bezeichnet: ein Rabe mit Ring im Schnabel sitzt auf einem Kreuz, das ist das Wappen der Gemeinde Sankt Oswald in Niederösterreich. Die Wappensage: Nur König Artus lebt noch als Rabe auf dem Turm, der Schönsten der Schönen wird er den Ring bei der Hochzeit in den Schoß gleiten lassen, dann kann er sterben. Der Name in der Widmung ist nicht ermittelt.

17 Gisbert Kranz: Das Bildgedicht. Theorie, Lexikon, Bibliographie. 3 Bde. Köln 1981. – Gemälderedereien. Zur literarischen Diskursivierung von Bildern. Hrsg. v. Konstanze Fliedl u. a. Berlin 2013. – Bernhard Walcher: Das deutschsprachige Bildgedicht. Kunstwissen und imaginäre Museen (1870–1968). Berlin 2020.

18 12 Bildgedichte hat er als kleine bibliophile Ausgaben mit Stahlstichen herausgebracht: „Berlinisches Bilderbuch" Heft 1, 1836, und Heft 2, 1840.

19 Es sind nach SW9 [Anm. 2], S. 51–61: Nr. 1: „Die Werbung. Nach Peter de Hooghe"; Nr. 2: „Soldatenleben. Nach Jan le Duc"; Nr. 3: „Die Patienten. Nach David Ryckaert"; Nr. 4: „Eglon van der Neer"; Nr. 5: „Nach Slingeland".

20 Fouquet-Plümacher: Franz Freiherr Gaudy 1827 [Anm. 10], S. 29.

21 Gaudy: Erato [Anm. 11], S. 75.

22 Ebd., S. 76.

23 Doris Fouquet-Plümacher: Franz Freiherr Gaudy im Vormärz. – In: Geistesfreiheit. Deutsche Literatur zwischen Autonomie und Fremdbestimmung. Hrsg. v. Rainer Hillenbrand u. Zoltán Szendi. [Wien] 2020 (Pécser Studien zur Germanistik, 9), S. 99–113, hier S. 107 f.

24 „Das Märchen vom Schlaraffenlande". – In: AW2 [Anm. 3], S. 45 f.; 357; 440.

25 Bärbel Holtz: Preußens Zensurpraxis von 1819 bis 1848 in Quellen. Berlin 2015. (Acta Borussica, NF 2, Abt. II, Bd. 6) – Zensur im 19. Jahrhundert. Hrsg. v. Bernd Kortländer u. Enno Stahl. Bielefeld 2012.

26 GStA PK Berlin, I. HA Rep. 101 C Nr. 7 Bd. 2, fol. 123r, Liste vom 6.3.1829.

27 VI „Riesen die die Schöne streng bewahrten / Drachen …", S. 6–7. In der 2., leicht veränderten Auflage (1836) ist diese Strophe (oder eine neue?) abgedruckt: „Zauberschlösser sind Pensions-Anstalten / Und das Fräulein flieht aus ihrem Zwing, / Wechselnd trotz Rococo, jenem alten / Greif, mit Ritter Décousu den Ring."

28 Franz von Gaudy: Canaletta. – In: AW1 [Anm. 3], S. 144–156; Neudruck s. Anm. 5. Es ist eine im Bild der Stockfische verachtungsvolle, hochpolitische Wendung gegen Zensur und die Vielstaaterei des Deutschen Bundes.

29 GStA PK Berlin, I. HA Rep. 101 E Lit. C Nr. 4: Die Untersagung des Debits der verderblichen Schrift „Chansons par M. J. P. de Béranger. Paris, 1821". 1822–1828. Vgl. AW2 [Anm. 3], S. 456–458.

30 Johannes Reiske: Franz Freiherr Gaudy als Dichter. Diss. phil. Berlin 1911, S. 14.

31 Heinrich Heine: Reisebilder. Hrsg. v. Bernd Kortländer. Stuttgart 2010, S. 664.

32 Hans Mayer: Der Streit zwischen Heine und Platen (1975). – In: Ders.: Der Weg Heinrich Heines. Versuche. Frankfurt a. M. 1998, S. 18–36. – Jost Hermand: Heine contra Platen. Zur Anatomie eines Skandals. – In: Ders.: Mehr als ein Liberaler. Über Heinrich Heine.

Frankfurt a. M. 1991, S. 43–55. – Bernd Kortländer: Heinrich Heine. Stuttgart 2003, S. 178–184.

33   „Von den Früchten, die sie aus dem Gartenhain von Schiras stehlen, / Essen sie zu viel, die Armen, und vomiren dann Ghaselen". (DHA VI, 166)

34   Vgl. u. a. URL: http://www.heinrich-heine-denkmal.de/andere_texte/oedipus.shtml, letzter Zugriff: 14.8.2024.

35   Auf dem Titelblatt firmieren noch Chamisso und Gaudy; Gaudy bearbeitete diesen Band alleine.

36   Im „Schlesischen Musenalmanach" 1829 und 1830.

37   Besuch bei einem Dichter. – In: Berliner Conversationsblatt für Poesie, Literatur und Kritik 126 (1837), 21.10.

38   Franz von Gaudy: Gedichte. – In: AW2 [Anm. 3], S. 28–30: „Entschuld'gen Sie, Frau Gräfin (An Ida Gräfin Hahn-Hahn)".

39   Beilage 30, S. 1560.

40   Jenaische allgemeine Literaturzeitung 27 (1831), Nr. 151, Sp. 247–248. Verfasser: L. V.

41   Morgenblatt für gebildete Stände („Literaturblatt"), 5.11.1830.

42   Gaudy: Gedanken-Sprünge [Anm. 5], S. 97.

43   Franz von Gaudy: Humoristische Schriften. Hrsg. v. Julius Riffert. Leipzig [um 1890], S. 11 f. – Julius Riffert: Franz von Gaudy. Altenburg 1881 (Deutsche Humoristen aus alter und neuer Zeit, 1).

44   Franz von Gaudy: Korallen. Glogau 1834. Das Motto des ersten Teils, „Der Liebe Loos", entspricht Heines Zeilen aus „Der Kirchhof": „Die Engel, die nennen es Himmelsfreud, / Die Teufel, die nennen es Höllenleid, / Die Menschen, die nennen es: Liebe!" (DHA I/I, 41) – Gustav Schwab. – In: Heidelberger Jahrbücher 1835, S. 702–710, hier S. 709.

45   Lebenslauf. – In: Briefe [Anm. 7], S. 168.

46   Manasse: einer der Stämme Israels, der von den Söhnen Jakobs abstammt.

47   Gaudy war von 1810–1815 Schüler des Französischen Gymnasiums in Berlin und lebte beim Prediger Reclam, der den sonntäglichen Gottesdienst feierte. Diesen Sonntagmorgen beschreibt Gaudy im Anschluss an „Sabbathstille" in „Desengaño", S. 4–8. – Einen satirischen „Sonntagsmorgen" mit Familien-Kirchgang, gähnendem Hausdiener und sich putzendem Kater beschreibt Gaudy „schmunzelnd" für den Preußischen Volksfreund 180 (1839), 30.12. – SW23 [Anm. 2], S. 33–35.

48   Erik Lindner: Einer der bedeutendsten literarischen Producenten Deutschlands: Carl Heymann (1793–1862) und sein Verlag. – In: Zeitschrift für Unternehmensgeschichte 41 (1996), S. 65–79.

49   Bayerische Staatsbibliothek. E. Petzetiana V, Gaudy (Lebenslauf). Druck: Briefe [Anm. 7], S. 167–170, hier S. 168.

50   Arno Bliedner: Magister Röller. Leben eines Originals. – In: Friedrich Mann's Pädagogisches Magazin 331 (1908), S. 1–40. – Bernd Platzdasch: Wer war Gottfried Günther Röller? – In: URL: https://www.pantoia.de/Schiller/Roeller1817/vita.html, letzter Zugriff: 14.8.2024. Röller übersetzte zum Scherz Schillers „Lied von der Glocke" ins Lateinische und machte aus der „Glocke" die Parodie „Der Kaffee" („Heute muß die Glocke werden" / „Jetzo will ich Kaffee kochen"). Er war Lehrer von Michael Sachs.

51   Michael Sachs: Die religiöse Poesie der Juden in Spanien. Gewidmet K. A. Varnhagen von Ense. Zum 2. Male mit biogr. Einl. und erg. Anmerkungen hrsg. v. S. Bernfeld. Berlin 1901, Vorwort S. VI. (Erstausgabe Berlin 1845) Alle Genannten sind in Glogau geboren und haben dort die erste schulische Ausbildung erhalten. Jacob Joseph Oettinger (1780–1860 Berlin), Vertreter des traditionellen Rabbinertums, Rabbinatsverweser, Talmudist, orthodoxer Prediger der Berliner Synagogengemeinde. – Salomon Munk (1805–1867 Paris), Orientalist. – Josef Lehmann (1801–1873 Berlin), Journalist, Literat, Übersetzer, Herausgeber vom „Magazin für die Literatur des Auslandes". – Joseph Zedner (1804–1871 Berlin), Bibliograph. – David Cassel (1818–1893 Berlin), Pädagoge und Philologe. – R. Berndt: Ge-

schichte der Juden in Groß-Glogau [bis 1809]. Glogau 1874. – Franz D. Lucas u. Margret Heitmann: Stadt des Glaubens. Geschichte und Kultur der Juden in Glogau. Hildesheim 1991.

52 Lucas/Heitmann: Stadt des Glaubens [Anm. 51], S. 253–256.

53 Die vierundzwanzig Bücher der Heiligen Schrift. Unter d. Redaction v. Dr. Zunz übersetzt v. H. Arnheim, Dr. Jul. Fürst, Dr. M. Sachs. Berlin 1838. – Sachs hatte während seiner Übersetzung der Psalmen (1835) Kontakt zu Friedrich Rückert.

54 Edith Lutz: Der „Verein für Cultur und Wissenschaft der Juden" und sein Mitglied H. Heine. Stuttgart 1997. – Die „Wissenschaft des Judentums". Eine Bestandsaufnahme. Hrsg. v. Thomas Meyer u. Andreas Kilcher. Paderborn 2015.

55 Für Hilfe bei der Deutung des Namens danke ich Lucia Raspe, Salomon-Ludwig-Steinheim-Institut für deutsch-jüdische Geschichte, Universität Duisburg-Essen.

56 Sachs: Die religiöse Poesie der Juden [Anm. 51], S. 83–106; 287–310. – Ruth Wolf: Versuch über Heines „Jehuda ben Halevy". – In: HJb 18 (1979), S. 84–98.

57 Der babylonische Talmud. Nach der ersten zensurfreien Ausgabe neu übertragen von Lazarus Goldschmidt. Berlin 1934, Bd. 9, S. 438. Den Hinweis auf die Quelle gab mir †Peter von der Osten-Sacken.

58 Gabrielle Oberhänsli-Widmer: Heinrich Heine: Prinzessin Sabbath (1851). – In: Kirche und Israel. Neukirchener Theologische Zeitschrift 31 (2016), S. 176–191.

59 Vgl. DHA I/I, 97. – Ein Band des Tagebuchs von Gaudy lag in der Staatsbibliothek zu Berlin, Handschrift Ni 232 (Nachlass Nicolai). Dieser wurde im Zweiten Weltkrieg nach Schloß Blumenow, Nähe Fürstenwalde (Spree), ausgelagert und ist dort nach Kriegsende 1946 verbrannt. – Auszüge daraus in: Wilhelm Dreecken: Franz Freiherr Gaudy. Darstellung seines Lebens und seiner Werke. Masch. Manuskript 1910, S. 23.

60 Bei Cervantes („Novelas exemplares") heißt es „Novelle und Gespräch", bei Hoffmann („Phantasiestücke in Callots Manier") „Nachricht von den neuesten …" und bei Gaudy „Nachricht von den allerneusten Schicksalen des Hundes Berganza". Bisher hat die Hoffmann-Forschung keinen Blick auf Gaudy geworfen.

61 Die anderen Satiren sind bis in die jüngere Zeit in der DDR nachgedruckt worden: Franz von Gaudy: Humoresken und Satiren. Hrsg. v. Manfred Häckel. Holzstiche v. Axl Leskoschek. Leipzig 1967 (Insel-Bücherei 460). – Die sieben Leidensstationen eines Bräutigams auf dem Wege zum Traualtare. Satirische Prosa. Hrsg. v. Alice u. Heinz Berger. Ill. v. Uwe Häntsch. Berlin 1986.

62 „Morgenblatt für gebildete Stände" (27.10.–16.11.1831). Gaudy erwähnt, er habe sie abgeschrieben und nicht herausgerissen, „wie ich sonst wohl zu exzerpiren pflege". Das Abschreiben ist sehr unwahrscheinlich, da er diese Tätigkeit hasste und hier zudem die Länge des Textes dagegenspricht. Gaudy pflegte in der Regel, die ihm interessant erscheinenden Textstücke aus Zeitschriften und Zeitungen, vielleicht auch aus Büchern, herauszureißen und zusammenbinden zu lassen; er war Linkshänder, hatte jedoch mit rechts schreiben müssen und infolgedessen große Mühe mit dem leserlichen Schreiben.

63 Gerard Koziełek: Das Polenbild der Deutschen. Anthologie. Heidelberg 1989.

64 Gaudy: Korallen [Anm. 44], S. 51–106.

65 Franz von Gaudy: Kaiser-Lieder. Leipzig 1835. AW2 [Anm. 3], S. 284–351; 387–395. Ein traditionelles Heine-Zitat findet sich hier vor „Der Grenadier der alten Garde" (AW2, S. 341) als Motto: „Mein Kaiser, mein Kaiser gefangen! – H. Heine" aus dessen Romanze „Die Grenadiere". (DHA, I/I, 77)

66 Die Romreise des Sommers 1835, die er in „Mein Römerzug" [Anm. 6] beschrieben hat.

67 AW2 [Anm. 3], S. 420–426. – Karl Voretzsch: Gaudys Kaiserlieder und die Napoleondichtung. – In: Preußische Jahrbücher 95 (1899), S. 412–496. – Barbara Beßlich: Der deutsche Napoleon-Mythos. Literatur und Erinnerung 1800–1945. Darmstadt 2007, S. 219–222. –

Historische Mythologie der Deutschen 1798–1918. Hrsg. v. Wulf Wülfing. München 1991, S. 18–58.

68   AW2 [Anm. 3], S. 435–441.

69   Franz von Gaudy: Novellen und Skizzen. Berlin 1839; hiernach die Nachweise. – In den SW [Anm. 2] sind die Novellen über die Bände verteilt, „Der moderne Paris" in Bd. 8, S. 87–136. Alle Novellen werden in AW3 [Anm. 3] erscheinen.

70   Es gibt nur eine kurze Nennung in den „Blättern für literarische Unterhaltung" vom 24.9.1840 (S. 1079): „Referent deutet daher nur kurz an, daß unter den vier gegebenen Erzählungen […] eine dem Leben genügendere Ausrundung derselben jedoch nur im ‚Schweizersoldaten' gefunden werden möchte." Das Urteil ist nicht zutreffend. „Der moderne Paris" findet jedoch Beachtung: „Am meisten ‚gemacht', wenngleich höchst ergötzlich ist Ref. ‚Der moderne Paris' erschienen; nicht gemacht, sondern so recht aus dem Leben gegriffen ist darin aber die Hundehetze, und trefflich ist der Zug, daß eben diese grandiose Balgerei dem Erzähler derselben ein längst ersehntes Glück öffnet, nämlich das Haus einer Generalin." – Reiske [Anm. 30] behandelt die Novellen an zwei Stellen. Zu den erstgenannten dreien heißt es: „So steigt er besonders in seinen letzten Produktionen langsam hinauf und gewinnt, soweit es die wenigen Proben erkennen lassen, reifere Herrschaft über realistische Stimmungsbilder in Prosa und in Versen." (S. 84) Zu „Der moderne Paris" gibt es nur einen Satz: „Der moderne Paris scheitert an dem Übermass von Unwahrscheinlichkeiten und der viel zu deutlichen Satire." (S. 73)

71   In der langen Liste der Don Juans in der europäischen Literatur ist Baron Clementi nicht enthalten.

72   „Hör' ich das Liedchen klingen, / Das einst die Liebste sang, / So will mir die Brust zerspringen, / Vor wildem Schmerzendrang". (DHA I/I, 172)

73   Taft-Seide, Wortspiel mit Atlas-Seide.

74   „Ich unglückseel'ger Atlas! eine Welt, / Die ganze Welt der Schmerzen muß ich tragen". (ebd., 234)

75   „Der Himmel wird dunkler, mein Herz wird wilder, / Und mit starker Hand, aus Norwegs Wäldern / Reiß ich die höchste Tanne, / Und tauche sie ein / In des Aetnas glühenden Schlund, und mit solcher / Feuergetränkten Riesenfeder / Schreib' ich an die dunkle Himmelsdecke: / ‚Agnes, ich liebe Dich!'" (ebd., 373)

76   „Du hast Diamanten und Perlen, / Hast Alles, was Menschenbegehr, / Und hast die schönsten Augen – / Mein Liebchen, was willst du mehr?" (ebd., 274)

77   Vgl. DHA II, 49. – Die darauffolgenden Verse lauten: „Ein schönes Weib ist noch die Mutter, / Die Tochter ist ein schönes Kind."

78   Theodor Fontane: Effi Briest. Hrsg. v. Christine Hehle. Große Brandenburger Ausgabe. Das erzählerische Werk, Bd. 15. Berlin 1998.

79   Hans Otto Horch: „Das Schlechte … mit demselben Vergnügen wie das Gute." Über Theodor Fontanes Beziehungen zu Heinrich Heine. – In: HJb 18 (1979), S. 139–176. – Christian Grawe: Crampas' Lieblingsdichter Heine und einige damit verbundene Motive in Fontanes „Effi Briest". – In: Jahrbuch der Raabe-Gesellschaft 1982, S. 148–170. – Peter Pütz: Wenn Effi läse, was Crampas empfiehlt … Offene und verdeckte Zitate im Roman. – In: Text und Kritik. Sonderband Fontane. 1989, S. 174–184. – Hans Georg Pott: Effi Briest, Heinrich Heine und der Teufel. Theodor Fontanes Roman Effi Briest. – In: Klassiker der deutschen Literatur. Hrsg. v. Gerhard Rupp. Würzburg 1999, S. 98–116. – Barbara Helena Adams: Familiendynamiken. Theodor Fontanes Effi Briest und Frau Jenny Treibel. Würzburg 2020, Verführungsmechanismen: Major Crampas und sein Lieblingsdichter Heinrich Heine. S. 128–149.

80   Theodor Fontane: Von Zwanzig bis Dreissig. Hrsg. v. Gotthard Erler. Große Brandenburger Ausgabe, Abt. 3. Das autobiographische Werk, Bd. 3. Berlin 2014, S. 127.

„Aus der ganzen Menschheit geboren" Franz Held und der Kampf gegen den Antisemitismus Ein vergessener Beitrag zum Düsseldorfer Denkmalstreit um Heinrich Heine

Ronald Weber

„Die Geschichte der Heine-Mäler ist zugleich die Geschichte des deutschen Antisemitismus", stellt Dietrich Schubert zu Beginn seiner Studie über die verschiedenen – verhinderten wie errichteten – Denkmäler fest, die an den 1856 im Pariser Exil verstorbenen Dichter und Publizisten erinnern bzw. erinnern sollten.[1] Das zeigt sich eindrücklich anhand des Düsseldorfer Denkmalstreits zwischen 1887 und 1893.[2] Der Initiative zur Errichtung eines Monuments in Heines Geburtsstadt schlug von Anfang an heftige Ablehnung entgegen. Mochte der Verfasser des „Buchs der Lieder" – nicht zuletzt durch die populären Vertonungen, allen voran Friedrich Silchers „Loreley" – als sentimentalisch-romantischer Dichter in breiten Kreisen des Bürgertums Anklang finden, so war man doch keineswegs bereit, Heines „Fehler" zu verzeihen, die selbst Paul Heyse in seinem bemerkenswert defensiven Aufruf für das Düsseldorfer Denkmalkomitee nicht umhin kam zu erwähnen.[3] Und damit war nicht nur das in den 1880er Jahren längst zur Phrase geronnene Börne-Wort vom Widerspruch zwischen Talent und Charakter gemeint, sondern im Grunde genommen der gesamte politische, religionskritische, antipreußische, „moderne" Heine. Eine von mehr als 500 Düsseldorfer Bürgern unterzeichnete Petition klagte dementsprechend patriotisch,

> dass unsere nationale Selbstachtung, die Lieben zum gemeinsamen Vaterlande, die Begeisterung für unser glorreiches Herrscherhaus […] es heute mehr denn je verbieten in unserer Stadt einem Dichter wie Heinr. Heine ein Denkmal zu errichten, welcher sich nicht gescheut hat, die höchsten und heiligsten Güter unserer Nation zu verlästern und auch Religion und Sitte, die Grundlage unseres Volkslebens […] zu verhöhnen.[4]

Dass es bei der Ablehnung eines Heine-Denkmals in erster Linie um „Fragen der Weltanschauung" ging, wie Rudolf Kahn 1911 formulierte[5], zeigen zahlreiche

R. Weber (✉)
Strausberg, Deutschland
E-Mail: ronald-weber@posteo.de

97

weitere in Reaktion auf die Denkmalpläne veröffentlichte Pamphlete, die wie das
des evangelischen Düsseldorfer Pfarrers Friedrich Frey „[m]it Gott für Kaiser und
Reich" gegen den „Juden" Heine Stellung nahmen.[6] Sie verdeutlichen, dass Heine
zum Kristallisationspunkt einer weit über den Dichter hinausgreifenden Debatte
über das Verhältnis von „Deutschen" und „Juden" geworden war, die sich auf die
Frage zuspitzte, ob das wilhelminische Kaiserreich, überhaupt einen „Juden" öffentlich ehren sollte. Denn in Heine erkannte man, wie Franz Sandvoß unter Pseudonym schrieb, den „Prototyp des modernen, entarteten Judentums" – und in dem
Denkmal, im Falle seiner Realisierung, „eine Schandsäule für das deutsche Volk".[7]

Der alte Wahn

Der schrille, antisemitische Ton in der Debatte um das Düsseldorfer Heine-Denkmal kam nicht von ungefähr. Die als „Gründerkrach" bezeichnete Weltwirtschafts-
krise von 1873 hatte im Deutschen Reich nur wenige Jahre nach der rechtlichen
Gleichstellung der Juden zu einer Explosion des Antisemitismus geführt. War der
Judenhass zuvor vor allem christlich getönt gewesen, so kamen nun im Kontext
eugenischer und kolonialrassistischer Debatten sowie des nach der Reichsgrün-
dung um sich greifenden aggressiven Nationalismus erstmals „wissenschaftliche"
Überlegungen über die „Andersartigkeit" der Juden in Umlauf.[8] 1874 hatte der
nationalliberale Journalist Otto Glagau die Juden in der populären Familienzeit-
schrift „Die Gartenlaube" direkt mit dem Kapitalismus identifiziert und eine geheime jüdische Vorherrschaft im Deutschen Reich behauptet: „Vom getauften Mi-
nister bis zum polnischen Schnorrer bilden sie eine einzige Kette, machen sie, fest
geschlossen, bei jeder Gelegenheit Front gegen die Christen."[9] Die konservative
„Kreuz-Zeitung" und das Organ der katholischen Zentrumspartei, die „Germania",
bliesen in dasselbe Horn. In Hunderten Artikeln, Broschüren und Büchern wurde
in den nachfolgenden Jahren die Ansicht verbreitet, die Juden verfügten über zu
großen gesellschaftlichen Einfluss und arbeiteten gegen das deutsche Volk.

Zwar scheiterte der Berliner Hofprediger Adolf Stoecker mit seiner antisemiti-
schen Christlich-Sozialen Arbeiterpartei bei den Reichstagswahlen 1878 deutlich.
Der antisemitische Diskurs aber war in der Mitte der Gesellschaft angekommen.
Ende 1879 prägte der an der Berliner Universität lehrende Historiker und Abge-
ordnete der Nationalliberalen Partei Heinrich von Treitschke, einer der einfluss-
reichsten Intellektuellen des Kaiserreichs, in einem viel gelesenen Aufsatz die
Sentenz: „Die Juden sind unser Unglück."[10] 1880 initiierte der Gymnasiallehrer
Bernhard Förster die sogenannte Antisemitenpetition, die vier Forderungen um-
fasste: ein Ende der Einwanderung ausländischer, insbesondere osteuropäischer
Juden, der Ausschluss der Juden von „obrigkeitlichen (autoritativen) Stellungen"
und vom Justizdienst, der Ausschluss aus dem Schuldienst und die Wiederaufnahme einer amtlichen konfessionellen Statistik.[11] Die Petition wurde von mehr
als 250.000 Bürgern unterzeichnet, die meisten von ihnen Studenten. In der
Reichshauptstadt etwa setzten 41 % der Immatrikulierten ihren Namen unter die

Forderungen. Zwar gab es auch Gegenstimmen – der liberale Historiker Theodor Mommsen mischte sich in die Debatte ein und zahlreiche weitere prominente Wissenschaftler, Politiker und Unternehmer verwahrten sich in einer öffentlichen Erklärung gegen die „Wiederbelebung eines alten Wahnes"[12] –, aber die blieben, zumal unter den Studenten, vereinzelt. Besonders anfällig für den Antisemitismus zeigten sich neben dem akademischen Nachwuchs und der Beamtenschaft Handwerker und Bauern, die in besonderer Weise unter der gesteigerten kapitalistischen Konkurrenz litten und den Juden die Schuld für ihre wirtschaftliche Misere gaben. Im ländlichen Raum, insbesondere in Hessen und Sachsen, waren die Antisemiten im Laufe der 1880er Jahre mit einer Verbindung von Antisemitismus und Sozialkritik („Gegen Junker und Juden!") sogar so erfolgreich, dass sie den Konservativen mehrfach Reichstagsmandate abringen konnten.[13]

Welche handfesten Folgen die antisemitische Agitation hatte, zeigte sich in Berlin in der Silvesternacht 1880, als Studenten in der Friedrichstraße antisemitische Parolen brüllten und Prügeleien anzettelten. Im Februar des Folgejahres wurde in Neustettin, vermutlich infolge einer Hetzrede des Demagogen Ernst Henrici, die lokale Synagoge in Brand gesteckt. Nachdem Henrici im Juli 1881 erneut in der Kleinstadt gesprochen hatte, kam es zu drei Tage andauernden Ausschreitungen, die sich den Sommer über in den Provinzen Pommern und Westpreußen ausbreiteten. Besonders gefährlich für die jüdischen Deutschen waren auch die anhaltenden Ritualmordvorwürfe, die durch katholische Publizisten und Würdenträger wie auch die Vertreter des „wissenschaftlichen" Rassenantisemitismus befördert wurden und oft mit Gewalt gegen jüdische Bürgerinnen und Bürger einhergingen. Für reichsweites Aufsehen sorgte 1891 der „Fall Buschoff" in Xanten, den die antisemitische Presse intensiv begleitete und der auch zu erregten Debatten im Preußischen Abgeordnetenhaus führte. Zwar wurde der Angeklagte Adolf Buschoff 1892 vom Landgericht Kleve freigesprochen. Ritualmordvorwürfe kamen in der Folge aber vermehrt auf.[14]

„Die Scharte auswetzen"

Die Debatte um das Düsseldorfer Heine-Denkmal muss vor diesem gesellschaftlichen Hintergrund verstanden werden. Zieht man den national-chauvinistischen, antisemitischen Diskurs mit in Betracht, so erscheint es nachgerade als mutig, dass sich der Düsseldorfer Stadtrat am 6. März 1888 für das Denkmalprojekt aussprach. Das Ergebnis war allerdings denkbar knapp; die Abstimmung ergab 11:11 Stimmen, sodass die Stimme des Oberbürgermeisters Ernst Heinrich Lindemann den Ausschlag gab. Wesentlichen Rückenwind erfuhr die Denkmalinitiative durch die öffentliche Unterstützung der österreichischen Kaiserin Elisabeth, die Heine in erster Linie als Liederdichter verehrte und sich mit einer größeren Geldsumme an der Errichtung des Denkmals beteiligen wollte. Als aber der öffentliche Druck zunahm und die deutsche Regierung beim österreichischen Außenminister intervenierte, nahm die Kaiserin notgedrungen Abstand von dem Projekt, mit dessen kon-

kreter Umsetzung sie ohnehin gehadert hatte: Die „Jüngerin Heines"[15] hatte sich
stets für eine figürliche Darstellung des Dichters ausgesprochen, das Düsseldorfer
Denkmalkomitee aber entschied sich, wohl auch um der Kritik weniger Angriffs-
fläche zu bieten, für einen allegorischen Loreley-Brunnen.[16]

Am Ende wollten die Stadträte aber auch die gefälligere Variante des Denkmals
nicht mehr in Düsseldorf haben. Mit der Begründung, die Zusage zur Aufstellung
eines Heine-Denkmals im Hofgarten sei „inzwischen verjährt" und für den Stand-
ort nunmehr – ganz dem Zeitgeist entsprechend – ein Kriegerdenkmal zur Erinnerung an die Toten des Deutsch-Französischen Krieges von 1870/71 geplant, zog
die Stadt am 24. Januar 1893 ihre Zusage zurück.[17] „Zu Eurem so strammem Be-
schlusse unseren innigsten Dank", hieß es auf einer der Gratulationskarten, die in
der Folge das Rathaus erreichten.[18] Die Antisemiten hatten sich durchgesetzt.

Um gegen die Düsseldorfer Absetzung zu protestieren und Gelder für einen
„neue[n] Versuch" zu sammeln – „auf dass die Scharte von Düsseldorf bald und
gründlich ausgewetzt werde!" –, erschien noch im selben Jahr ein „Heine-Almanach" der Literarischen Gesellschaft in Nürnberg, den der Buchhändler und
Schriftsteller Ludwig Aub initiiert hatte.[19] Er versammelt an die 130 Beiträge,
zumeist Lyrik, aber auch Prosastücke. Einige Autoren setzten sich eher allgemein
mit Heine oder der Anhänglichkeit der Kaiserin Elisabeth an den Dichter, andere
ganz konkret mit dem Düsseldorfer Entscheid und den „Gesinnungsfeinden und
Düsseldörflern" auseinander.[20] Eine eigene Abteilung brachte mit Ernest und Alphonse Daudet sowie Émile Zola auch Stimmen aus Heines französischer Wahl-
heimat, was durchaus eine Besonderheit im Lager der Heine-Befürworter dar-
stellte, die einen positiven Bezug auf den „Erbfeind" Frankreich sonst strikt ver-
mieden.[21] Neben Schriftstellern der älteren Generation wie Paul Heyse, Friedrich
Spielhagen oder Julius Rodenberg waren vor allem jüngere Autoren des Berliner
und Münchner Naturalismus vertreten: Leo Berg, Otto Julius Bierbaum, Wilhelm
Bölsche, Arno Holz und Ludwig Jacobowski sowie der Redakteur der Zeitschrift
„Die Gesellschaft", Conrad Alberti, und deren Herausgeber Michael Georg Conrad.

Im Zentrum vieler Beiträge stand die Kritik an der antisemitischen Kampagne
gegen das Düsseldorfer Denkmal und die „Augenblicksdunkelheit […], wie sie
jetzt trotz Elektricität und Telephon in vielen Gauen des lieben deutschen Vaterlan-
des herrscht", wie es im Vorwort hieß, das in diesem Zusammenhang auch auf die
seit 1892 in einer ersten Fassung vorliegende „Lex Heinze" und den Versuch der
Einführung einer strafrechtlich bewehrten Zensur einging.[22] So nannten Ludwig
Jacobowski und Paul Goldhagen den Hofprediger Adolf Stoecker, der sich prominent gegen das Denkmal eingesetzt hatte, schon im Titel ihrer Gedichte, und
Paul Heyse schlug ironisch vor, „Den Ehrn-Stöcker auszuhaun / Auf unsrer Pro-
menade".[23]

Dietmar Goltschnigg und Hartmut Steinecke stellen im ersten Band von „Heine
und die Nachwelt" zu recht fest, dass viele der Almanach-Beiträge von 1893 „oft
mehr von Enthusiasmus und wackerer Gesinnung als von lyrischem Talent" zeugen und es eher die satirisch und ironisch getönten Texte seien, die zu überzeugen
wüssten.[24] Umso erstaunlicher ist es daher, dass ein Beitrag von ihnen gänzlich

außer Acht gelassen wurde und auch sonst in der Literatur zum Denkmalstreit, wenn ich richtig sehe, bisher nirgendwo besprochen worden ist: Franz Helds Pariser Phantasie „Was Heine über sein Düsseldorfer Denkmal denkt".[25]

Der Fresko-Dichter

Der 1862 als fünfter Sohn eines jüdischen Textilfabrikanten in Düsseldorf geborene Schriftsteller Franz Herzfeld (Pseudonym: Franz Held) war im literarischen Feld zu Beginn der 1890er Jahre kein Unbekannter.[26] In der Literaturgeschichte heute eigentlich nur noch durch seine beiden Söhne präsent, den Erfinder der Fotomontage und Grafiker, John Heartfield, und den Begründer des Malik-Verlags, Wieland Herzfelde, stand er zum Zeitpunkt der Veröffentlichung des Heine-Almanachs auf dem Gipfel seines kurzen und, was den Eindruck der Zeitgenossen belangt, durchaus zweifelhaften Ruhms.

Franz Held war nach Aufenthalten in Bonn, Leipzig und München 1885 gemeinsam mit dem Studienfreund Max Halbe nach Berlin gezogen, wo er bald sein Studium der Philologie und Literaturgeschichte zugunsten schriftstellerischer Tätigkeit aufgab. In der boomenden Reichshauptstadt schloss er sich der naturalistischen Boheme an und zählte 1886 zu den Mitbegründern der Vereinigung „Durch!", die sich für eine „Revolution in der Literatur" zugunsten der Moderne aussprach.[27] Um diese Zeit trat er mit ersten Gedichten an die Öffentlichkeit, deren Sujet zwischen Großstadt- und, vorzugsweise die Bergwelt besingender, Naturlyrik changiert, und gab sich recht deutlich als Anhänger der sozialistischen Bewegung zu erkennen, in deren Organen er auch publizierte.[28]

Größere Bekanntheit erreichte der 1888 in Knüttelversen verfasste Roman „Der abenteuerliche Pfaffe Don Juan oder Die Ehebeichten", der von einem entlaufenen Jesuiten handelt, der als Landfahrer in Schlesien in die Wirren des Dreißigjährigen Krieges gerät. Die wenig zweideutige erotische Anlage des in der Nachfolge Grimmelshausens stehenden Textes (Don Juan wird beim Geschlechtsverkehr ertappt, erschlägt daraufhin seinen Prior und schickt sich am Ende an, sein eigenes, unehelich gezeugtes Kind zu taufen) wurde von der naturalistischen Kritik weitgehend positiv aufgenommen, von konservativer Seite aber scharf angegriffen.[29] Ein Erfolg bei den Lesern dürfte auch Helds 1890 erschienene Satire „Eine Afrikareise durchs Marsfeld" gewesen sein, eine skurrile Adaption von Alphonse Daudets erfolgreichen „Tartarin"-Romanen, in der Tartarin sich anschickt, als erster den Eiffelturm zu besteigen.[30]

Für Aufmerksamkeit sorgte im Dezember 1892 die Berliner Uraufführung des Dramas „Manometer auf 99!", ein, so der Untertitel, „soziales Drama", das Helds Mitstreiter im „Durch!"-Kreis und zeitweiliges poetisches Vorbild Carl Bleibtreu wenig schmeichelhaft als Zeugnis einer „sozialistischen Hypermoderne" bezeichnet hat.[31] Es schildert die Geschichte zweier Brüder – der eine Baumwollfabrikant, der andere Bohemien und Schriftsteller –, die im gleichen Wahlkreis für den Reichstag kandidieren: Ernst, der Fabrikant, für die Konservativen, Max, Verfas-

ser einer Broschüre „Über die Lage der ländlichen Arbeiter", für die Sozialisten.
Die Brüder sind einander zugetan, verachten sich aber zugleich gegenseitig: Ernst
wirft Max, der wirtschaftlich von ihm abhängig ist, vor, ein nutzloses Leben zu
führen. Der wiederum sieht in Ernst nur einen „Zweckmenschen" mit „Utilitari-
er-Hirn" und lehnt es ab, ein „Rad in der öden Productions-Machinerie" zu sein.
Stattdessen will er „eine Triebkraft werden". In den beiden Brüdern lässt Held
das Realitätsprinzip gegen die Phantasie antreten, wobei am Ende beide verlieren.
Denn Max reißt zum Schluss seinen Bruder mit in den Tod: „Bist Du nicht neugie-
rig, wie das wohl sein kann? In's Schwarze! In's Leere!"[32] Im letzten Akt, einem
grotesken Showdown, in dem die Psyche Maxens in Person des Tiroler Nervenen-
arztes Dr. Kettenreißer auftritt – eine Hommage an Henrik Ibsens Professor Be-
griffenfeldt aus „Peer Gynt" –, fliegt alles in die Luft. Das Druckmessgerät des
Fabrikkessels, der Manometer, erreicht den kritischen Wert von 100.

Die Inszenierung des Stücks war, wie man den zeitgenössischen Kritiken entnehmen kann, ein Durchfall. „Die Annalen der Berliner Theaterwelt haben nicht
leicht wieder eine so raffiniert verfehlte Aufführung zu verzeichnen", hieß es in
der „Neuen Rundschau", die von einem „endgiltigen Niederlachen" berichtete.[33]
Der Titel „Manometer auf 99!" wurde in den literarischen Kreisen der Hauptstadt
dennoch zu einem Schlagwort für eine zugespitzte, kurz vor der Explosion ste-
hende Situation.[34]

Für die Aufführung hatte Franz Held gemeinsam mit seinem Bruder, dem
SPD-Reichstagsabgeordneten und Anwalt Joseph Herzfeld, 1892 eigens einen
Bühnenverein namens „Fresko" gegründet. Ein Jahr später folgte ein Verlag glei-
chen Namens nach, in dem fortan Helds Bücher erschienen. Die Fresko-Bühne
verstand sich als Ergänzung zu den existierenden Bühnenvereinigungen, allen
voran der naturalistischen Freien Bühne und der sozialdemokratischen Freien
Volksbühne, deren leitendem Ausschuss Franz Held ab Oktober 1892 für kurze
Zeit angehörte.[35] In dem von Held verfassten Manifest der Fresko-Bühne hieß es:

> Nun und nimmermehr ist der phlegmatisch schleichende Trivialismus, der, durch Usurpa-
> tion des Namens ‚Naturalismus' die große Natur beschimpfend, bisher fast allein bei den
> ‚freien' Bühnen zu Wort kam – nun und nimmermehr ist diese verärgerte, verekelte und
> entgötterte Landregen-Stimmung der Herztakt unseres enthusiastischen, allem kraftvoll
> Werdenden entgegen jubelnden Zeit-Temperaments. […] Nicht das mühselig thäterhafte
> Hinaufklettern an den Einzelerscheinungen werden wir bieten, sondern den Genuß des
> Panoramas von der Gletscherspitze herab. Der Naturalismus ist unser Bergstock. Wo er
> in der Gletscher-Region des Leidenschaftsföhns unbrauchbar wird, da greifen wir zur Eis-
> hacke souveräner Pathetik, und die pfiffigsten Murmeltiere sollen es schallen und krachen
> hören![36]

Das sprachlich eigenwillige, deutlich Helds Vorliebe für die Bergwelt der Alpen
zu erkennen gebende Manifest sorgte für ähnliche Reaktionen wie wenig später
die Aufführung von „Manometer auf 99!". Anlässlich der Vorstellung der Fresko-Bühne durch Held bei der konstituierenden Zusammenkunft der Neuen Freien
Volksbühne war im „Magazin für Litteratur" von einem „komische[n] Intermezzo"
und einem „gediegenen Lacherfolg" zu lesen.[37]

Mit der Bezeichnung „Fresko" bezog sich Held auf Heine und dessen „Fres-
ko-Sonette an Christian S." aus dem „Buch der Lieder".[38] Die in den Heineschen

Jugendgedichten zum Ausdruck gebrachte satirische Gesellschaftskritik mit ihrem „schöne[n] gelle[n] Lachen" (DHA I, 122) entspricht Helds zwischen Naturalismus und ‚Neuromantik' oszillierendem literarischen Programm.[39] Heine, dessen „Reisebildern" Held in seinem „Tiroler Reisebrief" nacheiferte[40], war für den gebürtigen Düsseldorfer aber nicht nur literarisches Vorbild, sondern als deutscher Jude auch historischer Spiegel der eigenen Biographie und Identifikationsfigur, sah sich der Fabrikantensohn doch mit den nämlichen antisemitischen Vorteilen konfrontiert wie dieser.

Helds „Fresko-Stil"[41] galt in der literarischen Öffentlichkeit seit der Aufführung von „Manometer auf 99!" allgemein als überspannt und lächerlich. Ganz selbstverständlich schrieb der Mitbegründer der Vereinigung „Durch!", Leo Berg, eigentlich ein Freund und Förderer Helds, 1894 in der Zeitschrift „Der Zuschauer": „Dass sich ein Franz Held täuscht und von sich aus die Welt Fresko konstruiert, das ist nicht zu verwundern", und noch Helds Studienfreund Max Halbe konstatierte in seinen Lebenserinnerungen „bedenkliche Verstiegenheiten".[42] Gemeint war damit neben Helds erotischer Obsession und satirischer Grundhaltung wohl vor allem dessen pomphafte, bisweilen schwülstige Sprache und eigenwillige, überbordende Metaphorik sowie entgrenzte Phantasie, insbesondere die Vorliebe für Untote.

„Ich verzichte auf ein Denkmal"

Als solcher tritt denn auch Heine in Helds Text „Was Heine über sein Düsseldorfer Denkmal denkt" auf. Auf dem Pariser Friedhof Montmartre, seiner letzten Ruhestätte, begegnet er dem Düsseldorfer Pastor Klotz und dessen Frau Emerenzia. Sie haben die Gräber berühmter Landsleute aufgesucht und sind, in den „Baedeker" vertieft, eingeschlossen worden. Als sie auf der Suche nach einem Wärter über die schmalen Kieswege zwischen den steinernen Gräbern laufen, sehen sie jemanden auf einer Grabplatte sitzen. Es ist Heine, der sich als aus Deutschland gebürtiger Bestattungsunternehmer ausgibt, der noch schnell ein Grab habe ausmessen wollen und ebenfalls eingeschlossen worden sei. Man kommt ins Gespräch, und da man just vor Heines Grab steht, spricht man über den Dichter vom Rhein, über den das Düsseldorfer Paar eine recht dezidierte Meinung hat. Es stellt sich nämlich heraus, dass sich Pastor Klotz und seine Frau aktiv gegen das Düsseldorfer Denkmal engagiert haben, Emerenzia sogar als Vorsitzende eines Frauenkomitees. Offen und frei heraus breiten sie nun dem sich unwissend Gebenden ihre Ressentiments aus: „Ein Denkmal – dem Wüstling Heine! Dem Demokraten Heine! Dem Atheisten Heine! Und was das Frechste ist – dem Juden Heine! Sie werden zugeben, es ist einfach eine sittliche Unmöglichkeit."[43]

Das Gespräch berührt im folgenden zentrale Topoi der Heine-Kritik des ausgehenden 19. Jahrhunderts, wobei sich die Eheleute Klotz als Kenner des Heineschen Werks erweisen und sogar philologische Detailkritik äußern. So erkennt der Pastor im Zyklus „Die Nordsee" aus dem „Buch der Lieder" eine falsche Perso-

nifikation, wenn „die Wogen" (DHA I, 418) von dem fragenden Jüngling direkt
adressiert und nach der Antwort auf das Rätsel des Lebens befragt werden. Noch
ärger aber empfindet er die Ansprache Jesu Christi als „mein armer Vetter" (DHA
IV, 118) in Caput XIII. des „Wintermährchens". Helds Heine-Figur nimmt diese
Kritik auf und erweitert sie, den Advocatus Diaboli gebend, ins Absurde: Wenn
Heine tatsächlich mit dem christlichen Gott verwandt gewesen wäre, müssten
sämtliche abfällige Äußerungen gegen dessen Familie „als verkappte Gottesläs-
terungen" aufgefasst werden. Überhaupt sollte man Heines Werke verbieten, die
„Lex Heinze", die doch eigentlich „Lex Heine" heißen müsste, komme da gerade
recht. Das trifft bei dem tumben Kirchenmann sofort auf Zustimmung: „Ich werde
den Professor v. Treitschke auf Ihre geistvolle Hypothese aufmerksam machen".[44]

Als die Antworten des Bestattungsunternehmers aber immer bissiger und ver-
worrener werden, beschleicht das Paar der Verdacht, es mit einem „Verrückten"
zu tun zu haben. Schließlich begrüßt dieser die Nachricht, dass in Düsseldorf an
Stelle des Heine-Denkmals nun ein Kriegerdenkmal aufgestellt werden soll, mit
dem Argument, dass beide Denkmäler nebeneinander doch eine Unmöglichkeit
wären; Touristen hätten sich sonst gefragt, „wie viel Deutschland jährlich für seine
Krieger und wie viel es für seine Dichter ausgibt?", und am Ende hätte sich noch
einer der steinernen Soldaten mit der Loreley des Heine-Monuments eingelassen
und sie sonntags zum Tanz geführt: „welch' einen Skandal hätte das gegeben in
der tugendhaften Stadt!"[45]

Nachdem der Unbekannte erklärt hat, was seiner Meinung nach der tiefere
Grund der seit geraumer Zeit im Deutschen Reich um sich greifenden „Denkmä-
ler-Sitte" sei, dass die Denkmäler nämlich „Rudimente der heidnischen Götter-Al-
täre" seien, bricht es aus ihm heraus, und Heine enttarnt sich: „Ich bin nämlich nur
scheintod und werde noch sehr lange leben trotz Treitschke und Genossen." Eines
Denkmals bedürfe es dafür nicht – zumal den modernen Denkmälern nicht mehr
geopfert werde. Marmor aber sei keine Entschädigung:

> O, ich verstehe Dich jetzt ganz, mein armer Vetter: Steine statt Brod! Nein, ihr sollt mich
> nicht nochmals „steinigen", Pharisäer! Ja, Du—eseldorf, ich verzichte auf ein Denkmal in
> Deiner Dorfgemarkung. Denn ich habe mir meine Monumente in der Literatur Europas
> aufgerichtet, zum ewigen Ruhm des deutschen Geistes!

Pastor Klotz und seine Frau ergreifen angesichts dieser Rede erschrocken die
Flucht. Heine aber kehrt zurück zu seinem Grab und verharrt in „tiefschmerzli-
che[m] Brüten".[46]

In Franz Helds kleiner Erzählung wird die „Scharte" auf eine besondere Weise
ausgewetzt. Indem Held Heine selbst in die Debatte einführt und diesen den Denk-
malplan ablehnen lässt, wird aus der Düsseldorfer Niederlage zwar kein Sieg, die
Heinesche Partei aber gewinnt deutlich an Souveränität. Mit der Infragestellung
der Berechtigung des Denkmals rücken zudem die allgemeinen gesellschaftlichen Voraussetzungen für ein solches in den Vordergrund, die unter der Vorherrschaft von ‚Treitschke und Genossen' eben nicht gegeben sind. Held nähert sich
damit auf fiktionalem Weg der Position des liberalen Wiener Journalist Moritz
Szeps an, der bereits 1888 festgestellt hatte, dass ein Heine-Denkmal im preußisch

dominierten Deutschen Reich eine Unmöglichkeit und daher auch nicht zu wünschen sei. Man hätte damit dem Dichter, der doch „ein Preußenfeind" war, nur Gewalt angetan, an dem „Charakter der Zeit" aber – dem „Zeitalter des Militarismus, wo man der Autorität sich beugt und den Erfolg anbetet" – kein Jota verändert.[47]

„Die Mission des Judentums"

Franz Held lässt die Figur des Pfarrers hervorheben, dass es unter allen Eigenschaften, die er an Heine ablehne, besonders dessen Judentum sei. Nicht die vom Standpunkt der christlichen Moral unmoralischen Dichtungen, nicht Heines politische Positionen, seine Herkunft, das ist der alles entscheidende Punkt. Held betonte damit einmal mehr den antisemitischen Charakter der Kampagne gegen das Düsseldorfer Heine-Denkmal. Wie der Antisemitismus beschaffen, was in Zukunft von ihm zu erwarten und wie mit ihm umzugehen sei, darüber hat Franz Held in drei Aufsätzen gehandelt, die 1890 und 1891 in der Münchner Zeitschrift „Die Gesellschaft" und dem kurzlebigen Berliner Blatt „Der Zeitgenosse" erschienen sind.[48] Held vertritt darin in polemischer Reaktion auf einen Text Conrad Albertis, der den Juden rät sich vom „Deutschtum" mittels der Mischehe „einfach aufsaugen" zu lassen[49], eine provokante, selbstbewusste jüdische Position, die sowohl quer zum assimilatorischen Mainstream der deutschen Juden wie auch zu den im Entstehen begriffenen Ideen des Zionismus steht.[50]

Held erkennt im Antisemitismus keine vorübergehende Erscheinung. Vielmehr sei der „dumme, blödsinnige Judenhass", „der unter dem dünnen Kulturlack durchbruchsreif dampft und schwält und kocht", den Deutschen „tief eingeimpft" und durch den infolge der Reichseinigung 1871 um sich greifenden Nationalismus noch einmal verstärkt worden.[51] Eine Assimilation an ein solches „Germanentum" sei daher niemandem zu empfehlen. Tatsächlich werde die jüdische Jugend in den „klassizitätstollen Drillanstalten, Gymnasien genannt", verdorben; statt sich anzupassen, müsse es für die Juden in Deutschland daher gelten, ihre Eigenart zu betonen: „Brust heraus, jüdische Brüder und merkt endlich, wer ihr seid!"[52]

Held schließt daraus aber nicht wie manche seiner jüdischen Zeitgenossen, dass es eines eigenen jüdischen Staates oder sonst einer „nationale[n] Konstituierung"[53] bedürfe. Seine Perspektive ist vielmehr anti-national, und so versteht er auch die Juden als „praktische[] Kosmopoliten" jenseits der „engherzigen National-Eigensucht".[54] Im Geiste des Sozialismus geht er von einer „endgültigen kosmopolitischen Periode" aus: der Schaffung eines „Erdenstaatenbundes".[55] Dem Judentum, das er in einer vergleichbaren Paria-Stellung wie das Proletariat sieht[56], komme dabei eine besondere Aufgabe zu, die durchaus vor dem Hintergrund der jüdischen „mission civilisatrice", wie sie der Historiker Heinrich Graetz vertreten hat, verstanden werden kann[57]: der historischen Dialektik Karl Marx' und Friedrich Engels folgend und in Anknüpfung an die messianischen Vorstellungen eines Moses Hess[58], erklärt Held die Juden – und zwar explizit die kapitalistischen Unternehmer unter ihnen – kurzerhand zu Vorarbeitern des Sozialismus. Marx und Engels verstanden die Tendenz des Kapitals, sich den Erdball zu unterwerfen und alles Althergebrachte aufzulösen, als Vorbedingung einer internationalen, sozialistisch verfassten Weltgesellschaft.[59] Held formuliert in Anlehnung an das „Manifest der Kommunistischen Partei" mit Verweis auf die beruflichen Beschränkungen, die die Christen den Juden seit dem Mittelalter auferlegten:

> Aber indem man die Juden zwang und teilweise noch zwingt, Ausbeuter zu werden, zwang und zwingt man sie immer mehr […] zu ihrer kosmopolitischen Mission, welche in Handel und Industrie großen Stils eingeschlossen liegt; schließlich sei „das Kapital […] die Vorfrucht der Sozialdemokratie."[60]

Obgleich Held sich in seinen Ausführungen recht deutlich als Vertreter einer sozialistischen Geschichtsteleologie zu erkennen gibt, zeigt er sich hinsichtlich der unmittelbaren Gegenwart des ausgehenden 19. Jahrhunderts doch skeptisch. Auch wenn für ihn die endgültige Emanzipation der Juden im Zusammenhang mit der Emanzipation der Gesamtgesellschaft im Sozialismus außer Frage steht, so sei doch fürs erste zu erwarten, dass große Teile des deutschen Liberalismus „mit klingendem Spiel zum Antisemitismus hinübermarschieren".[61] Darum gelte es zum einen, „sich zeitig [zu] sichern", zum anderen die „sozialistische Agitation" unter den deutschen Juden zu verstärken; konkret schlägt er die „Gründung einer jüdischen-sozialen Partei" vor.[62] Wenn sich aber nach zwei oder drei Generationen „ehrliche Achtung vor jüdischem Wesen im deutschen Volke eingewurzelt" habe, dann, so schreibt Held in Anspielung auf die Abschaffung der Adelsprivilegien während der Französischen Revolution, „mag eine neue Nacht des 4. August kommen, wo die jüdischen Kapitalisten ihre […] Geldprivilegien der veredelten Germania zu Füßen legen"; sollten „die Wogen des Proletariats über die Dämme steigen", könnten die Juden ganz auf die Position des Sozialismus übergehen.[63]

Weltliteratur

Marx und Engels gingen im „Manifest der Kommunistischen Partei" davon aus, dass die Internationalisierung, die der fortschreitende Kapitalismus bewirken werde, auch die geistige Produktion beeinflussen würde: „Die nationale Einseitigkeit und Beschränktheit wird mehr und mehr unmöglich, und aus den vielen nationalen und lokalen Literaturen bildet sich eine Weltliteratur".[64] Heine ist ein Vertreter ebenjener „Weltliteratur"[65], ein Bürger in spe des Heldschen „Erdenstaatenbundes". Dass Held den Dichter auch in einem ästhetisch-normativen Sinne zur Weltliteratur zählt, verdeutlicht die Apotheose am Ende der Erzählung. Auftritt der „Triumphzug, den die Gestalten der Dichtung allnächtlich um die Erde vollführen": Heine wird in eine Sänfte gehoben, die sich dem „Geisterheerzug" anschließt[66], einer freundlich-humanistischen Variante der „Wilden Jagd". Zu diesem Zug gehören auch der von den Denkmalgegnern immer wieder gegen Heine ins Feld geführte Goethe und der ‚dritte deutsche Klassiker' Shakespeare. Die im Kontext der Klassikerverehrung des späten 19. Jahrhunderts paradigmatischen Figuren erweisen Heine die Ehre:

Wolfgang und William brausten auf stolzen Rossen zur schwanken Sänfte. Auf die wunde Pelikanbrust Heinrichs legten sie die eigenen Lorbeerkränze. Und der Dulder lächelte stolz: ‚Wir haben keine Vaterstadt – denn wir sind aus der ganzen Menschheit geboren!'[67]

Held betont damit nicht nur den literarischen Rang, der Heine seiner Ansicht nach zukommt. Er positioniert den Dichter auch an der Schnittstelle von „Weltliteratur" im Goetheschen Sinne und Heines kämpferisch-politischer „Welthülfsliteratur"[68], die auf die Überwindung der „thörigten Nazionalvorurtheile" (DHA VII, 69) im Kontext einer umfassenden Emanzipation der Menschheit zielt. Damit weist Franz Held am Ende seiner Erzählung weit über den eigentlichen Denkmalstreit hinaus.

Dass das Heine-Denkmal am Ende seinen Platz in der Bronx in New York fand[69], hätte Franz Held sicherlich gefallen, betrachtete er die Vereinigten Staaten doch als die einzige Nation, die ihre Minderheiten nicht ausgrenzt und unterdrückt.[70] Ob Held aber von der Errichtung des Denkmals in New York noch Kenntnis erhalten hat, wissen wir nicht. Wie sein Vorbild Heine an der Syphilis erkrankt, wurde er im Jahr 1900 geistig umnachtet in der Nähe von Bozen aufgegriffen und verbrachte die nächsten Jahre in verschiedenen Nervenheilanstalten. Am 4. Februar 1908 starb er, fast gänzlich vergessen, in Vorarlberg.

Anmerkungen

1 Dietrich Schubert: „Jetzt wohin?" Heinrich Heine in seinen verhinderten und errichteten Denkmälern. Köln, Weimar, Wien 1999, S. 8.
2 Vgl. ebd., S. 71–114; Christian Liedtke: Überall und nirgends. Heinrich Heines Denkmäler. Mit unbekannten Dokumenten zum Düsseldorfer Denkmalprojekt. – In: Düsseldorfer Jahrbuch. Beiträge zur Geschichte des Niederrheins 87 (2017), S. 77–100.
3 Zit. n. Goltschnigg/Steinecke, Bd. 1, S. 266. Die defensive Argumentation Heyses verdeutlicht, dass es auch den Befürwortern des Denkmals keinesfalls um den „ganzen" Heine, sondern vor allem um den Liederdichter und Urheber der „Reisebilder" ging.
4 Aufruf an die Stadtverordneten Düsseldorfs zur Sitzung vom 6.3.1888. Zit. n. Liedtke: Überall und nirgends [Anm. 2], S. 81.
5 Rudolf Kahn: Der Kampf um das Heine-Denkmal. Ein Rückblick. Leipzig 1911, S. 6.
6 Warum wir kein Heine-Denkmal wollen! Ein offenes Wort von einem deutschen Manne. Düsseldorf 1887. Zit. n. Schubert: Denkmäler [Anm. 1], S. 75.
7 Xanthippus (Franz Sandvoß): Was dünkt Euch um Heine? Ein Bekenntnis. Leipzig 1888. Zit. n. Goltschnigg/Steinecke, Bd. 1, S. 282.
8 Siehe zur Entstehung und Ausbreitung des modernen Antisemitismus im Kaiserreich: Peter Pulzer: Die Wiederkehr des alten Hasses. – In: Steven M. Lowenstein et al.: Deutsch-jüdische Geschichte in der Neuzeit. München 2000, Bd. III, S. 193–248 u. Massimo Ferrari Zumbini: Die Wurzeln des Bösen. Gründerjahre des Antisemitismus. Von der Bismarckzeit zu Hitler. Frankfurt/M. 2003.
9 Otto Glagau: Der Börsen- und Gründungsschwindel in Berlin. Gesammelte und stark vermehrte Artikel der „Gartenlaube". Leipzig 1876, S. 30.
10 Heinrich von Treitschke: Unsere Aussichten. – In: Der Berliner Antisemitismusstreit. Eine Kontroverse um die Zugehörigkeit der deutschen Juden zur Nation. Kommentierte Quellenedition. Hrsg. v. Karsten Krieger. München 2003, Teil 1, S. 14.

11 Antisemitenpetition, online unter: URL: https://germanhistorydocs.ghi-dc.org/sub_document.cfm?document_id=1801, letzter Zugriff: 28.7.2024.

12 Manifest der Berliner Notabeln gegen den Antisemitismus vom 12. November 1880. – In: Der Berliner Antisemitismusstreit [Anm. 10], Teil 2, S. 552.

13 Vgl. Ferrari Zumbini: Die Wurzeln des Bösen [Anm. 8], S. 254 ff. Bei den Reichstagswahlen 1893 konnten die verschiedenen antisemitischen Kandidaten insgesamt 16 Mandate erringen. An diesen Wahlerfolg konnten die antisemitischen Parteien aufgrund von Streitereien und Spaltungen aber später nicht mehr anknüpfen.

14 Vgl. Johannes T. Groß: Ritualmordbeschuldigungen gegen Juden im Deutschen Kaiserreich (1871–1914). Berlin 2002, S. 51 ff.; 147 ff.

15 Brigitte Hamann: Elisabeth. Kaiserin wider Willen. München 1997, S. 440–498.

16 Siehe zu den drei verschiedenen Entwürfen des Bildhauers Ernst Herter: Schubert: Denkmäler [Anm. 1], S. 81–83. Elisabeth hielt gleichwohl an ihren Denkmalplänen fest. 1892 ließ sie eine von dem dänischen Bildhauer Louis Hasselriis geschaffene Heine-Skulptur im Park ihres Schlosses „Achilleion" aufstellen. Es gehört zur bitteren Ironie der Geschichte, dass Kaiser Wilhelm II. diese, als er das Anwesen 1908 übernahm, sofort entfernen ließ. Vgl. Dietrich Schubert: „… ein verirrter Fremdling". Das Heine-Denkmal der Kaiserin Elisabeth von Österreich: Korfu – Hamburg – Toulon. – In: Kritische Berichte 16 (1988), H. 3, S. 33–45.

17 Zit. n. Schubert: Denkmäler [Anm. 1], S. 95.

18 Zit. n. Liedtke: Überall und nirgends [Anm. 2], S. 87.

19 Heine-Almanach. Als Protest gegen die Düsseldorfer Denkmalverweigerung. Hrsg. in Verbindung mit hervorragenden Schriftstellern von der „Literarischen Gesellschaft" in Nürnberg. Nürnberg 1893, S. V.

20 Ebd.

21 Vgl. Goltschnigg/Steinecke, Bd. 1, S. 61. Alphonse Daudet, der berühmte Verfasser der „Tartarin"-Romane, war allerdings ein recht zweifelhafter Heine-Unterstützer. Daudet war ein Antisemit, ohne dessen finanzielle Unterstützung eines der Hauptwerke des französischen Antisemitismus, Édouard Drumonts „La France juive" [1886], wohl nicht hätte erscheinen können. Vgl. Frank Rutger-Hausmann: Juden und Judentum in der französischen Literatur des 19. Jahrhunderts. – In: Conditio Judaica. Judentum, Antisemitismus und deutschsprachige Literatur vom 18. Jahrhundert bis zum Ersten Weltkrieg. Hrsg. v. Hans Otto Horch u. Horst Denkler. Tübingen 1989, S. 70. Daudets Almanach-Beitrag besteht auch lediglich aus einem einzigen Satz: „Frankreich, das den Lebenden Gastfreundschaft gewährte, würde sie den Toten nicht verweigern." (Übersetzung: Ronald Weber) Heine-Almanach [Anm. 19], S. 9.

22 Ebd., S. V. Siehe zur Lex Heinze: Peter Mast: Künstlerische und wissenschaftliche Freiheit im Deutschen Reich 1890–1901. Umsturzvorlage und Lex Heinze sowie die Fälle Arons und Spahn im Schnittpunkt der Interessen von Besitzbürgertum, Katholizismus und Staat. Rheinfelden 1986, S. 139–190.

23 Heine-Almanach [Anm. 19], S. 102 f.; 107 f.; 134.

24 Goltschnigg/Steinecke, Bd. 1, S. 60.

25 Vgl. Heine-Almanach [Anm. 19], S. 167–176. Der Beitrag wurde nicht eigens für den Almanach verfasst, sondern lediglich übernommen. Er erschien wenige Tage nach der Düsseldorfer Absage am 10. Februar 1893 in der „Frankfurter Zeitung". Franz Held ist der Heine-Forschung ansonsten auch als Urheber der These bekannt, Heine habe sein Geburtsjahr falsch angegeben, um seine uneheliche Geburt zu verschleiern. Siehe zur Debatte um Heines Geburtsjahr: Philipp V. Veit: Das Rätsel um Heines Geburt. – In: HJb 1 (1962), S. 5–25. Hier auf S. 5 auch die Erwähnung Helds.

26 Siehe zu Helds familiärem Hintergrund: Hans Seeling: Jonas Herzfeld (1793–1880) und Nachfahren in Wirtschaft, Kunst und Politik. – In: Neusser Jahrbuch für Kunst, Kulturge-

schichte und Heimatkunde (1987), S. 12–23. Siehe zu Franz Helds Leben und Werk: Ursula Münchow: Held, Franz. – In: Lexikon sozialistischer Literatur. Hrsg. v. Simone Barck et al. Stuttgart/Weimar 1994, S. 192 f. u. Hans Winkler: Held-Saga. – In: Franz Held – Vordadaistische Texte aus Jenesien. Hrsg. v. Hans Winkler et al. Bozen 2012, S. 12–44; Martin Hanni: Franz Held. Wahnwitzige Bruchstücke für die Nachwelt. – In: Ebd., S. 45–68 u. Ders.: Die Familie Herzfeld und Südtirol. – In: Jüdische Lebensgeschichten aus Tirol. Vom Mittelalter bis in die Gegenwart. Hrsg. v. Thomas Aubrich. Innsbruck 2012, S. 261–278.

27 Anonym: Thesen zur literarischen Moderne aus der „Allgemeinen Deutschen Universitäts-zeitung". – In: Die Berliner Moderne 1885–1914. Hrsg. v. Jürgen Schütte u. Peter Sprengel. Stuttgart 1993, S. 188. Zu den prominentesten Vertretern von „Durch!" zählten: Richard Dehmel, Max Halbe, Heinrich und Julius Hart, Gerhart Hauptmann und Arno Holz. Vgl. Peter Wruck: Durch! – In: Handbuch literarisch-kultureller Vereine, Gruppen und Bünde 1825–1933. Hrsg. v. Wulf Wülfing et al. Stuttgart 1998, S. 83–87.

28 Der „Vorwärts" nannte ihn posthum einen „vulkanisch schleudernde[n] Revolutionär". Vorwärts, 15.1.1920, S. 2. Eine auch nur annähernd vollständige Bibliographie der Texte Franz Helds existiert nicht. Nachgewiesen sind Texte im „Vorwärts", im „Süddeutschen Postillon", in der „Rheinisch-Westfälischen Arbeiter-Zeitung" sowie den sozialdemokratischen Lyrikanthologien „Von unten auf" (Berlin 1911) und „Stimmen der Freiheit" (Nürnberg 1914). Für den „Süddeutschen Postillon" unter Eduard Fuchs war Held auch als direkter Mitarbeiter tätig. Vgl. Eduard Fuchs et al. (Hrsg.): Aus dem Klassenkampf. Soziale Gedichte. Neu hrsg. u. eingel. v. Klaus Völkerling. Berlin 1978, S. XXXVI.

29 Julius Hart äußerte in seiner Rezension die Vermutung, „dass in einigen Jahren mehr von ihm gesprochen wird, als von den Meisten, die heute im Vordergrund stehen". Kritisches Jahrbuch 1 (1889), H. 2, S. 120–122, hier S. 121. Voller Ablehnung reagierte der einfluss-reiche Schweizer Kritiker Josef Viktor Widmann: Held antwortete darauf mit einem satiri-schen Gedicht, in dem er Widmann als „Sittenstrolch" und „Eunuchen" verbalterte. Franz Held: Der naupengeheuerliche Pfaffe Viktor oder: Die Reitpeitsche. – In: Die Gesellschaft 4 (1888), H. 8, S. 1072–1074. Widmanns daraufhin angestrengte Klage führte zu einer Verur-teilung Helds zu einer Geldstrafe von 300 Mark.

30 Der Roman erschien in 2. Auflage 1893 unter dem Titel „Tartarin in Paris". Beim Schwei-zer Rundfunk (SRF) findet sich eine Hörfassung des Romans, gelesen v. Hubertus Gertzen: URL: https://kurzelinks.de/Held-Tartarin, letzter Zugriff: 28.7.2024.

31 Carl Bleibtreu: Geschichte der deutschen National-Literatur von Goethes Tod bis zur Ge-genwart. Mit 198 Porträts. Zwei Teile in einem Bande. Berlin 1912, S. 83.

32 Franz Held: Manometer auf 99! Soziales Drama in 5 Akten. Berlin 1893, S. 56; 67; 68; 222.

33 Neue Rundschau (1892), H. 12, S. 1329 f.

34 Vgl. Vorwärts, 16.2.1908, S. 5.

35 Vgl. Andrew Bonnell: The People's Stage in Imperial Germany. Social Democracy and Culture 1890–1914. London 2005, S. 266. Franz Held sprach zur Eröffnung der Freien Volksbühne im Jahr 1892 auch den Prolog „Der Jungbrunnen". Vgl. Vorwärts, 31.8.1909, S. 5.

36 Zit. n. Magazin für Litteratur (1892), Nr. 41, S. 668.

37 Ebd., Nr. 45, S. 731.

38 Es gibt auch ein Gedicht Helds mit dem Namen „Fresco", das auf dessen Venedig-Aufent-halte verweist. Vgl. Hans Winkler et al.: Vordadaistische Texte [Anm. 26], S. 205.

39 Die Spannbreite insbesondere der literarischen Prosa Helds ist groß. So steht die auf Ge-richtsakten basierende, naturalistische Erzählung „Zu Tode gehetzt", die ab März 1895 in Fortsetzung im „Vorwärts" erschien, neben grotesken Erzählungen wie „Fata Morgana" oder „Woher –?", in denen wie selbstverständlich Tote umgehen, und der Science-Fiction verwandten Prosastücken wie „Knochensplitter", einer Erzählung, in der die Röntgentech-nik die Reichen enttarnt und dem Sozialismus Vorschub leistet: „niemand konnte mehr fal-

sche Angaben zur Steuer-Einschätzung machen." Die posthum veröffentlichte, anarchistisch inspirierte Erzählung „Die goldene Bombe" weist indes auf den Expressionismus voraus. Vgl. Zu Tode gehetzt. – In: Vorwärts, 26.3.1895 ff.; Fata Morgana. – In: Franz Held: Ausgewählte Werke. Hrsg. v. Ernst Kreowski. Berlin 1912, S. 277–314; Woher –? – In: Die Gesellschaft 16 (1900), Bd. 1, H. 6, S. 339–355; Knochensplitter. – In: Die Gesellschaft (1898), H. 3, S. 216–219 (das Zitat S. 217) u. Die goldene Bombe. – In: Held: Vordadaistische Texte [Anm. 26], S. 84–91.

40 Franz Held: Tiroler Reisebrief. – In: Ebd., S. 120–134. In „Gorgonenhäupter" findet sich zudem eine Fortschreibung von Heines „Sklavenschiff". (DHA III, 190 ff.) Vgl. Franz Held: Gorgonenhäupter. Ein realistischer Romancero. Leipzig [1887], S. 75–102.

41 Ludwig Jacobowski: Franz Held. – In: Die Gesellschaft 16 (1900), Bd. 1, H. 6, S. 334.

42 Leo Berg: Ein Erfolg und ein Fiasko. – In: Der Zuschauer 2 (1884), No. 5, S. 209 u. Max Halbe: Scholle und Schicksal. Geschichte meines Lebens. München 1933, S. 399.

43 Held: Was Heine denkt [Anm. 19], S. 170.

44 Ebd., S. 172.

45 Ebd., S. 174.

46 Ebd., S. 175.

47 Moritz Szeps: Heinrich Heine, ein Standbild-Märchen. – In: Wiener Tageblatt, 15.9.1888, S. 1. Zit. n. Goltschnigg/Steinecke; Bd. 1, S. 292; 294. Auch die sozialdemokratische Position einer grundsätzlichen Ablehnung der Denkmalpläne klingt hier an. Franz Mehring, der den Streit um das Denkmal als einen innerhalb „der bürgerlichen Welt" betrachtete, urteilte: „Wer aber den Revolutionär Heine verleugnet, der hat kein Recht mit dem Dichter Heine zu prahlen." Statt eines Denkmals schlug er eine historisch-kritische Heine-Ausgabe vor, die „der Arbeiterklasse das ganze Verständnis des Genius, des Kämpfers, des Märtyrers erschlösse". Zit. n. ebd., S. 71. Siehe zur sozialdemokratischen Heine-Rezeption vor dem Ersten Weltkrieg: Walter Reese: Zur Geschichte der sozialistischen Heine-Rezeption in Deutschland. Frankfurt/M. 1979, S. 99–167.

48 Vgl. Franz Held: Die Mission des Judentums. Zur Diskussion (Entgegnung auf Conrad Alberti). – In: Die Gesellschaft 6 (1890), H. 4, S. 555–566; Ders.: Quod erat demonstrandum. – In: Die Gesellschaft 6 (1890), H. 12, S. 1821–1833 u. Ders.: Soziales Judentum. – In: Der Zeitgenosse (1891), H. 2, S. 260–263. Während Helds Äußerungen bei den Antisemiten große Aufmerksamkeit erzeugten und in den Folgejahren Eingang in zahlreiche Publikationen fanden – von Theodor Fritschs „Antisemiten-Katechismus" bis hin zu Veröffentlichungen Horst Mahlers –, blieben diese in der wissenschaftlichen Literatur zum Anti-Antisemitismus nahezu gänzlich unbeachtet. Vgl. Ritchie Robertson: The „Jewish Question" in German Literature, 1749–1939. Emancipation and its Discontents. New York 1999, S. 245.

49 Conrad Alberti: Judentum und Antisemitismus. Eine zeitgenössische Studie. – In: Die Gesellschaft 5 (1889), S. 1718–1733, hier S. 1732.

50 Vgl. Steven M. Lowenstein: Ideologie und Identität. In: Deutsch-jüdische Geschichte [Anm. 8], S. 278 ff.

51 Held: Die Mission des Judentums [Anm. 48], S. 561; 565. An anderer Stelle heißt es: „Die Juden erkannten noch nicht, dass die Betonung des Nationalen in nuce ihre Anfeindung enthielte." Held: Quod erat demonstrandum [Anm. 48], S. 1826. Helds Position unterscheidet sich deutlich von der der Sozialdemokratie: „Aber ob der Antisemitismus nur ein Durchgangsstadium zur Sozialdemokratie bildet, scheint mir fraglich. Große Massen werden in seinem Netz auch dann noch hängen bleiben, wenn er sich als Antiprogressismus entpuppt haben wird." Held: Soziales Judentum [Anm. 48], S. 260 f. Held schränkt zumindest an einer Stelle explizit ein, dass er die Mehrheit des deutschen Volkes nicht als antisemitisch ansieht, denn bei dieser handele es sich um die „Arbeiterschaft", „und die Sozialdemokratie ist die einzige Partei Deutschlands, die den Antisemitismus mit offener, ehrlicher Entrüstung zurückweist!" Held: Quod erat demonstrandum [Anm. 48], S. 1828. Siehe zu

Sozialdemokratie und Antisemitismus: Shlomo Na'aman: Die Judenfrage als Frage des Antisemitismus und des jüdischen Nationalismus in der klassischen Sozialdemokratie. – In: Juden und Deutsche Arbeiterbewegung bis 1933. Soziale Utopien und religiös-kulturelle Traditionen. Hrsg. v. Ludger Heid u. Arnold Paucker. Tübingen 1992, S. 43–58. Für eine über Deutschland hinausweisende Perspektive: Mario Keßler: Sozialisten gegen Antisemitismus. Zur Judenfeindschaft und ihrer Bekämpfung (1844–1939). Hamburg 2022.

52 Held: Die Mission des Judentums [Anm. 48], S. 557; 559. Schließlich hätten die Deutschen den Juden einiges zu verdanken. So könne man für das Mittelalter mit Fug und Recht behaupten, dass „die Juden (und nicht Rembrandt!) die Erzieher der Deutschen" gewesen seien, wie Held mit Verweis auf die 1890 erstmals erschienene, äußerst populäre deutschnationale und antisemitische Schrift „Rembrandt als Erzieher" von Julius Langbehn bemerkte. Und weiter: „[D]ie zartsinnigen Deutschen haben ihre Dankesschuld […] durch Brandstiftung und Massakrierung zurückbezahlt." Held: Quod erat demonstrandum [Anm. 48], S. 1825 f.

53 Samuel Lublinski: Der Antisemitismus. – In: Ders.: Nachgelassene Schriften. München 1914, S. 92–119, hier S. 119.

54 Held: Die Mission des Judentums [Anm. 48], S. 556. Er schreibt an anderer Stelle: „Der nationale Staat ist ein Produkt der Vergewaltigung, der Weltstaat wird ein Produkt friedlicher Entwicklung sein." Held: Quod erat demonstrandum [Anm. 48], S. 1823.

55 Held: Die Mission des Judentums [Anm. 48], S. 557; 566.

56 „Bedenkt […], dass auch ihr vor nicht zu langer Zeit Parias waret, wie die heutigen Proletarier, dass deshalb der Proletarier euer Bruder ist". Held: Quod erat demonstrandum [Anm. 48], S. 1829. Dass „die Not befreundet", findet sich als Gedanke seit den 1870er Jahren immer wieder in jüdischen Publikationen. Mitteilungen aus dem Verein zur Abwehr des Antisemitismus (1893), S. 418. Zit. n. Jacob Taury: Die politischen Orientierungen der Juden in Deutschland. Von Jena bis Weimar. Tübingen 1966, S. 219.

57 Vgl. Marcus Pyka: Jüdische Identität bei Heinrich Graetz. Göttingen 2009, S. 276. Allerdings fehlt bei Held die nationalistische Tendenz.

58 Held schreibt explizit von einem „messianische[n] Drang" des Judentums. Held: Soziales Judentum [Anm. 48], S. 262. Bei Moses Hess heißt es: „Der Geist des Judentums ist ein sozialdemokratischer von Haus aus." Moses Hess: Mein Messiasglaube. – In: Ders.: Jüdische Schriften. Hrsg. v. Theodor Zlocisti. Berlin 1905, S. 1–8, hier S. 6. Siehe zu Moses Hess' widersprüchlichem Wirken in der frühen Arbeiterbewegung: Shlomo Na'aman: Emanzipation und Messianismus. Leben und Werk des Moses Hess, Frankfurt/M./New York 1982.

59 Im „Manifest der Kommunistischen Partei" heißt es: „Die Bourgeoisie hat durch ihre Exploitation des Weltmarkts die Produktion und Konsumtion aller Länder kosmopolitisch gestaltet. Sie hat zum großen Bedauern der Reaktionäre den nationalen Boden der Industrie unter den Füßen weggezogen." Karl Marx u. Friedrich Engels: Werke. Berlin 1977, Bd. 4, S. 466.

60 Held: Die Mission des Judentums [Anm. 48], S. 563 u. Held: Quod erat demonstrandum [Anm. 48], S. 1829.

61 Held: Quod erat demonstrandum [Anm. 48], S. 1827.

62 Ebd. u. Held: Soziales Judentum [Anm. 48], S. 263. Die SPD hätte einem solchen Vorschlag, wäre er ernsthaft erwogen worden, aufgrund ihrer grundsätzlich auf Assimilation setzenden Position wohl eine Absage erteilt.

63 Held: Mission des Judentums [Anm. 48], S. 566. Siehe zu den Einstellungen der deutschen Juden gegenüber der Sozialdemokratie: Taury: Die politischen Orientierungen der Juden [Anm. 56], S. 159 ff.; 212 ff.

64 Marx und Engels: Werke [Anm. 59], S. 466. Siehe zum Begriff der „Weltliteratur": Peter Goßens: Weltliteratur. Modelle transnationaler Literaturwahrnehmung im 19. Jahrhundert. Stuttgart 2011.

65 Vgl. Willi Goetschel: Heine and World Literature. – In: Germanic Review 98 (2023), H. 1, S. 5–17.

66 Held: Was Heine denkt [Anm. 19], S. 175 f.

67 Ebd., S. 176.

68 Vgl. Christoph auf der Horst: Heinrich Heine und die „rote Weltliteratur". – In: Germanic Review 98 (2023), H. 1, S. 46–66, hier S. 50. Siehe zu Heines „Welthülfsliteratur" auch: John Pizer: Heine's unique relationship to Goethe's Weltliteratur Paradigm. – In: HJb 41 (2002), S. 18–36.

69 Vgl. Schubert: Denkmäler [Anm. 1], S. 108 ff.

70 Vgl. Held: Quod erat demonstrandum [Anm. 48], S. 1822.

Konterbande im Kopf
Eine Entwicklung des Situationsbegriffs am Werk Heinrich Heines

Johannes Wedeking

Die Gedanken des vorliegenden Beitrages nehmen ihren Ausgang an der Ausstellung „Singen! Lied und Literatur", die am 24. September 2023 am Deutschen Literaturarchiv Marbach eröffnet wurde und zu deren Zweck ich gemeinsam mit Rainer Bayreuther einen Begriff der „Situation" skizzieren durfte, der uns erlaubte, das Phänomen des Singens in überindividuelle Situationen von existenzieller Qualität zu orientieren.[1]

Eine Darstellung des Phänomens „Singen" und der zugehörigen Gattung „Kunstlied" führt zwangsläufig zum Werk und zur Rezeptionsgeschichte Heinrich Heines, gilt er doch als der Dichter, dessen lyrisches Werk mit Abstand zu den meisten Vertonungen anregte.[2] Dennoch bedarf es einer kurzen Apologie des hiesigen Vorhabens, widmet es sich nicht dem Singen, sondern der Frage, ob und, wenn ja, mit welchen Resultaten der Situationsbegriff eine geeignete Linse sein kann, das Werk Heinrich Heines in den Fokus zu nehmen.

Den Ausgangspunkt bei Georg Wilhelm Friedrich Hegel zu setzen, wird unstrittig sein, sowohl Heines Biographie wie die Forschungsgeschichte stehen unter dem Einfluss Hegelscher Ideen.[3] Seinen „Vorlesungen über die Ästhetik" folgend, ist

> [d]ie Situation im allgemeinen einerseits der Zustand überhaupt, zur *Bestimmtheit partikularisiert*, und in dieser Bestimmtheit andererseits zugleich das Anregende für die bestimmte Äußerung des Inhalts, welcher sich durch die künstlerische Darstellung ins Dasein herauszukehren hat. Vornehmlich von diesem letzteren Standpunkte aus bietet die Situation ein weites Feld der Betrachtung dar, indem es von jeher die wichtigste Seite der Kunst gewesen ist, interessante Situationen zu finden, d. h. solche, welche die tiefen und wichtigen Interessen und den wahren Gehalt des Geistes erscheinen machen. Für die verschiedenen Künste sind die Forderungen in dieser Beziehung verschieden; die Skulptur z. B. erweist sich in Rücksicht auf die innere Mannigfaltigkeit der Situationen beschränkt, Malerei und Musik schon weiter und freier, am unerschöpflichsten jedoch die Poesie.[4]

J. Wedeking (✉)
Haan, Deutschland
E-Mail: jo.wedeking@web.de

Die Legitimation zu dem Anachronismus, sich bei der Interpretation der Werke
Heines begrifflichen Rüstzeugs des Psychologen und Existenzphilosophen Karl
Jaspers zu bedienen, liefert Friedrich Kittler, für den „um 1800 das Archiv, dem
die Psychoanalyse dann ein Jahrhundert später ihre ganze Grabungsarbeit zuwen-
den konnte [entstand].“[5]

Das Konzept der Grenzsituationen ist für Jaspers Philosophie zentral. In seiner
„Psychologie der Weltanschauungen“ heißt es:

> Der handelnde Mensch steht über alle einzelnen Situationen hinaus in gewissen ent-
> scheidenden wesentlichen Situationen, die mit dem Menschsein als solchem verknüpft,
> mit dem endlichen Dasein unvermeidlich gegeben sind, über die hinaus sein Blick nicht
> reicht, sofern der Blick auf Gegenständliches in der Subjekt-Objekt-Spaltung gerichtet ist.
> Diese Situationen, die an den Grenzen unseres Daseins überall gefühlt, erfahren, gedacht
> werden, nennen wir darum ‚Grenzsituationen‘. Deren Gemeinsames ist, daß – immer in
> der Subjekt-Objekt-gespaltenen, der gegenständlichen Welt – *nichts Festes* da ist, kein
> unbezweifelbar Absolutes, kein Halt, der jeder Erfahrung und jedem Denken standhielte.
> Alles fließt, ist in ruheloser Bewegung des Infragegestelltwerdens, alles ist relativ, end-
> lich, in Gegensätze zerspalten, nie das Ganze, das Absolute, das Wesentliche.[6]

Die Vermittlung zwischen Hegel und Jaspers findet sich in Karl Ivan Solibakkes
Beitrag zum „Internationalen Kongress zum 150. Todesjahr von Heinrich Heine
und Robert Schumann“. Gleichwohl für das Verhältnis von Literatur und Musik
argumentierend, zeigt er den Weg auf vom Geist zum Klang und „dass im Zentrum
der für Heine prägenden ästhetischen Konzepte Hegels die Zeitlichkeit [und damit
eine existenzielle Dimension, J.W.] steht […].“[7]

Der vorliegende Beitrag zielt auf die Untersuchung eines ganz ähnlichen Ver-
hältnisses: Indem die Zeitlichkeit und Körperlichkeit der Sprache, sowohl allgemein im Sinne Wilhelm von Humboldts[8] als auch künstlerisch im Sinne Heines[9],
ins Zentrum interpretatorischer Arbeit rückt – indem Heines Texte Situation werden –, entstehen, so die These, neue Perspektiven, andere Interpretationsmöglich-
keiten bis hin zu neuen Bedeutungsoptionen.

In seinen Vorlesungen differenziert Hegel insgesamt fünf Künste: Architektur,
Skulptur, Malerei, Musik und die Poesie.[10] Es ist dies eine Einteilung, die

> sogleich nach einer anderen Seite hin in Verlegenheit [geraten lässt]. Denn nachdem wir
> uns bisher mit der Kunst als solcher, dem Ideal und den allgemeinen Formen, zu denen
> dasselbe sich seinem *Begriffe* nach entwickelt, beschäftigt haben, müssen wir jetzt in das
> konkrete Dasein der Kunst und damit in das Empirische herübertreten.[11]

Hegels Verständnis von Kunst ist ein theoretisches, das die Kunstdisziplinen nach
ihren Fähigkeiten ordnet, einem Überzeitlichen – bei Hegel: Geist – gerecht zu
werden und zu diesem hinzuleiten. Da dieser Geist in der Begriffssprache fassbar
ist, ist die Poesie

> die absolute, wahrhafte Kunst des Geistes und seiner Äußerung als Geist. Denn alles,
> was das Bewußtsein konzipiert und in seinem eigenen Inneren geistig gestaltet, vermag
> allein die Rede aufzunehmen, auszudrücken und vor die Vorstellung zu bringen. Dem
> Inhalte nach ist deshalb die Poesie die reichste, unbeschränkteste Kunst. Was sie jedoch
> nach der geistigen Seite hin gewinnt, verliert sie ebensosehr wieder nach der sinnlichen.
> Indem sie nämlich weder für die sinnliche Anschauung arbeitet wie die bildenden Künste
> noch für die bloß ideelle Empfindung wie die Musik, sondern ihre im Innern gestalteten

Bedeutungen des Geistes nur für die geistige Vorstellung und Anschauung selber machen will, so behält für sie das *Material*, durch welches sie sich kundgibt, nur noch den Wert eines wenn auch künstlerisch behandelten *Mittels* für die Äußerung des Geistes an den Geist und gilt nicht als ein sinnliches Dasein, in welchem der geistige Gehalt eine ihm entsprechende Realität zu finden imstande sei. Dies Mittel kann unter den bisher betrachteten nur der *Ton* als das dem Geist noch relativ gemäßeste sinnliche Material sein. Der Ton jedoch bewahrt hier nicht, wie in der Musik, schon für sich selber Gültigkeit, so daß sich in der Gestaltung desselben der einzige wesentliche Zweck der Kunst erschöpfen könnte, sondern erfüllt sich umgekehrt ganz mit der geistigen Welt und dem bestimmten Inhalt der Vorstellung und Anschauung und erscheint als bloße äußere Bezeichnung dieses Gehalts.[12]

So viel zum Verhältnis von Geist und Material im Sinne Hegels. In einer anderen Arbeit als dieser wäre es interessant und von großem Erkenntnispotenzial, dieses Verhältnis im Kontext *gesungener* Lyrik neu zu diskutieren.

Des hier verfolgten Situationsbegriffs bedient sich Hegel im Abschnitt „Die dramatische Poesie" seiner Ästhetikvorlesungen[13]:

Nun enthält zwar in der empirischen Wirklichkeit jede Handlung mannigfaltige Voraussetzungen, so daß es sich schwer bestimmen läßt, an welchem Punkte der eigentliche Anfang zu finden sei; insofern aber die dramatische Handlung wesentlich auf einer bestimmten Kollision beruht, wird der gemäße Ausgangspunkt in *der* Situation liegen, aus welcher sich jener Konflikt, obschon er noch nicht hervorgebrochen ist, dennoch im weiteren Verlaufe entwickeln muß. Das Ende dagegen wird dann erreicht sein, wenn sich die Auflösung des Zwiespalts und der Verwirklichung in jeder Rücksicht zustande gebracht hat.[14]

Das Aufeinandertreffen „mannigfaltige[r] Voraussetzungen"[15] – wir können jetzt schon mit Jaspers den Begriff der Antinomie einführen – ist für die dramatische Situation konstitutiv. Nach Hegel

ist das Ausmalen und Aussprechen der inneren Welt unterschiedener Charaktere in bestimmten Situationen noch nicht genug, sondern ihre Kollision von *Zwecken* muß hervorstechen und sich vorwärts drängen und treiben.[16]

Nun sind diese Aussagen allerdings für das Drama, ein im großen Heineschen Werk kaum vorkommendes Genre, getroffen. In ihrem Beitrag „Buchstaben von Feuer"[17] schlägt Sonja Gesse-Harm einen ähnlichen Weg ein und stellt am Beispiel des „Belsatzar" und der zugehörigen Vertonung durch Robert Schumann dar, dass der Ballade, diesem „gattungsästhetischen Monster zwischen Lyrik, Epik und Drama"[18] durchaus dramatische Qualitäten eignen. Über die formale Parallele dieses „‚Drama in nuce', [...] das mit Exposition, Peripetie, Krisis und Katastrophe durchaus aristotelische Züge aufweist"[19], bleibt sie jedoch im Unklaren, wie sich die dramatischen Eigenschaften näher bezeichnen lassen.

Legitimiert durch die eingangs aufgezeigte „unzertrennliche Verbindung des Gedankens, der Stimmwerkzeuge und des Gehörs zur Sprache"[20] nach Humboldt sowie die Würdigung Luthers durch Heine, dass dieser der Sprache einen Leib gegeben habe (vgl. DHA VIII, 38), können wir auch für das vorliegende Vorhaben weiter Hegels Aussagen zum dramatischen Kunstwerk folgen:

Indem nun das Drama nicht etwa vergangene Taten für die geistige Anschauung erzählt oder die innere subjektive Welt für die Vorstellung und das Gemüt ausspricht, sondern eine gegenwärtige Handlung ihrer Gegenwart und Wirklichkeit nach darzustellen bemüht

ist, so würde es in Widerspruch mit seinem eigenen Zwecke geraten, wenn es auf die Mittel beschränkt bleiben müßte, welche die *Poesie* als solche zu bieten imstande ist. Denn
die gegenwärtige Handlung gehört zwar ganz dem Inneren an und läßt sich nach dieser
Seite vollständig durch das Wort ausdrücken; umgekehrt aber bewegt sich das Handeln
auch zur äußeren Realität heraus und erfordert den ganzen Menschen in seinem auch leiblichen Dasein, Tun, Benehmen, in seiner körperlichen Bewegung und seinem physiogno-
mischen Ausdruck der Empfindungen und Leidenschaften, sowohl für sich als auch in der
Einwirkung des Menschen auf den Menschen und der Reaktionen, die hierdurch entstehen
können.[21]

Offenkundig setzt eine solche Darstellung die Auffassung voraus, dass „[u]nter
allen Künsten [...] nur die Poesie der vollen, auch sinnlichen Realität äußerer Erscheinung [entbehre].“[22] Das Bewusstsein um einen Leib der Sprache macht diese
Prämisse jedoch anzweifelbar, erst recht, wenn wir die Grundlage der Pragmatik,
dass jemand, der spricht, etwas tut, nicht nur in der Sprach-, sondern auch in der
Literaturwissenschaft gelten lassen.

Der Situationsbegriff nach Hegel und Humboldt sowie Heines Verbindung von
Sprache und Leib erlauben uns, die von Hegel selbst aufgestellte Systematik zu
überschreiten und auch Werke anderer Gattungen mit dramatischen Mitteln, beispielsweise der stimmlichen Umsetzung des gegebenen Textes, zu begreifen. Ein
lebendiger Lesevortrag ist in der Lage, „uns ganz in die wirkliche Situation [hin-
einzuführen]“.[23] Auf diese Weise wird ein Kunstwerk allerdings nicht nur lebendig und für ein Publikum erfahrbar, nachvollziehbar, gar mitleidbar, sondern das
Kunstwerk selbst, der Text gleichwelcher Gattung, wird wesentlich größer, wird
erweitert um die Sprache und den Körper des oder der Sprechenden. Das Material,
das kunstvoll geformt wird, ist somit kein rein geistiges mehr. Die situationskon-
stituierenden Konflikte müssen nicht mehr auf rein geistiger Ebene entstehen und
dort durchgeführt und gelöst werden. Eine Situation ist gleichermaßen geistig wie
sinnlich.[24]

Wir können also für unsere Zwecke zusammenfassen, dass – nach Hegel – eine
Situation aus dem Aufeinandertreffen mannigfaltiger Voraussetzungen, die einander konflikthaft widersprechen, entsteht. Diese Voraussetzungen können sowohl
geistigen, als auch körperlichen Ursprungs sein. Jaspers vorgreifend, nennen wir
diese Voraussetzungen Antinomien. Beiden Begriffen, den „mannigfaltigen Voraussetzungen“ wie den Antinomien, ist gemeinsam, dass sie „hervorstechen und sich
vorwärts drängen und treiben“.[25] „[D]as Wesentliche ist [...] die ‚antinomische
Struktur‘ des Daseins.“[26]

„Weltkollisionen“[27] – so nennt es Karl Jaspers, wenn die Zwecke kollidieren.
Im Rückgriff auf meine kurze Apologie zu Beginn heißt es bei ihm:

Der handelnde Mensch steht über alle einzelnen Situationen hinaus in gewissen entschei-
denden wesentlichen Situationen, die mit dem Menschsein als solchem verknüpft, mit
dem endlichen Dasein unvermeidlich gegeben sind, über die hinaus sein Blick nicht reicht
[...]. Diese Situationen, die an den Grenzen unseres Daseins überall gefühlt, erfahren, gedacht werden, nennen wir darum ‚Grenzsituationen‘. Deren Gemeinsames ist, daß [...]
nichts Festes da ist, kein unbezweifelbar Absolutes, kein Halt, der jeder Erfahrung und
jedem Denken standhielte. Alles fließt, ist in ruheloser Bewegung des Infragegestelltwer-
dens, alles ist relativ, endlich, in Gegensätze zerspalten, nie das Ganze, das Absolute, das
Wesentliche.[28]

Die Frage ist, ob es etwas geben kann, das, wenn schon keinen Halt, so doch konkret erfahrbare Orientierung in einer Grenzsituation vermitteln kann. Wichtig ist,
dass

> [n]icht alle [...] Gegensätze [...] Antinomien [sind und somit nicht jede Situation gleich
> eine Grenzsituation ist, J.W.], aber alle können es werden, wenn sie unter den Gesichts-
> punkt des Absoluten und des Wertes gestellt werden. [...] Reale Gegensätze sind Anti-
> nomien, wenn sie als etwas Letztes aufgefaßt werden, das vom Standpunkt des Wertens
> aus als wesentlich und fragwürdig erscheint, und wenn die Existenz als im Letzten in Ge-
> gensätze entzweit erfaßt wird, so daß alles einzelne Dasein nur dann besteht, wenn diese
> gegensätzlichen Kräfte oder Erscheinungen sich zusammenfinden.[29]

In den Worten Heines, dem Patriotismus wie Exil gleichermaßen zu einander wi-
derstrebenden Existenzbedingungen wurden, heißt es:

> Pflanzt die schwarz-roth-goldne Fahne auf die Höhe des deutschen Gedankens, macht sie
> zur Standarte des freyen Menschthums, und ich will mein bestes Herzblut für sie hinge-
> ben. Beruhigt Euch, ich liebe das Vaterland eben so sehr wie Ihr. Wegen dieser Liebe habe
> ich dreyzehn Lebensjahre im Exile verlebt, und wegen eben dieser Liebe kehre ich wieder
> zurück in's Exil[.] (DHA IV, 300 f.)

Das Werk Heinrich Heines, nicht nur sein „Wintermährchen", sind ein, wenn nicht
das Beispiel schlechthin für die kreative Kraft, die in den fundamentalen Widersprüchen einer Existenz liegen können. Oder, wieder in den Worten Jaspers':

> Gerade bei Menschen höchster Lebendigkeit und persönlicher Kraft werden die Antino-
> mien als etwas Letztes genommen, nicht nur konstatiert, sondern verherrlicht und zur Welt
> an sich verabsolutiert. Sie erleben die Gegensätzlichkeit als Quelle ihrer Kraft und sagen
> Ja dazu. In frühen individualistischen Zeitaltern, in denen der Durchbruch der Individua-
> lität zuerst erfolgte und darum nur Riesenmenschen Individuen zu sein vermochten, tritt
> diese Weltanschauung auf.[30]

Bis heute reizen die Widersprüche in Leben und Werk zu Interpretationen, bis
heute heißt Heine zu interpretieren, ihn aus seiner biographischen Situation heraus
zu verstehen und so bietet der (Grenz-)Situationsbegriff, den Jaspers in Fortführung zu Hegel entwickelt, eine plausible Möglichkeit, sich dem „Fall Heine"[31] his-
torisierend zu nähern.

Das Potenzial ist jedoch weit größer: Mit der jasperschen Fortführung des hegelschen Situationsbegriffs in die Existenzphilosophie und weiter in die Literaturwissenschaft, kann die eingangs formulierte These dahingehend weiterentwickelt
werden, dass erst durch die Sprache des/der InterpretIn, dass erst indem ein Text
hörbar ausgesprochen wird, die von Heine gedichtete Sprache Zeit und Körper
gewinnt, aus einem Text eine Situation wird, Konflikte entstehen können, die per
se nicht lösbar sind und in stiller, rein geistiger Lektüre gar nicht erst entstünden.
Heines Konterbande im Kopf[32] sind verschlüsselt, wobei – und das ist, sollte sich
die These bestätigen, eine frappierende Genialität Heines – der Schlüssel jedem
(gesunden) Menschen zugänglich ist: die eigene Stimme.

Diese These gilt es nun am Werk zu prüfen. Dazu werden drei Beispiele herangezogen, an denen der bisher entwickelte Situationsbegriff zunächst noch weiter
geschärft und für die Literatur- und Lyrikanalyse verwendbar gemacht wird, um
die daraus gezogenen Konsequenzen auf weitere Texte anzuwenden.

Sich zur Schärfung eines wie oben skizzierten Situationsbegriffs an Heines
Versepos „Deutschland. Ein Wintermährchen" zu bedienen, ist naheliegend, steht
es doch von Beginn seiner Entstehung bis zur heutigen, zeitgenössischen Rezeption in unzähligen, einander widersprechenden Kontexten. Angefangen bei Heines
eigenem, inneren „mehrschichtig[en] Deutschlandbild [Umstellung: J.W.]" (DHA
IV, 918), biographischen Bezügen der Deutschlandreise (vgl. ebd., 933 f.), der un-
gebrochenen Rezeptionsgeschichte[33] des Werkes, Heines mehrfachem Außenseiter-
tum[34] als Patriot, Jude und Satiriker bis hin zu heutigen, zeitgenössischen, transme-
dialen Aktualisierungen.[35]
  Zusätzlich, beständig erwähnt und als Nachweis der Heineschen Virtuosität
aufgezeigt, steht das Werk im Spannungsfeld von Sprache, Strophe und Vers.[36]
Die Konterbande des „Wintermährchens" sind versteckt in der

> scheinbar naive[n], in Wirklichkeit kunstvolle[n] Verwendung der „Volksliedstrophe"
> […]. Die zeitgenössische Kritik an der Nachlässigkeit des Versbaues, die sich bis heute
> fortsetzt, zeugt von Unkenntnis. Die Strophe des *Wintermährchens* legt beredtes Zeugnis
> dafür ab, wie gut Heine die vielfältigen Möglichkeiten des germanischen Verses zu nutzen
> wußte, ohne die metrischen Vorschriften zu verletzen. Es gelingt dem Autor dabei, unzäh-
> lige komische und satirische Effekte zu erzielen. (ebd., 929 f.)

Die satirische Kraft entsteht dabei an den Widersprüchen von schriftlicher Notation und mündlicher Realisierung. Mit seinem „Wintermährchen" hat Heine uns
„[e]in neues Lied, ein besseres Lied" (ebd., 92) gedichtet, doch ‚singen' müssen
wir es selbst. Erst dann entfaltet ein Werk wie das „Wintermährchen" seine volle
Wirkung, erst im Konflikt zwischen Rede und Schrift erschließt sich die volle Bedeutung einiger Aussagen.
  So sind die Verse „Und ein talentvoller König wird / Vergebens deklamieren!"
(ebd., 99) aus dem Cölln-Caput IV. in stiller Lektüre äußerstenfalls eine Kritik
an unrealistischen staatlichen Bauvorhaben[37] und als solche von der Zensur nicht
zu beanstanden.[38] Lesen wir die Passage jedoch laut, verleihen wir der Sprache
den Leib – unseren Leib –, tritt die Satire zutage. Denn die spätestens seit dem
Vers „Doch siehe! dort im Mondenschein" (DHA IV, 98) streng durchgeführte
Volksliedstrophe wird für den Vers „Und ein talentvoller König wird" (ebd., 99)
unterbrochen, um im darauffolgenden mit „Vergebens deklamieren!" (ebd.) ebenso
streng wieder aufgenommen zu werden. Mit anderen Worten: Es ist in lautlicher
Realisierung nicht möglich, im Kontext der umgebenden Strophen und Verse den
König fehlerfrei als „talentvoll" zu bezeichnen. Entweder, der Sprecher/die Spre-
cherin ist dem vorher etablierten Versschema treu und betont den Vers des „talentvollen Königs" diesem entsprechend und damit gänzlich falsch oder er/sie verlässt
für diesen einen Vers das selbst etablierte Schema, wird der (dann ungebundenen)
Sprache gerecht, nur um direkt im Anschluss Metrum, Vers und Rhythmus streng
aufzunehmen. In beiden Les- und Sprecharten wird aus dem an sich harmlosen
Vers schärfste Ridikülisierung des Königs. In dem Moment, da wir Text-Rezeption
und Interpretation als „erfahrungsbezogen"[39], „„die unzertrennliche Verbindung
des Gedankens, der Stimmwerkzeuge und des Gehörs zur Sprache""[40] als eine
Grundlage des Textverständnisses auffassen, erschließen sich zusätzliche Bedeu-
tungsmöglichkeiten. Im Falle des „Wintermährchens" macht Heinrich Heine mit

seiner dichterischen Virtuosität diejenigen, die hörbar lesen, zu MitverschwörerInnen. Erst durch ihren Beitrag wird aus einem augenscheinlich harmlosen Text, gar einem Kompliment, eine Majestätsbeleidigung.

Den Leser/die Leserin seiner Werke so weitgehend in diese zu integrieren, legt Heine in einem anderen lyrischen Werk selbst nahe:

> […]
> Hier sind nun die Lieder, die einst so wild,
> Wie ein Lavastrom, der dem Aetna entquillt,
> Hervorgestürzt aus dem tiefsten Gemüth,
> Und rings viel blitzende Funken versprüh't!
>
> Nun liegen sie stumm und Todten gleich,
> Nun starren sie kalt und nebelbleich.
> Doch auf's neu' die alte Gluth sie belebt,
> Wenn der Liebe Geist einst über sie schwebt.
>
> Und es wird mir im Herzen viel Ahnung laut:
> Der Liebe Geist einst über sie thaut;
> Einst kommt dies Buch in deine Hand,
> Du süßes Lieb im fernen Land.
>
> Dann löst sich des Liedes Zauberbann,
> Die blassen Buchstaben schaun dich an,
> Sie schauen dir flehend in's schöne Aug',
> Und flüstern mit Wehmuth und Liebeshauch. (DHA I/I, 65 f.)

In seinem Beitrag „Warum zweimal ‚Dichterliebe'?" widmet sich Rufus Hallmark den beiden Schumann-op. 24 (zu dem der obige Text das Schlussstück bildet) und 48.[41] In ihm diskutiert er – in Abgrenzung zur Auffassung Beate Perreys – „das Problem der Erzählung".[42] Während Perrey in ihrer Argumentation, Hallmark zufolge, ganz bei „philosophischen und ästhetischen Ideen"[43] bleibt, fügt er diesen noch weitere hinzu. Neben der musikwissenschaftlichen sind hier vor allem die an Carl Gustav Jung gemahnenden Konzeptionen von *Persona* und *Imago* zu erwähnen. Damit kommt er zwar zu Beate Perrey widersprechenden Resultaten[44] und öffnet eine der vorliegenden Arbeit entfernt ähnliche (tiefen-)psychologische Lesart, blendet jedoch die Frage der Umsetzung so weit aus, dass die für seine Diskussion keine Relevanz mehr besitzt.[45]

Akzeptieren wir jedoch für einen weiteren Moment die Hypothese, dass die lautliche Realisierung und damit der Interpret/die Interpretin selbst Teil des Kunstwerkes sein kann, was für die musikalischen Werke noch näherliegender ist als für zunächst rein literarische, können wir der Frage nach erzählerischer Kontingenz eine weitere Ebene hinzufügen: Sowohl op. 24 als auch op. 48 eignet ein gewisses Maß erzählerischen Zusammenhalts, weil sie von *einer* Person gesungen werden und weil sie von einer *Person* gesungen werden (hier berühren sich Hallmarks und meine Argumentationen). In der interpretierenden Person finden Bedingungen und Maximen Heines, Schumanns und ebendieser Person zueinander und stehen in einem gewissen Verhältnis. Sie können einander verstärken (man denke an den Schluss des Schumann-Heine-Liedes „Die beiden Grenadiere", op. 49,1, da alle drei Beteiligten in eindeutiger Einheit agieren[46]) oder sie widersprechen einander, werden zu Gegensätzen, Konflikten, gar Antinomien – nicht auflösbaren Gegensätzen, die den Wert eines Absoluten tragen.[47]

Die Nummer 1 des genannten op. 24 lautet beispielsweise:

> Morgens steh ich auf und frage:
> Kommt feins Liebchen heut?
> Abends sink ich hin und klage:
> Ausblieb sie auch heut.
>
> In der Nacht mit meinem Kummer
> Lieg ich schlaflos, wach;
> Träumend, wie im halben Schlummer,
> Wandle ich bei Tag. (DHA I/I, 55)

Ausgehend davon, dass Heines bekannte und weiter oben aufgezeigte Virtuosität im Umgang mit Vers, Strophe, Reim und Rhythmus auch in seinen frühen Werken schon vorhanden ist, fällt hier die Kleinheit des Textes auf, auch im Kontrast zum weit ausgreifenden Abschlussgedicht dieses Zyklus (s. o.). Die Bedingungen einer Volksliedstrophe sind gerade so erfüllt: zwei Strophen, insgesamt acht Zeilen mit alternierend vier und drei Jamben, wobei der davon abweichende fünfte Vers „In der Nacht mit meinem Kummer" (ebd.) durch das Fehlen einer zur Vollständigkeit nötigen vierten Senkung die Notdürftigkeit noch weiter herausstellt, mit der das Mindestmaß an akzeptierbarer Volksliedform erreicht wird. Auch die Reime, die Heine auszureizen in der Lage war, lassen die sonst für ihn übliche Vielfalt vermissen: Von vier Kreuzreimpaaren ist eines ein identischer Reim (Zeilen 2/4: heut/heut) und eines ein so weit ausgereizter unreiner Reim (Zeilen 6/8: wach/Tag), dass bei der Aussprache desselben entweder der Reim zerfällt oder das zweite Reimwort falsch wird.[48]

So weit die retrospektive Theorie. Doch was ist das dadurch entstehende Narrativ? Welche Geschichte beginnt der Sänger[49] des op. 24 zu erzählen? Es erhebt ein Mann die Stimme, der mit Mühe und Not die Form, die augenscheinlich einfachste Form erfüllt (und auch an ihr scheitert, s. Zeile 5) und sich vielmehr in die Endreime rettet, als dass er sie aktiv gestaltet. Im Zentrum des Zyklus steht ein müder, „wie im halben Schlummer [wandelnder]" (ebd.) Mann, der morgens aufsteht und sich fragt, ob „feins Liebchen heut [kommt]" (ebd.), nur um abends wieder einzuschlafen mit der (vermutlich schon vorher erahnten) Gewissheit: „Ausblieb sie auch heut." (ebd.) Schumanns Eingriffe in den Text und seine rhythmisch wie harmonisch um sich selbst kreisende Musik verstärken diese Figurenbildung noch. Die *Persona* dieses „Liederkreises" ist offenbar das Gegenteil eines Helden, eines klischeehaft ‚echten Mannes', der hinaus in die Welt geht, um Länder und Frauen zu erobern. Die einzelnen Lieder mögen Fragmente sein oder eine mehr oder minder zusammenhängende Erzählung formen, das entscheidende ist der situative Zusammenhang, die *Person*, die sich mit dem „Liederkreis" äußert, nicht nur die *Persona*, von der im „Liederkreis" die Rede ist.[50] Um den Konflikt zwischen *Person* und *Persona* auszuarbeiten, ist hier weder Ort noch Platz, doch ermöglicht das Verständnis des „Liederkreises" als eine Situation im Sinne Hegels/Jaspers, Antinomien zu erkennen, die die Erzählung nicht nur vorantreiben, lebendig erhalten, sondern darüber hinaus, im Konflikt zwischen heute noch wirkenden

männlichem Heldenideal und einem dargestellten (müden, erschöpften, scheitern-
den – und vielleicht deshalb wohlklingenden) Mann. Fassen wir dieses frühe Gedicht Heines – mit oder ohne Vertonung – als ein Werk auf, dem die sprachliche
Realisierung als genuiner Teil innewohnt, sind wir mit einem Text und einem Konflikt von – leider – erschütternder Aktualität konfrontiert.[51]

Bevor wir zum dritten Text kommen, an dem es gilt, den eingangs entwickelten Situationsbegriff durch Anwendung zu schärfen, gilt es, das bisherige kurz zu
rekapitulieren: Wir haben gesehen, dass es durchaus möglich ist, die Performanz
eines ursprünglich auf die Schriftlichkeit beschränkten Textes als Teil des zu interpretierenden Werkes zu betrachten. Nicht nur werden textinhärente Strukturen,
wie bei jedem gelungenen Medienwechsel, sinnfällig, vielmehr werden schriftlich
nur latente Potenziale erst in der sprechenden (oder singenden) Person wirksam
(s. das majestätsbeleidigende Kompliment des „talentvollen Königs" im „Wintermährchen"). In dem Moment der sprachlichen Realisierung werden diese Potenziale überhaupt erst zu einer erfahrbaren Situation, die sich aus den Kontexten des
gegebenen Textes und des/der InterpretIn zusammensetzt. Diese Texterfahrung ermöglicht es uns auch, im Weiteren über Texte nachzudenken, die genuin nicht per-
formativ gedacht sind. Heines Gedichte als Anstöße zur Realisierung zu verstehen,
ist selbstverständlich trivial. Schon anders sieht dies bei dem Versepos „Deutschland. Ein Wintermährchen" aus. Ein drittes ist es mit reinen Prosa-Texten. Geben
unsere bisherigen Lese-Erlebnisse Anlass, eine Lesart, beispielsweise der „Florentinischen Nächte" Heines, sinnvoll zu erweitern?

Henriette Herwig legt eine solche Lesart vor.[52] Sie konstatiert eine „„umgekehrte Analysesituation"": „Ein sitzender, in freier Ideenassoziation Selbstgesprä-
che führender Mann benutzt eine liegende, zum Schweigen verurteilte Frau dazu,
vor ihr sein Unbewusstes zu entfalten. Er missbraucht sie für seine Zwecke[.]"[53]

Herwig zeigt auch, wie „er [Maximilian, J.W.] die Kranke [braucht, J.W.]",
„wach oder tot"[54], und konstatiert: „So gelesen, braucht auch dieser Text zur Befreiung des Mannes das Frauenopfer."[55] Mit der erfahrenen, ganz und gar nicht
heldenhaft-starken Männlichkeitskonstruktion unserer obigen „Liederkreis"-Lek-
türe lässt sich nun die Frage stellen, woher dieses Missverhältnis rührt, das zwischen dem erzählenden, redenden Maximilian und der – wach oder tot – schweig-
samen Maria herrscht. Nur schlafen darf sie nicht, das wäre (nach Herwig) narzis-
stische Kränkung[56], denn dann, so meine Fortführung, wäre Maria paradoxerweise
aktiv. Das entscheidende Charakteristikum an Marias Schweigen ist ihre Haltungs-
losigkeit. Sie ist ‚ganz Ohr' für Maximilian, sodass dieser, wie die oben skizzierte
Männlichkeitsskizze des „Liederkreises" unterstellt, sich ihr gegenüber gefahrlos
äußern kann. Nicht männliche Überheblichkeit ist es dann, die das bis in den Tod
schweigende weibliche Opfer verlangt, sondern Schwäche, die mit einer Reaktion und Haltung des Gegenübers, und sei es die des (gewollten oder ungewollten)
Schlafes, bedrängend überfordert ist.

Diese Schwäche tritt erst zutage, wenn wir die Lese-Erfahrung (nicht nur das
Verständnis) des ganz und gar nicht heroischen Männlichkeitskonzeptes der Heineschen Lyrik zu Grunde legen. So können wir die erzählte Situation des Maximilian
auffassen als die Erzählung einer Grenzsituation im Sinne Jaspers, die Maximilian

nur durch die Farce einer zwischenmenschlichen Nicht-Beziehung zu Maria auflö-
sen kann.

Von dieser Warte aus stellen wir aber auch fest, dass sowohl Heinrich Heine
selbst, als auch die ihm und seinen Werken verbundene Forschung eine Vielzahl
von Veröffentlichungen zum Themenfeld „Heinrich Heine und die Frauen"[57] hervorgebracht haben, eine kritische Diskussion des in seinen Werken dargestellten
Männlichkeitskonzeptes, über die Darstellungen offensichtlicher Dysfunktionalitä-
ten[58] hinaus, jedoch ausbleibt.

In zwei größeren Abschnitten und insgesamt fünf Schritten haben wir nun zunächst den Situationsbegriff nach Hegel, späterhin in seiner Fortführung nach
Jaspers entwickelt. Im Kern dieses Situationsbegriffs steht das konflikthafte Aufeinandertreffen einander widerstreitender Zwecke (Hegel) sowie existenziellen
Qualitäten, die diese Konflikte erlangen, wenn diese Zwecke zu existenzkonstitu-
ierenden Antinomien werden (Jaspers). All dies geschah auf der Basis der Leibesgebundenheit unserer Sprache (Humboldt und Heine über Luther). Anhand einer
Passage des „Wintermährchens", in dem Heine seine volle Sprachvirtuosität entfaltet wie kaum andernorts, und indem wir diese Leibesgebundenheit der Sprache,
also die tatsächliche Existenz eines einzelnen Lesers/einer einzelnen Leserin, mit
in Betracht zogen, eine neue Lesart entwickeln, die sich von der einer rein stum-
men oder abstrakten Lektüre signifikant unterscheidet. Dieser Art bestärkt, widme-
ten wir uns einem weiteren, durchaus prominenten lyrischen Beispiel und konnten den fundamentalen Unterschied zwischen Anspruch und Wirklichkeit eines
mit der performativen Situation verbundenen Männlichkeitsbildes herausarbeiten,
einer Diskrepanz, die ebenfalls erst in der tatsächlichen, konkreten Realisierung
erscheint. Auch hier bleibt eine stumme, abstrakte Lektüre ohne eine konkret in
einer Person verorteten Situation hinter diesem Konflikt zurück. Als letzten Schritt
dieses Beitrages wählten wir mit den „Florentinischen Nächten" einen Prosatext,
um die aus der vorherigen Textarbeit entwickelten Beobachtungen, das Männ-
lichkeitskonzept Heines, auf diesen anzuwenden und legten so eine Lücke im
Verständnis der vielfach dargestellten Geschlechter- und Beziehungskonzepte im
Werk Heines offen.

Nach diesen drei literarischen Prüf- und Wetzsteinen aus dem Werk Heinrich
Heines gilt es zum Abschluss, das Entwicklungspotenzial einer weiteren literaturwissenschaftlichen Auseinandersetzung mit dem Situationsbegriff aufzuzeigen.[59]

Da ist vor allem das mögliche Konzept einer Interpretationsgemeinschaft.
Wenn der Leib des/der InterpretIn Teil des Kunstwerkes ist, fügt diese/r durch ihre
oder seine produktive oder kreative Auseinandersetzung mit dem Text ebendiesem
eine Bedeutung hinzu, auf die sich andere, spätere InterpretInnen wiederum be-
ziehen können. So entsteht eine Interpretationsgemeinschaft, zu der grundsätzlich
jede/r InterpretIn qua eigenem Spracherleben beitragen kann. Im Zuge des mit diesem Beitrag verbundenen Vortrags beim 26. Forum Junge Heine-Forschung wies
Volker Dörr auf die Ähnlichkeit einer solchen Interpretationsgemeinschaft mit der
Vorstellung eines überindividuellen, lutherischen Sprachleibes der Kirche hin, der
sich aus allen BibelleserInnen zusammensetzt.

In der dadurch entstehenden Multiperspektivität, die weit mehr ist als ein niederschwelliger Teilhabebegriff, zeigt sich gerade Heinrich Heine als Dichter der Moderne. Die fundamentalen Widersprüche unserer Zeit sind genauso wenig aufzulösen wie die des jasperschen „Riesenmenschen" Heinrich Heine, doch zeigt sein Werk uns eine Möglichkeit des produktiven, kreativen Umgangs mit ihnen.

Anmerkungen

1 „Sicher gibt es unendlich viele Situationen, jede ist einmalig. Und doch gibt es Archetypen. Quer durch alle Zeiten und Kulturen wollen die Menschen eine subjektive Gewissheit, dass der morgige Tag gut wird [...]. Sie wollen sich in der Natur heimisch fühlen [...]. Sie begehren einen anderen Menschen [...]. Sie streben zur Geselligkeit [...]. Schließlich wollen sie, wenn die letzte Lebensstunde naht, wissen, was danach sein wird [...].
In [diesen archetypischen Situationen] ist das Bedürfnis nach einem Innehalten besonders groß. Weil viele Dinge in einer Lage so fundamental unklar sein können, ist es ein menschliches Bedürfnis, die Dinge in ihrer Ästhetik wahrzunehmen. Das ist die Funktion des Liedes. [...] Lieder stehen knapp neben dem Leben. Als ästhetische, d. h. auch ‚nutzlose' Artefakte kaufen sie von ihm ein kleines bisschen Zeit. Sie greifen dem Lauf der Dinge und der Zeit in die Speichen und halten sie für den kleinen Moment an, den es braucht, damit er sich mit dem Singenden und nicht ohne oder gegen ihn dreht." – Rainer Bayreuther/Johannes Wedeking: Lieder und ihre Situationen. – In: Marbacher Magazin 181–182 (2023), S. 11–14, hier S. 13 f.
2 Die umfangreichste Übersicht bietet Günter Metzner: Heine in der Musik. Bibliographie der Heine-Vertonungen. Tutzing 1994. Im Zuge der Recherchen zur Marbacher Ausstellung wurden einige weitere Vertonungen gefunden.
3 Vgl. dazu die entsprechenden Einträge in Höhn ³2004.
4 Georg Wilhelm Friedrich Hegel: Vorlesungen über die Ästhetik I. – In: Ders.: Werke. Hrsg. v. Eva Moldenhauer. Frankfurt a. M. 2003, Bd. 13, S. 260.
5 Friedrich A. Kittler: Dichter – Mutter – Kind. München 1991, S. 17.
6 Karl Jaspers: Psychologie der Weltanschauungen. Berlin 1971, S. 229.
7 Karl Ivan Solibakke: „Das Geklingel der Kamele". Zur Musikästhetik in Heines „Lutetia". – In: Übergänge. Zwischen Künstlern und Kulturen. Hrsg. v. Henriette Herwig et al. Stuttgart, Weimar 2007, S. 195–205, hier S. 196.
8 Ulrich Welbers spricht von einer „Sprachtheorie, die [...] erfahrungsbezogen die ‚unzertrennliche Verbindung des Gedankens, der Stimmwerkzeuge und des Gehörs zur Sprache [...] unabänderlich in der ursprünglichen, nicht weiter zu erklärenden Einrichtung der menschlichen Natur' verortet." – Zitiert nach: Ulrich Welbers: Religiöse Semantik. Eine sprachphilosophische Grundlegung. Paderborn 2014, S. 230 f.
9 Solibakke weist in diesem Zusammenhang hin auf Heines „Würdigung Martin Luthers in Heines ‚Geschichte der Religion und Philosophie Deutschlands'. [...] [D]er Klangkorpus Luther [verleihe] der neuen Sprache Deutschlands ihre wundersame Geisteskraft. [...] [D]em Geist gab er [Luther, J.W.] einen Leib." – Zitiert nach: Herwig: Übergänge [Anm. 7], S. 202. Solibakke bezieht sich hier auf Heines „Zur Geschichte der Religion und Philosophie in Deutschland". Dort heißt es: „[D]ieser Martin Luther gab uns nicht bloß die Freiheit der Bewegung, sondern auch das Mittel der Bewegung; *dem Geist gab er nemlich einen Leib* [Hervorhebung: J.W.]. Er gab dem Gedanken auch das Wort." (DHA VIII, 38)
10 Georg Wilhelm Friedrich Hegel: Vorlesungen über die Ästhetik II. – In: Ders.: Werke. Hrsg. v. Eva Moldenhauer. Frankfurt a. M. 2003, Bd. 14, S. 258 ff.

11 Ebd., S. 263.
12 Ebd., S. 261 f.
13 Georg Wilhelm Friedrich Hegel: Vorlesungen über die Ästhetik III. – In: Ders.: Werke. Hrsg. v. Eva Moldenhauer. Frankfurt a. M. 2003, Bd. 15, S. 474 ff.
14 Ebd., S. 489.
15 Ebd.
16 Ebd., S. 500 f.
17 Sonja Gesse-Harm: „Buchstaben von Feuer". Zur Bedeutung des Dramatischen in Robert Schumanns Romanzen und Balladen nach Texten Heinrich Heines. – In: Herwig: Übergänge [Anm. 7], S. 217–228.
18 Ebd., S. 217.
19 Ebd., S. 227.
20 Welbers: Religiöse Semantik [Anm. 8], S. 230 f.
21 Hegel: Vorlesungen über die Ästhetik III [Anm. 13], S. 504 f.
22 Ebd., S. 504.
23 Ebd., S. 510.
24 In diesem Sinne auch Gunilla Eschenbach in ihrer Einführung zur Marbacher Ausstellung: „Lieder erklingen in einer sozialen Situation und weisen über die Situation hinaus. *Sie sind immer in ganz konkreten Lebensvollzügen verortet* [Hervorhebung: J.W.] und zugleich eine Art von utopischer Miniatur. Das Lied bringt in die konkrete Lebenssituation eine zweite, potenzielle Ebene hinein. Lieder können uns glauben machen, dass das, was sie behaupten, real ist." – Marbacher Magazin [Anm. 1], S. 6.
25 Hegel: Vorlesungen über die Ästhetik III [Anm. 13], S. 500 f.
26 Jaspers: Psychologie [Anm. 6], S. 232.
27 Ebd., S. 229.
28 Ebd.
29 Ebd., S. 232.
30 Ebd., S. 243. – Friedrich Kittler spricht in diesem Zusammenhang vom „Individuum, dessen Produktivität die Literatur der Goethezeit dann so mühelos entdecken und feiern konnte." – Kittler: Dichter – Mutter – Kind [Anm. 5], S. 14.
31 Vgl. Marcel Reich-Ranicki: Der Fall Heine. Stuttgart 1997.
32 Im Caput II. des „Wintermährchens" heißt es: „Die Contrebande, die mit mir reist, / Die hab' ich im Kopfe stecken." (DHA IV, 93)
33 „In einem hundert Jahre später im New Yorker Exil verfassten, *Deutschland, ein Wintermärchen* überschriebenen Essay würdigt Hermann Kesten den Dichter als ‚Sprecher der Humanität' und reiht dessen *Deutschland*-Epos ein unter die ‚großen komischen Poeme der Weltliteratur' […]." – Zitiert nach: Deutschland, ein Wintermärchen. Hrsg. v. Werner Bellmann. Stuttgart 2014, S. 96.
34 Ihren Blick auf Heines Religionszugehörigkeit und dessen Konsequenzen für sein Leben wie sein Werk darstellend, bezeichnet Raphaela Brüggenthies Heines „Taufschein […] als billet de pacotille: Weder beruflich noch gesellschaftlich noch künstlerisch zahlt er sich aus. So blieb Heine […] between and betwixt stecken: *als ausgeschlossener Paria* [Hervorhebung: J.W.] […]." – Raphaela Brüggenthies: „Heilge Schwelle". Der frühe Heine – ein jüdisch-christliches Itinerarium. Göttingen 2022, S. 11.
35 Exemplarisch verwiesen sei hier auf die jährlich erscheinenden Heine-Jahrbücher, die beständig eine Vielzahl von aktuellen Behandlungen des Themenfeldes „Heine" aus den Berichten der Literatur sowie bildenden und darstellenden Künsten verzeichnen.
36 S. dazu Hegels Äußerungen zu „Versifikation", „rhythmischer Versifikation", „Reim" und der „Vereinigung von rhythmischer Versifikation und Reim". – Hegel: Vorlesungen über die Ästhetik III [Anm. 13], S. 289 ff.
37 Direkt anschließend heißt es: „Er wird nicht vollendet, der köllner Dom". (DHA IV, 99)

38 Die DHA verzeichnet zu dieser Passage keine zensorischen Eingriffe.

39 Welbers: Religiöse Semantik [Anm. 8], S. 230.

40 Ebd.

41 Rufus Hallmark: Warum zweimal ‚Dichterliebe‘? Opus 24 und Opus 48. – In: Herwig: Übergänge [Anm. 7], S. 229–247.

42 Ebd., S. 241.

43 Ebd.

44 „Ich hoffe, dass nun deutlich geworden ist, wie ich den Begriff ‚erzählerisch‘ verstehe und unterschiedlich von Perrey verwende. Es gibt historische Gründe, den Begriff in diesem Sinne zu deuten. Ein aus einzelnen lyrischen Äußerungen bestehender Zyklus, dessen Momente zusammen zu einer implizierten Erzählung beitragen, wird im 19. Jahrhundert als künstlerische Form in Dichtung und Musik anerkannt." – Ebd., S. 245.

45 Einzig zum Abschluss seines Beitrages formuliert er, neben anderen Fragen auch, „Sollte man den Zyklus mit allen 20 Liedern aufführen?" und gibt in der dazugehörigen Anmerkung den Hinweis auf die von Thomas Hampson eingespielte CD. – Ebd., S. 246.

46 Auffallend ist, dass auch Richard Wagner sich in seiner Vertonung des Heine-Textes (allerdings in französischer Übertragung) für das Verwenden der „Marseillaise" als Abschluss entschied. Ernst Friedrich Kauffmann hingegen entschied sich in seiner Bearbeitung des Textes lediglich für einen Schluss in ähnlichem Marschcharakter. Inwieweit die historischen, politischen wie individuell biographischen Bedingungen die jeweiligen Entscheidungen beeinflussten, ist noch zu klären. Zumal in Tübingen, dem Wirkungsort Kauffmanns, die „Marseillaise", verbunden mit einem Text Christian Friedrich Wurms (1803–1859), verboten war. – Marbacher Magazin [Anm. 1], S. 91 ff.

47 Jaspers: Psychologie [Anm. 6], S. 232.

48 [vax] und [tax] oder [ta:k].

49 Die weitestgehend heteronormative Geschichte des Kunstliedes erlaubt, hier von einem männlichen Sänger auszugehen. Gleichwohl steht zu erwarten, dass die Genderfrage in der Lyrikrezeption von hohem kreativem wie inhaltlichem Interesse sein wird.

50 An diesem Punkt unterscheidet sich mein Verständnis der Erzählung von jenem Hallmarks, der unter ‚Erzählung‘ versteht, „dass die Äußerungen des lyrischen Ichs einen erzählerischen Verlauf andeuten oder einem solchen Verlauf entsprechen, nicht, dass diese *Stimme* [Hervorhebung J.W.] selbst die Geschichte erzählt." – Herwig: Übergänge [Anm. 7], S. 242.

51 Auffallend ist, dass Hallmark in seinem Beitrag auf die Werke Adelbert von Chamissos hinweist (S. 245), dessen Zyklus „Frauenliebe und Leben" (von Schumann vertont als op. 42) ebenso in vielfältigen, von der Interpretin/dem Interpreten abhängigen konflikthaften Situation steht. Als Stichwort sollen hier die Frage nach einem zeitgenössischen Gender- und damit Liebeskonzeptes und der Hinweis auf Camouflage in der Literatur genügen.

52 Henriette Herwig: Intermedialität. Musik, Bild, Tanz und Literatur in Heines ‚Florentinischen Nächten‘. – In: Dies.: Übergänge [Anm. 7], S. 183–194.

53 Ebd., S. 186.

54 Ebd., S. 187.

55 Ebd.

56 Vgl. Ebd.

57 So der Titel einer der unübersehbar vielen Publikationen zu diesem Themenfeld. – Christoph Bartscherer: Heinrich Heine und die Frauen. „Und immer irrte ich nach Liebe". Freiburg/Basel/Wien 2006.

58 S. den dargestellten Beitrag Henriette Herwigs [Anm. 52].

59 Der begrenzte Umfang dieses Beitrags erlaubt leider nicht, den entwickelten Situationsbegriff hier noch weiter oder gar vollständig durchzuarbeiten.

Die Mobilisierung der Literatur
Heinrich Heines „Reisebilder"

Martin Schneider

I. Einleitung

Als Heinrich Heine im Frühling des Jahres 1827 nach England reist[1], übt die industrielle Betriebsamkeit der Hauptstadt London eine große Faszination auf ihn aus.[2] Blättert man in den Reportagen der „Englischen Fragmente", die Heine ein Jahr später in Journalen des Cotta-Verlages publiziert[3] und 1831 dann in den vierten Band der „Reisebilder" aufnimmt, stößt man auf die emphatische Beschwörung Londons als Zentrum einer neuen Welt, die von der unendlichen Bewegung der Menschen- und Warenströme beherrscht wird. Wer, so Heine, an der großen Londoner Straße Cheapside stehe und höre, „wie die Menschenwogen ihn umrauschen", dem offenbare sich plötzlich „die Pulsader der Welt". (DHA VII, 213 f.)

Bedenkt man den rhetorischen und metaphorischen Aufwand, den Heine betreibt, um seinen Lesern den überwältigenden Eindruck dieser London-Erfahrung nahezubringen, muss der Beginn des folgenden Abschnitts überraschen:

> Aber schickt keinen Poeten nach London! […] diese maschinenhafte Bewegung, diese Verdrießlichkeit der Freude selbst, dieses übertriebene London erdrückt die Phantasie und zerreißt das Herz. Und wolltet Ihr gar einen deutschen Poeten hinschicken, einen Träumer, der vor jeder einzelnen Erscheinung stehen bleibt […] – o! dann geht es ihm erst recht schlimm, und er wird von allen Seiten fortgeschoben oder gar mit einem milden *God damn!* niedergestoßen. (ebd., 214)

Diese Entgegensetzung von technisierter, beschleunigter Bewegung auf der einen und dichterischer Inspiration auf der anderen Seite gibt einen deutlichen Hinweis darauf, dass Heinrich Heines Verhältnis zur industriellen Modernisierung Europas

---

M. Schneider (✉)
Institut für Germanistik, Universität Hamburg, Hamburg, Deutschland
E-Mail: martin.schneider@uni-hamburg.de

© Der/die Herausgeber bzw. der/die Autor(en), exklusiv lizenziert an Springer-Verlag GmbH, DE, ein Teil von Springer Nature 2024
S. Brenner-Wilczek, *Heine-Jahrbuch 2024*, Heine-Jahrbuch,
https://doi.org/10.1007/978-3-662-70169-0_7

ambivalent war.[4] Kurz darauf imaginiert der Text einen typischen Londoner namens „John Bull", der geschäftig

> rennt und läuft, ohne sich viel umzusehen, vom Hafen nach der Börse, von der Börse nach dem Strand, und da ist es sehr verzeihlich, wenn er an der Ecke von Cheapside einen armen deutschen Poeten, der einen Bilderladen angaffend ihm in dem Wege steht, etwas unsanft auf die Seite stößt. „*God damn!*" (ebd.)

Es geht Heine aber nicht nur um den Gegensatz von englischem Großstadtverkehr und verträumter deutscher Poetik, wie der folgende Absatz zeigt: „Das Bild aber, welches ich an der Ecke von Cheapside angaffte, war der Uebergang der Franzosen über die Beresina." (DHA VII, 214)

Unvermittelt evoziert der Text ein zentrales Ereignis der jüngeren europäischen Geschichte, den Rückzug der napoleonischen Truppen aus Russland im Jahr 1812. Der Erzähler ist von dem im Schaufenster ausgestellten, verlustreichen Gang der *Grande Armée* über die Beresinabrücken so beeindruckt, dass sich die Vergangenheit über die Gegenwart zu legen beginnt:

> Als ich, aus dieser Betrachtung aufgerüttelt, wieder auf die tosende Straße blickte, wo ein buntscheckiger Knäul von Männern, Weibern, Kindern, Pferden, Postkutschen, darunter auch ein Leichenzug, sich brausend, schreyend, ächzend und knarrend dahinwälzte: da schien es mir, als sey ganz London so eine Beresinabrücke, wo jeder in wahnsinniger Angst, um sein bischen Leben zu fristen, sich durchdrängen will, [...] wo die besten Kameraden fühllos einer über die Leiche des andern dahineilen, und Tausende, die, sterbensmatt und blutend, sich vergebens an den Planken der Brücke festklammern wollten, in die kalte Eisgrube des Todes hinabstürzen. (ebd., 214 f.)

Die für Heines „Reisebilder" typische Technik der Assoziation führt in diesem Fall dazu, dass der ursprüngliche Eindruck der Entgegensetzung von moderner Mobilität und poetischer Produktion durchkreuzt wird: Der Dichter gewinnt aus dem hektischen Verkehrsgeschehen eine ästhetische Darstellung, indem er sich in die Betrachtung eines Bildes zurückzieht. Dabei, und das ist die entscheidende Pointe, deutet er das Verkehrsgeschehen in ein Kriegsgeschehen um und lädt es dadurch mit Pathos auf. Soziale und militärische Mobilität verschränken sich, genauer noch: das Scheitern des patriotischen Mobilisierungsprojekts Napoleons taucht den modernen Verkehr ins Licht der Katastrophe.

Dieser Spur will der vorliegende Beitrag folgen. Ihr nachzugehen lohnt sich umso mehr, als die Forschung die Darstellung von Mobilität in den „Reisebildern" zwar thematisiert hat, aber nicht auf den Aspekt der *militärischen* Mobilisierung eingegangen ist. Bernd Kortländer hat darauf hingewiesen, dass Heine das Leben selbst als unendliche Bewegung denkt[5]; Todd Samuel Presner deutet im Anschluss an Klaus Briegleb die „Reisebilder" als Kritik der Hegelschen Geschichtsphilosophie aus dem Geist jüdischer Mobilitätserfahrungen[6]; die für Heines Rezeption moderner Beschleunigungsphänomene grundlegenden Arbeiten von Götz Großklaus lesen das Werk als Reaktion auf den ‚Choc' moderner Technik- und Medienrevolutionen.[7] Der Darstellung von Krieg und Militär wiederum widmet sich einzig Jan Röhnert am Beispiel des Reisebildes „Ideen. Das Buch Le Grand", er konzentriert sich dabei aber ausschließlich auf den Aspekt autobiographischer Selbstbehauptung.[8]

Im Anschluss an diese Studien zeigt der folgende Beitrag, wie Heine die „Reisebilder" als ein unbewusstes Reservoir von Mobilisierungsphantasien konzipiert. Die Texte imaginieren einen kampfbereiten Liberalismus, der sich den realen Verhältnissen der Restaurationsgesellschaft und damit auch jeder Form von staatlichem Militarismus widersetzt. Im Zuge dieses Unternehmens nehmen die „Reisebilder" eine ästhetische Mobilisierung der Literatur vor. Sie wird zu einem dynamischen, multimedialen Gedächtnisort, der die Erinnerung an emanzipatorische Kämpfe wachhält und diese jederzeit reaktivierbar macht.

II. Historischer Hintergrund

Heines Auseinandersetzung mit Phänomenen moderner Mobilität in den „Reisebildern" hat zwei sozialhistorische Ursachen. Die erste ist politischer, die zweite technischer Natur. Die politische gründet auf dem neuen Verhältnis, das die Französische Revolution in ihrer zweiten, radikalen Phase ab 1792 zwischen Staat, Militär und Bürgern etablierte – ein Phänomen, das die Forschung als „Erfindung des modernen Militarismus" beschrieben hat.[9] Die Jakobiner inszenierten den Krieg gegen die verfeindeten europäischen Monarchien mit enormem organisatorischen und propagandistischen Aufwand zum patriotischen Befreiungskampf. Die 1793 ausgerufene ‚levée en masse' hatte die Mobilmachung der jungen Nation in ihrer Gesamtheit zum Ziel. Man wies nicht nur den wehrfähigen Männern, sondern auch Frauen, Kindern und Senioren eine militärische Aufgabe zu[10] und verteilte zugleich 7,5 Millionen Revolutionszeitschriften und 100.000 republikanische Liederbücher an die Truppen.[11] Die Jakobiner sahen in der jungen Nation eine kämpferische Befreiungsbewegung[12], die den Stillstand des Feudalismus überwinden sollte; nach Erfolgen bei der Abwehr der Feinde auf eigenem Territorium wurde die Revolution zu einem expansiven militärischen Projekt, das es auf Europa auszudehnen galt.

Ermöglicht wurde die konkrete Implementierung dieses Mobilisierungsprojekts durch taktische Innovationen. Bereits in den 1770er Jahren war die französische Armee in Divisionen aufgeteilt worden, die verschiedene Waffengattungen vereinten und sich flexibler bewegen konnten; auch die Artillerie wurde mobiler. In den Revolutionskriegen reduzierte man den Transport der Vorräte und setzte stattdessen auf die Plünderung der eroberten Gebiete. Die Infanterie war deshalb weniger schwer beladen und konnte sich schneller durch das Gelände bewegen.[13] Napoleon optimierte dieses System, seine militärischen Erfolge sind ohne das Element der Beschleunigung nicht zu denken. Er setzte auf schnelle Mobilisierung und blitzartige Angriffe, der Gegner sollte überrumpelt und rasch vernichtend geschlagen werden.[14]

All dies führte zu Beginn des 19. Jahrhunderts in der Zeit der Freiheitskriege dazu, dass die europäischen Staaten die militärischen Mobilisierungstechniken der Französischen Revolution zu adaptieren begannen und nach dem Sieg über Napoleon weiterentwickelten.[15] 1814 führte Preußen die allgemeine Wehrpflicht ein, 1821 verabschiedete der Deutsche Bund seine Militärverfassung. Man übernahm die Innovationen der Revolution, verband das Projekt der Militarisierung der Gesellschaft aber mit den Zielen der Restauration. Zur Herstellung der inneren Ordnung griff man auf die Armee zurück. Die Idee, dass das Volk zu den Waffen greifen müsse, konnte im Vormärz also im liberalen oder im restriktiven Sinne gedeutet werden – eine Ambivalenz, die Heines „Reisebilder" spiegeln.

Zugleich verlieh der technische Fortschritt in der ersten Hälfte des 19. Jahrhunderts gesellschaftlichen Mobilisierungsphantasien eine neue Dimension. Der Siegeszug, den die Eisenbahn in England, Nordamerika und Kontinentaleuropa ab den 1830er Jahren antrat, veränderte die Zeit- und Raumwahrnehmung von Grund auf.[16] An der Semantisierung dieser neuen Erfahrungswelt beteiligte sich auch Heine mit seiner bekannten Beschreibung der neu eingerichteten Eisenbahnstrecke von Paris nach Orléans und Rouen, die sein ambivalentes Verhältnis zur beschleunigten Moderne anschaulich dokumentiert.[17] Der Erfolg der Reiseliteratur im Vormärz, an dem Heine mit seinen „Reisebildern" teilhat, ist ohne die Emergenz neuer Formen kollektiver Mobilität nicht zu denken.[18] Dabei zeugt nicht nur Heines Werk davon, dass sich in der Literatur der Zeit technische, politische und militärische Beschleunigungs-Diskurse durchkreuzen. In seinem Gedicht „An den Frühling 1838", geschrieben anlässlich der Eröffnung der Eisenbahnlinie zwischen Wien und Wagram, beschwört Nikolaus Lenau die Eisenbahn als brutale Gewalt, die „Blüth' und Andacht", Natur und Religion, voll „[u]ngestümer Hast", „[p]feilgeschwind und schnurgerad" zerstört und eine neue Zeit der „Freiheit" einläuten könnte.[19] Hier erklingt bereits der Ton des kampfbereiten, beschleunigungsaffinen Liberalismus, den Heine zur gleichen Zeit in seinen „Reisebildern" anschlägt.

III. Schlachtenträume

Bereits in „Die Harzreise", dem ersten Teil der „Reisebilder", deutet sich Heines Ästhetik der Mobilisierung an. Dort übernachtet der Erzähler in der Hütte eines Bergmanns, dessen Tochter er in ein nächtliches, erotisch verfängliches Gespräch verwickelt. Heine inszeniert diese Episode in Form eines Volksliedes und greift damit auf ein typisch romantisches Setting zurück. Als das Mädchen den Erzähler fragt, ob er auch ein rechter Christ sei, antwortet er, in der Tat folge er dem „heil'gen Geist", tue dieser doch „die größten Wunder":

[…]
Er zerbrach die Zwingherrnburgen,
Und zerbrach des Knechtes Joch.
Alte Todeswunden heilt er,
Und erneut das alte Recht:
Alle Menschen, gleichgeboren,
Sind ein adliges Geschlecht.

[...]
Tausend Ritter, wohl gewappnet,
Hat der heil'ge Geist erwählt,
Seinen Willen zu erfüllen,
Und er hat sie muthbeseelt.
Ihre theuern Schwerdter blitzen,
Ihre guten Banner weh'n;
Ey, du möchtest wohl, mein Kindchen,
Solche stolze Ritter seh'n?
Nun, so schau mich an, mein Kindchen,
Küsse mich und schaue dreist;
Denn ich selber bin ein solcher
Ritter von dem heil'gen Geist. (DHA VI, 109 f.)

In diesem Lied scheint zum ersten Mal auf, was sich insbesondere in der „Harz-reise" und in „Ideen. Das Buch Le Grand" als konstitutives Element der „Reise-bilder" erweisen wird: Die Imagination eines von liberalen Prinzipien beseelten Kriegertums, das sich tapfer und angriffslustig zeigt und mit dem sich der Erzähler identifiziert.

Es ist typisch für Heines Weiterentwicklung der romantischen Poetik, dass der kämpferische Gesang für die Menschenrechte in der Nacht zu hören ist. Diese Entdeckung kämpferischen Potenzials in romantischen Refugien dehnt sich in einer zweiten Passage auf die Natur aus, auch sie wird im Sinne der kriegerischen Mobilisierung neu semantisiert. Über den Quell des Flusses Ilse heißt es:

[...] und endlich kam eine kleine Welle entschlossen hervor gesprungen. Nun zeigt sich die gewöhnliche Erscheinung: ein Kühner macht den Anfang, und der große Troß der Za-genden wird plötzlich, zu seinem eigenen Erstaunen, von Muth ergriffen, und eilt, sich mit jenem Ersten zu vereinigen. Eine Menge anderer Quellen hüpften jetzt hastig aus ihrem Versteck, verbanden sich mit der zuerst hervorgesprungenen, und bald bildeten sie zusam-men ein schon bedeutendes Bächlein [...]. (DHA VI, 131)

Heine bringt die Genealogie eines Gewässers als Verkehrsgeschehen zur Darstel-lung: Einzelne Bewegungen verbinden sich zu einer neuen, mächtigeren Bewe-gung. Es entsteht hier buchstäblich jener ‚Strom‘, als den Heine in vielen Stellen der „Reisebilder" metaphorisch den modernen Verkehr bezeichnet und damit auf Großstadtliteratur um 1900[20] vorausgreift – etwa, wenn er zu Beginn der „Harz-reise" das Leben der Universitätsstadt Göttingen als „ein beständiges Kommen und Abgehen" (ebd., 86), als einen „ewige[n] Menschenstrom" (ebd.) beschreibt.

Doch damit nicht genug: Zu der Bildsprache des strömenden Verkehrs gehört in obiger Beschreibung des Flusses Ilse auch die Idee der Mobilisierung. Vom „Troß der Zagenden" ist militärisch die Rede, von einem „Kühnen", der am Anfang der Bewegung stehe. Es verwundert deshalb nicht, dass das auf den ersten Blick harm-lose Lied von der „Prinzessin Ilse", das dieser eigenwilligen Naturbeschreibung folgt, Anklänge an ein militärmusikalisch begleitetes Hoffest birgt:

Komm in mein Schloß herunter,
In mein kristallenes Schloß,
Da tanzen die Fräulein und Ritter,
Es jubelt der Knappentroß.

Es rauschen die seidenen Schleppen,
Es klirren die Eisenspor'n,
Die Zwerge trompeten und pauken,
Und fideln und blasen das Horn. (ebd., 132)

Die in der „Harzreise" subtil angedeutete Ästhetik der Mobilisierung wird in „Ideen. Das Buch Le Grand" intensiviert und politisch konkretisiert. Der Militärmusik kommt hier ebenfalls eine zentrale Rolle zu, da das Trommeln des napoleonischen Soldaten Le Grand die Mobilisierungsphantasien des Erzählers bestärken. Im Düsseldorfer Hofgarten habe ihm Le Grand, so der Erzähler, jene Märsche vorgespielt, die während der „Kriegsthaten des großen Kaisers" (ebd., 193) erklungen seien. Er wird in einen Tagtraum hineingetrieben, der die bedeutenden Schlachten Napoleons im Zeitraffer abspielt: der Zug über den Simplon, die Brücke von Lodi, die Schlachten von Marengo, bei den Pyramiden und in Austerlitz. Dieser schnell vorüberziehende Schlachtentraum wiederholt sich kurze Zeit später, als der aus dem Russlandfeldzug heimgekehrte Le Grand wieder für den Erzähler trommelt und dieser abermals glaubt, „den Kanonendonner, das Pfeifen der Kugeln, den Lärm der Schlacht" (DHA VI, 199) zu hören.

Damit deutet Heine in den „Reisebildern" auch den dritten zentralen Topos der romantischen Ästhetik, den Traum und das Unbewusste, als ein Mobilisierungsgeschehen. Gleichzeit wird in dieser und auch in späteren Szenen der „Ideen" historisch konkretisiert, was die „Harzreise" angelegt hat. Denn bereits auf dem Brocken berichtet ein Tourist dem Erzähler, wie er am frühen Morgen eine Art „Geisterschlacht" beobachten konnte, allerdings ohne den konkreten Bezug zu Napoleon herzustellen:

[…] wo zürnende Riesen ihre langen Schwerdter ausstrecken, geharnischte Ritter, auf bäumenden Rossen, einher jagen, Streitwagen, flatternde Banner, abentheuerliche Thierbildungen aus dem wildesten Gewühle hervor tauchen […]. (ebd., 129)

Wenn der Erzähler später, in der „Reise von München nach Genua", während seines Besuchs auf dem Schlachtfeld von Marengo den Geist Napoleons zu erblicken glaubt, dann folgt diese Szene dem Muster der Mobilisierung des Unbewussten, verortet sie aber historisch:

Ich sah im Morgennebel den Mann mit dem dreyeckigen Hütchen und dem grauen Schlachtmantel, er jagte dahin wie ein Gedanke, geisterschnell, in der Ferne erscholl es wie ein schaurig süßes *allons enfans de la patrie*. (DHA VII, 71)

Die „Reisebilder" rufen romantische Topoi wie die Nacht, die Natur und den Traum auf, um sie im Sinne eines aggressiven Liberalismus neu zu semantisieren. Denn bei allem Unbehagen angesichts der Brutalität des Krieges und bei aller Kritik an den autoritären Zügen Napoleons – das Ziel bleibt, wie dem Erzähler in Marengo klar wird, der Kampf für die Sache der Emanzipation: „auch wir wollen leben und sterben in dieser Freyheitsreligion […] – unser heiliger Kampf dünkt uns der wichtigste, wofür jemals auf dieser Erde gekämpft worden". (ebd., 70)

In der Tat betrifft die emphatisch vorgetragene Idee des emanzipatorischen Kampfes den Erzähler unmittelbar. Er ist Wanderer und Reisender, zugleich aber auch Krieger. Wieder ist es „Die Harzreise", die dieses Moment vorbereitet. Die

Studenten, auf die der Erzähler während seiner Wanderung trifft, werden nicht nur als körperlich und sozial beweglich beschrieben, sondern als eine kämpferische Gruppe. Sie wandern nicht, sie „marschiren schneller als die östreichische Landwehr". (DHA VI, 130) Am liebsten sprechen sie über „Duelle, Duelle und wieder Duelle" (ebd., 120) und stimmen in einer durchzechten Nacht auf dem Brocken patriotische Gesänge aus der Zeit der Freiheitskriege an. (vgl. ebd., 123 f.)

Selbst wenn der Erzähler zu den Studenten und ihren teils nationalistischen Tendenzen auf ironische Distanz geht, wird auch er von der Mobilisierung erfasst. Obwohl es Friedenszeiten sind, in denen er durch Europa reist, bezeichnet er sich in der „Reise von München nach Genua" als „braver Soldat im Befreyungskriege der Menschheit." (DHA VII, 74) Eine Zuschreibung, die im Übrigen nicht auf Männer beschränkt bleibt. Über Germaine de Staël heißt es im selben Text, sie sei „eine liebenswürdige Marketenderinn im Heer der Liberalen" (ebd., 62) gewesen, „lief muthig durch die Reihen der Kämpfenden mit ihrem Enthusiasmusfäßchen, und stärkte die Müden, und focht selber mit, besser als die Besten." (ebd.)

IV. Die Mobilisierung von Erinnerungen

Entscheidend ist, dass der von Heine beschworene Kampfgeist durch die Fiktionalitätsmarker des Traumes und der Geisterwelt auf den virtuellen Raum der Literatur beschränkt bleibt.

Immer wieder macht der Erzähler in den „Reisebildern" seine Abneigung gegen die reale Militarisierung und Mobilmachung der Restaurationsgesellschaft deutlich. Es wäre deshalb verfehlt, das Text-Arsenal an kriegerischen Bildern als Befürwortung jener in Punkt II. beschriebenen Militarisierung der Gesellschaft zu lesen, die nach dem Ende Napoleons die deutschsprachigen Länder ergriff. Stattdessen geht es in den „Reisebildern", so die hier vertretene These, um eine Neukonzeption der Literatur als kämpferisches und dynamisches Emanzipationsmedium. Sie speist sich aus Quellen, die dem unmittelbaren Zugriff des Staates entzogen sind, aus den letzten Refugien subjektiver Freiheit, wie sie die Nacht und der Traum bieten. Eben weil der Traum mit der Realität nicht identisch ist, birgt er, wie es in den „Englischen Fragmenten" heißt, die „Saat der Freyheit". (DHA VII, 212)

Zweifellos ist ein Grund für dieses Unternehmen die polemische Intensität, mit der öffentliche Debatten im Vormärz geführt werden.[21] Als einer ihrer Hauptakteure hat Heine ein Interesse daran, Literatur als Waffe zu begreifen. Wichtiger ist aber, welche *formalen* Folgen die Idee einer Mobilisierung der Literatur für die Texte der „Reisebilder" hat. Weil sie in der Lage ist, Erinnerungen zu speichern und zu reaktivieren, wird Literatur zu einem Gedächtnisort – aber keinem musealen, ordnungsstiftenden Ort, sondern einem, in dem Bilder unaufhörlich in Bewegung sind. Der Erzähler sieht es als seine Aufgabe, den Darstellungen „stolztrockner Historiographen und pergamenter Staatsarchivare" (ebd., 28) entgegenzutreten.

Die Genrebezeichnung „Reisebilder", die Heine in die Literatur einführt, be-
nennt in diesem Sinne nicht einfach die Bilder, die der Erzähler während einer
Reise sammelt und in eine chronologische Ordnung bringt, sondern die unent-
wegte Fluktuation und Mobilität der Bilder selbst. „Nazionalerinnerungen",
schreibt Heine in „Die Nordsee", „liegen tiefer in der Menschen Brust, als man
gewöhnlich glaubt. Man wage es nur, die alten Bilder wieder auszugraben, und
über Nacht blüht hervor auch die alte Liebe mit ihren Blumen." (DHA VI, 160)
Dieses Programm der Mobilisierung kollektiver Erinnerungen bleibt nicht auf
Texte und visuelle Medien beschränkt, sondern schließt die Musik ein. Am deut-
lichsten wird dies in „Ideen. Das Buch Le Grand", wo der Einmarsch der französischen Truppen in Düsseldorf durch die Erinnerung an das Revolutionslied „Ça
ira, ça ira" eingeleitet wird (vgl. ebd., 191) und es das *Trommeln* des Soldaten Le
Grand ist, das dem Erzähler die Schlachten Napoleons vor Augen führt. In diesem Sinne bezeichnet Heine in der oben zitierten Passage der „Nordsee" Ségurs
Geschichte des Russlandfeldzuges als ein „französisches Volkslied" (ebd., 162),
das den „epischen Dichtungen aller Zeiten" (ebd.) und „aller Völker" (ebd., 163)
gleiche. Weltliteratur heißt, so verstanden, die multimediale Mobilisierung eman-
zipatorischer Erinnerungen.

Hier hat auch das Musiktheater, das in der Französischen Revolution als politisches Massenmedium funktionalisiert wurde, seine Rolle zu spielen. Die Opern
Spontinis seien, so heißt es, ein „heroisches Mittel [...], um unser erschlafftes Volk
kriegerisch zu stärken" (ebd., 122); in der Opera buffa würden sich hinter allen
„heiteren Liebesgeschichten, Liebesnöthen und Liebesneckereyen" die „tödtlichs-
ten Befreyungsgedanken" (DHA VII, 49) der Italiener verbergen. Wenn das Publikum der Scala beim Hören einer bestimmten Melodie „stürmisch" emporspringe
und einen „tollen Lerm[]" veranstalte, so gelte dies „den alten Erinnerungen und
Gefühlen, die das Lied ebenfalls geweckt hat, die Italien immer im Herzen trug,
und die jetzt gewaltig hervorbrausen". (ebd., 65)

Kontrastfolie dieses ästhetischen Programms ist die ordnungsstiftende Erin-
nerungspolitik des Staates, die über *äußere* Bilder transportiert und in der „Harzreise" eingeführt wird. In einem Gasthaus in Osterode hat der Erzähler einen auf-
rührerischen Traum, in dem die Göttin Themis das ungerechte Schicksal des auf
St. Helena gefangenen Napoleon beklagt.[22] Als er erwacht, wird er unmittelbar mit
der Bildpolitik der Restauration konfrontiert:

> Die liebe, goldene Sonne schien durch das Fenster und beleuchtete die Schildereyen an
> den Wänden des Zimmers. Es waren Bilder aus dem Befreyungskriege, worauf treu darge-
> stellt stand, wie wir alle Helden waren, dann auch Hinrichtungs-Scenen aus der Revoluzi-
> onszeit, Ludwig XVI. auf der Guillotine, und ähnliche Kopfabschneidereyen, die man gar
> nicht ansehen kann, ohne Gott zu danken, daß man ruhig im Bette liegt, und guten Kaffee
> trinkt und den Kopf noch so recht comfortabel auf den Schultern sitzen hat. (DHA VI, 89)

Noch in der „Reise von München und Genua" macht der Erzähler keinen Hehl daraus, wie wenig er von der anti-napoleonischen Gedächtnispolitik seiner Zeit hält.
Die kollektiven Erinnerungen an die Schlacht von Leipzig, die Bilder der „hohen
Heerführer", die „auf dem Schlachtfelde knieten und Gott dankten", bereiten im
genauso Unbehagen wie die „schlechten Befreyungsgedichte". (DHA VII, 34)

V. Siebenmeilenstiefel

Eine weitere Fähigkeit, die die Literatur in den „Reisebildern" gewinnt, ist die blitzschnelle Überbrückung großer Distanzen. Der Geist der Französischen Revolution, den das Werk immer wieder beschwört, ist der Geist der Beschleunigung. Dieser „jagte", wie es in „Die Nordsee" heißt, „im Befreyungstaumel über die ganze Erde" und „erstieg die höchsten Gipfel der Berge". (DHA VI, 142)

Wieder ist es Napoleon, der diesen Geist inkorporiert. Wie die Forschung gezeigt hat, steht Heines Rezeption des französischen Kaisers in der Tradition des Geniekultes und des Messianismus.[23] Zu bedenken ist jedoch, dass das Bild Napoleons in den „Reisebildern" nicht nur eine ideen-, sondern auch eine sozialgeschichtliche Dimension hat: Niemand repräsentiert die mit der Französischen Revolution einsetzende Beschleunigungsdynamik besser als er. In den „Ideen" schildert der Erzähler, wie er als Jugendlicher den Einzug Napoleons in Düsseldorf am 3. November 1811 erlebte. Die Physiognomie Bonapartes beschreibt er wie folgt:

> Die Stirne war nicht so klar, es nisteten darauf die Geister zukünftiger Schlachten, und es zuckte bisweilen über dieser Stirn, und das waren die schaffenden Gedanken, die großen Siebenmeilenstiefel-Gedanken, womit der Geist des Kaisers unsichtbar über die Welt hinschritt – und ich glaube, jeder dieser Gedanken hätte einem deutschen Schriftsteller, Zeit seines Lebens, vollauf Stoff zum Schreiben gegeben. (ebd., 194)

Die hier angedeutete Verbindung von Mobilisierung, Distanzüberbrückung und poetischer Produktion greift der Erzähler wenige Kapitel später auf, wenn er sich selbst einen „Riesen mit Siebenmeilenstiefeln" (ebd., 216) nennt und damit in eine Linie mit Napoleon setzt. Dass er die Fähigkeit zur blitzschnellen Überwindung enormer Distanzen besitzt, nutzt er aber nicht, wie sein Vorbild, zum Entwurf neuer Schlachten, sondern im Sinne der Völkerverständigung, veranstaltet er doch in seinem Kopf einen „Congreß von allen Völkern der Gegenwart und Vergangenheit". (ebd.)

Tatsächlich inszenieren die „Reisebilder" durchgängig die Begegnung zwischen fremden Kulturen. Wenn Heine am Ende seines Lebens davon spricht, es sei ihm immer um den Abbau von Antipathien zwischen den Völkern gegangen – „Détruire, extirper ces antipathies internationales a été la grande affaire de ma vie" (DHA XIV, 300) –, dann weist er zweifellos auf ein wesentliches Element der „Reisebilder" hin. Die Intensivierung von Mobilität macht die Literatur zum Verkehrsmedium par excellence. Die Welt, so heißt es etwa in den „Englischen Fragmenten", sei längst so international, dass die Franzosen den Lebens- und Schreibstil der Engländer übernehmen und umgekehrt. (vgl. DHA VII, 218 f.)

Heine sieht dieses Moment des internationalen Austausches auch im Typus des modernen, weitgereisten Offiziers verwirklicht:

> Ja, das ganze Corps der deutschen Legion hat viel beygetragen zur Milderung alter Vorurtheile, diese Leute sind weit herum in der Welt gewesen, und in der Welt sieht man viel, besonders in England, und sie haben viel gelernt, und es ist eine Freude, ihnen zuzuhören […]. (DHA VI, 155)

Vor dem Hintergrund der internationalen Dimension der Mobilisierung ist die Verbindung des Militärischen mit dem Diplomatischen in den „Reisebildern" nur konsequent. Die Symbolfigur der militärischen Mobilisierung, der Trommler Le Grand, hält beim Erzähler nicht nur die Erinnerung an Napoleons Kriegsglück wach, sondern unterrichtet ihn auch in der französischen Sprache: „wenn ich nicht wußte, was das Wort ‚liberté' bedeute, so trommelte er den Marseiller Marsch – und ich verstand ihn." (ebd., 191)

In dem in der „Harzreise" geschilderten Besuch der Clausthaler Bergwerke führt Heine die Idee der unmittelbaren Überwindung von Distanz mit der romantischen Erkundung des Unbewussten zusammen. Anders als die Protagonisten in Novalis' „Heinrich von Ofterdingen" oder Hoffmanns „Bergwerken zu Falun" begegnet der Erzähler in den Tiefen des Berges nicht den Sedimenten der eigenen Psyche, sondern der politischen Gegenwart. Wer sich bis in die „unterste Tiefe" (ebd., 94) durchgrabe, könne vermutlich den stürmischen Jubel hören, mit dem die Amerikaner den französischen General und Unabhängigkeitskämpfer Lafayette während seines Besuchs in den USA empfangen. Die „unheimliche Maschinenbewegung" (ebd.) der technisierten Moderne, die der Erzähler im Clausthaler Bergwerk erlebt, korrespondiert mit der Feier der transkontinentalen Emanzipationsbewegung. Die „Reisebilder" entwickeln, um mit Götz Großklaus zu sprechen, eine spezifische Form des Chronotopos[24]: Erhöhung des Bewegungstempos bei maximaler Überbrückung territorialer Distanz.

Es versteht sich, dass die Position des Schreibenden dadurch prekär und das Genre der Reiseliteratur an seine Grenze getrieben wird. Dieses zeichnet sich ja eigentlich durch ein spezifisches Verhältnis von Sprecherposition und Geschehensdarstellung aus. Der Erzähler reist von Ort zu Ort, von Station zu Station, und beschreibt, was er dort sieht und erlebt. In den Reisebildern ist dieses Modell des singulativen Erzählens nur in der „Harzreise" und in der „Reise von München nach Genua" halbwegs intakt. In den anderen Bänden wird die örtliche Position des Erzählers nur kursorisch erwähnt, vorherrschend sind Assoziationen und Abschweifungen. Sie fungieren als Transportmittel der Einbildungskraft, die den Erzähler befähigen, mit ‚Siebenmeilenstiefeln' durch seinen Text zu reisen. Die konkret-körperliche Mobilität tritt in den Hintergrund. Zutreffend schreibt Heine 1834 in Paris, sein Buch sei weiter gereist als sein Autor: „Sous ce nom de *Reisebilder*, il a fait son chemin dans le monde (beaucoup plus que l'auteur lui-même)". (DHA VI, 352)

In der Nachschrift zu „Die Stadt Lukka" wird der Erzähler durch eine solche Mobilisierungsphantasie buchstäblich aus dem Schreibakt herausgerissen: „Während ich sitze, und schreibe, erklingt Musik unter meinem Fenster". (DHA VII, 205) Es ist die Marseillaise, die in ihm die Assoziation eines „Kuhreigen der Freyheit" (ebd.) weckt und ihn Bezüge ziehen lässt zur Schweizer Geschichte, aber auch zu Indien und dem Himalaya. Am Ende muss der Erzähler aufhören zu schreiben, weil die Marseillaise ihn zu stark berauscht; der Band endet mit dem Refrain „*Aux armes citoyens!*" (ebd.)

Frankreich ist das heimliche Zentrum der „Reisebilder", obwohl der Erzähler es nicht bereist. Es bleibt ein ferner Sehnsuchtsort, bzw. wie es am Schluss des letzten Bandes heißt: „Paris ist das neue Jerusalem". (ebd., 269) Umso interessanter ist natürlich die Frage, mit welcher publizistischen Strategie Heine, als er 1831 nach Paris übersiedelt, die französische Übersetzung der „Reisebilder" begleitet. Eine erste Antwort gibt sein Vorwort zu der 1834 bei Eugéne Renduel erschienenen Ausgabe. Gleich im ersten Absatz geht Heine, in gewohnt ironisierender Weise, auf das kämpferische Element seines Werkes ein und setzt es in den Kontext kolonialer Mobilität. Er vergleicht sich mit dem Häuptling eines Stammes amerikanischer Ureinwohner, der in Paris ausgestellt werde. Auch er sei ein wilder Krieger. Jedoch sei er inzwischen gezähmt, da er seine Waffen vor dem Eintritt ins Heiligtum – gemeint ist Paris – entschärft habe. Man könne ihre exotische Schönheit nun gefahrlos bewundern:

> Je n'ai peint mon visage de si farouches couleurs que pour mieux effrayer mes ennemis dans la bataille. [...] Mes armes aussi, vous pouvez les toucher, même le carquois et les flèches, car j'en ai émoussé la pointe, ainsi que nous avons coutume de le faire, nous autres sauvages, quand nous approchons d'un lieu consacré. Entre nous soit dit, ces flèches n'étaient pas seulement acérées, mais bien empoisonnées aussi. Aujourd'hui elles sont tout a fait bénignes et inoffensives, et vous pouvez vous amuser à en regarder les plumes diaprées [...]. (DHA VI, 350)

VI. Ergebnisse

Dieser Beitrag hat Heinrich Heines „Reisebilder" vor dem historischen Hintergrund der um 1800 einsetzenden sozialen, militärischen und technischen Mobilisierung gedeutet. Es hat sich gezeigt, dass die „Reisebilder" die in der Französischen Revolution propagierte Synthese von Fortschritt, Beschleunigung und Militär metaphorisch übersetzen in eine Ästhetik des mobilen und kämpferischen Liberalismus. Es geht Heine nicht um eine gesellschaftliche Militarisierung, sondern um eine Literatur, die die Ideale der Revolution in Zeiten der Restauration am Leben erhält, indem sie moderne Mobilität mimetisch abbildet.

Dies hat Folgen für verschiedene, in der Forschung immer wieder diskutierte Aspekte von Heines Werk. Erstens die Romantik-Rezeption: Die „Reisebilder" greifen systematisch auf die Topoi der Natur, der Nacht und des Traums zurück, um diese nach Maßgabe der liberalen Mobilisierung neu zu semantisieren. Damit verbindet sich eine spezifische Form der Intermedialität. Die Texte der „Reisebilder" orientieren sich an der Form der träumerischen, musikalisch initiierten und dynamisch-fließenden Assoziation und setzen diese der offiziellen Bildpolitik der Restauration entgegen. Sie verfolgen damit eine spezifische Form der literarischen Gedächtnispolitik, der es weniger um die Aufbewahrung von bestimmten Inhalten und Ideen, sondern um eine Literatur geht, die sich im permanenten Fluss und Austausch, in einem dauernden Verkehr befindet und gerade dadurch die politische Mobilisierung des Liberalismus vorstellbar macht.

Zu fragen wäre nun, wie sich diese Erkenntnisse im Hinblick auf die Literatur des 19. Jahrhunderts perspektivieren ließen. Der Konnex von sozialer Mobilität und militärischer Mobilisierung könnte sich für viele andere Werke als ein innovativer analytischer Zugang erweisen. Bekanntlich hat bereits Kleist in seinen journalistischen Arbeiten und Essays den Konnex von Kriegstechnik und Beschleunigung sichtbar gemacht, später dann wird Fontane das Genre des Reiseberichtes in seiner Reportage „Aus den Tagen der Okkupation" mit der rückblickenden Analyse der Ereignisse des Deutsch-Französischen Krieges von 1870/71 verbinden und in seinen „Wanderungen durch die Mark Brandenburg" immer wieder zu den Schlachtfeldern der preußischen Geschichte pilgern. Die Untersuchung, wie diese Texte Krieg und Mobilität in Beziehung setzen und literarisch zur Darstellung bringen, könnte, so lässt die Analyse von Heines „Reisebildern" vermuten, neue Erkenntnisse zu ihrer Verortung im Feld des Politischen hervorbringen.

Anmerkungen

1 Vgl. zu dieser Reise den Aufsatz von Gerhard Weiß: Heines Englandaufenthalt (1827). – In: HJb 2 (1963), S. 3–32.
2 Die „Englischen Fragmente" wurden häufig im Kontext der Großstadtliteratur des frühen 19. Jahrhunderts gelesen, vgl. Margit Dirscherl: Heinrich Heines Poetik der Stadt. Stuttgart 2016, S. 143–190; Johannes Roskothen: Verkehr. Zu einer poetischen Theorie der Moderne. München 2003, S. 153–155; Peter Bürger: Prosa der Moderne. Frankfurt a. M. 1988, S. 80–101; Heinz Brüggemann: „Aber schickt keinen Poeten nach London!" Großstadt und literarische Wahrnehmung im 18. und 19. Jahrhundert. Reinbek bei Hamburg 1985, S. 114–139.
3 Die „Englischen Fragmente" der „Reisebilder" bestehen aus einer Sammlung von elf Artikeln, von denen Heine die meisten bereits in den von ihm in München herausgegebenen „Neuen allgemeinen politischen Annalen", aber auch im „Morgenblatt für gebildete Stände" und in „Das Ausland" veröffentlicht hatte.
4 Siehe hierzu Götz Großklaus: Heinrich Heine – Der Dichter der Modernität. München, Paderborn 2013, mit Hinweis auf die hier besprochene Textstelle auf S. 237 f.
5 Bernd Kortländer: Heinrich Heine. Stuttgart 2003, S. 145–188.
6 Todd Samuel Presner: Germans, Jews, Trains. New York 2007, S. 115–146; Klaus Briegleb: Bei den Wassern Babels. Heinrich Heine, jüdischer Schriftsteller in der Moderne. München 1997, S. 119–204.
7 Siehe Großklaus: Heinrich Heine [Anm. 4].
8 Jan Röhnert: Selbstbehauptung. Autobiographisches Schreiben vom Krieg bei Goethe, Heine, Fontane, Benn, Jünger, Handke. Frankfurt a. M. 2014, S. 101–159.
9 Wolfgang Kruse: Die Erfindung des modernen Militarismus. Krieg, Militär und bürgerliche Gesellschaft im politischen Diskurs der Französischen Revolution: 1789–1799. Berlin 2014.
10 Alan Forrest: Die Zeit der Bürgersoldat*innen. – In: Eine Geschichte des Krieges. Vom 19. Jahrhundert bis in die Gegenwart. Hrsg. v. Bruno Cabanes. Hamburg 2020, S. 78–94, hier S. 79 f.
11 Geoffrey Wawro: Warfare and Society in Europe, 1792–1914. New York 2000, S. 3. Zu den bellizistischen Diskursen der revolutionären Kriegspropaganda siehe Jörn Leonhard: Bellizismus und Nation. Kriegsdeutung und Nationsbestimmung in Europa und den Vereinigten Staaten 1750–1914. München 2008, S. 152–167.
12 Leonhard: Bellizismus und Nation [Anm. 11], S. 143 f.
13 Wawro: Warfare and Society in Europe [Anm. 11], S. 1–6.

14 Ebd., S. 8–10.

15 Kelly Minelli: „Wo alle Herzen heldenmüthig schlugen". Heroische Leitbilder in deutschen und französischen Militärselbstzeugnissen des Siebenjährigen Krieges, der Kriege der Französischen Revolution und der Napoleonischen Kriege. Baden-Baden 2024, S. 177–188; Forrest: Die Zeit der Bürgersoldat*innen [Anm. 10], S. 79–84.

16 Vgl. Wolfgang Schivelbusch: Geschichte der Eisenbahnreise. Zur Industrialisierung von Raum und Zeit im 19. Jahrhundert. München, Wien 1977.

17 Der Text wurde 1843 in der Augsburger „Allgemeinen Zeitung" publiziert und in der Forschung immer wieder diskutiert, vgl. etwa Regine Buschauer: Mobile Räume. Medien- und diskursgeschichtliche Studien zur Tele-Kommunikation. Bielefeld 2010, S. 27–63; Roskothen: Verkehr [Anm. 2], S. 36–40.

18 Vgl. Peter Sprengel: Geschichte der deutschsprachigen Literatur 1830–1870. München 2020, S. 3–39; 681–693.

19 Nikolaus Lenau: Werke und Briefe. Band 2. Neuere Gedichte und lyrische Nachlese. Hrsg. v. Antal Mádl. Wien 1995, S. 138.

20 Vgl. zur Metapher des Verkehrs als Strom und Kreislauf John Urry: Mobilities. Cambridge 2007, S. 13; in Bezug auf die Literatur der Moderne Roskothen: Verkehr [Anm. 2], S. 65–78.

21 Vgl. hierzu die Überblicksartikel zu Presse, Journalismus, Kritik und Zensur in Norbert Otto Eke: Vormärz-Handbuch. Bielefeld 2020, S. 465–501.

22 Napoleon wird in der Traumszene nicht direkt genannt, die Rede von „Prometheus" (DHA VI, 88) und der „stumme[n] Gewalt" (ebd.), die den „Schuldlosen an den Marterfelsen" (ebd., 89) schmiedet, ist aber leicht als Anspielung auf den in St. Helena gefangenen Napoleon zu identifizieren. Vgl. hierzu den Kommentar von Bernd Kortländer in Heinrich Heine: Reisebilder. Stuttgart 2010, S. 575.

23 Jan Niklas Howe: Nach dem Schicksal. Napoleon bei Heine und Tolstoj. – In: German Life and Letters 75/3 (2022), S. 378–393; Ralph Häfner: Mosaismus, Caesarismus, Bonapartismus. Ambivalenzen des Napoleon-Bildes bei Heine, Balzac und Nerval. – In: Philosemitismus. Rhetorik, Poetik, Diskursgeschichte. Hrsg. v. Philipp Theisohn u. Georg Braungart. Paderborn 2017, S. 167–184.

24 Großklaus: Heinrich Heine [Anm. 4], S. 129–135.

Heinrich-Heine-Institut
Sammlungen und Bestände
Aus der Arbeit des Hauses

Das Schumann-Haus Düsseldorf
Aus der Musikaliensammlung des Heine-Instituts zum Museumserlebnis

Sabine Brenner-Wilczek, Nora Schön und Jan-Birger von Holtum

Das Heinrich-Heine-Institut mit seinen Vorgängereinrichtungen blickt auf eine über 250-jährige erfolgreiche Sammlungsgeschichte zurück. Ursprung ist die vormalige Kurfürstliche, dann Königliche Bibliothek, an deren viele Tausend Bücher sich Heinrich Heine in seinem Reisebild „Ideen. Das Buch Le Grand" von 1826 zurückerinnert. Als Stiftung des Kurfürsten Karl Theodor von der Pfalz-Sulzbach hat diese öffentliche Bildungseinrichtung seit spätestens 1770 der Residenzstadt Düsseldorf die besten wissenschaftlichen und kulturellen Dienste geleistet. Der junge Heinrich Heine und auch Robert Schumann gehören zu den Benutzern der Bibliothek. In wesentlich späteren Zeitläuften werden die wichtigsten Bestände in die alte Landes- und Stadtbibliothek Düsseldorf überführt, in der dann bereits ein Heine-Zimmer eingerichtet wird. 1970 geht aus der Handschriftabteilung ebendieser ehrwürdigen Bibliothek als verselbständigte Einrichtung das Heinrich-Heine-Institut hervor. Neben dem Sammelschwerpunkt „Literatur des rheinisch-niederrheinischen und bergischen Raums" gibt es auch einen Sammelschwerpunkt „Musik", der sich auf die Musikdirektorentradition Düsseldorfs stützt. Den größten Stellenwert unter den Musikalien des Heine-Instituts nimmt die überaus kostbare Schumann-Sammlung ein. Die Geschichte der Sammlung reicht bis in die 1920er Jahre zurück. Die Vorgängereinrichtung des Heine-Instituts, die Landes- und Stadtbibliothek, erhält im Jahr 1927 erstmals ein Schumann-Original zum

S. Brenner-Wilczek (✉) · N. Schön · J.-B. von Holtum
Heinrich-Heine-Institut, Düsseldorf, Deutschland
E-Mail: sabine.brennerwilczek@duesseldorf.de

N. Schön
E-Mail: nora.schoen@duesseldorf.de
J.-B. von Holtum
E-Mail: janbirger.vonholtum@duesseldorf.de

Geschenk. Hierbei handelt es sich um einen dreiseitigen Brief, den Robert Schumann 1853 an den Schriftsteller Heinrich Moritz Horn aus Chemnitz geschrieben hat. Horns bekanntestes Werk ist die von Robert Schumann im Jahr 1851 vertonte Dichtung „Der Rose Pilgerfahrt". Ein Jahr später folgen weitere großzügige Stiftungen: Robert Schumanns Vertonung des Heine-Gedichts „Die Wallfahrt nach Kevlaar", Briefe an den Verleger Friedrich Kistner sowie mehrere Korrespondenzstücke von Clara Schumann, darunter ein Brief und eine Postkarte an Johannes Brahms aus dem Jahr 1894. Die Schumann-Sammlung ist mittlerweile auf über 1000 Objekte angewachsen, darunter 35 eigenhändige Musikmanuskripte, Stichvorlagen sowie Hunderte von Briefen von Clara und Robert Schumann. Damit zählt sie zu den weltweit bedeutendsten Sammlungen, die jedoch bislang nur punktuell und temporär in Ausstellungen gezeigt werden konnte, beispielsweise 2010 in der Sonderschau „„Ziemlich lebendig'. Schätze aus der Schumann-Sammlung".

Unter der Leitung des Heinrich-Heine-Instituts ist das Schumann-Haus in das übergreifende Konzept der „Straße der Romantik und Revolution" eingebunden. Heinrich Heine und Robert Schumann – von diesen beiden Geistesgrößen und ihrem Werk geht eine tiefgreifende Faszination aus. Durch die „Loreley" und das „Buch der Lieder" gilt Heinrich Heine weltweit als einer der wichtigsten Dichter der romantischen Literatur, der Ruhm Robert Schumanns als wegweisender Komponist der romantischen Musikepoche ist ebenfalls signifikant. Die Querverbindungen zwischen Schumann und Heine sind beachtlich: Heine ist der meistvertonte deutschsprachige Dichter und Schumann seit jeher einer der wichtigsten Komponisten von Heine-Liedern.

Das einzige in historischer Bausubstanz erhaltene Düsseldorfer Wohnhaus der Familie Schumann auf der Bilker Straße, vis-à-vis des Heine-Instituts, bot dank der herausragenden Unterstützung von Düsseldorfer Bürgerinnen und Bürgern, die sich im Förderverein Schumann-Haus Düsseldorf zusammenschlossen, die Gelegenheit kontinuierlich wertvolle Originale aus der Sammlung zu präsentieren. Eröffnet wurde das Schumann-Haus als neues städtisches Museum nach mehrjähriger Planungs- und Bauzeit – die ersten musealen Konzeptionen gehen bis in das Jahr 2017 zurück – im Dezember 2023. Die Ausstellung des Schumann-Hauses Düsseldorf bringt Besucherinnen und Besuchern mit den unterschiedlichsten persönlichen Hintergründen das Leben und Wirken von Clara und Robert Schumann in Düsseldorf näher. Konzipiert ist die Ausstellung zu den Düsseldorfer Jahren der Schumanns nicht in einer chronologischen Reihenfolge, sondern nach einem thematischen Zuschnitt. In acht Themenräumen kann das Leben und Wirken der beiden außergewöhnlichen musikalischen Persönlichkeiten, die das kulturelle Leben der Stadt ab September 1850 prägen, nachvollzogen werden. Bewusst würdigt die Ausstellung dabei in gleichem Maße das Schaffen beider Künstlerpersönlichkeiten. Das Ausstellungskonzept, das in Zusammenarbeit mit einem wissenschaftlichen Beirat entwickelt wurde, folgt fünf übergeordneten Leitgedanken, die sich wie Notenlinien durch die Ausstellung ziehen. Die unmittelbare Wirkung des auratischen Originals, die schon Walter Benjamin konstatiert, bildet in der Museumswissenschaft und musealen Vermittlung oftmals den Ausgangspunkt der kuratorischen Praxis. Das Schumann-Haus Düsseldorf präsentiert in der Ausstellung daher fast ausschließlich Originalexponate, um den Besucherinnen und Besuchern einen unmittelbaren und authentischen Zugang zum musikalischen Schaffen des Komponistenpaars zu ermöglichen. Aus konservatorischer und bestandserhaltender Sicht wird dies unter anderem möglich durch den regelmäßigen Austausch der Musikhandschriften, Familien- und Künstlerbriefe und Erinnerungsstücke. Um einen vielseitigen Zugang zur Musik der Schumanns zu gewährleisten, sind die meisten ausgestellten Musikhandschriften mit dem zugehörigen Tonbeispiel kombiniert. So erlangt auch ein notenunkundiges Publikum einen sinnlichen Eindruck von der Musik der Schumanns. Digitale Audioformate, wie ein Vergleich dreier Einspielungen von Robert Schumanns „Violinsonate Nr. 2 d-Moll" durch unterschiedliche Musikerinnen und Musiker, richten sich aber auch an Schumann-Kennerinnen und -Kenner.

Zahlreiche partizipative Ausstellungselemente, wie zum Beispiel ein Medientisch mit dem Düsseldorf der Schumann-Zeit, ermöglichen es den Besucherinnen und Besuchern aktiv zu werden. So werden in einer „Gerüchteküche" die gegenseitigen Annäherungsschwierigkeiten der Schumanns mit der Stadtgesellschaft über eine Audioinstallation erfahrbar. An einem Schreibtisch, der dem originalen Möbelstück des Komponisten nachempfunden ist, kann Robert Schumanns Lektüre in der Düsseldorfer Zeit anhand von authentischen Buchausgaben unmittelbar nachvollzogen werden. Die Besucherinnen und Besucher sind zudem eingeladen, sich an einer Medienstation über die Schreibkultur der Schumann-Zeit zu informieren. Eine persönliche Erzählebene entsteht in der Ausstellung, indem ausgewählte Objekt- und Briefpatinnen und -paten ihre eigenen Schumann-Geschichten mit dem Museumspublikum teilen und somit Verbindungen zur Gegenwart schaffen.

Als einziges in seiner historischen Bausubstanz erhaltenes Wohnhaus des berühmten Musikerpaars nimmt auch das Haus selbst eine besondere Stellung in der Ausstellung ein. So verweist eine eigene „Bauspur" auf diese Funktion als architektonische Zeitkapsel, die viel über die bürgerliche Wohnkultur im Laufe der Jahrhunderte verrät. Die baulichen Spuren geben unter anderem Aufschluss über den ursprünglichen Grundriss der Räume oder die Farbvorlieben für Wände und Türen in den verschiedenen Epochen. Nachvollziehbar werden diese Spuren unter anderem durch Freilegungen von historischen (innen-)architektonischen Details und visualisierten Farbtreppen, die jeweils mit Kommentierungen versehen sind. Auch aufgrund dieser besonderen zeitgeschichtlichen und architektonischen Bedeutung beginnt die Landeshauptstadt Düsseldorf im Jahr 2017 die denkmalgerechte Sanierung des Wohngebäudes der Schumanns und es erfolgt der Umbau des 1795 errichteten Hauses zu einem Musikmuseum. Ein Fund von Überresten der historischen Stadtmauer im Jahr 2020 stellt das Bauvorhaben vor große Herausforderungen, folglich muss die Konstruktionsweise des Anbaus angepasst werden. Dieser Anbau garantiert nun mit seinem Aufzug die Barrierearmut des Schumann-Hauses Düsseldorf. Großzügige finanzielle Unterstützung erhielt das umfassende Ausstellungs- und Bauprojekt vor allen Dingen vom Förderverein Schumann-Haus Düsseldorf, von der Nordrhein-Westfalen-Stiftung Naturschutz,

Heimat- und Kulturpflege, von der Ilselore-Luckow-Stiftung sowie vom Klima-
schutzetat.

Die Bilker Straße trägt seit dem Jahr 2020 den offiziellen Beinamen „Straße
der Romantik und Revolution". Bei der eingängigen Alliteration handelt es sich jedoch nicht um eine profane Marketingerfindung, sondern um ein Konzept, das die
prunkvolle, geschichtsträchtige Straße als Kulturmeile der Zukunft weiterentwi-
ckeln und als solche über die Stadtgrenzen hinaus sichtbar werden lassen möchte.
Essenziell ist dabei das jeweilige künstlerische Erbe der Hauspatrone und die
Synthese von Literatur und Musik. Diese wird auch in der Ausstellung des Schumann-Hauses deutlich, denn in den Düsseldorfer Jahren wird durch die Beschäftigung mit literarischen Werken Robert Schumanns Genius erneut geweckt. Er steht
in regem Austausch mit Dichtern, vertont Lyrik und plant, zu mehreren Trauer-
spielen Ouvertüren zu schreiben. Schumanns frühe epochemachende musikkriti-
sche Aufsätze bereitet er als „Gesammelte Schriften" auf und für den Druck vor.
Diese Beispiele zeigen, dass für Robert Schumanns Kunst- und Selbstverständnis
die Vorstellung prägend ist, dass eine unzweifelhafte Interdependenz zwischen
Musik und Literatur besteht. Die für Schumann originäre, wechselseitige Beziehung der Gattungen bricht sich bei ihm in einer beeindruckenden Doppelbegabung
Bahn, die auch in der Ausstellung des Schumann-Hauses gewürdigt wird. Dies geschieht in der Sektion „Poetische Musik und klingende Dichtung", die überdies
kuratorisch die Möglichkeit bietet, auf Schumanns intensive Beschäftigung mit
dem Werk Heinrich Heines einzugehen. So erinnern ausgewählte Exponate im
musealen Exkurs vornehmlich an das „Liederjahr" 1840, in dem auch der welt-
bekannte Zyklus mit Heine-Vertonungen entstanden ist, Schumanns „Dichterliebe
op. 48".

Heinrich Heine ist jedoch nicht der einzige bedeutende Zeitgenosse der Schumanns, der in der Ausstellung vertreten ist. Düsseldorf ist, als Robert Schumann
das Amt des Musikdirektors übernimmt, nicht nur eine prächtige Gartenstadt,
sondern auch ein lebendiges Zentrum der Künste. Die einflussreiche Düsseldorfer Malerschule und die Kunstakademie befördern diesen Ruf. Für das Ehepaar
Schumann deutet sich ein überaus vielversprechender Wirkungskreis an, denn die
ausgeprägte bürgerliche Musikkultur und der Konzertbetrieb im Rheinland bieten
sowohl dem Komponisten als auch der Klaviervirtuosin attraktive Entfaltungs-
möglichkeiten. Robert und Clara Schumann sind allerdings gesellschaftliche Ver-
pflichtungen in Form von nicht enden wollenden Vereinstreffen und ausufernde
Festivitäten zuwider. Vielmehr wird ihre eigene Wohnung zu einem geselligen Ort
für ausgewählte Gäste. Erbauliche Gespräche und gemeinsames Musizieren stehen
bei diesen Treffen im Vordergrund. Zu den wichtigsten Besuchern im Hause Schumann gehören die Dichterin Bettina von Arnim, der Geiger Wilhelm Joseph von
Wasielewski und Joseph Joachim, der sich als ein wichtiger Vertrauter und kon-
genialer musikalischer Partner für Clara erweisen wird. Besonderen, nachhaltigen
Eindruck hinterlässt der gerade erst 20-jährige Komponist Johannes Brahms, der
bei den enthusiasmierten Schumanns dankbar aufgenommen wird.

Das Beziehungsnetzwerk der Schumanns wird in der Ausstellung einerseits durch einen Medientisch abgebildet, der die Möglichkeit bietet, die unterschiedlichen Kulturorte der Stadt und wichtige Schumannsche Adressen digital zu erkunden, und anderseits durch einen eigenen Ausstellungsraum, in dem die „Gäste im Hause Schumann", ihr innerer Zirkel, vorgestellt wird. Hierbei ist es eine interaktive, mit Porträt-Illuminationen verknüpfte Notenpult-Installation, die es ermöglicht, die jeweilige Perspektive der Künstlerpersönlichkeit einzunehmen. Zu diesen gehören neben Clara und Robert Schumann auch Bettina von Arnim, Johannes Brahms, Joseph Joachim, Franz Liszt sowie Wilhelm Joseph von Wasielewski. Auch die Exponate in diesem Raum sollen immer wieder ausgetauscht werden, um die Ausstellung dauerhaft für das Publikum zu attraktivieren und das Zeitkolorit widerzuspiegeln. Schließlich ist Düsseldorf seit dem 19. Jahrhundert eine Stadt der lebendigen Musikkultur. Die Musikaliensammlung des Heine-Instituts repräsentiert dies eindrucksvoll: Felix Mendelssohn Bartholdy ist mit knapp 100 Werkmanuskripten und Briefen vertreten, wichtige Bestände gibt es außerdem zu Johannes Brahms, Norbert Burgmüller, Ferdinand Hiller, Joseph Joachim und Julius Rietz. Seit 1989 verwaltet und erschließt das Heine-Institut zudem das Archiv des Städtischen Musikvereins, das als Dauerleihgabe verwahrt wird. Dieser fruchtbare Zusammenhang von Archiv und Museum, Literatur und Musik, Romantik und Revolution wird auch sicherlich in Zukunft dafür sorgen, dass das Andenken an Heinrich Heine und das Musikerpaar Schumann in Düsseldorf auf der „Straße der Romantik und Revolution", lebendig und zeitgemäß präsentiert, erfahren und diskutiert werden kann.

26. Internationales Forum Junge Heine-Forschung

Sabine Brenner-Wilczek

Als Vernetzungs- und Austauschplattform blickt das „Internationale Forum Junge Heine-Forschung" auf eine 25-jährige Tradition zurück. Am 9. Dezember 2023 luden das Heinrich-Heine-Institut der Landeshauptstadt Düsseldorf, die Heinrich-Heine-Gesellschaft e. V. und das Institut für Germanistik der Heinrich-Heine-Universität Düsseldorf anlässlich des Geburtstags des Dichters zum 26. Mal zu diesem besonderen Kolloquium ein. Jungen Wissenschaftlerinnen und Wissenschaftlern wurde wieder die Möglichkeit geboten, einem interessierten und fachkundigen Publikum neue Arbeiten und aktuelle Forschungsansätze zum Werk Heinrich Heines zu präsentieren. Die Heinrich-Heine-Gesellschaft lobte erneut für das beste vorgetragene Referat einen Geldpreis aus und stellte den Abdruck des Gewinnerbeitrags im Heine-Jahrbuch in Aussicht. Zu Beginn des 26. Internationalen Forums Junge Heine-Forschung wurde Carolin Loyens, die 2022 zu „Rahel Varnhagens Wilhelm-Heinse-Rezeption mit einem Blick auf Heinrich Heine" vorgetragen hatte, feierlich der Preis der Heine-Gesellschaft verliehen. Damit – und so ist es seit langem gute Tradition – war Carolin Loyens als Vorjahresgewinnerin Teil der Jury, die zudem aus Volker Dörr (Institut für Germanistik der Heinrich-Heine-Universität Düsseldorf), Felix Droste (Heinrich-Heine-Gesellschaft) und Sabine Brenner-Wilczek (Heinrich-Heine-Institut und Schumann-Haus) bestand.

Arianna Amatrudas Beitrag „Vom Exil bis zum ‚Fest der Auferstehung'. Die Göttin Diana von Heinrich Heine im Spannungsfeld von Mythographie und Kunstgeschichte" eröffnete in der Bibliothek des Heine-Instituts den Vortragsreigen. Arianna Amatruda schloss ihr Masterstudium der Deutsch-Italienischen Studien an der Universität Florenz und der Universität Bonn 2019 mit einer Arbeit über

S. Brenner-Wilczek (✉)
Heinrich-Heine-Institut, Düsseldorf, Deutschland
E-Mail: sabine.brennerwilczek@duesseldorf.de

© Der/die Herausgeber bzw. der/die Autor(en), exklusiv lizenziert an Springer-Verlag GmbH, DE, ein Teil von Springer Nature 2024
S. Brenner-Wilczek, *Heine-Jahrbuch 2024*, Heine-Jahrbuch,
https://doi.org/10.1007/978-3-662-70169-0_9

Heinrich Heine ab – in zwei Aufsätzen hat sie ihre Forschungsergebnisse publiziert. Zum Zeitpunkt ihres Referats arbeitete sie – abermals betreut an den Uni-
versitäten Florenz und Bonn – an ihrer Promotion, die sich gleichermaßen mit
Heine auseinandersetzt und dem Thema ihres Vortrags entsprach. Neben ihren
Forschungsaufenthalten in Bonn und im Deutschen Literaturarchiv Marbach profitierte der Vortrag von Arianna Amatruda von der interdisziplinären Herangehensweise, da sie die bildgeschichtliche Genese in der Mythenentwicklung der Diana
mitbedachte. Im Anschluss trug Johannes Wedeking zum Thema „Konterbande
im Kopf. Eine Entwicklung des Situationsbegriffs am Werk Heinrich Heines" vor.
Sein Beitrag, im Theorieteil gestützt durch Texte von Georg Wilhelm Friedrich
Hegel, Karl Jaspers und Friedrich Kittler, beschäftigte sich mit der Fragestellung,

> in welcher (realen) Situation ein Lied (sowohl als geistiges Produkt als auch als physi-
> sches, körperhaftes Ereignis) verortet ist und von welcher (utopischen) Situation ‚neben'
> der realen das Werk in der Verbindung von geistiger und leiblicher Tätigkeit steht.[1]

Für die Frage nach dem Situationsbegriff bietet sich Heinrich Heines hoch musika-
lisch-rhythmisches Werk an. Und der meistvertonte deutschsprachige Dichter wird
bekanntlich auch auf den Konzertbühnen noch sehr häufig aufgeführt. Im Rahmen
seiner Analyse kamen Johannes Wedeking sicherlich seine künstlerische Ausbildung
im Bereich Gesang an der Robert-Schumann-Hochschule Düsseldorf ebenso zugute
wie sein Studium der Germanistik und Musikwissenschaft an der Heinrich-Heine-Universität Düsseldorf und der Robert-Schumann-Hochschule. Erwähnenswert
ist auch, dass er 2022 ein Fellowship des Deutschen Literaturarchivs Marbach
erhielt und daraus eine wissenschaftliche Beratung zur im September 2023 er-
öffneten Ausstellung „Singen. Lied und Literatur" erwuchs. Insgesamt – dies sei
vorweggenommen – konnte der Beitrag von Johannes Wedeking die Jury überzeugen und er wurde als Preisträger des 26. Internationalen Forums Junge Heine-
Forschung ausgewählt.

Den nächsten Vortrag gestaltete Agossou Combiétè Ayenou zum Thema „Freiheit in Heinrich Heines ‚Atta Troll. Ein Sommernachtstraum'". Er spürte Heine in
seiner Funktion als „europäischer Kämpfer für die Freiheit bzw. Emanzipation der
Menschheit" am Beispiel des literarischen Werkes nach. Agossou Combiétè Ayenou hat Germanistik und interkulturelle Germanistik an der Université de Lomé
(Togo) studiert und einen mehrmonatigen Forschungsaufenthalt im Rahmen der
Anfertigung seiner Masterarbeit an der Humboldt-Universität zu Berlin im Jahr
2022 absolviert. Den abschließenden Vortrag hielt Felicia Börner über „Die Rezeption der Romantik in Heinrich Heines ‚Atta Troll. Ein Sommernachtstraum'".
Felicia Börner hat an der Ruprecht-Karls-Universität Heidelberg über das Thema
des Vortrags bereits im Jahr 2022 ihre Masterarbeit im Studiengang Germanistik
im Kulturvergleich verfasst. Schlüssig führte sie in ihrem fundierten Beitrag aus,
wie die Rezeption der Romantik sich auf formaler und inhaltlicher Ebene in Heines Werk widerspiegelt. Das 26. Internationale Forum Junge Heine-Forschung hat
verdeutlicht, wie lebendig der wissenschaftliche Diskurs zu Heinrich Heine ist.

Anmerkungen

1   Alle Zitate und Verweise stammen jeweils aus den von den Teilnehmenden vorgelegten
     Thesenpapieren. Vgl. zudem Johannes Wedekings Beitrag im vorliegenden Heine-Jahrbuch,
     S. 113–125.

Buchbesprechungen

Beate Borowka-Clausberg (Hrsg.): *Hamburgs Heinrich Heine – denkmalbewegt*

Baden-Baden: Nomos/Georg Olms Verlag 2024. 279 S. € 49

Volkmar Hansen

In dem Band vereinigt die Leiterin des Heine-Hauses Beiträge einer wissenschaftlichen Tagung im Jahr 2021 in der Hamburger Kunsthalle, die auf der frühen Initiative für eine Denkmalehrung in der Hansestadt basieren konnte: die „Hamburger Nachrichten" vom 23. November 1880 haben einen werbenden Leitartikel veröffentlicht, der nachweist, dass die bekannte personelle Gestaltung als sitzenden Lazarus von Louis Hasselriis (1844–1912) als lebensgroßes Gipsmodell im Vestibül der Hamburger Kunsthalle gezeigt und damit angeboten worden ist. Vor dem nationalen Sammlungsaufruf 1887 in Heines Geburtsstadt Düsseldorf gibt es also einen ernsthaften Vorstoß für ein Heine-Denkmal in Hamburg. Entsprechend dem dokumentarischen Wert erscheint der Artikel zusammen mit Notizen aus Blättern in Frankfurt und Wien im originalen Zeitungsdruck. Als Verfasser des Artikels kann die Herausgeberin den 1844 in Hamburg geborenen Kunsthistoriker Karl Woermann glaubhaft machen und zugleich auf die wichtige Mittlerrolle von Heines Schwester Charlotte Embden hinweisen. Hatte Hasselriis in seinem ersten Entwurf des Denkmals für die Weltausstellung 1873 in Wien noch durch die antikisierenden Beigaben Komödien- und Tragödienmaske einen umfassenden Eindruck von dem durch die sechsjährige „Matratzengruft" populär gewordenen Schriftsteller vermitteln wollen, so begegnet er ihm jetzt in der Reduktion auf den melancholischen Ton des bewegenden Dichters der Liebessentimentalität, wie ihn Robert Schumanns Vertonung repräsentiert:

> Der Künstler schilderte Heine, wie er, der auf kurze Zeit sein Schmerzenslager verlassen, die müden Knie von einer schützenden Decke umhüllt, sich auf einen Sessel niedergelassen und, seinem Genius folgend, die ihn erfüllenden dichterischen Gedanken zu Papier

V. Hansen (✉)
Neuss, Deutschland
E-Mail: dr.volkmar.hansen@icloud.com

S. Brenner-Wilczek, *Heine-Jahrbuch 2024*, Heine-Jahrbuch,
https://doi.org/10.1007/978-3-662-70169-0_10

gebracht hat. Aber der sieche Körper meisterte den regen Geist. Ermattet ist der Dulder zusammengebrochen; mit leicht vorgebeugtem Oberkörper, das Haupt auf die Brust gesenkt, die müden Augen, deren Muskeln erschlafft, fast geschlossen, sitzt Heine vor uns, die Rechte mit dem Stift ruht auf dem Knie, während die Linke, die einen beschriebenen Bogen hält, herabhängt. Das tieftraurige Lied ‚Was will die einsame Thräne' war es, das der Dichter niederschrieb, doch die Kräfte versagten der Hand den Dienst. (S. 3)

Der Band wird von knapp 300 Abbildungen begleitet, die Karl Clausberg zusammengetragen hat und damit die Zwischenstationen Rom/Korfu 1891 (mythisierend mit Böcklins „Toteninsel"), Berlin, Hamburg 1909, Toulon 1939 mit einem Abschluss durch einen verfremdenden 3-D-Druck erfasst. Alexander Klar verdanken wir eine Interpretation von Oppenheimers Heine-Porträt von 1831, das er als abgeschlossen vorstellt. Jens Peter Munk stellt die Heine-Gestaltung in das Gesamtwerk von Hasselriis hinein. Evelyn Knappitsch schlägt die Brücke vom Lazarus zur Hasselriis-Büste Heines auf der Stele des Cimetière de Montmartre. Michaela Lindinger rückt die Begeisterung der so wirkungsvollen Elisabeth von Österreich in die Nähe spiritistischer Begegnungen. Christian Liedtke gibt erneut einen Überblick über die gegenwärtige Fülle von Denkmalgestaltungen und ordnet sie in historische Schichten ein. Udo Köster geht dem Loreley-Brunnen in New York von Ernst Herter nach, behandelt das Altonaer Denkmal von Hugo Lederer, dem Gestalter des Bismarck-Denkmals, und die nicht recht geglückte, nachempfundene Skulptur von Waldemar Otto. Dirk Hempel zeichnet Reaktionen der Literarischen Gesellschaft zu Hamburg auf die Denkmalstreite nach, Deborah Vietor-Engländer betont die Sonderrolle Alfred Kerrs von der Jugend-Epigonalität bis zur Einweihung der Lederer-Gestaltung von 1926. Ute Haug unterstreicht die Rolle der Familie Campe für die Kunsthalle. Ernst-Adolf Chantelau zeichnet die Hamburger Denkmal-Geschichte auch in der NS-Zeit mit Standorten nach, für die die Platzierung, wie Joachim Schnitter ausführt, heranzuziehen wäre. Angela Breidbach präsentiert zwei Animationsfilme des südafrikanischen Künstlers William Kentridge. Denkmäler im öffentlichen Raum sind etwas zu Bedenkendes, auch Bedenkliches. Wenn seit 2018 eine „Statue der Einheit", die Sardar Vallabhbhai Patel aus dem Umkreis von Mahatma Gandhi darstellt und 182 Meter in den indischen Himmel ragt, um ausgreifenden Hindu-Nationalismus zu legitimieren, so freut man sich, mit Heine einen Schriftsteller zu ehren, der revolutionär-demokratische und humanitär-menschenrechtliche Kräfte symbolisiert.

Christopher Clark: *Frühling der Revolution. Europa 1848/49 und der Kampf für eine neue Welt*

München: Deutsche Verlags-Anstalt 2023. 1168 S. € 48

Hermann-Peter Eberlein

Sir Christopher Clark, 1960 in Sydney geboren und seit 2014 *Regius Professor of History* an der Universität Cambridge, ist einem weiten Publikum in Deutschland durch seinen Bestseller „Die Schlafwandler. Wie Europa in den Ersten Weltkrieg zog" von 2013 bekannt und einem noch größeren durch die Dokureihe „Welten-Saga" im Zweiten Deutschen Fernsehen, in der er die wichtigsten Welterbe-Stätten der UNESCO vorstellt. Im persönlichen Umgang nahbar und bescheiden, beherrscht er geradezu perfekt die seit jeher im angelsächsischen Bereich gepflegte Kunst, geisteswissenschaftliche Erkenntnisse verständlich, unprätentiös und trotzdem fundiert vorzustellen und zu vermitteln. Wenn ein solcher Autor sich auf knapp zwölfhundert Seiten der Revolution von 1848/49 zuwendet, darf man also ein Lesevergnügen erwarten und eine Perspektive, die einen roten Faden für die Lektüre abgibt, indem sie „die endlose Vielfalt der Schauplätze, das Gewimmel der Protagonisten, die Kakophonie der widerstreitenden Ansprüche und Ansichten" dieses „moderne[n] Monsterereignis[ses]" (S. 1029) strukturiert.

Diese Perspektive präsentiert der Autor gleich zu Beginn: Sie ist gesamteuropäisch (mit Seitenblicken auch auf die globalen Auswirkungen der Revolution in der Karibik und in Lateinamerika, an der Peripherie des Empire und in Australien) und sie zielt auf den langfristig unumkehrbaren Modernisierungsschub, den die Revolutionen von 1848 bewirkt haben. Sie sind nämlich – anders, als es nationale Sichtweisen suggerieren – „in Wirklichkeit *nicht* gescheitert: In vielen Ländern bewirkten sie einen zügigen und dauerhaften konstitutionellen Wandel; und das Europa nach 1848 war oder wurde ein völlig anderer Ort." (S. 13) Clark versteht den kontinentalen Aufstand als „Teilchenbeschleuniger":

H.-P. Eberlein (✉)
Bonn, Deutschland
E-Mail: eberlein@uni-bonn.de

Menschen, Gruppierungen und Ideen flogen hinein, prallten aufeinander, verschmolzen oder zersplitterten und traten in Formen neuer Einheiten hervor, deren Spuren sich durch die kommenden Jahrzehnte ziehen. Politische Bewegungen und Ideen, vom Sozialismus und demokratischen Radikalismus bis hin zum Liberalismus, Nationalismus, Korporatismus und Konservativismus, wurden in dieser Kammer getestet; und sie wurden allesamt verändert, mit tiefgreifenden Konsequenzen für die neuere Geschichte Europas. (ebd.)

Und viele der Fragestellungen, die die Akteure von 1848 aufwarfen, haben bis heute nichts von ihrer Bedeutung verloren: Wir „fragen uns immer noch, was geschieht, wenn Forderungen nach politischer oder wirtschaftlicher Freiheit in Konflikt stehen mit sozialen Rechten", das „Problem der ‚Erwerbsarmut' zählt auch heute zu den brennendsten Fragen der Sozialpolitik. Und das Verhältnis zwischen Kapitalismus und sozialer Ungleichheit steht weiterhin auf dem Prüfstand." (S. 14) Ich füge hinzu, was sich vielleicht zur Zeit der Entstehung des Buches noch nicht derart in den Vordergrund gedrängt hat wie heute: Auch die nationale Frage, die die deutsche und die italienische Revolution seinerzeit so stark bewegt hat, steht überall in Europa wieder zur Debatte mit den hitzigen Auseinandersetzungen darüber, wer und was zur Nation gehört, gegen wen und was sie sich abgrenzen darf und welches Gewicht ihr in einem zukünftigen politischen Gesamtkonzept Europas zukommen soll.

Entsprechend der europäischen Perspektive und den bleibenden Problemstellungen gliedert Clark sein monumentales Werk weder chronologisch noch nach Schauplätzen, sondern thematisch – das macht die Lektüre spannend und erhellend, selbst wenn man sich in den *bruta facta* der Geschehnisse einigermaßen auskennt. Clark beginnt seine Darstellung unter der Überschrift „Soziale Fragen" (Kap. 1) mit einem Blick auf die prekäre Welt der 1840er Jahre, stellt dann die „Ordnungskonzepte", also die politischen Strukturen, vor, innerhalb derer sich die revolutionären Ereignisse abspielten (Kap. 2), und befasst sich unter der Überschrift „Konfrontation" mit den politischen Konflikten der 1830er und 1840er Jahre (Kap. 3). Der folgende Hauptteil des Buches stellt in 5 Kapiteln („Explosionen", „Regimewechsel", „Emanzipation", „Entropie" und „Gegenrevolution") die Ereignisse der Revolutionsjahre dar: zunächst die oftmals dramatisch wirkenden Initialzündungen, dann den Aufstieg der revolutionären Bewegungen und schließlich das Nachlassen ihrer Energie und den vorläufigen Sieg der Konterrevolution. Das 9. und letzte Kapitel vor der Schlusszusammenfassung führt in die Zeit „Nach 1848" und zugleich in die Fremde: in die des Exils, in die Heimatlosigkeit der Vertriebenen und Umgesiedelten, in die außereuropäischen Länder. Dieser Blick hat einen ganz besonderen Wert, denn:

Die Revolutionäre von 1848 hielten sich für die Überbringer und Wegbereiter der ‚Emanzipation', aber was hieß das für diejenigen, die hofften, durch sie Emanzipation zu erlangen? Das Nachzeichnen der Pfade der versklavten Afrikaner des französischen Kolonialreichs, der politisch aktiven Frauen, Juden und ‚Zigeuner-Sklaven' der rumänischen Gebiete ist eine Möglichkeit, das Ausmaß und die Grenzen dessen zu ermessen, was 1848 wirklich erreicht wurde. (S. 23 f.)

Clark kann Analysen prägnant zusammenfassen:

> Soziale Unzufriedenheit ‚verursacht' keine Revolutionen – wenn sie das täte, käme es viel häufiger zu Revolutionen [...] Würde ein direkter Zusammenhang zwischen Entbehrung und Revolution bestehen, sollte man annehmen, dass die Regionen, die 1848 von der größten Hungersnot betroffen waren, auch die rührigsten in puncto Revolution gewesen wären. Doch es ist genau umgekehrt. (S. 27; 127)

So sieht es in der Tat auch beim Deutschen Bauernkrieg wie bei der Französischen Revolution aus. Oder, wenn es um die Gründe für das ‚Scheitern' der Revolution geht:

> Viele Liberale hatten das Gefühl, dass mit der Wahl von Parlamenten, dem Zugeständnis von Verfassungen, der Abschaffung der Zensur und der Übernahme anderer politischer Forderungen die Ziele des liberalen Programms weitgehend erfüllt waren. Sie waren keineswegs ‚gesellschaftspolitische Nihilisten', die sich des sozioökonomischen Drucks auf die ärmsten Bevölkerungsschichten nicht bewusst waren. Aber die meisten Liberalen waren nicht bereit, politische Macht an die Befriedigung sozialer Forderungen zu binden, denn in ihren Augen war das soziale und wirtschaftliche Leben der Menschen etwas, das in privaten Beziehungen wurzelte, also in einem Bereich, der vor staatlichen Eingriffen geschützt werden musste. (S. 877)

Clarks Analysen der Geschichte sind eingebettet in die Geschichten und Selbstzeugnisse einzelner Männer und Frauen, Revolutionärinnen und Konterrevolutionäre, aus dem Zentrum Europas oder von seinem Rande. Clark erzählt, kann grandios erzählen – das ist seine Kunst. Er präsentiert auf beinahe jeder Seite seines Buches eine Szene, die im Gedächtnis haften bleibt, weil sie Empathie auslöst oder Zorn weckt, weil sie skurril wirkt, aus dem prallen Menschenleben gegriffen oder einfach interessant ist. Ich präsentiere deren einige willkürlich ausgesuchte, die mir besonders haften geblieben sind, weil sie ein mir fremdes Gebiet betrafen und weil sie etwas von der Kunst verraten, aus tausenden zeitgenössischen Quellen ein einheitliches, zugleich sachliches wie emotional mitreißendes Buch zu formen.

Da ist die Pariser Journalistin Claire Démar, die 1833 gegen die Macht des Patriarchats aufbegehrt, die den Kern der Unterdrückung der Frauen in der Ehe sieht und die – wie kurz zuvor Charles Fourier in seiner „Neuen Liebeswelt" – eine ganz neue Art zeitlich begrenzter, freiwilliger und auf „den breitesten und bewährtesten Sympathien" (S. 137) beruhenden Vereinigungen, also eine völlige Neuausrichtung der sexuellen Beziehungen, fordert. Ihr Essay „Ma loi d'avenir" war selbst in radikalen Kreisen schockierend, verknüpfte er doch die „Emanzipation der Frauen mit der Befreiung der sexuellen Lust", prangerte er „sexuelle Treue als eine Form der Unterdrückung unter dem Deckmantel der Tugend" an und beraubte er „die Ehe ihrer theologischen und sittlichen Grundlage". (S. 138) Der Gegensatz zwischen der harten Realität und ihrer Utopie war für die Autorin schließlich unerträglich – kurz nach Fertigstellung ihres Essays beging sie Suizid.

Da sind die antisemitischen Ausfälle allenthalben und die spontanen antijüdischen Ausschreitungen im Elsass Anfang 1847, bei denen binnen weniger Stunden Häuser und Synagogen geplündert und die Bewohner zusammengeschlagen wurden; erst „nach der Ankunft von Truppen aus den Garnisonsstädten Hüningen und Belfort konnte die Ordnung wiederhergestellt werden." (S. 617)

Da sind die Sklavenaufstände auf Martinique vom Frühjahr 1848. Noch bevor der Erlass zur Abschaffung der Sklaverei vom 27. April 1848 aus Paris das Eiland erreichte, „hatten dessen versklavte Bewohner die Dinge bereits in die eigenen Hände genommen." (S. 571) Auslöser für spontane Aktionen waren oft genug Banalitäten:

> So verbot in der dritten Aprilwoche der Plantagenbesitzer Léo Duchamp, ein Betonkopf, der alle Bemühungen um Veränderung und Kompromisse zurückgewiesen hatte, den Sklavenarbeitern seiner Plantage plötzlich, am Samstag, wenn sie Maniokmehl herstellten, ihre Trommeln zu schlagen. Aufgebracht und aggressiv unterstrich Duchamp sein Verbot, indem er die Trommel eines seiner Arbeiter mit Namen Romain zertrümmerte. Das Verbot war unerwartet erfolgt, denn das samstägliche Trommeln war ein auf der Insel weit verbreiteter alter Brauch. Als Romain am nächsten Samstag, dem 20. Mai, auf einer Holzkiste trommelte, betrachtete Duchamp dies als Provokation und verlangte vom Bürgermeister von Saint-Pierre, der im Nachbarbezirk gelegenen Inselhauptstadt, Romain festnehmen, in Fesseln legen und einsperren zu lassen. Die Nachricht über den Vorfall verbreitete sich rasch, und Sklaven und freie Schwarze strömten von den Plantagen im gesamten Bezirk zum Gefängnis in Saint-Pierre. Vom Ärger der Menschenmenge verunsichert, aber auch aufgewühlt befal der stellvertretende Bürgermeister und Polizeichef, Pierre-Marie Porry-Papy, Sohn eines freien Schwarzen und einer freigelassenen Frau von Martinique, Romain freizulassen. (ebd.)

Da ist eine Fluchtwelle von 15.000 Rumänen, Szeklern und Deutschen aus Siebenbürgen, die vor den Repressalien der Habsburgermonarchie 1849 Schutz in der Walachei suchten.

> Fürst Constantin Cantacuzino, der nach dem Scheitern der walachischen Revolution von den Osmanen eingesetzte konservative Regent, ordnete die Einrichtung einer Sonderkommission an, die die Hilfe für diese Flüchtlinge organisieren sollte. Eine öffentliche Spendenaktion brachte großzügige Zuwendungen von Seiten der neuen politischen Führung, hoher Geistlicher, prominenter Kaufleute und der osmanischen und französischen Gesandten in Bukarest. (S. 929)

Da ist der Genueser Goffredo Mameli, Verfasser der Hymne „Fratelli d'Italia", der heutigen Nationalhymne, in deren Refrain es heißt „Wir sind bereit zum Tod": „Es ist leicht", sagt Clark,

> eine Bereitschaft zum Sterben zu bekunden. Aber Mameli war tatsächlich bereit zu sterben. Am 3. Juli 1849 wurde er durch ein Bajonett am linken Oberschenkel verwundet, als er in der Villa Corsini in Trastevere gegen den letzten französischen Angriff Widerstand leistete. Sein Bein wurde amputiert (eine Form des Märtyrertums vor dem Zeitalter der modernen Anästhesie), drei Tage später starb er an einer Wundsepsis, gerade einmal 21 Jahre alt. (S. 923)

Und da ist schließlich – um bei den persönlichen Schicksalen im Gefolge der Revolution zu bleiben – die Prinzessin Cristina Trivulzio di Belgiojoso, Schriftstellerin und Journalistin und „eine brillante Beobachterin der politischen Geschichte der Mailänder Revolution" (S. 939), die nach dem Untergang der Römischen Republik ins Exil ging, zunächst nach Malta, dann ins Osmanische Reich, wo sie sich der Förderung der Frauenbildung widmete; das schöne Porträt, das Henri

Lehmann 1843 von ihr gemalt hat, zeigt eine intelligente, selbstbewusste und dem Betrachter zugewandte Frau. Während der Republik hatte sie gemeinsam mit von ihr rekrutierten Frauen im Quirinalspalast in den Zellen, die während eines Konklaves normalerweise von den Kardinälen belegt wurden, die Verwundeten und Sterbenden gepflegt. Die sexuellen Annäherungen der Pflegerinnen an die Kranken und ihre diebischen Neigungen hatten sie zur Verzweiflung getrieben, aber zugleich kann sie in der Rückschau ein Zeugnis elementarer Humanität gerade dieser Frauen ablegen:

> Allerdings denken diese schlecht erzogenen, enthemmten Mädchen und Frauen weder an ihr Interesse noch an das eigene Behagen, sie vergessen sich selbst, wenn ein edles Gefühl sie beflügelt. Ich habe gesehen, wie die verkommensten und verdorbensten Frauen, sobald sie sich dem Bett eines Sterbenden näherten, sich weigerten, ihn zu verlassen, sie wollten weder essen noch schlafen, und das drei oder vier Tage hintereinander und ebenso viele Nächte lang. Ich habe gesehen, wie sie die schwersten und ekelhaftesten Aufgaben übernahmen, sich über brandige und eiternde Wunden beugten, die Beschimpfungen und Launen von Unglücklichen ertrugen, die ob ihrer Leiden verzweifelt waren, und alles hinnahmen, ohne Abscheu oder Ungeduld zu zeigen. Und ich habe gesehen, wie sie gleichgültig und gelassen blieben, während Musketenkugeln, Geschosse und Bomben über ihre Köpfe hinwegflogen und in ihren Ohren pfiffen, so vertieft waren sie in die Pflege dieser blutverschmierten Wracks vom Schlachtfeld. (S. 940)

In solchen Details, in der gefälligen und zugleich griffigen wie genauen Sprache, in den jederzeit nachvollziehbaren Schlüssen und Urteilen sowie in dem Gefühl, anhand des roten Fadens immer zu wissen, wo man sich gerade befindet – darin liegt das Lesevergnügen, das dieses große Werk bietet. Dass man sich während der Lektüre in dem unübersichtlichen Stoff mit seinen vielen verschiedenen Schauplätzen und seiner Fülle an unterschiedlichen Orten und teils gleichzeitig, teils nacheinander agierenden Personen immer wieder kurz orientieren kann, ermöglichen beigegebene Karten und ein Register, das Personen, Orte und Sachen gleichermaßen erschließt, sodass man nicht durch mehrere Indices blättern muss. Freiheit von Druckfehlern, eine gediegene Aufmachung und nicht zuletzt ein angesichts des Umfanges erschwinglicher Preis machen das Vergnügen komplett.

Rainer Kolk: *Die Jugend der Literatur. Literarische Entwürfe von Jugend 1830–1950*

Göttingen: Vandenhoeck & Ruprecht Verlage unipress 2023 (Jugendbewegung und Jugendkulturen. Schriften, Bd. 20). 211 S. € 40

Jan-Birger von Holtum

Zweifelsohne ist das Vorhaben, die literarische Darstellung von Jugend in einem Zeitschnitt von 120 Jahren abhandeln zu wollen, als ambitioniert zu bezeichnen, zumal die hier zu besprechende Publikation einen vergleichsweise überschaubaren Textumfang aufweist. Eingedenk der Tatsache, dass Autorinnen und Autoren das Sujet zwar mitunter streifen, dieses dann aber nicht den Kernkonflikt des Werks ausmacht, wie es beispielsweise im Entwicklungs- oder Bildungsroman geschehen mag, ergibt sich wahrlich ein weites Feld. Es könnte folgerichtig zu einem Parforceritt geraten, eine derart komplexe Thematik, die überdies verschiedenste Literaturströmungen des 19. und 20. Jahrhunderts betrifft, adäquat aufzufächern. Dies trifft auf die Studie von Rainer Kolk gewiss nicht zu, da dieser eine gelungene Mischung aus Überblicks- und Einzeldarstellung attestiert werden darf. Zumal es dem Verfasser keineswegs „um eine gleichmäßige Erschließung und Darstellung möglichst vieler ‚Jugend-Texte'" geht, „sondern darum, markante Konstellationen der literarischen Rede über diese Lebensphase zu benennen." (S. 8) Diese werden von Kolk nach einer wahrlich fundierten Her- und Einleitung wie folgt eingeteilt: „Junges Leiden. Anfänge im 18. Jahrhundert", „Neue Ufer? Lebenslauf und Jugend 1830–1890", „Konjunkturen um 1900" sowie „Disziplinierung und Neustart: 1920–1950". Gemeinsam ist den zum Vergleich ausgewählten Primärtexten, dass deren „narrative[n] Konstruktionen Prozesse gesellschaftlicher Veränderung" aufgreifen und abbilden, „die über die literarischen Protagonisten und ihre fiktiven Biographien hinaus Relevanz aufweisen." (ebd.)

J.-B. von Holtum (✉)
Heinrich-Heine-Institut, Düsseldorf, Deutschland
E-Mail: janbirger.vonholtum@duesseldorf.de

S. Brenner-Wilczek, *Heine-Jahrbuch 2024*, Heine-Jahrbuch,
https://doi.org/10.1007/978-3-662-70169-0_12

Wenngleich Kolk vornehmlich auf literarische Texte ab 1830 Bezug nimmt, so rückt er doch zunächst mit „Émile ou De l'éducation" [„Émile oder Über die Erziehung"] ein Werk ins Zentrum der Betrachtung, das bereits 1762 entstanden ist. Der Grund dafür ist offensichtlich, denn Jean-Jacques Rousseau ist unbestreitbar der Autor, der „die Tradition der Verbindung von Kulturkritik und Reformpädagogik" (S. 18) begründet hat. Entsprechend plausibel ist es, wenn der Bogen anschließend zu Johann Wolfgang von Goethes „Die Leiden des jungen Werthers" (1774) gespannt wird, da die inhärente „dichotomische Struktur der des Generationenkonflikts zu gleichen scheint." (S. 25) Weiter heißt es bei Kolk:

> Werthers Oppositionen entsprechen denen zwischen ‚alt' und ‚jung', Vergangenem und Gegenwärtigem/Zukünftigem, die sich mit der Operationalisierung durch liberal-progressive Autoren des Vormärz als Begleitsemantik für die Dynamisierung des Gesellschaftlichen als eines historisch Variablen etablieren werden. (ebd.)

Im Folgenden befasst sich Kolk ausschnittsweise mit der „Jugendsemantik" im Vormärz, deren Ziel es ist, den „historischen Moment der Dominanz von Jugend über Alter zu fixieren." (S. 33) Hier liegt der Fokus selbstredend auf den Vertretern des sogenannten „Jungen Deutschlands", wobei dem philologisch recht auserzählten Themenfeld nur wenige neue Facetten abgewonnen werden. Nach einem überaus kurzen Einschub zu Annette von Droste-Hülshoffs „Die Judenbuche" widmet sich Kolk den „‚Selbstbiografien' der Brüder Grimm" (S. 39), deren bewusst zur Schau gestellte Linearität dem „lebenslang von Heinrich Heine gepflegte[n] Autobiographie-Projekt diametral entgegengesetzt" (S. 43) sei. Kolk rekurriert in Bezug auf Heines Schreibstrategie jedoch nicht vornehmlich auf die in der Philologie oftmals mit mikroskopischer Genauigkeit betrachteten Jugend-Passagen aus „Geständnisse" oder aus dem „Memoiren"-Fragment. Mit Recht bemerkt Kolk zu beiden Texten, dass dort „ein episodisches Erzählverfahren" angewendet wird, „das nicht auf Kohärenz abhebt, sondern den grundsätzlichen Zweifel an authentischer Selbstdarstellung zum Schreibprinzip erhebt" und somit „Autobiographie und Zeitgeschichtsschreibung" in typisch Heinescher Manier fusioniert. (ebd.) Kolk thematisiert somit beispielsweise nicht etwa, wie man als Rezipient erwarten könnte, die berühmte Episode zwischen dem adoleszenten Erzähler und Josepha, der „Scharfrichterstochter" (DHA XV, 99), sondern mit „Ludwig Börne. Eine Denkschrift" (DHA XI) ein Werk, das dem „Memoirenprojekt […] genetisch nahesteht" und ebenso das kunstvolle Verweben von „Selbst- und Zeitbiographie" aufweist. (vgl. Höhn [3]2004, 424 ff.) Somit ist es vollends verständlich, dass Kolk bei der „Denkschrift" Heines ansetzt und das zugrunde liegende Schreibprinzip zu den auf Stringenz bedachten, durch vermeintliche Determination gekennzeichneten Lebensläufen in Relation setzt. Neben Jakob und Wilhelm Grimm sowie Heinrich Heine ist es Karl Gutzkow, der als weiterer Autor des 19. Jahrhunderts unter dem Gesichtspunkt „Lebenslauf und Jugend" von Kolk hervorgehoben wird. In Gutzkows Novelle „Die Selbsttaufe" werde die bei „Heine präsente Ablösung traditioneller sozialer Bindungen durch die Offenheit des Lebenslaufs" noch weitergehend „radikalisiert". (S. 50) Die für den Vergleich getroffene Werkauswahl in diesem Kapitel mag zunächst ungewöhnlich erscheinen, doch der Verfasser der

Studie legt überzeugend dar, dass die einzelnen literarischen Korrelate die „in der Moderne grundsätzliche[n] Spannung von Standardisierung und Individualisierung von Lebensläufen" repräsentieren, was wiederum „ein zentraler Aspekt jeder Rede über Jugend" darstellt. (S. 39)

Auf die weiteren Kapitel der lesenswerten Studie Kolks en détail einzugehen, würde zweifellos den Rahmen dieser Rezension sprengen, sodass vornehmlich die Ausführungen zur Literatur der Heine-Zeit exemplarisch aufgegriffen wurden. Dennoch sei an dieser Stelle erwähnt, dass die Betrachtungen zu den um 1900 evidenten „Konjunkturen" der literarischen Beschäftigung mit Adoleszenz im Spannungsverhältnis zum damaligen Bildungssystem – und somit zu Hermann Hesses „Unterm Rad", Robert Walsers „Jakob von Gunten", Rainer Maria Rilkes „Die Turnstunde", Heinrich Manns „Professor Unrat oder Das Ende eines Tyrannen" und Robert Musils „Die Verwirrungen des Zöglings Törleß" – besonders nachhaltigen Eindruck beim Lesen der Abhandlung hinterlassen haben.

Jana Mader: *Natur und Nation. Landschaft als Ausdruck nationaler Identität im 19. Jahrhundert – Der Rhein und der Hudson River*

Würzburg: Königshausen & Neumann 2023 (Epistemata. Würzburger wissenschaftliche Schriften. Reihe Literaturwissenschaft, Bd. 953). 329 S. € 48

Sabine Brenner-Wilczek

Zur großen Popularität der Stimmungslandschaft romantischer Rhein haben neben Achim von Arnim, Clemens Brentano, den Brüdern Schlegel und Heinrich Heine zahlreiche andere Dichter beigetragen. Sie kreierten im 19. Jahrhundert einen bestimmten Mythos, der sich bis heute mit dem Strom verbindet. Dabei waren verschiedene Punkte für diese Sicht auf den romantischen Rhein maßgebend. Zu ihnen gehörte der Kölner Dom ebenso wie die Burgruinen entlang des Mittelrheins und der Loreley-Felsen bei St. Goar und die mit ihm verknüpfte poetische Geschichte. Jana Mader fragt sich in der vorliegenden Untersuchung: „Wie wird Natur von Beginn zu Ende des 19. Jahrhunderts mit nationalen Narrativen aufgeladen? Ist ein Wandel erkennbar?" (S. 11) Sie nimmt allerdings gleich zwei Flüsse, den Rhein und den Hudson River, in den Blick. Das rezensierte Buch basiert auf Jana Maders eingereichter Dissertation an der Ludwig-Maximilians-Universität München. Mader studierte dort Germanistik und wurde im Jahr 2023 promoviert. Sie hat Unterrichtserfahrungen an der University of North Carolina, Juilliard, und am Bard College, New York, und ist als Wissenschaftlerin, Übersetzerin und Schriftstellerin tätig. Als Zeitschnitt ihrer Arbeit wählte sie das gesamte 19. Jahrhundert, „da Deutschland wie auch die USA in diesen 100 Jahren starken ideologischen Veränderungen unterlagen, ja die beiden Länder wurden im Grunde als Nationen begründet." (ebd.) Es werden nach Amerika ausgewanderte Pfälzerinnen und Pfälzer in den Bick genommen, die sich in dem Gebiet des Mid-Hudson

S. Brenner-Wilczek (✉)
Heinrich-Heine-Institut, Düsseldorf, Deutschland
E-Mail: sabine.brennerwilczek@duesseldorf.de

Valley niederließen und Städte gründeten, darunter das heutige Rhinebeck. Der amerikanische Rhein und der romantische Rhein – hier werden sowohl mit dem (versuchten) Weinanbau als auch durch ähnliche Motive in der deutschen wie in der amerikanischen Malerei eingangs Parallelen gezogen. Das tiefergehende speziell literaturwissenschaftliche Erkenntnisinteresse beschreibt Jana Mader wie folgt:

> Wofür stehen die beiden Flüsse in den ausgewählten Texten und welche Bedeutung kommt ihnen in der Ideologie ihres Landes zu? Wie wird Natur beschrieben und funktionalisiert? Mit dieser Forschung wird die notwendige Beschäftigung mit National-Vorstellungen am Beispiel der Literatur vorangetrieben und das 19. Jahrhundert in seinen ideologischen Entwicklungen exemplarisch am Rhein und dem Hudson fassbar gemacht. (S. 18)

Ein Verdienst dieser Studie – und dessen ist sich die Autorin zu Recht bewusst:

> Beide Gebiete, die des Rheintals und des Hudson Valleys, wurden auf diese Art und Weise noch nie verknüpft. Die vielfältige Verbindung vom Ästhetischen zum Politischen, Geografischen und Geschichtlichen stellt dabei einen wichtigen Teil der Arbeit dar. (ebd.)

Als textliches Analyseinstrument wird die Literaturtheorie Fredric Jamesons herangezogen. Er entwickelte das Modell der „three concentric frameworks" (vgl. S. 49), also drei konzentrische Rahmen, die das Politische, das Soziale und das Historische umschließen: „Alle drei Interpretationsstufen offenbaren ein oder mehrere Elemente des politischen Unbewussten." (S. 56) Für Fredric Jameson müssen Texte wie alle kulturellen Objekte

> als vielschichtige Strukturen und Symptome der Gesellschaft verstanden werden, stehen somit im politischen Zusammenhang ihrer Zeit […]. Nach Jameson ist die Wechselbeziehung zwischen Kultur und Ideologie dialektisch eine Art ‚Einheit der Gegensätze' von Repräsentation und Bedeutung. Kultur macht Ideologie sichtbar. (S. 53)

Als methodisches Instrumentarium hätten sich gewinnbringend auch andere Ansätze angeboten, beispielsweise die kulturwissenschaftlichen Forschungen von Aleida und Jan Assmann zu Gedächtnisorten, die sich mit den französischen Forschungen zu den „lieux de mémoire" so fruchtbar ergänzen.

Insgesamt wird ein Dutzend Texte einer genaueren Analyse unterzogen. Die Auswahl basiert laut Jana Mader auf kanonisierter, bekannter, viel gelesener Literatur (vgl. S. 60): Johann Wolfgang von Goethe – „Rhein und Main" (ca. 1800), Friedrich Hölderlin – „Der Rhein" (1808), Clemens Brentano – „Das Rheinmärchen" (1812), Nikolaus Becker – „Der deutsche Rhein" (1840), Heinrich Heine – „Deutschland. Ein Wintermährchen, Caput V." (1843), Clara Viebig – „Die Wacht am Rhein" (1902), Washington Irving – „Rip Van Winkle" (1819) und „The Legend of Sleepy Hollow" (1820), James Fenimore Cooper – „The Spy" (1821), William Cullen Bryant – „A Scene on the Banks of the Hudson" (1827), Nathaniel Parker Willis – „Letter from Idlewild" (25. März und 19. April 1854), John Burroughs – „A River View" (1886). Die Auswahl der analysierten Texte vermag nicht vollumfänglich zu überzeugen oder hätte zumindest weiterer erläuternder Begründungen bedurft. Allein durch den Schwerpunkt Lyrik bei den deutschsprachigen Autoren und den Schwerpunkt auf erzählerischen Formaten bei den amerikanischen Autoren muss die Vergleichbarkeit der literarischen Bilder und Stilmittel in der Conclusio („Auswertung, Vergleich, Bewertung", S. 246–281) zu kurz kommen. Auch Einzelentscheidungen in der Textauswahl – Clara Viebigs „Die Wacht am Rhein" ist streng genommen ein Text des 20. Jahrhunderts und gleich zwei Mal werden Titel von Washington Irving herangezogen – hätten anders getroffen werden können.

Das gesamte „lange 19. Jahrhundert", wie es auch in der Geschichtswissenschaft heißt, in den Blickpunkt der Untersuchung zu nehmen, war per se ein sehr ambitioniertes und komplexes Unterfangen. Daher wundert es nicht, dass die Analyse der Texte bisweilen eher schematisch ausfällt und an einigen Stellen – so auch im Heine-Kapitel – der Wunsch nach weitergehenden Interpretationen aufkommt.

Dem Reiz der sagenumwobenen Rheinlandschaft konnte sich bereits Anfang des 19. Jahrhunderts kaum noch jemand entziehen. Von der Sehnsucht nach einer idealen Landschaft an die Ufer des Stroms getrieben, entdeckten englische Reisende den Rhein. Der Rheintourismus war geboren und mit ihm eine bis heute blühende Andenkenindustrie. Im 19. Jahrhundert mischten sich unter die geselligen, weinseligen Töne aber auch politische und nationale Stimmen. Die Erhebung des Rheins zum nationalen Symbol hing eng zusammen mit der Forderung Frankreichs nach der Rheingrenze. Der Kampf gegen diese Forderung im 19. Jahrhundert trug erheblich bei zur Ausbildung einer deutschen Nation. Schon 1813 hatte Ernst Moritz Arndt den französischen Ansprüchen sein „Teutschlands Strom, aber nicht Teutschlands Gränze" entgegengerufen, Max von Schenkendorf sein patriotisches „Lied vom Rhein". Ihren literarischen Höhepunkt erreichte die Auseinandersetzung um den Rhein aber in der Deutsch-Französischen Krise des Jahres 1840. Das Gedicht „Der deutsche Rhein" des Geilenkirchener Gerichtsschreibers Nikolaus Becker mit den Zeilen „Sie sollen ihn nicht haben, / Den freien deutschen Rhein / Ob sie wie gier'ge Raben / Sich heiser danach schrein" (S. 138) verfocht das stereotype Bild vom „Erbfeind Frankreich": „Das simple Volkslied wird zum massentauglichen Kampflied, in welchem der Rhein vor seiner Entromantisierung und Denationalisierung beschützt werden soll." (S. 145) Durch seine Popularität wurde das Gedicht sozusagen in den Rang einer Nationalhymne erhoben und löste eine wahre Flut von patriotischen Rhein-Gedichten aus, darunter auch Max Schneckenburgers „Die Wacht am Rhein", das dann im Deutsch-Französischen Krieg von 1870/71 bekannt werden sollte. Diese Zusammenhänge stellt Jana Mader gut nachvollziehbar und einleuchtend dar. Nach einem summierenden Interpretationseinstieg folgt zu jedem literarischen Text stets eine Analyse nach den „three concentric frameworks". Schade ist allerdings, dass Jana Mader einige Standardwerke, die für den Kontext relevant sind, so auch die zahlreichen Publikationen von Gertrude Cepl-Kaufmann zum „Mythos Rhein" in der Kulturgeschichte, unbeachtet lässt.

Das Kapitel zu Heine (S. 145–155) fasst die relevanten Eckdaten seiner Biographie zusammen und streift die Gedichte „Ich weiß nicht, was soll es bedeuten" und „Im Rhein, im schönen Strome" interpretatorisch: „Natur wird zur Manifestation des ‚Anderen', indem der Autor sie verweiblicht." (S. 149) Den Schwerpunkt bildet die Interpretation von Caput V. des „Wintermährchens". Betont und kontextualisiert wird die Rolle des Rheins als „umstrittener Grenzfluss". (ebd.) Heines stilistische und ästhetische Mittel werden im politischen und sozialen Zusammenhang, ganz im Sinne der „three concentric frameworks", eingeordnet:

> Aus Metaphern, Doppeldeutigkeiten, Anspielungen, Verweisen auf Persönlichkeiten und historische Ereignisse sowie surreale Vorkommnisse wie die Konversation mit dem Fluss strickt Heine ein komplexes Gefüge an beißender Kritik, die die politischen Umstände der Zeit zusammenfasst. (S. 154)

Wirklich neue Erkenntnisse für die Heine-Forschung lassen sich aus dieser Analyse – solitär betrachtet – freilich nicht ziehen, was bei einem so kurzen Kapitel und angesichts der Forschungsfülle zum „Wintermährchen" auch nicht zu erwarten war. Vielmehr besteht die Relevanz darin, dass diese Interpretation im komparatistischen Zusammenhang zu lesen ist.

Der Vergleich zwischen Deutschland und den USA mündet in die These, „dass sich im Laufe des 19. Jahrhunderts Nationalismus auf beiden Seiten des Atlantiks zu einer quasi Religion entwickelte, die pietistische, puritanistische oder schlicht christliche Strukturen für sich nutzte". (S. 267) Außerdem werden literarisch ausgestaltete Natur- und Gartenerlebnisse, die Thematisierung der Industrialisierung sowie politische Umstände und deren Machtstrukturen in Deutschland und in den USA parallel gelesen. Dieses Kapitel ist von hoher Relevanz und hätte einen größeren Seitenumfang und weitere Analysedetails verdient. Was den theoretisch-methodischen Rahmen angeht, plädiert Jana Mader zu Recht für eine Überarbeitung und Verfeinerung der „three concentric frameworks". Klug und ausgewogen argumentiert, schlägt sie ein Vier-Felder-Modell vor. Hier zieht sich der Text, von ihr in einer schematischen Darstellung

> mit einem Balken visualisiert, vom ersten Feld, dem politischen Feld, zum zweiten, der Analyse auf soziale Werte hin. […] Der Text ist in beide Felder eingebettet, steht aber gleichzeitig im dritten Feld zunächst (in Theorie!) für sich. (S. 279)

Durch diese Herangehensweise wird

> die Gefahr der Vorannahmen verringert. Die Interpretation im dritten Bezugsrahmen, die bei Jameson unausweichlich zum Spätkapitalismus führt, soll im Vier-Felder-Modell durch eine interpretatorische Öffnung entgegengesteuert werden. (ebd.)

Diese „interpretatorische Öffnung" in einem vierten Schritt hat Jana Mader bereits gewinnbringend in ihre Analysen eingebunden, beispielsweise in die von Goethes Gedicht „Rhein und Main".

Alles in allem hat Jana Mader eine komplexe, komparatistische Arbeit vorgelegt, die zwölf Textanalysen aus dem sogenannten „langen" 19. Jahrhundert umspannt. Neu ist vor allen Dingen das Zusammendenken von Rhein und Hudson River in der Analyse. Dieser Ansatz könnte durchaus als Vorbild dienen, um auch im weitergehenden internationalen literarischen Vergleich Flüsse als Lebensader und die damit verbundene Art der Konstruktion von Nationalstaaten durch Naturdarstellungen zu untersuchen.

Philipp Ritzen: *Heinrich Heines „Romanzero". Mythisches Denken und resignatives Geschichtsbild*

Berlin, Heidelberg: J.B. Metzler Verlag 2023. 209 S. € 64,99

Stefan Lüddemann

Hat Heinrich Heine am Ende nicht mehr daran geglaubt, dass sich die Lebensverhältnisse der Menschen zum Besseren wenden lassen würden? Ist er an der Idee des Fortschritts verzweifelt, hat er am Ende gar resigniert? Heinrich Heine, das ist der Trommler der Revolution, der Gegner der Restauration, Vorbild aller engagierten und auf der politischen Linken angesiedelten Autoren. Dieses Bild schien unverrückbar. Jetzt legt Philipp Ritzen Hand an diese Konvention der Rezeption Heinrich Heines. Seine These: Heine hat sich in seinem späteren Werk einem zyklischen und vor allem resignativem Geschichtsbild zugewandt und die Idee des Fortschritts damit zumindest erheblich relativiert. Das ist ein Novum, vorsichtig gesagt.

„Heinrich Heines ‚Romanzero'. Mythisches Denken und resignatives Geschichtsbild": Unter diesem Titel legt Ritzen in der Reihe der von Sabine Brenner-Wilczek herausgegebenen Heine-Studien die überarbeitete Fassung seiner 2017 an der Philosophischen Fakultät der Heinrich-Heine-Universität Düsseldorf angenommenen Dissertation als Buchpublikation vor. Ritzen bezieht seine Untersuchung auf den dritten von Heinrich Heines großen Gedichtzyklen, den 1851 publizierten „Romanzero". Der Autor belässt es jedoch nicht bei einer weiteren Werkstudie zu diesem Zyklus, er verklammert seine Interpretation mit Formen des mythischen Denkens. Und genau diese Denkform scheint auf den ersten Blick auf kaum einen Autor weniger zu passen als auf Heinrich Heine.

Der Grund liegt in einer Auffassung des Mythos und der mit ihm verbundenen Weltsicht, die seit der Mythenkritik der Aufklärung zu einem intellektuellen Common Sense avanciert zu sein schien. Danach steht der Mythos für eine vormoderne

S. Lüddemann (✉)
Institut für Germanistik, Universität Osnabrück, Osnabrück, Deutschland
E-Mail: stefan.lueddemann@outlook.de

S. Brenner-Wilczek, *Heine-Jahrbuch 2024*, Heine-Jahrbuch,
https://doi.org/10.1007/978-3-662-70169-0_14

Geschichtsauffassung, die nach ihrer endgültigen Überwindung durch die Kritik der Aufklärung nur noch als historisches Relikt zu betrachten ist. Im Zentrum der Kritik stand der Mythos einmal wegen seines Autoritätsanspruchs, zum anderen wegen seiner Behauptung einer geschichtlichen Realität, die dem Menschen die Rolle des in Alternativen denkenden und handelnden Subjekts verwehrt.

Nun datiert die Neubewertung des Mythos nicht erst seit Hans Blumenbergs berühmten Buch „Arbeit am Mythos" von 1979. Den Initialpunkt einer Neubewertung des Mythos setzte vor allem Ernst Cassirer mit dem zweiten Band seiner „Philosophie der symbolischen Formen", den er 1925 dem Mythos widmete. Cassirer rehabilitierte den Mythos als einen Weltzugang von eigenem Recht, als eine eigene Denkform im Spektrum der symbolischen Formen, mit denen sich der Mensch seine Welt erschließt. Der Mythos ist damit von dem Verdacht befreit, nur eine primitive, aus der Vorzeit der Geschichte stammende Vorstellungsform zu sein.

Philipp Ritzen ist so gründlich und zugleich intellektuell ambitioniert, die Frage nach dem Mythos im Hinblick auf Heines „Romanzero" weder auf Heines Biographie noch auf ein literarisches Sujet zu reduzieren. Sicher, Heinrich Heine arbeitet als schwer kranker Mann am „Romanzero". Was läge näher, als seinen Rückgriff auf mythische Geschichtsdimensionen als Mittel der Tröstung in der eigenen Bedrängnis zu verstehen? Und ist nicht ebenso offensichtlich, dass sich Heine in seinem Gedichtzyklus vielerlei Stoffe und Geschichte bedient, die aus Mythen stammen?

Ritzen setzt tiefer an, schaut weiter. Er situiert Heines Interesse am Mythos in länger zurückreichenden Werkstrukturen, verweist dafür etwa auf die Schrift „Die Götter im Exil". Vor allem aber sucht der Autor seinen Ansatz bei jener kurzen Schrift Heines, die in der Tat als Dreh- und Angelpunkt seines Nachdenkens über Geschichte und Fortschritt gelten kann, bei dem geschichtsphilosophischen Essay „Verschiedenartige Geschichtsauffassung". Ritzen sieht Heine hier als Verfechter eines zyklischen Verständnisses von Geschichte, möchte ihn gar als Vorläufer von Friedrich Nietzsches Vorstellung von der Wiederkehr des Immergleichen verstanden wissen.

Es darf gefragt werden, ob die Dinge im Hinblick auf diesen ebenso kurzen wie zentralen Text Heines wirklich so liegen. Heinrich Heine konfrontiert ja gerade eine zyklische und eine an linearem Fortschrittsdenken orientierte Auffassung der Geschichte, um sich dann für einen dritten Weg zu entscheiden – eine Sicht auf Geschichte, die das gute Leben des Menschen im Hier und Jetzt hervorhebt. Damit ist der Mensch vor allem kein Opfer, weder einer Wiederkehr des Gleichen, das seine Initiative lähmt, noch eines Utopismus, der den Menschen nur als Material für politische Kämpfe versteht.

Ritzen akzentuiert die Vorstellung einer zyklischen Geschichte als Denkmodell, das mit dem „Romanzero" nicht nur ein zentrales literarisches Werk Heines dominiert, sondern zugleich auch sein Spätwerk in dieser Weise herausstellt. Und ist das nicht die genau richtige Perspektive? Immerhin schreibt Heine in dem Gedicht „Enfant perdü" in den „Lamentazionen" des „Romanzero": „Verlor'ner Posten in dem Freyheitskriege, / Hielt ich seit dreyzig Jahren treulich aus". (DHA III, 121)

Heines lyrisches Ich als verwundeter, als erschöpfter Kämpfer für die Freiheit: So scheint es zu sein im „Romanzero".

Der Vorzug der vorliegenden Untersuchung besteht darin, den vermeintlich unverrückbaren Mythos in eine bewegliche Denkoperation aufzulösen, mit der Heine in seinem Zyklus gewinnbringend operiert. Mit Hilfe dieser Denkform gliedert Heine die historische Zeit, bezieht unterschiedliche kulturelle und auch sprachliche Räume aufeinander, findet ein Hilfsmittel gegen die Erfahrung der Sinnlosigkeit, die vom politischen Kampf übrig geblieben ist. Der vermeintlich nur rückständige Mythos erweist sich als Mittel, um im Chaos der Geschichte und ihrer von Kontingenz geprägten Erfahrungsräume erfolgreich navigieren zu können. Die Frage dabei bleibt, ob dies auch mit politischer Resignation verbunden sein muss. War Heinrich Heine am Ende wirklich der Meinung, dass sich die Gesellschaft jeder Reform entzieht?

Philipp Ritzen macht sich nach seiner Analyse des mythischen Denkens und seiner Optionen auf eine spannend zu lesende Reise durch den Gedichtzyklus. In detailreichen Analysen faltet er auf, was er als Heines Denken in den Dimensionen des Mythos versteht. Der Leser sieht Heine nicht allein bei diesen Denkoperationen zu, er entdeckt ihn zugleich in einer ungewohnt neuen Perspektive, als Autor, der sich nicht einfach nur als Herold des Fortschritts rubrizieren lässt. Im Gegenteil: Heine nutzt den Mythos, um scharfzüngig die Welt als das zu entlarven, was sie offenbar doch nur ist: eine unablässige Reproduktion des Oben und Unten der sozialen Ordnung und der mit ihr verbundenen Ungerechtigkeit.

Das muss nicht im Sinne einer bloßen Resignation verstanden werden. Das mythische Denken verhilft Heine zu durchaus originellen und verblüffend genau in die Zukunft weisenden Einsichten. Als Beispiel sei hier nur Ritzens Interpretation des mehrteiligen Gedichts „Vitzliputzli" genannt, das in komplexer Weise den Kontakt Europas mit Amerika und damit den Kontakt der Zivilisationen behandelt. Hier ist keine entwickelte Zivilisation zu beobachten, die eine vermeintlich unentwickelte entdeckt und dann auf eine neue Stufe hebt, wie sich umgekehrt auch keine vermeintlich unverdorbene indigene Kultur von der korrumpierten Lebensweise Europas abhebt. Im Kontakt erweisen sich beide Welten, die alte wie die neue, als gleichermaßen verderbt und unfähig, einen neuen Weg in die Zukunft zu weisen.

Heinrich Heine als Vordenker der komplexen Verweisungsstrukturen des Kolonialismus? Philipp Ritzen arbeitet mit seinen genauen Analysen verblüffende Einsichten heraus, die das Bild Heinrich Heines als geschichtlichem Denker neu akzentuieren. Ritzens Buch wird die Debatte um diese zentrale Qualität des Werkes von Heinrich Heine neu beleben. Das ist sicher. Zugleich scheint ebenso ausgemacht, dass auch diese Sicht auf Heine keine alleinige Vorherrschaft für sich beanspruchen darf. Drei Jahre nach dem „Romanzero" publizierte Heine „Lutezia" – und mit seinem Paris-Buch sein Votum für den agilen Beobachter der Zeitgeschichte, der ihren Ausgang offen sieht. Gern mit Präferenz für ein gutes Ende.

Heine-Literatur 2023 mit Nachträgen

Zusammengestellt von Elena Camaiani

1 Primärliteratur

1.2 Einzelausgaben und Teilsammlungen

Heine, Heinrich: Deutschland. Ein Wintermärchen. Hrsg. von Wolfgang Keul. Durchges. Ausg.
    Ditzingen 2022. 121 S. (Reclam XL; 16139).
Heine, Heinrich: Ein Frühlingstag mit Heinrich Heine. Ditzingen 2023. 88 S.: Ill. (Reclams Uni-
    versal-Bibliothek; 14344).

1.3 Texte in Anthologien und Sammelwerken

24 Adventsüberraschungen. Wunderschöne Weihnachtszeit. Mit Ill. von Carola Pabst. Eschbach/
    Markgräflerland 2023. 20 ungez. S.: Ill.
Die berühmtesten deutschen Gedichte. Auf der Grundlage von 300 Gedichtsammlungen. Er-
    mittelt und zusammengestellt von Hans Braam. 2., akt. Aufl. Stuttgart 2019. XIV, 332 S.
Celan und die Anderen. Eine Anthologie zur Todesfuge. Norbert Gutenberg (Hrsg.). Berlin 2023.
    226 S.
Deutsche Geschichte in 100 Zitaten. Von Tacitus bis Merkel. Hrsg.: Christoph Marx. Mit Ill. von
    Dieter Wiesmüller. Berlin 2022. 247 S.: Ill. (Duden).
„Es flüstern und sprechen die Blumen". Eine Blütenlese in Bild und Gedicht. Ausgew. von Karl-
    Heinz Göttert. Ditzingen 2022. 126 S.: Ill.
Der ewige Brunnen. Deutsche Gedichte aus zwölf Jahrhunderten. Ges. und hrsg. von Dirk von
    Petersdorff. München 2023. 1167 S.
Das Hausbuch der Weihnachtszeit. Geschichten, Lieder und Gedichte. Ges. und ill. von Rotraut
    Susanne Berner. Erw. Neuausg. Hildesheim 2007. 152 S.: zahlr. Ill., Noten.
Jeder Tag ist ein kleines Leben. Ein Lesebuch für Senioren. Christine Hober (Hrsg.). Trier 2021.
    127 S.
Ein jüdischer Garten. Angelegt von Itamar Gov, Hila Peleg, Eran Schaerf. München 2022. 302 S.
Kerber, Malte: Epilog-Gedichte zum Lebens-Stück. Leipzig 2022. 167 S. (LyBi – Engelsdorfer
    Lyrikbibliothek).
Lauter Lyrik. Der kleine Conrady. Eine Sammlung deutscher Gedichte. Hrsg. von Karl Otto Con-
    rady. Düsseldorf 2008. 800 S.
Liederlich! Die lüsterne Lyrik der Deutschen. Hrsg. und mit e. Nachw. vers. von Steffen Jacobs.
    Frankfurt a. M. 2008. 272 S. (Eichborn Berlin).
Magie des Lesens. Die schönsten Geschichten über die Liebe zum Buch. Annemarie Stoltenberg
    [Hrsg.]. Mit Ill. von Tanja Kischel. Ditzingen 2023.
The Passover Anthology. Ed. by Philip Goodman. [Reprint of 1961]. Philadelphia 2018. XXXI,
    492 S.: Ill. (The JPS Holiday Anthologies).
Die Perlen der Kleopatra. Hrsg. von Natalie Fischer. Dresden 2021. 202 S.
Reclams Weihnachtsbuch. Gedichte, Geschichten und Lieder. Hrsg. von Stephan Koranyi. Dit-
    zingen 2023. 256 S. (Reclam Taschenbuch; 20736).
Reclams Winterbuch. Geschichten und Gedichte für die kalte Jahreszeit. Ditzingen 2023. 175 S.
    (Reclam Taschenbuch; 20737).
„Rousseau, Voltaire, Holbach, Lessing, Heine und Hegel in einer Person". Marx in Zitaten. – In:
    Soziopolis 2018. 10 S. [URL: https://nbn-resolving.org/urn:nbn:de:0168-ssoar-82279-9, letz-
    ter Zugriff: 9.7.2024].
Strümpel, Jan: Über den Bergen wohnt das Glück. Geschichten und Gedichte von Gipfeln und
    Tälern. Köln 2023. 223 S. (Geschenkbuch Gedichte und Gedanken; 17).

Tag für Tag. Literarisches Geburtstagsbuch. Hrsg. von Martin Scharpe und Wolfgang Erk. Stutt-
gart 2010. 462 S.
Vom Glück, Großeltern zu sein. Die schönsten Geschichten über Großeltern und ihre Enkel-
kinder. Annemarie Stoltenberg [Hrsg.]. Mit Ill. von Lara Paulussen. Ditzingen 2023. 239 S.:
Ill.
Waldgedichte. Nanette Lehner, Michaela Amann (Hrsg.). Remagen-Oberwinter 2022. 56 S.: Ill.
Warum in die Ferne schweifen? Geschichten und Gedichte von Heimat und Fremde. Ausgew.
von Jan Strümpel. München 2023. 223 S. (Geschenkbuch Gedichte und Gedanken; 20).

1.4 Übersetzungen

Bucciol, Gio Batta: Heinrich Heine (1797–1856). – In: Poesia 26, 2013, 278. S. 84–85. [Mit
Übersetzungen von Amalia Vago und Gio Batta Bucciol <dt./ital.>].
Heine, Heinrich: Firenzen öitä. Sisältää myös kertomuksen Bacherachin rabbi. Suomentanut ja
selityksin varustanut Amira Al Bayaty. Toinen painos. Esipuhe H. K. Riikonen. Turku 2023.
175 S. [„Florentinische Nächte"; „Der Rabbi von Bacherach" <finn.>].
Heine, Heinrich: Germania, una fiaba d'inverno. Trad. e cura di Nino Muzzi. Arcidosso 2021.
151 S. (Poesia; 52). [„Deutschland. Ein Wintermärchen" <ital.>].
Heine, Heinrich: Herra von Schnabelewopskin muistelmat. Suomentanut Amira Al Bayaty. Esi-
puhe H. K. Riikonen. Toinen painos. Turku 2023. 114 S. [„Aus den Memoiren des Herren
von Schnabelewopski" <finn.>].
Heine, Heinrich: La Loreley. Éd. établie par Pascale Roux. Droue-sur-Drouette 2020. 67 S. (Le
chant des possibles). [41 Übersetzungen des Gedichts <frz.>].
Heine, Heinrich: Wiersze liryczne i okolicznościowe w układzie chronologicznym 1816–1855.
William Ratcliff. Tragedia. Wybrał, przełożył i opracował Andrzej Lam. Warszawa 2022. 327
S. [Gedichte; „William Ratcliff" <poln.>].
Muzzi, Nino: Heinrich Heine. Germania una fiaba d'inverno. – In: Poesia 31, 2018, 337. S. 54–
57. [„Deutschland. Ein Wintermärchen. Caput I–VII" <dt./ital.>].

2 Sekundärliteratur

2.1 Studien zu Leben und Werk

Amatruda, Arianna: Una diversa concezione della storia nelle liriche „diverse" di Heine. – In: Ri-
vista di letterature moderne e comparate e storia delle arti 74, 2021, 2. S. 159–183.
Amatruda, Arianna: Lavoro, ozio, piacere. Da Heine a Benjamin. – In: Rivista di letterature mo-
derne e comparate e storia delle arti 75, 2022, 4. S. 405–417.
Andreas, Peter: „Mein Oheim lebt auf dem Lande". Heinrich Heine in Hamburg. Der ungeliebte
Kaufmannsberuf. – In: Ders.: Im Musengarten. Künstleridylle in Pavillon und Gartenhaus.
Bonn 2022. S. 90–93.
Aub, Max: Heine (1957). Ed. crítica de Eva Soler Sasera. – In: Ders.: Obras completas. – Vol. 10:
Ensayos 1. Madrid 2020. S. 297–352.
Auf der Horst, Christoph: „... bin ich nicht der Hofdichter der Nordsee?". Heines Nordsee-Lyrik
zwischen Authentizität, Konstruktivität und Funktionalisierung. – In: The cruel Sea. Der Tod
und das Meer – historische und kunsthistorische Perspektiven. Jörg Vögele … (Hrsg.). Wien;
Köln 2022. [Internationale Arbeitstagung an der Heinrich-Heine-Universität Düsseldorf (22.
bis 23. April 2021)]. S. 113–130.

Bekes, Peter: Die Entlarvung romantischer Sehnsucht. Heinrich Heines ‚Ein Fichtenbaum'. – In: Praxis Deutschunterricht 76, 2023, 1. S. 36–38.

Biegel, Gerd: Goethe, Heine und die Anfänge des Harztourismus. – In: Goethe im Harz 2016/2017, 18. S. 6. – 2020/2021, 22. S. 11. – Goethe im Harz 2021/2022, 23. S. 11. [URL: https://digital.bibliothek.uni-halle.de/pe/urn/urn:nbn:de:gbv:3:2-25551, letzter Zugriff: 9.7.2024].

Bigné, Étienne: Du sens. Hellénisme, hébraïsme, imagination chez Heinrich Heine, Théophile Gautier et Walter Pater (1853–1893). Lyon, École normale supérieure de Lyon, Diss., 2023. 742 S.: Ill. [URL: https://www.theses.fr/2023ENSL0064, letzter Zugriff: 9.7.2024].

Bigné, Étienne: ‚Fiat justitia, pereat poesis?'. Heinrich Heine, poète justicier. – In: Le poème, le juste. Textes réunis par Corinne Bayle & Éric Dayre. Paris 2021. (Détours littéraires). S. 77–90.

Böhn, Alexandra: Erfüllte Gegenwart. Zeit, Geschichte und Epiphanie in Heinrich Heines Nordseereisebild ‚Die Nordsee III' und in den Gedichtzyklen ‚Die Nordsee I' und ‚II'. – In: Die Kalibrierung literarischer Zeit. Strukturwandel am Ende der Goethezeit. Stephan Brössel, Stefan Tetzlaff (Hrsg.). Marburg 2022. (Schriften zur Kultur- und Mediensemiotik; 20). S. 151–168.

Broicher, Ursula: Heinrich Heines Berührungen mit Krefeld. – In: Die Heimat 92, 2021, Oktober. S. 138–144.

Brückner, Leslie: „Weil ich so ganz vorzüglich blitze / Glaubt ihr, daß ich nicht donnern könnt!". Empörung und Revolte in Heinrich Heines Zeitgedichten. – In: Empörung, Revolte, Emotion. Emotionsforschung aus der Perspektive der German Studies. Olivier Baisez … (Hrsg.). Tübingen 2022. (Edition lendemains; 50). S. 241–254.

Bucciol, Gio Batta: Heinrich Heine (1797–1856). – In: Poesia 26, 2013, 278. S. 84.

Cao, Jie: Irony in Heinrich Heines Versepos „Germany, a Winter Fairy Tale". – In: Scholars Journal of Arts, Humanities and Social Sciences 10, 2022, 12. S. 548–550. [URL: https://www.saspublishers.com/journal-details/sjahss/112/1218/, letzter Zugriff: 9.7.2024].

Critchley, Simon: The Book of dead Philosophers. London 2008. XXXVI, 298 S. [„Heinrich Heine (1797–1856)". S. 202].

Denzler, Georg: Heinrich Heine und Ignaz Döllinger. Zwei entschiedene Gegner. – In: Ders.: Mutige Querdenker – der Wahrheit verpflichtet. Rundfunkportraits zu faszinierenden Gestalte(r)n der Kirchen- und Geistesgeschichte. Berlin 2016. S. 227–238.

Di Noi, Barbara: Eine jüdisch-deutsche Geschichte: Heines Rabbi von Bacherach. – In: Lingue e linguaggi 55, 2023, Special Issue: Il concetto di identità nei Paesi di lingua tedesca. S. 259–278. [URL: https://doi.org/10.1285/i22390359v55p259, letzter Zugriff: 9.7.2024]

Dogaro, Elena-Carmen: Das Loreley-Motiv bei Clemens Brentano und Heinrich Heine. Vergleichende Analyse. – In: Studii de știință și cultură 18, 2022, 3. S. 81–86.

Enke, Vera: Die historische Akademieuhr. Die erste Normaluhr Berlins. Berlin o. J. 1 Faltbl. (3 S.). [Enthält: „Heinrich Heine und Karl Gutzkow – zwei Literaten würdigen eine Uhr"].

Erkrath, Karl Heinz: 1500 Jahre Literatur von und zu deutscher Lyrik. Gilching 2021. 168 S. [„Heinrich Heine". 104–109].

Fancelli, Maria: Elementi sansimoniani nella ‚Romantische Schule' di Heine. – In: Dies.: L'ispirazione goethiana. Saggi di letteratura tedesca dal Settecento a oggi. A cura die Hermann Dorowin e Rita Svandrlik. Perugia 2020. S. 293–302.

Fancelli, Maria: Heine minore: le ‚Florentinische Nächte'. – In: Dies.: L'ispirazione goethiana. Saggi di letteratura tedesca dal Settecento a oggi. A cura die Hermann Dorowin e Rita Svandrlik. Perugia 2020. S. 303–318.

Feldmann, Christian: „Mein armer Vetter Jesus". Zwischen sarkastischem Spott und brennender Sehnsucht: Heinrich Heine und die Religion. – In: Kirche in 34, 2020, 10. S. 28–29.

Fendri, Mounir: Fasziniert von der alt-arabischen Poesie. Heinrich Heine und der Orient. – In: Qantara.de = al-Qanṭara 30.5.2006. 7 S. [URL: https://qantara.de/node/3884, letzter Zugriff: 9.7.2024].

Franzel, Sean: Heine's serial Histories of the Revolution. – In: Truth in serial Form. Serial Formats and the Form of the Series, 1850–1930. Ed. by Malika Maskarinec. Berlin 2023. (Paradigms; 15). S. 23–53.

Füllner, Karin: Den Tag ausklingen lassen mit Heinrich Heine in Paris. (Beitrag im Blog „Den Tag ausklingen lassen mit …" der Thomas-Morus-Akademie). Bensberg 2021. 2 S. [URL: https://tma-bensberg.de/blog-sommerreihe-heine, letzter Zugriff: 9.7.2024].

Füllner, Karin: „Kunst kann Leben retten". Heinrich Heine, Antti Tuomainen und die Kraft der Literatur. (Beitrag im Blog „Himmelsleiter. Ein evangelisches Tagebuch"). Düsseldorf 2023. 4 S. [URL: https://himmelsleiter.evdus.de/kunst-kann-leben-retten/, letzter Zugriff: 9.7.2024].

Füllner, Karin: Weihnachtstreffen mit ... Heinrich Heine. (Beitrag im Blog „Weihnachtstreffen 2021" des Benrather Kulturkreis). Düsseldorf 2021. 1 S. [URL: https://www.benrather-kulturkreis.de/montagsprosa/weihnachtstreffen/karin-füllner/, letzter Zugriff: 9.7.2024].

Gaier, Ulrich: Ton.Dichtung. Literatur und Musik von der Antike bis Dr. Faustus. Würzburg 2023. 329 S. [Kap.: „Heinrich Heine: Ideen. Das Buch Le Grand" [Inhaltsbeschreibung]].

Ganseuer, Frank: Heinrich Heine, Entdecker der Nordsee. – In: Schiff und Zeit 119, 2020. S. 28–33.

Ganseuer, Frank: „Ich liebe das Meer wie meine Seele". Heinrich Heine, „Hofdichter der Nordsee". – In: Köhlers Flottenkalender 2021. S. 175–179.

Gerber, Kyra: „Ein Vaterland wird es geben". Heinrich Heines Europa als Nexus der Emanzipation, Freiheit und der kulturellen Diversität. Amsterdam, Univ., Masterarb., 2022. 60 Bl.

Gillman, Abigail: Emma Lazarus, Heinrich Heine and the splendid Galaxy of Jewish Poetry. – In: In the Face of Adversity. Translating difference and dissent. Ed. by Thomas Nolden. London 2023. (Literature and Translation). S. 41–64. [URL: https://doi.org/10.2307/j.ctv2tsxmpp.10, letzter Zugriff: 9.7.2024].

Goetschel, Willi: Heine and World Literature. – In: The Germanic Review 98, 2023, 1: Special Theme Focus: Heine and World Literature. S. 5–17.

Goetschel, Willi: Introduction to „Heine and World Literature". – In: The Germanic Review 98, 2023, 1: Special Theme Focus: Heine and World Literature. S. 1–4.

Guimarães, Ana Rosa Gonçalves de Paula: Heinrich Heine e a eternidade do instante. Entre melancolia, nostalgia e ironia no romantismo alemão. Uberlândia, Univ. Federal, Diss., 2022. 197 S. [URL: https://doi.org/10.14393/ufu.te.2022.5309, letzter Zugriff: 9.7.2024].

Heißerer, Dirk: Heinrich Heine in München. München 2022. 29 S.: Ill. [nachlesbarer literarischer Spaziergang]. [URL: https://www.literaturportal-bayern.de/images/lpbplaces/2017/PDF_Heine_in_Muenchen.pdf, letzter Zugriff: 9.7.2024].

Hörmann, Raphael: Writing the Revolution. German and English radical Literature, 1819–1848/49. Wien [u. a.] 2011. 392 S.: Ill. (Kulturgeschichtliche Perspektiven; 10). [Kap. 3: „The social Turn in revolutionary Ideology during the 1830s and early 1840s. Heine, Börne, Beddoes, and Büchner". S. 149–263 und weitere Bezüge].

Hogrebe, Wolfram: Echo des Nichtwissens. Berlin 2006. 389 S. [Kap. 21: „Heines artistische Distanz". S. 345–356 und weitere Bezüge].

Horyna, Břetislav: Heinrich Heine: Předposlední dny bohů. – In: Pro-Fil 24, 2023, 1. S. 47–64. [URL: https://doi.org/10.5817/pf23-1-35463, letzter Zugriff: 9.7.2024].

Hutchinson, Benjamin: Lateness and modern European Literature. Oxford 2016. X, 392 S. [Kap.: „Heinrich Heine, romantique défroqué". S. 119–126 und weitere Bezüge].

Iitti, Sanna: The Feminine in German Song. New York [u. a.] 2006. XIV, 219 S.: Ill. [Kap.: „Heinrich Heine's ‚Lorelei' and the Siren Mythology". S. 101–109 und weitere Bezüge].

Jakobsohn, Sarah Caroline: Der Robespierre der Deutschen. Kants Zerstörungswerk in Heines Traum von der Revolution. – In: Verwandlungen. Dichter als Leser Kants. Violetta L. Waibel … (Hrsg.). Göttingen 2023. S. 441–472.

Janz, Rolf-Peter: Goldenes Zeitalter und andere Zielvorstellungen. Novalis, Heine, Kleist. – In: Getaktete Zeiten. Von Kalendern und Zeitvorstellungen in Literatur und Film. Hrsg. von Christof Hamann und Rolf Parr. Berlin 2022. S. 181–191.

Klüger, Ruth: Heinrich Heine's ‚Last Poems‘. – In: Dies.: Anders lesen. Juden und Frauen in der deutschsprachigen Literatur des 19. und 20. Jahrhunderts. Hrsg. von Gesa Dane. Göttingen 2023. S. 86–100.

Klüger, Ruth: Zwickmühle oder Symbiose. War Heinrich Heine ein Geisteswissenschaftler? – In: Dies.: Anders lesen. Juden und Frauen in der deutschsprachigen Literatur des 19. und 20. Jahrhunderts. Hrsg. von Gesa Dane. Göttingen 2023. S. 60–85.

Kluy, Alexander: Jüdisches Paris. Wien 2011. 307 S.: Ill. (Mandelbaum City-Guide). [Kap.: „Heinrich Heine in Paris“. S. 167–170].

Kolk, Rainer: Die Jugend der Literatur. Literarische Entwürfe von Jugend 1830–1950. Göttingen 2023. 211 S. (Jugendbewegung und Jugendkulturen / Schriften; 20). [Kap. 4.3: „Lebensläufe: Die Grimms, Heine, Gutzkow“. S. 38–52].

Kramarz, Grzegorz: „Bin mein eigener Herr und steh so ganz für mich allein und steh so stolz und fest und hoch“. Heinrich Heine über seine Lyrik. – In: Studia niemcoznawcze 65, 2020. S. 189–203.

Krause, Robert: „Tout à fait naturalisé“. Heines literarische Einbürgerung. – In: Recherches germaniques HS 18, 2023: Identités littéraires franco-allemandes = Deutsch-französische Schriftstelleridentitäten. S. 41–56. [URL: https://doi.org/10.4000/rg.9339, letzter Zugriff: 9.7.2024].

Krauze, Enrique: Heine, el don de la profecía. – In: Letras libres 2022, 250. S. 34–37. [URL: https://letraslibres.com/revista/heine-el-don-de-la-profecia/, letzter Zugriff: 9.7.2024].

Kruse, Joseph A.: „In dem Dome zu Corduva“. Zu Heines jüdisch-christlich-muslimisch geprägtem, zumal andalusischem, Spanien-Bild. – In: Zeitschrift für Religions- und Geistesgeschichte 73, 2021, 1. S. 21–38.

Kruse, Joseph A.: Vom poetischen Großoheim zum erdichteten Onkel. Heines Poetisierungen zweier Familienmitglieder als literarische Verlautbarung in immer auch autobiographischen Berichten über seine mütterliche und väterliche Seite. Hrsg. vom Heinrich-Heine-Institut der Landeshauptstadt Düsseldorf in Zusammenarb. mit der Heinrich-Heine-Gesellschaft e. V. Ill. „Der mittlere Heine“, Peter Eickmeyer. Düsseldorf 2023. 39 S.

Kruse, Udo; Kruse, Silke: Land und Leute in der Lüneburger Heide. So ist das hier! Ahrensburg 2023. 112 S.: Ill. [„Heinrich Heine dichtete im verschlafenen Lüneburg seine ‚Loreley‘“. S. 62–64].

Lauterwasser, Helmut: Die ‚Marseillaise‘ der Reformation (Heinrich Heine). Vom Gebrauch und Missbrauch einer Kirchenliedmelodie. – In: Kirchenmusikalisches Jahrbuch 106, 2022. S. 73–85.

Liedtke, Christian: Heinrich Heine – a Vanguard of liberal Democracy! [Keynote-Präsentation beim „Symposium über den Zustand der Demokratie in Europa und die Lage der jüdischen Diaspora. 225. Geburtstag des Düsseldorfer Dichters, Denkers und Journalisten Heinrich Heine“, Büro des Landes Nordrhein-Westfalen in Israel, Hebrew University Jerusalem, 7.12.2022]. 2022. 6 S.

Lund, Hans Peter: Duomedialitet – Heinrich Heine i Hamburg. – In: Ders.: Mötesplatser. Ord och bild i samverkan. Författaren 2013. S. 9–17. [URL: https://www.lunduniversity.lu.se/lup/publication/3817b235-922a-45fe-a215-56399b09b585, letzter Zugriff: 9.7.2024].

Mader, Jana Marlene: Natur und Nation. Landschaft als Ausdruck nationaler Identität im 19. Jahrhundert – der Rhein und der Hudson River. Würzburg 2023. 329 S.: Ill. (Epistemata; 953). [Zugl.: München, Ludwig-Maximilians-Univ., Diss., 2023]. [Kap. III. 5: „Heinrich Heine: ‚Deutschland. Ein Wintermärchen. Caput V.‘ (1843)“. S. 145–155 und weitere Bezüge].

Matysik, Tracie: When Spinoza met Marx. Experiments in nonhumanist Activity. Chicago; London 2022. XIII, 338 S. [Kap. 1: „The headless Revolution. Heinrich Heine's Ethos of ‚vigorous Repose‘“. S. 20–54 und weitere Bezüge].

Muzzi, Nino: Heinrich Heine. Germania una fiaba d'inverno. – In: Poesia 31, 2018, 337. S. 54–57.

Peters, Gabriel: A „história onírica“ da Alemanha. Notinha sobre a influência de Heinrich Heine sobre o jovem Marx. (Beitrag im Blog: „Blog do Labemus“ vom 9.5.2023). 2023. 8 S. [URL: http://blogdolabemus.com/2023/05/09/heine-e-marx/, letzter Zugriff: 9.7.2024].

Quintana-Vallejo, Ricardo: No Mass or Kaddish. The forgotten Poet in Heinrich Heine's late Poetry. – In: Memory in German Romanticism. Imagination, Image, Reception. Ed. by Christopher R. Clason … New York; London 2023. (Routledge Studies in Nineteenth Century Literature). S. 233–257.

Raciti, Giuseppe: Heine e Marx. Tragedia, commedia, farsa e rivoluzione. – In: Intersezioni 42, 2022, 3. S. 307–326.

Ramas San Miguel, Clara: Un cuento franco-alemán. Heine y Marx en 1843. – In: La ironía romántica. Un motor estético de emancipación social. Ana Carrasco-Conde … (eds.). Madrid 2022. (Filosofía y pensamiento). S. 119–148.

Riikonen, H. K.: Esipuhe. – In: Heine, Heinrich: Firenzen öitä. Sisältää myös kertomuksen Bacherachin rabbi. Suomentanut ja selityksin varustanut Amira Al Bayaty. Toinen painos. Turku 2023. S. 7–19.

Riikonen, H. K.: Esipuhe. – In: Heine, Heinrich: Herra von Schnabelewopskin muistelmat. Suomentanut Amira Al Bayaty. Toinen painos. Turku 2023. S. 520.

Ritzen, Philipp: Heinrich Heines „Romanzero“. Mythisches Denken und resignatives Geschichtsbild. Berlin 2023. XVIII, 210 S. (Heine-Studien).

Rölleke, Heinz: Grimms Kinder- und Hausmärchen. Poetische Rezeption im 19. Jahrhundert von Heine bis Hofmannsthal mit einem Ausblick auf Thomas Manns Roman ‚Der Erwählte‘. – In: Ders.: „Warum wir der Geschichte der Poesie und Mythologie einen Dienst erweisen wollten“. Abhandlungen zu den Märchen der Brüder Grimm. Hrsg. von Stefan Neumann. Trier 2022. (Schriftenreihe Literaturwissenschaft; 97). S. 73–92.

Rotermund, Erwin: Parodie und Travestie bei Heinrich Heine. Ein Überblick (1998). – In: Ders.: Parodiestudien. Begriff – Geschichte – Textanalysen. Gesammelte Schriften und Vorträge 1963–2006. Hrsg. und eingel. von Heidrun Ehrke-Rotermund. Würzburg 2023. S. 109–134.

Rottenberg, Elizabeth: Joking around, seriously. Freud, Derrida, and the irrepressible Wit of Heinrich Heine. – In: Humanities 12, 2023, 5. 14 S. [URL: https://doi.org/10.3390/h12050113, letzter Zugriff: 9.7.2024].

Schilling, Erik: Durch die Blume. Die homoerotische Bildreihe der „Ghaselen“ August von Platens und ihre Rezeption durch Heinrich Heine. – In: Zeitschrift für deutsche Philologie 141, 2022, 2. S. 157–174.

Schmidt, Hermann: Literatour. Eine Reise durch die wunderbare Welt der Bücher. Hamburg 2022. 400 S. [Kap. 5: „Heinrich Heine. Ein deutscher Dichter für die ganze Welt“. S. 45–53].

Si, Yuan: Alter Raum in der neuen Zeit. Das Italienbild in Heinrich Heines ‚Reisebilder‘. – In: Literaturstraße 24, 2023, 1. S. 43–54.

Siguan, Marisa: Aventuras literarias de Goethe, Heine y Richter en España. – In: „La literatura es algo más que el texto“. Homenaje a Luis Á. Acosta Gómez. Marta Fernández Bueno … (eds.). [Neue Ausg.]. Berlin [u. a.] 2016. (Perspektiven der Germanistik und Komparatistik in Spanien; 10). S. 135–143.

Spitz, Malte: Konversion und literarische Strategie – Heinrich Heines Namen. – In: Yearbook for European Jewish Literature Studies = Jahrbuch für europäisch-jüdische Literaturstudien 9, 2022, 1. S. 207–232.

Sridevi, S.: The Concept of Romanticism. Friedrich von Schlegel, August Wilhelm von Schlegel, and Heinrich Heine. – In: Language in India 23, 2023, 4. S. 104–119. [URL: http://www.languageinindia.com/april2023/index.html, letzter Zugriff: 9.7.2024].

Streete, Gail P.: The Salome Project. Salome and her Afterlifes. Eugene, OR 2018. 157 S. [„The romantic Imagination and Heine's ‚Atta Troll‘“. S. 63–68].

Swellander, Michael: The Arabic-Spanish-Jewish School of Poets. Heinrich Heine's „Jehuda Ben Halevy“ and World Literature. – In: The Germanic Review 98, 2023, 1: Special Theme Focus: Heine and World Literature. S. 33–45.

Und wo ist die Musik dabei? = Et la musique dans tout ça? Choix des textes et notes: Marie Marhuenda. Paris 2023. 112 S. (Histoires faciles à lire). [Kap.: „Heinrich Heine“ S. 100–109].

Vaughn, Chloe: „Die Partei der Blumen und Nachtigallen“. Heine and Herder between national and World Literature. – In: The Germanic Review 98, 2023, 1: Special Theme Focus: Heine and World Literature. S. 18–32.

Vinckel-Roisin, Hélène: Heines ‚Buch der Lieder‘. Wortstellungsvarianten im Dienste der
    Popularität. – In: Popularität. Lied und Lyrik vom 16. bis zum 19. Jahrhundert. Hannah
    Berner, … (Hrsg.). Berlin 2022. (Studien zu Musik und Gender / Research). [Beiträge der
    FRIAS-Nachwuchstagung „Popularität: Lied und Lyrik vom 16. bis zum 19. Jahrhundert“,
    2018 in Freiburg i. Br.]. S. 97–117.
Waszek, Norbert: Heine, Hegel und die „Junghegelianer“. – In: Études Germaniques 78, 2023, 3:
    Les Jeunes hégéliens. S. 347–362.
Weigel, Sigrid: Zum Phantasma der Lesbarkeit. Heines ‚Florentinische Nächte‘ als literarische
    Urszenen eines kulturwissenschaftlichen Theorems. – In: Lesen. Ein Handapparat. Hrsg. von
    Hans-Christian von Herrmann und Jeannie Moser. Frankfurt a. M. 2015. (Klostermann Rote
    Reihe; 77). S. 125–142.
Westerdorff, Falko: Heinrich Heine im Göttinger Clubb – oder: War Harry Heine Corpsstudent?
    – In: Die Vorträge der 74. deutschen Studentenhistorikertagung Dresden 2014. Hrsg. von Se-
    bastian Sigler. München 2015. (Beiträge zur deutschen Studentengeschichte; 32). S. 59–68.
Wolff, Bernd: Aussicht keine – nicht bei Harry Heine. Wie ein Sprüchlein eine Lawine auslöst. –
    In: Goethe im Harz 2011/12, 13. S. 15. [URL: https://digital.bibliothek.uni-halle.de/pe/perio-
    dical/titleinfo/1817282, letzter Zugriff: 9.7.2024].
Zeller, Rosmarie: Le poème ‚Lore-Ley‘ de Heinrich Heine dans le contexte de l’idée romantique
    du ‚Volkslied‘. – In: Études sur le monde germanique. Littérature, civilisation, arts. Textes
    réunis et édités par Anne Feler … Würzburg 2021. (Choix de conférences (2005–2020) orga-
    nisées par la Société Goethe de France; 2). S. 215–228.

2.2 Untersuchungen zur Rezeption

225. Geburtstag Heinrich Heine. – In: Postfrisch 2022, 6. S. 21.
34. Siegburger Kompositionswettbewerb 2022: Kunstlied (eine Singstimme und Klavier zu zwei
    Händen) auf ein Gedicht oder eine Ballade nach Wahl von Heinrich Heine (1797–1856).
    [Ausschreibung und Ergebnisse]. Engelbert-Humperdinck-Musikschule Siegburg. – In: Neue
    Musikzeitung 71, 2022, 7. o. S.
Abdurakhmonovna, Bozorova Mukhabbat: Henrich Hain’s Sonnets and their Translation in
    Uzbek. – In: Journal of Education, Ethics and Value 2, 2023, 4. S. 90–92. [URL: http://jeev.
    innovascience.uz/index.php/jeev/article/view/83/70, letzter Zugriff: 9.7.2024].
Akbarov, A.: Firdavsij takdiri Hajnrix Hajne talkinida = The Fate of Firdausi is in Heinrich Hei-
    ne’s Interpretation = Sud’ba firdousi v interpretatsii Genrikha Geyne. – In: Nauchnyy vestnik
    Fergu = FarDU ilmiy xabarlari = Scientific journal of the Fergana State University 2019,
    6. S. 66–69. [URL: https://journal.fdu.uz/index.php/sjfsu/article/view/592, letzter Zugriff:
    9.7.2024].
Auf der Horst, Christoph: Heinrich Heine und die „rote Weltliteratur“. – In: The Germanic Re-
    view 98, 2023, 1: Special Theme Focus: Heine and World Literature. S. 46–66.
Bellersen Quirini, Cosima: Niedersachsen erlesen! Eine literarische Schatzsuche. Messkirch
    2022. 192 S.: Ill. [Kap. 3: „Sehnsucht nach der Heide. Das Heinrich-Heine-Haus in Lüne-
    burg“. S. 16–17].
Berg, Bartell: Urban Palimpsests and contentious Memorials. Cultural Memory and Heinrich
    Heine. – In: Memory in German Romanticism. Imagination, Image, Reception. Ed. by Chris-
    topher R. Clason … New York; London 2023. (Routledge Studies in Nineteenth Century Li-
    terature). S. 210–232.
Bernhardt, Rüdiger: Heinrich Heine: 225. Geburtstag am 13. Dezember 2022. – In: Literatur-
    panorama […] der Vogtländischen Literaturgesellschaft „Julius Mosen“ 2, 2022, 12. S. 13–
    15. [URL: https://www.literaturgesellschaft-vogtland.de/pdf/22/l22_12.pdf, letzter Zugriff:
    9.7.2024].

Bielykh, Oksana: Linguostilistische Besonderheiten der Übersetzung einiger Gedichte Heinrich Heines von Lesya Ukrainka. – In: Zeitschrift für mitteleuropäische Germanistik 7, 2021, 1: Feminist German Studies. S. 79–94.

Calvié, Lucien: Heine, écrivain français putatif? – In: Recherches germaniques HS 18, 2023: Identités littéraires franco-allemandes = Deutsch-französische Schriftstelleridentitäten. S. 97–108. [URL: https://doi.org/10.4000/rg.9609, letzter Zugriff: 9.7.2024].

Calvíe, Lucien: Un débat franco-germano-polonais autour de Heine. – In: Europäische Kulturbeziehungen im Weimarer Dreieck. – Bd. II = Europejskie relacje kulturowe w ramach Trójkąta Weimarskiego = Les relations culturelles européennes au sein du Triangle de Weimar. Hrsg. von Andrea Chartier-Bunzel … Wiesbaden 2023. (Veröffentlichungen des Deutschen Polen-Instituts, Darmstadt; 41). S. 50–61.

Calzoni, Raul: ‚Italia‘ (1852). Théophile Gautier auf den Spuren J. W. Goethes und H. Heines in Italien. – In: Théophile Gautier. Ein Akteur zwischen den Zeiten, Zeichen und Medien. Hrsg. von Kirsten von Hagen und Corinna Leister. Berlin 2022. (Studienreihe Romania; 39). S. 103–117.

Cassely, Jean-Pierre: Verborgene Provence. Berlin 2022. 414 S.: Ill. [Kap.: „Die Statue von Heinrich Heine". S. 82–83].

Castagneto, Mariano: Heine y Düsseldorf. Una larga historia de desencuentros. – In: Nuestro tiempo 2017, 696. S. 40–47. [URL: https://nuestrotiempo.unav.edu/files/2019/10/nt696-heine.pdf, letzter Zugriff: 9.7.2024].

Cenizo Jiménez, José: Tipología y poética de la mirada en Bécquer y Heine. – In: Estudios filológicos alemanes 2006, 12. S. 333–340.

Chametzky, Peter: Objects as History in twentieth Century German Art. Beckmann to Beuys. Berkeley, CA [u. a.] 2010. XI, 286 S. [Kap. 3: „Grosz' ‚Germany: A Winter's Tale". S. 63–93 und weitere Bezüge].

Chigarova, S. V.: Zvukosmyslovaya storona stihotvoreniya Geyne „Ein Fichtenbaum steht einsam ...“ (1821) i ego perevodov na russkiy yazyk. – In: Vestnik Rossijskogo universiteta družby narodov = RUDN journal of sociology / Seriâ Sociologija 0, 2010, 3. S. 42–50.

Cone, Edward T.: Schubert's Heine Songs. – In: Ders.: Hearing and knowing Music. The unpublished Essays of Edward T. Cone. Ed. and with an Introd. by Robert P. Morgan. Princeton; Oxford 2009. S. 106–115.

Daouti, Panagiota: Apospásmata ton Heinrich Heine kai Henrik Ibsen os Parénktheta Poiitiká Keímena sto Érgo To vivlío tis Aftokráteiras Elisávet tou Konstantínou. – In: Synédrio Metaptychiakón Foititón & Yp opsifíon Didaktóron tou Tmímatos Filologías, Ethnikó kai Kapodistriakó Panepistímio Athinón, 8–11 Ioulíou 2015. Tómos 1 = 8th Athens Postgraduate Conference of the Faculty of Philology, National and Kapodistrian University of Athens, 8–11 July 2015. Athen 2017. S. 44–56. [URL: https://www.academia.edu/34445342, letzter Zugriff: 9.7.2024].

De Castro Goñi, Ana Cristina: Traducción de los Lieder de Schubert a partir de la obra literaria de Goethe, Schiller y Heine. Córdoba, Univ., Diss., 2022. 321 S.: Ill. [URL: https://helvia.uco.es/xmlui/handle/10396/24392, letzter Zugriff: 9.7.2024].

Edgecombe, Rodney Stenning: A Heine Lyric and ‚The lifted Veil‘. – In: Notes and Queries for Readers and Writers, Collectors and Librarians 62, 2015, 3. S. 424–426.

Efimova, Svetlana: Prosa als Form des Engagements. Eine politische Prosaik der Literatur. Paderborn 2022. XXIX, 432 S. [Kap. 4.1: „Aleksandr Puškin und Heinrich Heine". S. 205–231 und weitere Bezüge].

Ferrer Mora, Hang: Schumann y Heine, música y poesia. Los ciclos ‚Liederkreis‘ y ‚Dichterliebe‘. – In: Palabra y música. Ed. a cargo de Anne-Maríe Reboul. Madrid 2006. S. 177–200. [URL: https://dialnet.unirioja.es/servlet/libro?codigo=663909, letzter Zugriff: 9.7.2024].

Fischer, Ulrich; Hecker, Rolf: Heinrich Heines „Lobgesänge auf König Ludwig". Zum 225. Geburtstag des Dichters. – In: Nordost Philatelie 2022, 2. S. 28–35.

Frait, Oksana; Katrych, Olha; Novakovych, Myroslava; Maychyk, Natalia: „Isch grolle nischt“ by Heinrich Heine in musically and comparative Discourse of an eminent Text. – In: Studies

in Media and Communication 10, 2022, 3, Special Issue. S. 77–83. [URL: https://redfame.
com/journal/index.php/smc/article/view/5836, letzter Zugriff: 9.7.2024].

Galindo, Caetano Waldrigues: A tradução em traduções de um poema de Heine. – In: Tradução
em revista 2011, 1 = 10. S. 1–19. [URL: https://doi.org/10.17771/PUCRio.TradRev.17858,
letzter Zugriff: 9.7.2024].

Gelber, Mark H.: Epochenbestimmungen und literarische Kategorisierungen in der amerikanischen Geschichtsschreibung der deutschen Literatur während der Zeit des Nationalsozialis-
mus, mit besonderem Hinblick auf Heinrich Heine. – In: Literaturstraße 2022: Gedenkheft
für Prof. Dr. h. c. Zhang Yushu. S. 249–260.

Graphische Sammlungen in Nordrhein-Westfalen. Ein Führer zu verborgenen Schätzen. Hrsg.
vom Lenkungskreis des Arbeitskreises der Leiterinnen und Leiter der Graphischen Sammlungen in Nordrhein-Westfalen anlässlich des ‚Jahres der Graphik 2009‘; Koord. und Red.
Ron Manheim. Goch 2009. 320 S.: Ill. (Jahr der Graphik in NRW). [Sammlung des Heinrich-
Heine-Instituts. S. 104–107].

Jané, Jordi: Heine, precursor de Michel Onfray. – In: Literatura i compromis. Miscellània en
honor del prof. Dr. Knut Forssmann. Associació de Germanistes de Catalunya. Ed. de Macià
Riutort i Jordi Jané. Tarragona 2006. (Forum / Associació de Germanistes de Catalunya; 13).
S. 143–156.

Juraev, X.; Akbarov, A.: Translation and Experience. – In: Web of Scientist 3, 2022, 5. S. 1170–
1173. [URL: https://wos.academiascience.org/index.php/wos/article/view/1672, letzter Zugriff: 9.7.2024].

Köster, Udo: Das Heinedenkmal auf dem Hamburger Rathausmarkt. – In: Germanistika i
skandinavistika = Journal for German and Scandinavian Studies III, 2023, 3. S. 152–165.
[URL: https://germscand.fcml.uni-sofia.bg/journalgermscand/volume-3-bg/, letzter Zugriff:
9.7.2024].

Krauß, Matthias: Völkermord statt Holocaust. Jude und Judenbild im Literaturunterricht der
DDR. Ein Nachlesebuch. Schkeuditz 2012. 223 S.: Ill. [Kap.: „Ich kämpfte ohne Hoffnung,
dass ich siegte“. Heinrich Heine: „Enfant Perdu“. S. 33–38 und weitere Bezüge].

Krisper, Mineja; Kramberger, Petra: Die Heinrich-Heine-Rezeption in der im slowenischen eth-
nischen Gebiet erschienenen Presse bis 1860. – In: Acta neophilologica 56, 2023, 1/2. S.
285–302.

Kryeziu, Naim: Comparative Analysis of three Versions of Translations into Albanian of Heinrich
Heine’s Poem „Germany. A Winter’s Tale“. – In: Ezikov svjat = Orbis linguarum 21, 2023,
2. S. 124–137. [URL: http://ezikovsvyat.com/images/stories/issue%2021.2_2023/titul_21.
pdf, letzter Zugriff: 9.7.2024].

Kryeziu, Naim; Karjagdiu, Lirak: Heinrich Heine in Albanian Literature. – In: Theory and Prac-
tice in Language Studies 13, 2023, 2. S. 299–310. [URL: https://tpls.academypublication.com/
index.php/tpls/issue/view/427, letzter Zugriff: 9.7.2024].

Ladig, Ulrike D.: Das ‚Weberlied‘ (1844) von Heinrich Heine als repräsentativ für die politische
Lyrik im Vormärz und sein Einfluss auf die Gründergedanken der Wohnbau-Genossenschaft
‚Freie Scholle Berlin-Tegel‘ 1895. München, Ludwig-Maximilians-Univ., Masterarb., 2021.
120 S. [URL: https://doi.org/10.13140/RG.2.2.12407.14241, letzter Zugriff: 9.7.2024].

Lieschke, Ute: Sehr still und abgeschlossen. Die Schumanns in Düsseldorf. – In: Gewandhaus-
Magazin 2023, 119. S. 8–13.

Linke, Heinrich: Mykola Lysenkos Heine-Vertonungen. Zwischen Liedtradition, Individualstil
und nationalem Kolorit. – In: Musikgeschichte in Mittel- und Osteuropa 2022, 24. S. 189–
202. [URL: https://nbn-resolving.org/urn:nbn:de:bsz:15-qucosa2-823393, letzter Zugriff:
9.7.2024].

Liu, Lily Y.: Die Heine-Rezeption von Zhang Yushu. – In: Literaturstraße 2022: Gedenkheft für
Prof. Dr. h. c. Zhang Yushu. S. 275–284.

Lysenko, Liubov: Heinrich Heines Poesie in der kompositorischen Sicht von Mykola Lysenko.
Das musikalische Echo des poetischen Wortes. – In: Musikgeschichte in Mittel- und Osteuropa 2022, 24. S. 223–229. [URL: https://nbn-resolving.org/urn:nbn:de:bsz:15-qu-
cosa2-823393, letzter Zugriff: 9.7.2024].

Magofsky, Benjamin: Romantik in der Schulbibliothek III. Heinrich Heine zum 225. Geburtstag (13. Dezember 1797). (Beitrag aus dem Blog: „bibliotheca.gym" vom 13.12.2022). 2022. 7 S. [URL: https://histgymbib.hypotheses.org/13660, letzter Zugriff: 9.7.2024].

Maier, Verona: Constantin Silvestri: Opus 1 Lieder with Heinrich Heine's Verses. – In: Musicology today 7, 2016, 26. S. 87–107.

McIntyre, Jonathan Michael: ‚Ich hab' im Traum ...'. A Study of select Lieder from Wilhelm Killmayer's ‚Heine-Lieder'. Tallahassee, FL 2021. 66 S.: Notenbeisp. [URL: https://diginole. lib.fsu.edu/islandora/object/fsu:777045, letzter Zugriff: 9.7.2024].

Meister, Helga: Düsseldorf. Kunst im Freien. Oberhausen 2021. 231 S.: Ill.; Kt. [Kap.: „Bert Gerresheim: Heinrich-Heine-Monument und Hoppeditz-Denkmal". S. 68–70; „Georg Kolbe: Aufsteigender Jüngling (Heine-Denkmal)". S. 120–122; „Aristide Maillol: Harmonie". S. 138].

Meter, Helmut: Écritures françaises de la „Loreley". Les variations d'un mythe littéraire allemand chez Nerval, Dumas père et Apollinaire. – In: Rivista di letterature moderne e comparate e storia delle arti 74, 2021, 4. S. 367–387.

Müller, Ulf: „Der deutschen Republik". Heinrich Manns publizistisches Wirken in der Weimarer Republik. Einflussnahme und Rezeption. Bielefeld 2023. 486 S.: Ill. [Kap. 2.4.3: „Heine-Denkmal-Projekt Düsseldorf". S. 114–120; Kap. 3.3.1: „Heinrich Mann und Heinrich Heine (s. II.2.4.3.)". S. 366–376].

Pagni, Andrea: From Romanticism to Modernism. Translating Heine in Spanish America. – In: The Routledge Handbook of Latin American literary Translation. Ed. by Delfina Cabrera and Denise Kripper. London; New York 2023. (Routledge Handbooks in Translation and interpreting Studies). S. 30–47.

Poet der Alltagssprache. – In: Postfrisch 2022, 6. S. 32–33. [Heine-Briefmarke].

Ren, Weidong: Heine und Lu Xun als Gesinnungsbrüder. – In: Literaturstraße 2022: Gedenkheft für Prof. Dr. h. c. Zhang Yushu. S. 261–274.

Ronyak, Hebbufer: On Colliding with the Chorale in Robert Schumann's „Anfangs wollt' ich fast verzagen". – In: Music, a connected Art. A Festschrift for Jürgen Thym on his 80th Birthday = Die Illusion der absoluten Musik. Ed. by Ulrich J. Blomann … Baden-Baden 2023. (Sammlung musikwissenschaftlicher Abhandlungen; 103). S. 143–148.

Scarpa, Domenico: La palabra „tregua" en Primo Levi. Un neologismo arcaico. – In: 1616. Anuario de Literatura Comparada 12, 2022: Literatura del regreso. S. 79–103. [URL: https://doi. org/10.14201/1616202212, letzter Zugriff: 9.7.2024].

Schäpers, Andrea: La Alemania vista por Heinrich Heine en sus „Reisebilder" a través de las referencias culturales y su tratamiento en las traducciones españolas. Madrid 2011. VIII, 461 S. [Zugl.: Madrid, Univ. Pontificia Comillas, Diss., 2011]. [URL: http://hdl.handle. net/11531/7160, letzter Zugriff: 9.7.2024].

Schauer, Hendrikje J.: Geschichtsphilosophische und ästhetische Grundlagenkonflikte in der frühen Bundesrepublik. „Die Wunde Heine". – In: Vermessungen einer Intellectual History der frühen Bundesrepublik. Hrsg. von Alexander Gallus, … Göttingen 2020. S. 208–222.

Schmadel, Lutz D.: Dictionary of Minor Planet Names. – Vol. 2. 6., rev. and enl. ed. Berlin 2012. X S., S. 723–2452. Ill. [Planet (7109) „Heine". S. 556]. [URL: https://doi.org/10.1007/978-3-540-29925-7_6289, letzter Zugriff: 9.7.2024].

Schwarz, Rainer: Heinrich Heines „chinesische Prinzessin" und seine beiden „chinesischen Gelehrten" sowie deren Bedeutung für die Anfänge der deutschen Sinologie. – In: Ders.: Von Heinrich Heine zu Sai Jinhua und Baron Ketteler (1900). Chinesisches aus der deutschen Geschichte. Hrsg. von Hartmut Walravens. Norderstedt 2023. S. 23–51.

Schwarz, Rainer: Noch einmal zu Heinrich Heines „Zwey chinesischen Gelehrten". – In: Ders.: Von Heinrich Heine zu Sai Jinhua und Baron Ketteler (1900). Chinesisches aus der deutschen Geschichte. Hrsg. von Hartmut Walravens. Norderstedt 2023. S. 83–109. – Dass. in: Monumenta Serica = Hua yi xue zhi 64, 2016, 1. S. 173–200.

Scraton, Paul: Harzwanderungen. Auf Heines Spuren durch den deutschen Wald. Aus dem Engl. von Ulrike Kretzschmer. Berlin 2023. 253 S.

Seyhan, Azade: Looking for Heinrich Heine with Nâzim Hikmet and E. S. Özdamar. – In: Germany from the Outside. Rethinking German cultural History in an Age of Displacement. Ed. by Laurie Ruth Johnson. New York [u. a.] 2022. (New Directions in German Studies). S. 109–127.

Singh, Sikander: Kontrafaktur. Heinrich Heines Ballade ‚Carl I.‘ und ein weihnachtliches Wiegenlied von Christian Friedrich Daniel Schubart. – In: Wirkendes Wort 72, 2022, 3. S. 381–389.

Stahl, Enno: Heine in Kinshasa. – In: Junge Welt 2023, 269 vom 18.11.2023. S. 6–[8]. [URL: https://www.jungewelt.de/artikel/463466.xyz-heine-in-kinshasa.html, letzter Zugriff: 9.7.2024].

Staitscheva, Emilia: Zum intertextuellen Dialog. Am Beispiel der Präsenz Heines in der bulgarischen literarischen Entwicklung. – In: Germanistik im Konflikt der Kulturen. Hrsg. von Jean-Marie Valentin. – Bd. 8: Universal-, Global- und Nationalkulturen / Nationalliteratur und Weltliteratur. Bern [u. a.] 2007. (Jahrbuch für Internationale Germanistik; 84. Akten des ... Internationalen Germanisten-Kongresses; 11). S. 309–316.

Stein, Peter: „Meine französische Frau und die deutsche Muse". Der junge Heinrich Mann über Heinrich Heine. – In: Heinrich-Mann-Jahrbuch 39, 2021. S. 103–112. – Dass.: „Mi esposa francesa y la musa alemana". El joven Heinrich Mann sobre Heinrich Heine. Trad. de von Isabel Hernández. – In: Turia 2022, 143. S. 184–193.

Stenzel, Oliver: Macht und Geist. Heine, Wagner und die Nazis. – In: Kontext 2023, 617 vom 25.1.2023. 6 S. [URL: https://www.kontextwochenzeitung.de/zeitgeschehen/617/macht-und-geist-8658.html, letzter Zugriff: 9.7.2024].

Völker, Martin: Wohin Heinrich Heine nicht wollte, aber strebte – Pommern und die Literatur. – In: Przegląd zachodniopomorski 37, 2022, 66. S. 421–431. [URL: https://wnus.usz.edu.pl/pzp/de/issue/1214/article/19717/, letzter Zugriff: 9.7.2024].

Wendt, Matthias: Vom „Lyrischen Intermezzo" zur ‚Dichterliebe‘ oder die Kunst der Reduktion. – In: Internationales Jahrbuch der Bettina-von-Arnim-Gesellschaft 30/31/32. 2018/19/20, 2021. S. 105–127.

Wilkes, Johannes: 77 versteckte Orte in Berlin. Wo einst die Kanzlerin saunierte, Badeenten Gräber zieren und Meeresfrüchte im Tiergarten wachsen. Messkirch 2021. 238 S.: Ill. [Kap. 44: „Heinrich Heine unter den Linden. Heine-Denkmal hinter der Neuen Wache". S. 132–135].

Wissenbach, Björn: Heine vor Ort. Geliebt und gehasst – das Denkmal für Heinrich Heine in Frankfurt. Hrsg. Initiative 9. November. Frankfurt a. M. 2023. 79 S.: Ill.

Wrangel, Cornelia von: Der Jüngling und das Mädchen. Dieses Mal zu Heinrich Heine in die Taunusanlage. – In: Kulturelle Kurznachrichten 2023, Juni/Juli. S. 3–4. [URL: https://kulturellesfrankfurt.de/files/Mediathek/KKF/Mediathek/2023%2006%2007/Druckdatei_Juni-Juli%202023.pdf, letzter Zugriff: 9.7.2024].

Xavier, Wiebke Röben de Alencar: Aus alt wird neu. Schiller und Heine faszinieren in der interdisziplinären „Kontextgermanistik" im Nordosten Brasiliens. – In: Forschendes Lernen in der interkulturellen Germanistik. Herausforderungen, Reflexionen, Lösungen. Julija Boguna … (Hrsg.). Bielefeld 2023. (Interkulturelle Germanistik; 4). S. 51–65. [URL: https://doi.org/10.14361/9783839468456, letzter Zugriff: 9.7.2024].

Youens, Susan: Of Epigones, Aftermaths, and Achievement. The Heine Songs of Franz Lachner. – In: New Paths. Aspects of Music Theory and Aesthetics in the Age of Romanticism. [Ed. Darla Crispin ...]. Leuven 2009. (Collected Writings of the Orpheus Institute; 7). S. 85–114.

Zhang, Yushu: Liebe auf den zweiten Blick. Heines Verhältnis zu China. – In: Literaturstraße 12, 2011. S. 143–156.

Zherdeva, O. N.; Frolova, O. V.; Derenchuk, O. V.: Comparative Analysis of Translations of H. Heine's Poems by Russian Poets of the XIX Century A. N. Maikov and A. A. Fet = Sravnitel'nyy analiz perevodov stikhotvoreniy G. Geyne russkimi poetami XIX veka A. N. Maykovym i A. A. Fetom. – In: Mir nauki, kul'tury, obrazovaniâ 96, 2022, 5. S. 268–271.

Zieger, Angela: „Ich bereite vor: eine Ausstellung nach meinem Tode". Zum grafischen, malerischen und kalligrafischen Werk von F. H. Ernst Schneidler. Heidelberg 2019. 286 S.: Ill. [Zugl.: Stuttgart, Staatliche Akademie der Bildenden Künste, Diss., 2017]. [Kap. 1.3.8: „Atta Troll". S. 61–66].

Zuseva-Özkan, Veronika B.: Genrich Gejne i Timur Kibirov. Formula skhodstva. – In: Ros-
sija – Germanija. Literaturnye vstreči posle 1945 goda. Institut mirovoj literatury im. A.M.
Gor'kogo Rossijskoj akademii nauk; otvetstvennyj redaktor: T.V. Kudrjavceva. Moskva
2022. S. 483–512.
Zuseva-Oskan, Veronika B.: Heine-esque. Timur Kibirov. – In: Voprosy literatury 2020, 2.
S. 90–114.

2.3 Forschungsliteratur mit Heine-Erwähnungen und -Bezügen

Abdurakhmonovna, Bozorova Mukhabbat: Perevod Sonetov Genrikha Khayne Na Uzbekskiy
Yazyk. – In: Journal of Education, Ethics and Value 2, 2023, 4. S. 107–109. [URL: http://
jeev.innovascience.uz/index.php/jeev/issue/view/5, letzter Zugriff: 9.7.2024].
Acciaioli, Stefania: Il „trompe-l'œil" letterario, ovvero il sorriso ironico nell'opera di Wilhelm
Hauff. Florenz 2012. 278 S. (Premio tesi dottorato; 24). [URL: https://doi.org/10.36253/978-
88-6655-225-3, letzter Zugriff: 9.7.2024].
Al-Taie, Yonne: Klang, Geste, Bild. Das Arabische als künstlerischer Projektionsraum in
Else Lasker-Schülers ‚Das Hebräerland'. – In: Jahrbuch des Simon-Dubnow-Instituts =
Simon Dubnow Institute Yearbook XIX, 2020/2021, 2023. S. 285–308. [URL: https://doi.
org/10.13109/9783666302039.285, letzter Zugriff: 9.7.2024].
Allert, Beate I.: Images for Memories. From Ekphrasis to Excess of Memory in German roman-
tic Literature. – In: Memory in German Romanticism. Imagination, Image, Reception. Ed. by
Christopher R. Clason … New York; London 2023. (Routledge Studies in Nineteenth Cen-
tury Literature). S. 157–180.
Almog, Yael: Self-Identity and the Jewish Body. Assimilated German-speaking Jewish Authors
on traditional Judaism. – In: German Life and Letters NS 76, 2023, 3. S. 358–375. [URL:
https://doi.org/10.1111/glal.12381, letzter Zugriff: 9.7.2024].
Altenhoff, Andreas: Vom schwierigen Zugang zum Schönen. – In: „Refugium einer politikfreien
Sphäre"? Musik und Gesellschaft im Rheinland des 19. und 20. Jahrhunderts. Eine Publika-
tion anlässlich des 200-jährigen Bestehens des Düsseldorfer Musikvereins e. V. Hrsg. von
Helmut Rönz … Wien; Köln 2023. (Stadt und Gesellschaft; 9). S. 209–226.
Ashton, Rosemary: A Sketch of Anglo-German Relations in the Nineteenth Century. – In: Anger-
mion 13, 2020. S. 113–128.
Asserate, Asfa-Wossen: Ein Prinz aus dem Hause David und warum er in Deutschland blieb.
Frankfurt a. M. 2007. 384, [16] S. (Fischer; 17313).
Assing, Rosa Maria: Selbstinszenierung und Gedächtnisbildung. Rosa Maria Assing in Briefen
und Lebenszeugnissen aus der Sammlung Varnhagen. Edition und Kommentar. Hrsg. von:
Paweł Zarychta. – Teil 1: 1783–1823. Berlin 2021. 452 S. (Perspektiven der Literatur- und
Kulturwissenschaft; 5).
Axer, Christine: Denkmäler als Spiegel der Zeit. Archivalien zur Geschichte der Denkmäler
in Hamburg. – In: Archivjournal 2016, 2. S. 8. [URL: https://www.hamburg.de/content-
blob/6639362/8e36cecb05236194f80fd0b68c372a10/data/archivjournal-16-02.pdf, letzter
Zugriff: 9.7.2024].
Bachleitner, Norbert: Subversive Komik in der Literatur. – In: Komik und Subversion – ideo-
logiekritische Strategien. Pia Janke & Christian Schenkermayr (Hrsg.). Universität Wien,
Interuniversitärer Forschungsverbund Elfriede Jelinek der Universität Wien und der Musik
und Kunst Privatuniversität der Stadt Wien. Wien 2020. (Diskurse, Kontexte, Impulse; 20).
S. 163–178.
Bampi, Zeno: „Ecco Venezia". Kunstreflexion und ‚Poesie' im literarischen Venedig-Bild bei August von Platen und beim jungdeutschen Reiseschriftsteller Heinrich Laube. – In: Venedig
in der deutschen Literatur. Hrsg. von Erik Schilling, Oliver Bach. Heidelberg 2022. (Germanisch-romanische Monatsschrift / Beiheft; 108). [Beiträge eines Kolloquiums […] im Oktober

2021 zu Ehren des 65. Geburtstags von Friedrich Vollhardt an der Venice International Uni-
versity]. S. 119–132.

Barbarosch, Andrés: Freud, Warburg y los dioses en el exilio. – In: Art Research Journal 9,
2022, 1: Dossiê Warburg. S. 1–15. [URL: https://doi.org/10.36025/arj.v9i1, letzter Zugriff:
9.7.2024].

Bartels, Klaus: Xanthippe, wie sie leibt und lebt. – In: Antike Welt 37, 2006, 3. S. 112.

Bayle, Corinne: Énigme, poésie et vérité, de Nerval à Bonnefoy. – In: Revue Nerval 7, 2023:
Nerval et les fous littéraires. S. 149–164.

Becker-Cantarino, Barbara: Aspekte der aktuellen Forschung. – In: Bettina von Arnim Handbuch.
Hrsg. von Barbara Becker-Cantarino. Berlin 2019. (De Gruyter Reference). S. 662–676.

Becker-Cantarino, Barbara: Epoche, Gattung, Werk, Autorschaft. – In: Bettina von Arnim Handbuch. Hrsg. von Barbara Becker-Cantarino. Berlin 2019. (De Gruyter Reference). S. 328–
332.

Becker-Cantarino, Barbara: Gespräch, Geselligkeit, Salon. – In: Bettina von Arnim Handbuch.
Hrsg. von Barbara Becker-Cantarino. Berlin 2019. (De Gruyter Reference). S. 341–354.

Becker-Cantarino, Barbara: Die ‚politische Bettina‘. – In: Bettina von Arnim Handbuch. Hrsg.
von Barbara Becker-Cantarino. Berlin 2019. (De Gruyter Reference). S. 259–304.

Becker-Cantarino, Barbara: Rahel Varnhagen. – In: Bettina von Arnim Handbuch. Hrsg. von Barbara Becker-Cantarino. Berlin 2019. (De Gruyter Reference). S. 222–231.

Becker-Cantarino, Barbara: Zur Rezeption ‚Bettinas‘ in England und in Neuengland. – In: Bettina von Arnim Handbuch. Hrsg. von Barbara Becker-Cantarino. Berlin 2019. (De Gruyter
Reference). S. 609–621.

Becker-Cantarino, Barbara; Brandes, Helga: Die Jungdeutschen. – In: Bettina von Arnim Handbuch. Hrsg. von Barbara Becker-Cantarino. Berlin 2019. (De Gruyter Reference). S. 241–244.

Becker-Cantarino, Barbara; Brandes, Helga: Kampf gegen die Zensur. – In: Bettina von Arnim
Handbuch. Hrsg. von Barbara Becker-Cantarino. Berlin 2019. (De Gruyter Reference). S.
224–231.

Berner, Hannah: Nachworte zur Tagung: Popularitätsbegriffe. – In: Popularität. Lied und Lyrik
vom 16. bis zum 19. Jahrhundert. Hannah Berner, … (Hrsg.). Berlin 2022. (Studien zu Musik
und Gender / Research). [Beiträge der FRIAS-Nachwuchstagung „Popularität: Lied und
Lyrik vom 16. bis zum 19. Jahrhundert", 2018 in Freiburg i. Br.]. S. 271–278.

Bernhard, Thomas: Meine Preise. Frankfurt a. M. 2010. 139 S. (Suhrkamp Taschenbuch; 4186).

Bernhardt, Babette: Sozialistischer Realismus in Übersetzung. Kulturaustausch und literarischer Transfer zwischen der Volksrepublik China und der DDR in den 1950er Jahren. – In:
Literaturstraße 20, 2019, 2. S. 77–93. [URL: https://journals.ub.uni-heidelberg.de/index.php/
litstr/issue/view/6114, letzter Zugriff: 9.7.2024].

Bilz, Fritz: Im Schatten des Doms zu Köln. Bausteine einer Gegengeschichte. Köln 2022. 108 S.
(Neue kleine Bibliothek; 323).

Bischoff, Doerte: Translation und Transnationalität. Akteur:innen, Formen und Reflexionen des
Übersetzens im mexikanischen Exil. – In: Translation und Exil (1933–1945) II. Netzwerke
des Übersetzens. Irene Weber Henking … (Hrsg.). Berlin 2023. (Transkulturalität – Translation – Transfer; 62). S. 181–208.

Blamberger, Günter: Von der Faszination ästhetischer Ideen und der Macht poetischen Denkens.
Paderborn 2021. 243 S. [Kap. XVII: „Blue Notes oder Jede Kunst ist am End (kein) blauer
Dunst". S. 211–215].

Bluhm, Lothar: „Und der Garten ist voller Leut". Gartenszenen in der deutschen Literatur. – In:
„Ich wandle unter Blumen/Und blühe selber mit". Zur Kultur- und Sozialgeschichte des Gar-
tens. Hrsg. von Lothar Bluhm … Baden-Baden 2018. (Landauer Beiträge zur Kultur- und
Sozialgeschichte; 1). S. 149–172.

Blunk, Julian: Untote Kunstrichter. In diesem Style sollt ihr bauen! – In: Kritische Berichte 42,
2014, 1. S. 19–34. [URL: https://journals.ub.uni-heidelberg.de/index.php/kb/issue/view/1570,
letzter Zugriff: 9.7.2024].

Borejsza, Jerzy W.; Droit, Emmanuel: Faszination, Illusion und diabolische Bewunderung. – In: Deutsch-polnische Erinnerungsorte. Robert Traba; Peter Oliver Loew (Hrsg.). – Bd. 2: Geteilt – gemeinsam 2. Unter Mitarb. von Maciej Górny und Kornelia Kończal. Paderborn 2014. S. 441–466.

Brahms-Handbuch. Hrsg. von Wolfgang Sandberger. Stuttgart; Weimar 2009. XXX, 632 S.: Ill., Noten.

Brandmüller, Nicole: „Die trauernden Juden im Exil". Ein Thema der europäischen Malerei im 19. und 20. Jahrhundert. Erlangen, Nürnberg, Univ., Diss., 2007. 189, 185 S. [URL: https:// nbn-resolving.org/urn:nbn:de:bvb:29-opus-11458, letzter Zugriff: 9.7.2024].

Brandt, Marion: Transkulturalität in Wiktor Gomulickis Poem ‚Pieśń o Gdańsku' (‚Lied über Danzig'). – In: Studia Germanica Gedanensia 46. 2022. S. 57–68.

Brenner, Michael: Kleine jüdische Geschichte. München 2008. 384 S., Ill., graph. Darst., Kt.

Briese, Olaf: Geselligkeit, Unterhaltung, Vergnügen und die Gebildeten ihrer Verächter. Das Beispiel Berlin. – In: Geselliges Vergnügen. Kulturelle Praktiken von Unterhaltung im langen 19. Jahrhundert. Anna Ananieva ... (Hrsg.). Bielefeld 2011. S. 283–299.

Broder, Henryk M.; Mohr, Reinhard: Durchs irre Germanistan. Notizen aus der Ampel-Republik. München 2023. 224 S.

Brössel, Stephan: Die Phase zwischen Goethezeit und Realismus als Problemfall der Literaturgeschichte. Am Beispiel der Novellistik Theodor Mügges. – In: Jahrbuch der Raabe-Gesellschaft 59, 2018. S. 42–69.

Brössel, Stephan: Die Unterminierung der Romantik. Theodor Mundts ‚Madelon oder die Romantiker in Paris' [1832]. – In: Die Kalibrierung literarischer Zeit. Strukturwandel am Ende der Goethezeit. Stephan Brössel, Stefan Tetzlaff (Hrsg.). Marburg 2022. (Schriften zur Kultur- und Mediensemiotik; 20). S. 205–224.

Brophy, James M.: Zensur, Buchmarkt und Lesepublikum. Verleger und die politische Kultur im Vormärz. – In: Vormärzliche Verleger zwischen Zensur, Buchmarkt und Lesepublikum. James M. Brophy … (Hrsg.). Ostfildern 2023. (Schriften der Siebenpfeiffer-Stiftung; 12). S. 49–68.

Büttgen, Philippe: Religion et philosophie en Allemagne. Le droit de la confession. – In: Études Germaniques 70, 2015, 4 = 280. S. 659–670. [URL: https://www.cairn.info/revue-etudes-germaniques-2015-4.htm, letzter Zugriff: 9.7.2024].

Butzer, Günter: Mit Kanones auf Raabe schießen. Zur Vorgeschichte der Kanonisierung Wilhelm Raabes. – In: Jahrbuch der Raabe-Gesellschaft 48, 2007. S. 23–47.

Calvié, Lucien: Arnold Ruge. Histoire et critique littéraires. – In: Études Germaniques 78, 2023, 3: Les Jeunes hégéliens. S. 455–469.

Calvié, Lucien: Georg Weerth (1822–1856, romancier heinéen, pour le 200e anniversaire de sa naissance. – In: Études Germaniques 77, 2022, 3 = 307: Hans Faverey. S. 463–476.

Chapman, Alison: Networking the Nation. British and American Women's Poetry and Italy, 1840–1870. Oxford 2015. XL, 303 S.: Ill. [Kap. 10: „Spirit Sisters. EBB, Sophia May Eckley, and ‚Poems before Congress'". S. 198–223].

Chen, Hongyan: Rezeption deutschsprachiger Literatur in der Fachzeitschrift ‚Weltliteratur' (1953–2013). – In: Literaturstraße 15, 2014. S. 283–297. [URL: https://journals.ub.uni-heidelberg.de/index.php/litstr/issue/view/3658, letzter Zugriff: 9.7.2024].

Clemens, Gabriele B.: Europäische Verleger im Vormärz. Gewinnorientiertes Unternehmertum und politisch-kulturelle Avantgarde. – In: Vormärzliche Verleger zwischen Zensur, Buchmarkt und Lesepublikum. James M. Brophy … (Hrsg.). Ostfildern 2023. (Schriften der Siebenpfeiffer-Stiftung; 12). S. 9–22.

Coignard, Tristan: La littérature de langue allemande et le canon postcolonial. – In: Études Germaniques 77, 2022, 1 = 305: Goethe – E. T. A. Hoffmann – Troeltsch – Appelfeld. S. 111–115.

Coleman, Jeremy: Richard Wagner in Paris. Translation, Identity, Modernity. Woodbridge 2019. XVII, 201 S.: Notenbeisp.

Collini, Patrizio: L'Olandese Volante. Da Vasco da Gama a Wagner. – In: Nel segno di Magellano tra terra e cielo. Il viaggio nelle arti umanistiche e scientifiche di lingua portoghese e di altre culture europee in un'ottica interculturale. Ed. by: Michela Graziani … Florenz 2021.

(Studi e saggi). S. 277–282. [URL: https://doi.org/10.36253/978-88-5518-467-0, letzter Zugriff: 9.7.2024].

Cottom, Daniel: International Bohemia. Scenes of Nineteenth-Century Life. Philadelphia, PA 2013. X, 353 S.

Covington, Coline: Everyday Evils. A psychoanalytic View of Evil and Morality. London; New York 2017. XIII, 186 S. [Kap. 7: „The Problem of Forgiveness and Reparation in the Aftermath of Evil". S. 124–144].

Crăciun-Fischer, Ioana: „Schwankend zwischen zwei Kulturen". Einige Bemerkungen zur deutschlandbezogenen Gelegenheitsdichtung Ion Barbus. – In: Germanistische Beiträge 46, 2020, 1. S. 92–107. [URL: https://sciendo.com/issue/GB/46/1, letzter Zugriff: 9.7.2024].

Czekanowska-Gutman, Monika: Reclaiming biblical Heroines. Portrayals of Judith, Esther and the Shulamite in early Twentieth-Century Jewish Art. Leiden; Boston 2023. XVII, 326 S.: Ill. (Brill's Series in Jewish Studies; 75).

Czezior, Patricia: Elise von Hohenhausen – Standesbewusstsein einer Adligen auf Reisen. – In: Adel im Vormärz. Begegnungen mit einer umstrittenen Sozialformation. Urte Stobbe, Claude D. Conter (Hrsg.). Bielefeld 2023. (Vormärz-Studien; 46). [Tagung „Adel im Vormärz", 15.–17. Juli 2021, Nationalbibliothek Luxemburg]. S. 179–198.

Czezior, Patricia: Emerenz Meier, „des freien Waldes freies Kind". Eine (Heimat-)Dichterin zwischen Idyll und Fremde. – In: Beiträge zur bayerischen Geschichte, Sprache und Kultur 1, 2018. S. 103–128.

Dal, Ingerid: Kurze deutsche Syntax auf historischer Grundlage. 4. Aufl. Berlin 2014. XXIV, 292 S. (Sammlung kurzer Grammatiken germanischer Dialekte / B, Ergänzungsreihe; 7).

Darmaun, Jacques: Thomas Manns Luther- und Deutschlandbilder in den Kämpfen seiner Zeit. – In: Germanistik im Konflikt der Kulturen. Hrsg. von Jean-Marie Valentin. – Bd. 8: Universal-, Global- und Nationalkulturen / Nationalliteratur und Weltliteratur. Bern [u. a.] 2007. (Jahrbuch für Internationale Germanistik; 84. Akten des ... Internationalen Germanisten-Kongresses; 11). S. 53–58.

Deinet, Klaus: Louis-Philippe. Der Letzte der Bourbonen. Stuttgart 2023. 292 S.: Ill. (Urban-Taschenbücher).

Dembeck, Till: Der Ton der Kultur. Lyrik und Sprachforschung im 19. Jahrhundert. Göttingen 2023. 788 S.

Deranty, Jean-Philippe; Renault, Emmanuel: La non-réception du concept hégélien de reconnaissance chez les Jeunes hégéliens. – In: Études Germaniques 78, 2023, 3: Les Jeunes hégéliens. S. 441–454.

Drentje, Jan: De maakbare wereld. Vrijheid, orde en geschiedenis in de idealistische filosofie. – In: Groniek 2012, 197: Toeschouwers van de Franse Revolutie. S. 419–434. [URL: https://ugp.rug.nl/groniek/issue/view/2571, letzter Zugriff: 9.7.2024].

Drews, Peter: La réception des belles-lettres allemandes en Russie entre 1750 et 1850 sous les auspices de la culture française. – In: Études sur le monde germanique. Littérature, civilisation, arts. Textes réunis et éd. par Anne Feler ... Würzburg 2021. (Choix de conférences (2005–2020) organisées par la Société Goethe de France; 2). S. 96–114.

Efron, John M.: German Jewry and the Allure of the Sephardic. Princeton 2016. VIII, 343 S.

Ehrmann, Daniel: Erbschaften: angetreten, ausgeschlagen. Zur prekären Form der Begründung von Zukunft im Vergangenen um 1840 (Dingelstedt, Gutkow, Vischer, Droste, Stifter). – In: Die Kalibrierung literarischer Zeit. Strukturwandel am Ende der Goethezeit. Stephan Brössel, Stefan Tetzlaff (Hrsg.). Marburg 2022. (Schriften zur Kultur- und Mediensemiotik; 20). S. 241–258.

Erdle, Birgit R.: Auf der Traumspur von Jehuda Halevi. Gerson Stern in Jerusalem (1938–1948). – In: Jahrbuch des Simon-Dubnow-Instituts = Simon Dubnow Institute Yearbook XIX, 2020/2021, 2023. S. 345–362. [URL: https://doi.org/10.13109/9783666302039.345, letzter Zugriff: 9.7.2024].

Ernst, Petra: Schtetl, Stadt, Staat. Raum und Identität in deutschsprachig-jüdischer Erzählliteratur des 19. und frühen 20. Jahrhunderts. Wien [u. a.] 2017. 474 S. (Schriften des Centrums für Jüdische Studien; 27).

Fancelli, Maria: L'ispirazione goethiana. Saggi di letteratura tedesca dal Settecento a oggi. A cura die Hermann Dorowin e Rita Svandrlik. Perugia 2020. 523 S.

Fancelli, Maria: Nota breve sulla polarità classico/romantico. – In: Dies.: L'ispirazione goethiana. Saggi di letteratura tedesca dal Settecento a oggi. A cura die Hermann Dorowin e Rita Svandrlik. Perugia 2020. S. 271–282.

Fehlemann, Silke; Fangerau, Heiner: „Voll die Seuche!". Das invektive Potenzial der Seuchen. – In: Dresdner Hefte 41, 2023, 1 = 153: Zwischen Pest und Corona. Seuchen in Vergangenheit und Gegenwart. S. 5–13.

Fetzer, Sarah: „wo ich im Stillen mit Fleiß sammelte, womit ich später öffentlich hervortrat". Hans von Aufseß (1801–1872) und die Wege seiner Sammeltätigkeit. Heidelberg 2023. 662 S.: Ill. [Zugl.: Erlangen, Friedrich-Alexander-Univ. Erlangen-Nürnberg, Diss., 2022]. [URL: https://doi.org/10.11588/arthistoricum.1123, letzter Zugriff: 9.7.2024].

Fischer, Jens Malte: Karl Kraus. Der Widersprecher. Biografie. Wien 2020. 1101 S.: Ill.

Flowers, Taylor H.: Three Programs of collaborative Music Flowers. Summary of Dissertation Recitals. Ann Arbor, Univ. of Michigan, Diss., 2021. IV, 17 S. [URL: https://doi.org/10.7302/2956, letzter Zugriff: 9.7.2024].

Förster, Wolfgang: Klassische deutsche Philosophie. Grundlinien ihrer Entwicklung. Frankfurt a. M. [u. a.] 2008. 534 S. (Bremer Beiträge zur Literatur- und Ideengeschichte; 51).

Franks, Paul: Translation, ‚Bildung', and Dialogue. Central Concepts of German-Jewish religious Thought 1783–1848. – In: Oxford History of modern German Theology. Ed. by Grant Kaplan and Kevin M. Vander Schel. – Vol. 1: 1781–1848. Oxford 2023. S. 143–168.

Füllner, Karin: „Chaque famille a sa noblesse". George Sand, Adel und Volk. – In: Adel im Vormärz. Begegnungen mit einer umstrittenen Sozialformation. Urte Stobbe, Claude D. Conter (Hrsg.). Bielefeld 2023. (Vormärz-Studien; 46). [Tagung „Adel im Vormärz", 15.–17. Juli 2021, Nationalbibliothek Luxemburg]. S. 275–292.

Fureix, Emmanuel: Tours de ville frondeurs. Les boulevards, la mort et la contestation (1815–1848). – In: Romantisme 46, 2006, 4 = 134: Les grands boulevards. S. 7–18. [URL: https://www.cairn.info/revue-romantisme-2006-4.htm, letzter Zugriff: 9.7.2024].

Gallope, Michael: Deep Refrains. Music, Philosophy, and the Ineffable. Chicago; London 2017. 337 S.: Ill. [Kap.: „Interlude. Wittgenstein's Silence". S. 160–164].

Galter, Sigrun: Literarische Dürer-Mythen zwischen Frühromantik und Dürerjubiläum 1828. Theorie – Geschichte – Erzählanalysen (Wackenroder, Tieck, Hoffmann, Fouqué, Weise, Hagen). Heidelberg 2022. 684 S.: Ill. (Probleme der Dichtung; 56). [Zugl.: Marburg, Philipps-Univ., Diss., 2020).

Gamper, Michael: Gute Unterhaltung. Robert Prutz und die ästhetische Mittellage. – In: Geselliges Vergnügen. Kulturelle Praktiken von Unterhaltung im langen 19. Jahrhundert. Anna Ananieva ... (Hrsg.). Bielefeld 2011. S. 301–318.

Gans, Michael: Elemente der Lyrik. Topologischer Exkurs. – In: Lyrik. Verstehen – verfassen – vermitteln. Hrsg. von Michael Gans ... 2. korr. Aufl. Baltmannsweiler 2022. S. 81–120.

Gans, Michael: „Lyrikbühne". Gedichte in Szene setzen. – In: Lyrik. Verstehen – verfassen – vermitteln. Hrsg. von Michael Gans ... 2. korr. Aufl. Baltmannsweiler 2022. S. 301–306.

Gans, Michael: Von der Mühsal des Dichtens. – In: Lyrik. Verstehen – verfassen – vermitteln. Hrsg. von Michael Gans ... 2. korr. Aufl. Baltmannsweiler 2022. S. 183–200.

Gans, Michael: ‚Wozu Lyrik heute?'. Kulturgeschichtliche Aspekte. – In: Lyrik. Verstehen – verfassen – vermitteln. Hrsg. von Michael Gans ... 2. korr. Aufl. Baltmannsweiler 2022. S. 45–80.

Ganseuer, Frank; Walle, Heinrich: Die Parlamentsmarine. Geschichte(n) und Porträts zur ersten deutschen Flotte von 1848. Berlin 2023. 344 S.

Gaßdorf, Dagmar: Gendern ... um die Welt zu ändern? Wohl und Wehe einer inklusiven Sprache. Frankfurt a. M. 2021. 205 S.

Gerlof, Julia: „Mein Dampfroß, Muster der Schnelligkeit, läßt hinter sich die laufende Zeit". Zur Darstellung veränderter Zeitwahrnehmung in der Eisenbahnlyrik der Zwischenphase. – In: Die Kalibrierung literarischer Zeit. Strukturwandel am Ende der Goethezeit. Stephan Brös-

sel, Stefan Tetzlaff (Hrsg.). Marburg 2022. (Schriften zur Kultur- und Mediensemiotik; 20).
S. 187–204.

Giesbrecht, Sabine; Mujkanović, Edin: Lied und Propaganda. Osnabrück in den ersten Kriegs-
monaten 1914. – In: Eine deutsche Stadt im Ersten Weltkrieg. Osnabrück 1914–1918. Eine
Ausstellung des Museums Industriekultur Osnabrück [1.5.2014–2.10.2014]. Hrsg. von Rolf
Spilker. Bramsche 2014. S. 78–91.

Goehr, Lydia: Red Sea – red Square – red Thread. A philosophical Detective Story. New York,
NY 2022. XLII, 677 S., 12 ungez. S.: Tafeln, Ill., Kt.

Görner, Rüdiger: „Nirgends wird Welt sein als ...“? Zur Antinomie von Weltliteratur und Globa-
lismus. – In: Germanistik im Konflikt der Kulturen. Hrsg. von Jean-Marie Valentin. – Bd. 8:
Universal-, Global- und Nationalkulturen / Nationalliteratur und Weltliteratur. Bern [u. a.]
2007. (Jahrbuch für Internationale Germanistik; 84. Akten des ... Internationalen Germanisten-
Kongresses; 11). S. 199–204.

Goeth, Sarah: Das romantische Leiden am ‚chronischen Dualismus‘ und E. T. A. Hoffmanns ästhetische Arznei in ‚Prinzessin Brambilla‘. – In: Die Kalibrierung literarischer Zeit. Strukturwandel am Ende der Goethezeit. Stephan Brössel, Stefan Tetzlaff (Hrsg.). Marburg 2022.
(Schriften zur Kultur- und Mediensemiotik; 20). S. 35–54.

Göttsche, Dirk: Zeitreflexion und Erinnerungsdiskurs in Willibald Alexis’ Werk der
1820er/1830er-Jahre. Eine Fallstudie zur Zeitpoetik des Frührealismus. – In: Die Kalibrierung literarischer Zeit. Strukturwandel am Ende der Goethezeit. Stephan Brössel, Stefan
Tetzlaff (Hrsg.). Marburg 2022. (Schriften zur Kultur- und Mediensemiotik; 20). S. 55–70.

Goldblum, Sonia: Figures de l'identité et du dialogue chez les Juifs d'Allemagne au XXème siècle. Paris, Univ. Paris-Cité, Habilitationsschr., 2023. 106, 279 S. [URL: https://hal.science/
tel-04055516, letzter Zugriff: 9.7.2024].

Gomes Júnior, Guilherme Simões: O funeral de Girodet e a deriva romântica. – In: Ars 21, 2023,
47. S. 198–253. [URL: https://www.revistas.usp.br/ars/issue/view/12865, letzter Zugriff:
9.7.2024].

Gordon, Peter E.: Adorno. A biographical Sketch. – In: A Companion to Adorno. Ed. by Peter E.
Gordon … Hoboken 2020. (Blackwell Companions to Philosophy). S. 3–20.

Graf, Klaus: Der Mythos Staufer. Eine schwäbische Königsdynastie wird erinnert und instrumen-
talisiert. – In: Schwäbische Heimat 61, 2010, 3. S. 296–306. [URL: https://journals.wlb-stutt-
gart.de/ojs/index.php/sh/issue/view/136, letzter Zugriff: 9.7.2024].

Grau, Alexander: Vom Wald. Eine Philosophie der Freiheit. München 2023. 182 S. [Kap. 3:
„Wege der Freiheit“. S. 71–101].

Gresser, Beate: Supplement [zur Platen-Bibliographie]. Stand: Dezember 2016. Erlangen 2016.
121 S. [URL: https://nbn-resolving.org/urn:nbn:de:bvb:29-opus4-79439, letzter Zugriff:
9.7.2024].

Gronemann, Sammy: Kurzprosa und Nachlasstexte. Hrsg. von Jan Kühne. Berlin 2023. XXI, 638
S. (Kritische Gesamtausgabe; 6. Conditio Judaica; 92, 6).

Gruhl, Boris: „Faust-Ballett“ von Edward Clug in Leipzig. – In: Dance for you! 2022, Februar. o.
S. [URL: https://www.danceforyou-magazine.com/faust-ballett-von-edward-clug-in-leipzig/,
letzter Zugriff: 9.7.2024].

Gutzkow, Karl: Passé et Présent 1830–1838. Trad. et éd. critique par Lucien Calvié. Paris 2023.
156 S. (Littératures du monde; 48).

Härtl, Heinz: Bettina-Chronik. Daten und Zitate zu Leben und Werk. – In: Bettina von Arnim
Handbuch. Hrsg. von Barbara Becker-Cantarino. Berlin 2019. (De Gruyter Reference).
S. 609–621.

Haffner, Sebastian: Geschichte eines Deutschen. Die Erinnerungen 1914–1933. Mit einer Vor-
bemerkung und einem Nachw. zur Ed.-Geschichte von Oliver Pretzel. München 2014. 303 S.

Hahn, Hans-Joachim: Esoterisches Schreiben und ambivalentes Begehren. Imaginationen des
Jüdischen in Wilhelm Raabes Erzählwerk. – In: Jahrbuch der Raabe-Gesellschaft 60, 2019.
S. 3–30.

Hahn, Jans-Joachim: Weltliteratur als Emanzipation. Zu einem Aufsatz Hans Mayers. – In: Yearbook for European Jewish Literature Studies = Jahrbuch für europäisch-jüdische Literaturstudien 9, 2022, 1. S. 109–125.

Halicka, Beata: Erfundene Flüsse oder Die Verkörperung des „Nationalgeistes". – In: Deutschpolnische Erinnerungsorte. Robert Traba; Peter Oliver Loew (Hrsg.). – Bd. 3: Parallelen. Unter Mitarb. von Maciej Górny und Kornelia Kończal. Paderborn 2012. S. 71–93.

Hamann, Georg: Großer Herren Häuser. Hinter den Fassaden prunkvoller Palais. Vorw. von Karl Hohenlohe. Wien 2017. [Kap.: „Auf den Spuren Kaiserin Elisabeths. Hermesvilla, Lainzer Tiergarten und das Achilleion auf Korfu". S. 238–255].

Hannson, Sven Ove: Karl Marx and Freedom of the Press. – In: Nineteenth Century Prose 49, 2022, 1. S. 61–108.

Hárs, Endre: Der mediale Fußabdruck. Zum Werk des Wiener Feuilletonisten Ludwig Hevesi (1843–1910). Würzburg 2020. 428 S.: Ill. (Identifizierungen; 7). [Kap.: „Hevesis feuilletonistische Novellistik. Überlegungen zu 240 Titeln". S. 221–263].

Hart, Heidi: Hanns Eisler's Art Songs. Arguing with Beauty. Rochester, NY 2018. 238 S.: Notenbeisp. (Studies in German Literature, Linguistics, and Culture).

Hasler, Norbert W.: Die Rheinreise – von den Quellen bis zur Mündung. Ein grafisches Meisterwerk von Louis Bleuler (1792–1850). – In: Librarium 54, 2011, 2/3. S. 132–147.

Haß, Annika: Europäischer Buchmarkt und Gelehrtenrepublik. Die transnationale Verlagsbuchhandlung Treuttel & Würtz, 1750–1850. Heidelberg 2023. 520 S. (Pariser Historische Studien; 127). [Zugl.: Saarbrücken, Univ. des Saarlandes, Diss.]. [URL: https://heiup.uni-heidelberg.de/catalog/book/817, letzter Zugriff: 9.7.2024].

Hecker, Rolf; Limmroth, Angelika: Ein bisher unveröffentlichter Brief von Jenny Marx aus Paris vom 26. Dezember 1843. – In: Marx' Weg von Bonn nach Paris. Hrsg. und Red.: Rolf Hecker … Hamburg 2022. (Beiträge zur Marx-Engels-Forschung; NF 2020/2021). S. 133–143.

Heidegger, Martin; Heidegger, Fritz: Heidegger und der Antisemitismus. Positionen im Widerstreit. Mit Briefen von Martin und Fritz Heidegger. Walter Homolka, Arnulf Heidegger (Hrsg.). Freiburg [u. a.] 2016. 443 S.

Heister, Hanns-Werner: „Morgenrot und Schwarze Hand" – „Petersil und Suppenkraut". Die prosodische Parodierung als Kontrafaktur ohne Musik in einem Werk des jüdischen Dichters Manfred Winkler. – In: Music, a connected Art. A Festschrift for Jürgen Thym on his 80th Birthday = Die Illusion der absoluten Musik. Ed. by Ulrich J. Blomann … Baden-Baden 2023. (Sammlung musikwissenschaftlicher Abhandlungen; 103). S. 61–72.

Heitmann, Annegret: Modern Denmark. Brandes – Jacobsen – Bang. – In: Danish Literature as World Literature. Ed. by Dan Ringgaard and Mads Rosendahl Thomsen. New York, NY 2017. (Literatures as World Literature). S. 141–166.

Hellerstein, Kathrin: Gender Poetics in Jewish American Poetry. – In: The Cambridge History of Jewish American Literature. Ed. by Hana Wirth-Nesher. New York, NY 2016. S. 525–546.

Hellwig, Karin; Schümmer, Volker: Johanna Kanoldt. Malerin – Schriftstellerin – Kunsthändlerin. Heidelberg 2023. 230 S.: Ill. [URL: https://doi.org/10.11588/arthistoricum.1230, letzter Zugriff: 9.7.2024].

Henry, Nick; Schicker, Juliane: ‚Heimatsehnsucht'. Rammstein and the Search for Cultural Identity. – In: Rammstein on Fire. New Perspectives on the Music and Performances. Ed. by John T. Littlejohn and Michael T. Putnam. Jefferson, NC 2013. S. 99–119.

Herrmann, Leonhard: Klassiker jenseits der Klassik. Wilhelm Heinses „Ardinghello". Individualitätskonzeption und Rezeptionsgeschichte. Berlin 2010. VII, 352 S. (Communicatio; 41). [Zugl.: Leipzig, Univ., Diss., 2008].

Hessing, Jakob: Else Lasker-Schüler. Historische Perspektiven auf das Nachleben der Dichterin. – In: Jahrbuch des Simon-Dubnow-Instituts = Simon Dubnow Institute Yearbook XIX, 2020/2021, 2023. S. 467–482. [URL: https://doi.org/10.13109/9783666302039.467, letzter Zugriff: 9.7.2024].

Hessing, Jakob: Der jiddische Witz. Eine vergnügliche Geschichte. Originalausg. München 2020. 172 S. (C.H. Beck Paperback).

Heusler, Andreas: Enfant terrible der Münchner Kulturszene. Lion Feuchtwanger und der ‚Phoebus'-Skandal. – In: Feuchtwanger und München. 9. Tagung der International Feuchtwanger Society. Tamara Fröhler und Andreas Heusler (Hrsg.). Oxford [u. a.] 2022. (Feuchtwanger Studies; 8). S. 49–64.

Heyde, Jürgen: „Das neue Ghetto"? Raum, Wissen und Identität im langen 19. Jahrhundert. Göttingen 2019. 248 S.: Ill. (Hamburger Beiträge zur Geschichte der deutschen Juden; 52).

Hoffmann, Eva: „Most Marriages are unhappy". From Elsa Asenijeff's ‚Unschuld' (1901) to today's Postfeminism. – In: Feminist German Studies 37, 2021, 2. S. 1–26.

Holzmüller, Anne: ‚Abendhauch' und ‚Blinde Kuh'. Kirchenliedstrophen als Medien der Popularisierung und Referenzialisierung in der Goethezeit. – In: Popularität. Lied und Lyrik vom 16. bis zum 19. Jahrhundert. Hannah Berner, … (Hrsg.). Berlin 2022. (Studien zu Musik und Gender / Research). [Beiträge der FRIAS-Nachwuchstagung „Popularität: Lied und Lyrik vom 16. bis zum 19. Jahrhundert", 2018 in Freiburg i. Br.]. S. 247–270.

Hong, Ji Eun: Zigzags, revirements et ciconvolutions. Les voyages excentriques et exotiques de Théophile Gautier. – In: Nineteenth-Century French Studies 51, 2022–2023, 1/2. S. 52–67.

Hrubý, Karel; Zídek, Petr: Věřil jsem v budoucnost. Vydání první. Praha 2022. 314 S.: Ill.

Hu, Wei: Das Bild der Anderen. Die wechselseitige kulturelle Wahrnehmung Chinas und Deutschlands. Bericht zum dritten Kolloquium der Literaturstraße (29. September bis 2. Oktober 2010 in Königswinter). – In: Literaturstraße 12, 2011. S. 13–19.

Hughes, Linda K.: Victorian Women Writers and the other Germany. Cross-cultural Freedoms and female Opportunity. Cambridge 2022. XIV, 282 S. (Cambridge Studies in Nineteenth-Century Literature and Culture).

Ilia Chavchavadze. Life and Work Chronicles. Ed.: Maia Ninidze, George Rukhadze. Tbilisi 2017. 595 S.: Ill. [URL: https://dspace.nplg.gov.ge/handle/1234/205694?locale=en, letzter Zugriff: 9.7.2024].

Ingold, Julia: Die Dialektik von Klage und Arabeske. Else Lasker-Schülers Wunderrabbiner von Barcelona. – In: Jahrbuch des Simon-Dubnow-Instituts = Simon Dubnow Institute Yearbook XIX, 2020/2021, 2023. S. 215–238. [URL: https://doi.org/10.13109/9783666302039.215, letzter Zugriff: 9.7.2024].

Irrgang, Nina: Raumkonstruktion in Brieftexten des antiken Diasporajudentums. Erlangen 2021. 276 S. [Zugl.: Erlangen, Friedrich-Alexander-Univ., Diss., 2020]. [URL: https://nbn-resolving.org/urn:nbn:de:bvb:29-opus4-154525, letzter Zugriff: 9.7.2024].

Isensee, Josef: Verbotene Bäume im Garten der Freiheit. Das Tabu im Verfassungsstaat. – In: Ders.: Staat und Verfassung. Gesammelte Abhandlungen zur Staats- und Verfassungstheorie. Hrsg. von Otto Depenheuer. Heidelberg 2018. S. 171–190.

Italiensehnsucht. Zeichnungen und Aquarelle aus der Sammlung Dr. Ruprecht Kamlah. Ausstellung in der Universitätsbibliothek 27.10. bis 17.11.2021. Christina Hofmann-Randall [Hrsg.]. Erlangen 2021. 97 S.: Ill. [URL: https://nbn-resolving.org/urn:nbn:de:bvb:29-opus4-174160, letzter Zugriff: 9.7.2024].

Jaffe, Kenneth: Solo vocal Works on Jewish Themes. A Bibliography of Jewish Composers. Lanham, Md. 2011. XX, 436 S.

Jenn-Gastal, Camille: Max Reinhardt in München 1909–1911. Lion Feuchtwangers Theaterkritiken zum ‚Künstlertheater' und zu den Münchener Festspielen 1909–1911. – In: Feuchtwanger und München. 9. Tagung der International Feuchtwanger Society. Tamara Fröhler und Andreas Heusler (Hrsg.). Oxford [u. a.] 2022. (Feuchtwanger Studies; 8). S. 381–404.

Jenn-Gastal, Camille: Représentations du peuple dans l'oeuvre de Georg Büchner. – In: Études sur le monde germanique. Littérature, civilisation, arts. Textes réunis et éd. par Anne Feler … Würzburg 2021. (Choix de conférences (2005–2020) organisées par la Société Goethe de France; 2). S. 193–213.

Jessen, Caroline: Friedhelm Kemp und Werner Kraft. Zur Edition der Schriften Else Lasker-Schülers (1959–1962). – In: Jahrbuch des Simon-Dubnow-Instituts = Simon Dubnow Institute Yearbook XIX, 2020/2021, 2023. S. 387–406. [URL: https://doi.org/10.13109/9783666302039.387, letzter Zugriff: 9.7.2024].

Jiang, Xueqi; Chen, Zhen: Romanized Transcriptions of Cantonese Prior to Robert Morrison's. A Study of the Whampoa Dialect spoken in the 1820s as recorded in German Sources. – In: Journal of Chinese Linguistics = Zhongguo-yuyan-xuebao 51, 2023, 1. S. 193–233.

John, Eckhard; Robb, David: Songs for a Revolution. The 1848 Protest Song Tradition in Germany. Rochester, NY 2020. VIII, 375 S. (Studies in German Literature, Linguistics, and Culture).

Jorek, Rita: Heimatlose Dichterinnen. Die Schicksale von Elsa Asenijeff und Helga M. Novak. – In: Zum Stand der biografischen Forschungen in der Frauenbewegung. Berichte vom 21. Louise-Otto-Peters-Tag 2013. Hrsg. im Auftrag der Louise-Otto-Peters-Gesellschaft e. V. Leipzig von Gerlinde Kämmerer und Susanne Schötz. Leipzig 2014. (Louiseum; 34). S. 125–140. [URL: https://www.louiseottopeters-gesellschaft.de/publikationen/dokumentationen-lop-tage/l34-zum-stand-der-biografischen-forschung-in-der-frauenbewegung, letzter Zugriff: 9.7.2024].

Jüdische Schülerinnen und Schüler an Kölner Gymnasien. Ihre Geschichte(n) zwischen Integration, Ausgrenzung und Verfolgung. Dirk Erkelenz, Thomas Kahl (Hrsg.). Berlin 2023. 304 S.: Ill. (Veröffentlichungen des NS-Dokumentationszentrums der Stadt Köln; 6).

Jüdisches Frankfurt. Von der Aufklärung bis zur Gegenwart. Katalog zur Dauerausstellung des Jüdischen Museums Frankfurt. Hrsg. von Mirjam Wenzel … München 2020. 280 S.: Ill.

Jünger, Ernst; Heidegger, Martin: Briefe 1949–1975. Unter Mitarb. von Simone Maier hrsg., komm. und mit e. Nachw. vers. von Günter Figal. Stuttgart 2008. 317 S.: Ill.

Junker, Detlef: Germany and the USA 1871–2021. Transl. by Styles Sass. Heidelberg 2023. XI, 403 S. [URL: https://doi.org/10.11588/heibooks.1199, letzter Zugriff: 9.7.2024].

Kant, Marion: Then in what Sense are you a Jewish Artist? Conflicts of the „emancipated" Self. – In: The Oxford Handbook of Jewishness and Dance. Ed. by Naomi M. Jackson … New York, NY 2022. (Oxford Handbooks). S. 288–310.

Katin, William: Recognizing Lion Feuchtwanger's philological Accomplishment in the Light of Victor Klemperer's Language of the Third Reich. – In: Feuchtwanger und München. 9. Tagung der International Feuchtwanger Society. Tamara Fröhler und Andreas Heusler (Hrsg.). Oxford [u. a.] 2022. (Feuchtwanger Studies; 8). S. 405–420.

Katinienė, Violeta: Reise als Antwort. Bodo Kirchhoff „Widerfahrnis". – In: Literatūra 64, 2022, 4. S. 72–81. [URL: https://www.zurnalai.vu.lt/literatura/issue/view/2221, letzter Zugriff: 9.7.2024].

Khaqnazarova, Sayyora: Scope of Topics in Abdulla's Poetry and Genres. – In: Gospodarka i Innowacje = Economy and Innovation 30, 2022. S. 46–48. [URL: https://www.gospodarkainnowacje.pl/index.php/poland/issue/view/21, letzter Zugriff: 9.7.2024].

Kienzle, Ulrike: „Immer strebe zum Ganzen!". Engelbert Humperdinck als Stipendiat der Frankfurter Mozart-Stiftung (1876–1881). – In: Kaiserwette(r). Engelbert Humperdinck in seiner Zeit. Matthias Henke (Hrsg.). Siegen 2022. (Si! Kollektion Musikwissenschaft; 6). S. 149–174.

Kiermeier-Debre, Joseph: Shakespeares Mädchen und Frauen. 53 Porträts aus Leben und Dichtung. Darmstadt 2022. 800 S.: Ill. (wbg Academic).

Kimmich, Dorothee: Höhlen. Niemandsländer in der Tiefe. – In: Tiefe. Kulturgeschichte ihrer Konzepte, Figuren und Praktiken. Hrsg. von Dorothee Kimmich und Sabine Müller. Berlin 2020. S. 183–200. [Tagungsband zu „Entsicherte Tiefen. Abgründe, Hohlräume und Tiefenkräfte in Literatur und Ästhetik seit 1800" Wien, Österreichische Akademie der Wissenschaften, Mai 2017].

King, Martina: Naturforschung in Lukka. Ein vergessener Empirisierungsschub in der jungdeutschen Reiseliteratur. – In: Empirisierung des Transzendentalen. Erkenntnisbedingungen in Wissenschaft und Kunst 1850–1920. Hrsg. von Philip Ajouri und Benjamin Specht. Göttingen 2019. S. 29–66.

Kint, Thomas: Charles Ives and the Lied. Modelling in Ives's early German Song Repertory. – In: Music & Letters 102, 2021, 4. S. 783–810.

Kirchner, Thomas: Im Fokus: Von der Place Louis XV zur Place de la Concorde. Die Neugestaltung durch Jakob Ignaz Hittorff im 19. Jahrhundert = À la loupe: De la place Louis XV à la place de la Concorde. Jacques Ignace Hittorff et le réaménagement d'une place royale au X. – In: Jahresbericht des Deutschen Forums für Kunstgeschichte Paris = Rapport d'activités du Centre allemand d'histoire de l'art 2020/2021, 2022. S. 20–31. [URL: https:// journals.ub.uni-heidelberg.de/index.php/dfkjb/issue/view/6063, letzter Zugriff: 9.7.2024].

Kjældgaard, Lasse Horne: Out of Africa, into World Literature. – In: Danish Literature as World Literature. Ed. by Dan Ringgaard and Mads Rosendahl Thomsen. New York, NY 2017. (Literatures as World Literature). S. 193–208.

Klüger, Ruth: Unterwegs verloren. Erinnerungen. Wien 2008. 235 S.

Knobling, Harald: Überlegungen zur Graphic Novel aus Sicht der Kunst. – In: Knobling, Harald; Pöllot, Antje: Spiegel-Geschichten. Graphic Novels. Hrsg. von Stephanie Falkenstein. Norderstedt 2018. (Schriftenreihe des Städtischen Museums Kitzingen; 12). S. 18–23.

Knubben, Thomas: So kam Hölderlin unter die Deutschen. Die Rezeption des Dichters in Straßenbenennungen und anderen Devotionalien. – In: Schwäbische Heimat 71, 2020, 1. S. 5–15. [URL: https://doi.org/10.53458/sh.v71i1, letzter Zugriff: 9.7.2024].

Koch, Holger: 2009! – 2000 Jahre Varusschlacht. Anmerkungen zu einem Jubiläum. – In: Forum Classicum 2009, 4. S. 260–279. [URL: https://journals.ub.uni-heidelberg.de/index.php/fc/ issue/view/3419, letzter Zugriff: 9.7.2024].

Kotin, Michail I.: Emotive Prädikationen aus der Sicht der Kerngrammatik. – In: Linguistische Treffen in Wrocław 17, 2020, 1. S. 141–149. [URL: http://linguistische-treffen.pl/de/issues/17, letzter Zugriff: 9.7.2024].

Kożuchowski, Adam; Nell, Werner: Zerrissene und wiedergefundene Geschichten. – In: Deutsch-polnische Erinnerungsorte. Robert Traba; Peter Oliver Loew (Hrsg.). – Bd. 1: Geteilt – gemeinsam 1. Unter Mitarb. von Maciej Górny und Kornelia Kończal. Paderborn 2015. S. 177–196.

Krauze, Enrique; Lassalle, José María: Spinoza en el parque mèxico. Conversaciones con José María Lassalle. Barcelona 2022. XVIII, 733 S. (Coleccion andanzas).

Kristersson, Sven: Sångaren på den tomma spelplatsen – en poetik. Att gestalta Gilgameshoposet och sånger av John Dowland och Evert Taube. Göteborg 2010. XVII, 459 S.: Ill. [Zugl.: Göteborg, Univ., Diss., 2010]. [URL: http://hdl.handle.net/2077/22289, letzter Zugriff: 9.7.2024].

Kroll, Mark: Ignaz Moscheles and the changing World of musical Europe. Repr. Woodbridge, Suffolk 2016. XV, 384 S.

Kruse, Joseph A.: „... die künftige Ernte der Wahrheit und Gerechtigkeit". Von Zweifel, Appell und Verdikt: Zolas Städte-Trilogie ‚Lourdes – Rom – Paris'. – In: Zeitschrift für Religions- und Geistesgeschichte 75, 2023, 1. S. 40–72.

Kühne, Jan: „Das schönste Theater bleibt doch das Gericht". Todesstrafe und Talion im Drama Sammy Gronemanns. – In: Aschkenas 24, 2014, 2. S. 305–323.

Kunzelmann, Petra: „.... ich fordere die abstrakte Verwendung der Kritiker". Kurt Schwitters und die Kunstkritik. Erlangen, Nürnberg, Univ., Diss., 2010. 594 S. [URL: https://nbn-resolving. org/urn:nbn:de:bvb:29-opus4-48407, letzter Zugriff: 9.7.2024].

Kurtz, Paul Michael: Rationalism and biblical Interpretation. H. E. G. Paulus, K. G. Bretschneider, and W. M. L. de Wette. – In: Oxford History of modern German Theology. Ed. by Grant Kaplan and Kevin M. Vander Schel. – Vol. 1: 1781–1848. Oxford 2023. S. 439–461.

Lacheney, Marc: Le théâtre de Grillparzer, entre classicisme allemand et théâtre populaire viennois. – In: Études sur le monde germanique. Littérature, civilisation, arts. Textes réunis et éd. par Anne Feler … Würzburg 2021. (Choix de conférences (2005–2020) organisées par la Société Goethe de France; 2). S. 155–169.

Landauer, Gustav: Briefe 1899–1919. Hrsg. und komm. von Hanna Delf von Wolfzogen. Göttingen 2023. 4631 S. in 7 Bänden.

Laufer, Almut: Land, Dorf, Kehilla. „Landjudentum" in der deutschen und deutsch-jüdischen Erzählliteratur bis 1918. Berlin 2020. XI, 470 S.: Ill. (Conditio Judaica; 96). [Zugl.: Jerusalem, Hebräische Univ., Diss., 2019]. [URL: https://doi.org/10.1515/9783110674255, letzter Zugriff: 9.7.2024].

Ledebur, Benedikt: Gedenken und Ästhetik. Reflexionen und Lektüre zur Ausstellung „Der Sand aus den Uhren" samt trauriger Exkursion in die eigene Familiengeschichte. – In: Der Sand aus den Uhren. Benjamin A. Kaufmann (Hrsg.). Wien 2017. (Passagen Kunst). S. 33–116.

Lee, Ji-Eun: „I am a Wanderer". Paek Sinae (1908–1939) and Writing Travel. – In: Sung-kyun Journal of East Asian Studies 23, 2023, 1. S. 95–114. [URL: https://muse.jhu.edu/issue/49273, letzter Zugriff: 9.7.2024].

Lenhard, Philipp: Zwischen Berlin und Paris. Eduard Gans (1797–1839) und das Scheitern des jüdischen Hegelianismus. – In: Zeitschrift für Religions- und Geistesgeschichte 73, 2021, 1. S. 1–20.

Lentz, Sarah: „Wer helfen kann, der helfe!". Deutsche SklavereigegnerInnen und die atlantische Abolitionsbewegung, 1780–1860. Göttingen 2020. 456 S. (Veröffentlichungen des Instituts für Europäische Geschichte Mainz; 261). [Zugl.: Bremen, Univ., Diss., 2018]. [URL: https://doi.org/10.13109/9783666360992, letzter Zugriff: 9.7.2024].

Leugering, Dominik: Joseph Roth als Brieferzähler. Autobiographische Rolleninszenierungen. Erlangen 2020. 235 S. [Zugl.: Erlangen, Nürnberg, Friedrich-Alexander-Univ., Diss., 2020]. [URL: https://nbn-resolving.org/urn:nbn:de:bvb:29-opus4-142407, letzter Zugriff: 9.7.2024].

Liedtke, Christian: Julius Campe, der ‚Odysseus des deutschen Buchhandels'. Strategien eines Verlegers im Vormärz. – In: Vormärzliche Verleger zwischen Zensur, Buchmarkt und Lese-publikum. James M. Brophy … (Hrsg.). Ostfildern 2023. (Schriften der Siebenpfeiffer-Stif-tung; 12). S. 125–142.

Locher, Hubert: Der romantische Tourist und das Kunstwerk. – In: Maraviglia. Rezeptions-geschichte(n) von der Antike bis in die Moderne. Festschrift für Ingo Herklotz. Peter Bell … (Hrsg.). Wien; Köln 2022. (Studien zur Kunst; 45). S. 317–328.

Lohmann, Uta: „Das Verhältniß der Rabbiner gegen ihre Gemeinden in ganz Europa". Kontro-versen um die Zuständigkeit in Reformfragen und Friedländers ‚Polen-Gutachten' (1819). – In: Friedländer, David: Ausgewählte Werke. Hrsg. von Uta Lohmann. Köln [u. a.] 2013. (Deutsch-jüdische Autoren des 19. Jahrhunderts / Werkausgaben; 4). S. 239–247.

Lombez, Christine: La traduction poétique et le vers français au XIXe siècle. – In: Romantisme 38, 2008, 2 = 140: Modernité du vers. S. 99–110. [URL: https://www.cairn.info/revue-romantisme-2008-2.htm, letzter Zugriff: 9.7.2024].

Lüke, Martina: Love as a Battlefield. Reading Rammstein as Dark Romantics. – In: Rammstein on Fire. New Perspectives on the Music and Performances. Ed. by John T. Littlejohn and Mi-chael T. Putnam. Jefferson, NC 2013. 189–215.

Luhn, Anna: Überdehnung des Möglichen. Dimensionen des Akrobatischen in der Literatur der europäischen Moderne. Göttingen 2023. 462 S. [Zugl.: Berlin, Freie Univ., Diss., 2020].

Luserke-Jaqui, Matthias: Buchstäblichkeit und symbolische Deutung. Schriften zur Kultur-geschichte der Literatur. Tübingen 2021. 1145 S.

Maaß, Sarah; Borghardt, Dennis: Der Wert der Preise. Valorisierungsdynamik in der deutschen Literaturpreislandschaft 1990–2019. Würzburg 2022. 524 S.

Magen, Antonie: Feuchtwangers ‚Spiegel'. – In: Feuchtwanger und München. 9. Tagung der International Feuchtwanger Society. Tamara Fröhler und Andreas Heusler (Hrsg.). Oxford [u. a.] 2022. (Feuchtwanger Studies; 8). S. 193–214.

Mahrer, Stefanie: Salman Schocken. Topographien eines Lebens. Berlin 2021. 492 S.: Ill. (Jü-dische Kulturgeschichte in der Moderne; 24). [URL: https://neofelis-verlag.de/media/pdf/20/bd/93/OA_9783958083783.pdf, letzter Zugriff: 9.7.2024].

Martus, Steffen; Spoerhase, Carlos: Geistesarbeit. Eine Praxeologie der Geisteswissenschaften. Berlin 2022. 658 S. (suhrkamp taschenbuch wissenschaft; 2379).

Martz, Natalie: ‚Pep'. Feuchtwanger's Imaginary of the United States from Munich to Los An-geles. – In: Feuchtwanger und München. 9. Tagung der International Feuchtwanger Society. Tamara Fröhler und Andreas Heusler (Hrsg.). Oxford [u. a.] 2022. (Feuchtwanger Studies; 8). S. 143–160.

Matthies, Marcel: Die Wiederentdeckung des Parias. Zu Maxim Billers Roman „Biografie". – In: Weimarer Beiträge 69, 2023, 1. S. 94–117.

Meckseper, Cord: Das Kaiserhaus zu Goslar. – In: Burgen und Schlösser 54, 2013, 2. S. 66–73. [URL: https://journals.ub.uni-heidelberg.de/index.php/bus/issue/view/5769, letzter Zugriff: 9.7.2024].

Mellies, Dirk; Migdalski, Paweł: Schlachten als nationale Gründungsmythen. – In: Deutsch-polnische Erinnerungsorte. Robert Traba; Peter Oliver Loew (Hrsg.). – Bd. 3: Parallelen. Unter Mitarb. von Maciej Górny und Kornelia Kończal. Paderborn 2012. S. 108–127.

Mendelssohn Handbuch. Hrsg. von Christiane Wiesenfeldt. Kassel 2020. XX, 506 S.: Ill., Notenbeisp.

Meola, David A.: „We will never yield". Jews, the German Press, and the Fight for Inclusion in the 1840. Bloomington, IN 2023. 270 S. (German Jewish Cultures).

Mesa, Franklin: Opera. An Encyclopedia of World Premieres and significant Performances, Singers, Composers, Librettists, Arias and Conductors. 1597–2000. Jefferson, NC [u. a.] 2007. VIII, 466 S. [Art. 474: „Guglielmo Ratcliff". S. 118].

Meurer, Jonas: Karl Wolfskehls Dichterportraits im Kontext seiner Publizistik um 1930. – In: „Jude, Christ und Wüstensohn". Studien zum Werk Karl Wolfskehl. Hrsg. von Gabriella Pelloni und Davide di Maio. Berlin; Leipzig 2019. S. 193–209.

Meyer, Clemens: Wege zu Novalis. – In: Wovon man spricht, das hat man nicht. Neue Texte zu Novalis. Hrsg. von Literaturhaus Halle. Halle (Saale) 2023. S. 33–50.

Meyer-Sickendiek, Burkhard: Hörlyrik. Eine interaktive Gattungstheorie. Paderborn 2020. VIII, 375 S.: Ill.

Miasso, Audrey Ludmilla do Nascimento: Epígrafes e diálogos na poesia de Machado de Assis. São Paulo 2017. 505 S. [Zugl.: São Carlos, Univ. Federal, Diss., 2016]. [URL: https://doi.org/10.7476/9786580216147, letzter Zugriff: 9.7.2024].

Mieder, Wolfgang: „Die Bäume wachsen nicht in den Himmel". Überlieferung, Verwendung und Bedeutung eines Sprichwortes. – In: Linguistische Treffen in Wrocław 21, 2022, S. 165–203. [URL: http://linguistische-treffen.pl/de/issues/21, letzter Zugriff: 9.7.2024].

Mieder, Wolfgang: „Cogito, ergo sum" – Ich denke, also bin ich. Das Descartes-Zitat in Literatur, Medien und Karikaturen. Wien 2006. 225 S.: Ill. (Kulturelle Motivstudien; 6).

Mizuno, Hisashi: Nerval et ses lecteurs de la dernière décennie. – In: Romantisme 38, 2008, 1 = 139: Le fait colonial. S. 81–89. [URL: https://www.cairn.info/revue-romantisme-2008-1.htm, letzter Zugriff: 9.7.2024].

Moering, Renate: Bettina von Arnim und die Musik. – In: Bettina von Arnim Handbuch. Hrsg. von Barbara Becker-Cantarino. Berlin 2019. (De Gruyter Reference). S. 577–607.

Mohs, Johanne: ‚Nomen Nominandum'. La photographie comme modèle inconnu dans les carnets de voyage en Italie au début du XIXe siècle. – In: Versants 8, 2021, 2: Fascicolo italiano. Fototestualità. S. 13–27. [URL: https://www.e-periodica.ch/digbib/view?pid=ver-001%3A20 21%3A68%3A%3A123#123, letzter Zugriff: 9.7.2024].

Møller, Lis: Travelling Ballads. The Dissemination of Danish medieval Ballads in Germany and Britain, 1760s to 1830s. – In: Danish Literature as World Literature. Ed. by Dan Ringgaard and Mads Rosendahl Thomsen. New York, NY 2017. (Literatures as World Literature). S. 31–52.

Moormann, Peter: Lisztomania. Starkult um den Virtuosen. – In: Kieler Beiträge zur Filmmusikforschung 7, 2011. S. 45–54. [URL: https://doi.org/10.59056/kbzf.2011.7, letzter Zugriff: 9.7.2024].

Morris, Leslie: The translated Jew. German Jewish Culture outside the Margins. Evanston, IL 2018. XII, 235 S.: Ill. [Kap.: „Reading Rose Ausländer beyond the biographical Czernowitz and The Elegiac". S. 159–172].

Morton, Marsha: Max Klinger and Wilhelmine Culture. On the Threshold of German Modernism. Farnham; Burlington, VT 2014. XX, 414 S.: Ill.

Mottram, Robert E.: The Memorialisazion of the Aesthetic and the Aestheticization of Memory. – In: Memory in German Romanticism. Imagination, Image, Reception. Ed. Christopher R. Clason ... New York; London 2023. (Routledge Studies in Nineteenth Century Literature). S. 117–137.

Müller, Judith: Ausgelassenes. Elliptische Zugänge zur jüdischen Literatur als Weltliteratur oder: Wo verorten wir hebräisches Schreiben? – In: Yearbook for European Jewish Literature Studies = Jahrbuch für europäisch-jüdische Literaturstudien 9, 2022, 1. S. 140–153.

Müller, Peter: 15 Millionen Nadeln. – In: Saiten 28, 2021, 309. S. 28–29. [URL: https://doi.org/10.5169/seals-958488, letzter Zugriff: 9.7.2024].

Muhr, Stefanie: Der Effekt des Realen. Die historische Genremalerei des 19. Jahrhunderts. Köln; Weimar; Wien 2006. 445 S.: 32 Ill. (Europäische Geschichtsdarstellungen; 11). [Zugl.: Düsseldorf, Univ., Diss., 2005].

Nálepová, Jana: Landeskunde und Erinnerungsorte in zwei Lehrwerken für Deutsch als Fremdsprache. – In: Linguistische Treffen in Wrocław 17, 2020, 1. S. 199–210. [URL: http://linguistische-treffen.pl/de/issues/17, letzter Zugriff: 9.7.2024].

Nauwerck, Arnold: Wirtshausnamen. Verteilung, Entwicklung und Herkunft im Schwäbisch-Alemannischen Sprachraum und seinen Nachbargebieten. – Teil I: Verteilung. Norderstedt 2016. 196 S.: Ill.

Nerlich, France: La peinture française en Allemagne. 1815–1870. Preface de Pierre Vaisse. Paris 2010. XII, 548 S.: 95 Ill. (Passagen; 27). [Teilw. zugl.: Paris, Univ. 4, Diss., 2004 u. d. T.: Nerlich, France: La reception de la peinture française en Allemagne de 1815 a 1870].

Niemeyer, Christian: Sex, Tod, Hitler. Eine Kulturgeschichte der Syphilis (1500–1947) am Beispiel von Werken vor allem der französischen und deutschsprachigen Literatur. Heidelberg 2022. 357 S. (Beiträge zur Literaturtheorie und Wissenspoetik; 25).

Nonershtern, Avraham: Yiddish American Poetry. – In: The Cambridge History of Jewish American Literature. Ed. by Hana Wirth-Nesher. New York, NY 2016. S. 202–222.

Norich, Anita: Poetics and Politics of Translation. – In: The Cambridge History of Jewish American Literature. Ed. by Hana Wirth-Nesher. New York, NY 2016. S. 488–501.

Öcal, Tina: Gefälschte Zeit. Das Phänomen der Fälschung (in) der Kunstgeschichte seit dem Florentiner Ottocento. Heidelberg 2022. 471 S.: Ill. [Zugl.: Heidelberg, Univ., Diss., 2019]. [URL: https://doi.org/10.11588/arthistoricum.970, letzter Zugriff: 9.7.2024].

Oesterle, Kurt: Die Einsamkeit des Selbstdenkers. Wie Hermann Kurz herausfand, wer der Verfasser des „Simplicissimus" ist, und wie er um seinen Lohn kam. – In: Ders.: Heimatsplitter im Weltgebäude. Essays zur deutschen Literatur 1992–2017. Tübingen 2017. S. 74–81. [URL: http://www.kurt-oesterle.de/pdf/Kurt_Oesterle-Heimatsplitter_im_Weltgebaeude.pdf, letzter Zugriff: 9.7.2024].

Oesterle, Kurt: Der Mythos läßt sich nicht zähmen. Gustav Schwabs „Sagen des klassischen Altertums". Ein schwäbischer Beitrag zur deutschen Bildungsgeschichte. – In: Ders.: Heimatsplitter im Weltgebäude. Essays zur deutschen Literatur 1992–2017. Tübingen 2017. S. 68–73. [URL: http://www.kurt-oesterle.de/pdf/Kurt_Oesterle-Heimatsplitter_im_Weltgebaeude.pdf, letzter Zugriff: 9.7.2024].

Oesterle, Kurt: Polenflüchtlinge in Württemberg. Ein Affront gegen das russlandfreundliche Herrscherhaus? – In: Schwäbische Heimat 65, 2014, 3. S. 291–297.

Oesterle, Kurt: „Was nützt sein Tod diesem Lande?". Wilhelm Hauffs Novelle „Jud Süß" – ein Meilenstein des Antisemitismus. – In: Ders.: Heimatsplitter im Weltgebäude. Essays zur deutschen Literatur 1992–2017. Tübingen 2017. S. 98–120. [URL: http://www.kurt-oesterle.de/pdf/Kurt_Oesterle-Heimatsplitter_im_Weltgebaeude.pdf, letzter Zugriff: 9.7.2024].

Olivier, Alain Patrick: Fins de l'art. La réception de Hegel dans la littérature française du XIXe siècle. – In: Svět literatury 32, 2022, 6: Le monde de la littérature. S. 15–35. [URL: http://hdl.handle.net/20.500.11956/174755, letzter Zugriff: 9.7.2024].

Olschowsky, Heinrich: Poetische Gesetzgeber des kulturellen Kanons. – In: Deutsch-polnische Erinnerungsorte. Robert Traba; Peter Oliver Loew (Hrsg.). – Bd. 3: Parallelen. Unter Mitarb. von Maciej Górny und Kornelia Kończal. Paderborn 2012. S. 217–244.

Ott, Karl-Heinz: „Zu suchen haben wir nichts mehr – Das Herz ist satt – Die Welt ist leer". –
    In: Wovon man spricht, das hat man nicht. Neue Texte zu Novalis. Hrsg. von Literaturhaus
    Halle. Halle (Saale) 2023. S. 11–32.
Pacholski, Jan: Wie weit ist es vom Harz ins Riesengebirge? – In: Linguistische Treffen in
    Wrocław 15, 2019. S. 169–184. [URL: https://doi.org/10.23817/lingtreff.15-14, letzter Zu-
    griff: 9.7.2024].
Pessoa, Fernando: Das Buch der Unruhe des Hilfsbuchhalters Bernardo Soares. Hrsg. von Ri-
    chard Zenith. Aus dem Portug. übers. und rev. von Ines Koebel. 4. Aufl. Frankfurt a. M.
    2011. 573 S. (Fischer; 17218).
Petersen, Jürgen H.: Formgeschichte der deutschen Erzählkunst. Von 1500 bis zur Gegenwart.
    Berlin 2014. 455 S. [Kap. VI: „Erzählen ohne Epochenbezug im 19. Jahrhundert". S. 212–
    239].
Philippoff, Eva: Volk, Kultur, Nation – der Heimatdichter Peter Rosegger (1843–1918) als Politi-
    ker. – In: Germanistik im Konflikt der Kulturen. Hrsg. von Jean-Marie Valentin. – Bd. 8: Uni-
    versal-, Global- und Nationalkulturen / Nationalliteratur und Weltliteratur. Bern [u. a.] 2007.
    (Jahrbuch für Internationale Germanistik; 84. Akten des ... Internationalen Germanisten-Kon-
    gresses; 11). S. 39–46.
Pickford, Henry W.: Adorno and literary Criticism. – In: A Companion to Adorno. Ed. by Peter
    E. Gordon … Hoboken 2020. (Blackwell Companions to Philosophy). S. 365–381.
Platt, Kristin: Die Entdeckung der Gegenwart. Temporale Figuren in jüdisch-deutscher Literatur
    der Haskala. – In: Die Kalibrierung literarischer Zeit. Strukturwandel am Ende der Goethe-
    zeit. Stephan Brössel, Stefan Tetzlaff (Hrsg.). Marburg 2022. (Schriften zur Kultur- und
    Mediensemiotik; 20). S. 71–90.
Pöllot, Antje: Graphic Novels. Der Mensch im Spiegel. – In: Knobling, Harald; Pöllot, Antje:
    Spiegel-Geschichten. Graphic Novels. Hrsg. von Stephanie Falkenstein. Norderstedt 2018.
    (Schriftenreihe des Städtischen Museums Kitzingen; 12). S. 14–17.
Poliakov, Leon: Vom Hass zum Genozid. Das Dritte Reich und die Juden. Aus dem Franz. übers.,
    hrsg. und mit e. Nachw. vers. von Ahlrich Meyer. Berlin 2021. 599 S.: Ill. (Critica diabolis;
    295).
Pompe, Hedwig: Ilius Pamphilius und die Ambrosia (1847/48). – In: Bettina von Arnim Hand-
    buch. Hrsg. von Barbara Becker-Cantarino. Berlin 2019. (De Gruyter Reference). S. 439–451.
Puaud, Caroline: Histoire des traductions de la poésie yiddish en langue allemande à partir de
    1945. – Vol. 1. Paris, Sorbonne Univ., Diss., 2022. 487 S. [URL: https://theses.hal.science/
    tel-03900405, letzter Zugriff: 9.7.2024].
Răceu-Marc, Octavia: Constantin Silvestri's compositional Activity. General and stylistic Consi-
    derations. – In: Musicology Papers = Lucrări de muzicologie 30, 2015, 1. S. 150–183.
Radjai-Bründl, Jihan Jennifer: Repräsentationen der israelischen Soldatin im Netz der Bild-
    kulturen. Heidelberg 2022. 332 S.: Ill. [Zugl.: Heidelberg, Hochschule für Jüdische Stu-
    dien, Diss., 2019]. [URL: https://heiup.uni-heidelberg.de/catalog/book/629, letzter Zugriff:
    9.7.2024].
Rduch, Robert: Gesang mit nationaler Note – oder Woran erinnern Hymnen. – In: Deutsch-pol-
    nische Erinnerungsorte. Robert Traba; Peter Oliver Loew (Hrsg.). – Bd. 3: Parallelen. Unter
    Mitarb. von Maciej Górny und Kornelia Kończal. Paderborn 2012. S. 264–286.
Reed, Terence James: Genesis. The Making of literary Works from Homer to Christa Wolf. Ro-
    chester, NY 2020. XII, 301 S. (Studies in German Literature, Linguistics, and Culture).
Rentsch, Ivana: „Fast gesprochen". Franz Liszts Liedästhetik und das Melodram des 19. Jahr-
    hunderts. – In: Schweizer Jahrbuch für Musikwissenschaft = Annales suisses de musico-
    logie NF 31, 2011. S. 11–25. [URL: https://www.e-periodica.ch/digbib/view?pid=sjm-
    004%3A2011%3A31#4, letzter Zugriff: 9.7.2024].
Richter, Hedwig: Demokratie. Eine deutsche Affäre. Vom 18. Jahrhundert bis zur Gegenwart.
    München 2023. 414 S.: Ill. (C.H. Beck Paperback; 6490).
Riethmüller, Albrecht: Rezension des Unrezensierbaren. J. C. Lobe über K. Freigedank. – In:
    Archiv für Musikwissenschaft 80, 2023, 1. S. 2–13.

Ritter, Rüdiger: Vom universalen und nationalen Anspruch der Musik. – In: Deutsch-polnische Erinnerungsorte. Robert Traba; Peter Oliver Loew (Hrsg.). – Bd. 3: Parallelen. Unter Mitarb. von Maciej Górny und Kornelia Kończal. Paderborn 2012. S. 245–263.

Rodgers, Stephen: In Praise of Simplicity. Marie Hinrichs's Op. 1, ‚Neun Gesänge'. – In: Music, a connected Art. A Festschrift for Jürgen Thym on his 80th Birthday = Die Illusion der absoluten Musik. Ed. by Ulrich J. Blomann … Baden-Baden 2023. (Sammlung musikwissenschaftlicher Abhandlungen; 103). S. 167–172.

Rohan, Sophia: „Ein Dichter des Alltäglichen, aber nicht Trivialen". Peter Maiwalds literarischer Nachlass. – In: „Ihn dauerte die leidende Kreatur …". Der politische Lyriker Peter Maiwald. Hrsg. von Enno Stahl. Düsseldorf 2023. (Veröffentlichungen des Heinrich-Heine-Instituts). S. 9–26.

Rohse, Eberhard: Raabe und Ibsen. – In: Jahrbuch der Raabe-Gesellschaft 49, 2008. S. 78–113.

Rose, Sven-Erik: Jewish philosophical Politics in Germany, 1789–1848. Waltham, MA 2014. XIII, 381 S. (Tauber Institute Series for the Study of European Jewry).

Rotermund, Erwin: Bausteine zu einer Geschichte der lyrischen Parodie. Vom Mittelalter bis zur Gegenwart (1964). – In: Ders.: Parodiestudien. Begriff – Geschichte – Textanalysen. Gesammelte Schriften und Vorträge 1963–2006. Hrsg. und eingel. von Heidrun Ehrke-Rotermund. Würzburg 2023. S. 47–84.

Rotermund, Erwin: Die Parodie in der Lyrik Hans Arps oder Warnung vor einem eingeschränkten Parodiebegriff (1987). – In: Ders.: Parodiestudien. Begriff – Geschichte – Textanalysen. Gesammelte Schriften und Vorträge 1963–2006. Hrsg. und eingel. von Heidrun Ehrke-Rotermund. Würzburg 2023. S. 95–108.

Rotermund, Erwin: Zeitbeschleunigung, Mythentravestie und Opernparodie in Jacques Offenbachs „Orpheus in der Unterwelt" (1858) (2006). – In: Ders.: Parodiestudien. Begriff – Geschichte – Textanalysen. Gesammelte Schriften und Vorträge 1963–2006. Hrsg. und eingel. von Heidrun Ehrke-Rotermund. Würzburg 2023. S. 177–194.

Rotermund, Erwin: Zu meinen beiden Büchern über die Parodie (um 1975). – In: Ders.: Parodiestudien. Begriff – Geschichte – Textanalysen. Gesammelte Schriften und Vorträge 1963–2006. Hrsg. und eingel. von Heidrun Ehrke-Rotermund. Würzburg 2023. S. 91–92.

Ryan, Judith: The Cambridge Introduction to German Poetry. New York, NY 2012. XII, 238 S. (Cambridge Introductions to Literature).

Rychlo, Petro Vasyl'ovyč: Stationen poetischer Entwicklung. Paul Celans Gedichtbände in chronologisch-historischer Folge. Göttingen 2022. 131 S. (Passages – Transitions – Intersections; 9).

Salmi, Hannu: Emotional Contagions. Franz Liszt and the Materiality of Celebrity Culture in the 1830s and 1840s. – In: Feelings materialized. Emotions, Bodies, and Things in Germany, 1500–1950. Ed. by Derek Hillard … New York; Oxford 2020. (Spektrum; 21). S. 41–61.

Sanders, Karin: A Man of the World. Hans Christian Andersen. – In: Danish Literature as World Literature. Ed. by Dan Ringgaard and Mads Rosendahl Thomsen. New York, NY 2017. (Literatures as World Literature). S. 91–114.

Santamaría, Alberto: Intensidades románticas y proyecciones poéticas en Karl Marx. – In: La ironía romántica. Un motor estético de emancipación social. Ana Carrasco-Conde … (eds.). Madrid 2022. (Filosofía y pensamiento). S. 149–180.

Sauter, Corinna: PROVERSA – „oder umgekehrt". Wilhelm Raabes (Literatur-)Satire „Deutscher Mondschein" (1872/1873) als Programmschrift der Prosa. – In: Jahrbuch der Raabe-Gesellschaft 59, 2018. S. 109–193.

Schell, Sandra; Zimmermann, Yvonne: „Linkssengleaner". Marie Luise Gansberg, Jost Hermand und die ‚Sengle-Schule'. – In: Scientia poetica 26, 2022, 1. S. 429–470.

Schellino, Andrea: Baudelaire, portraitiste et théoricien du portrait. – In: Romantisme 47, 2017, 2 = 176: Le Portrait. S. 47–58. [URL: https://www.cairn.info/revue-romantisme-2017-2.htm, letzter Zugriff: 9.7.2024].

Schildt, Axel: Medien-Intellektuelle in der Bundesrepublik. Hrsg. und mit e. Nachw. vers. von Gabriele Kandzora und Detlef Siegfried. Göttingen 2020. 896 S.

Schilling, Rainer: Dichter erobern die Harzberge. Vom Wandern in Reisebeschreibungen bis zum Wanderführer. – In: Goethe im Harz 2022/2023, 24. S. 13.

Schlüter, Bettina: Musikalische ‚Unterhaltungs‘-Techniken in der ersten Hälfte des 19. Jahrhunderts. – In: Geselliges Vergnügen. Kulturelle Praktiken von Unterhaltung im langen 19. Jahrhundert. Anna Ananieva ... (Hrsg.). Bielefeld 2011. S. 121–140.

Schmidbauer, Wolfgang: Die Geheimnisse der Kränkung und das Rätsel des Narzissmus. Seelische Verletzbarkeit in der Psychotherapie. Stuttgart 2018. 234 S. (Leben lernen; 303).

Schmidt, Alfred: Der ‚naturforschende Pantheist‘. Die Rezeption Spinozas und seiner romantischen Wirkungsgeschichte im Werk Goethes. – In: Jahrbuch des Freien Deutschen Hochstifts 2010, 2011. S. 103–134.

Schmidt, Antje: „so gesehen sind alle Gedichte Gelegenheitsgedichte“. Robert Gernhardts gelegenheitslyrisches Werk. – In: Zeitschrift für Germanistik NF 33, 2022: Gelegenheitslyrik in der Moderne. Tradition und Transformation einer Gattung. S. 255–275.

Schmoeckel, Mathias; Düppe, Till: Die Rechts- und Staatswissenschaftliche Fakultät. – In: Die Buchwissenschaften. Thomas Becker, Philip Rosin (Hrsg.). Göttingen 2018. (Geschichte der Universität Bonn; 3). S. 193–472.

Schnell, Ralf: „In Fesseln – frei“. Grenzerfahrungen literarischer Produktivität. – In: Unter dem Signum der Grenze. Literarische Reflexe einer (aktuellen) Denkfigur. Nina Nowara-Matusik (Hrsg.). Göttingen 2022. (Andersheit – Fremdheit – Ungleichheit; 13). [„Ausgewählte Beiträge des Sammelbandes gehen auf die internationale Tagung ‚Ein-/Be-/Abgrenzungen: literatur- und sprachwissenschaftliche Perspektiven‘ zurück, die [...] am 29.9.–30.9.2021 veranstaltet wurde“]. S. 15–32. [URL: https://doi.org/10.14220/9783737014960, letzter Zugriff: 9.7.2024].

Schöntag, Roger: ‚Francophonie bavaroise‘. Gallizismen in Annette Kolbs Roman ‚Die Schaukel‘. – In: Beiträge zur bayerischen Geschichte, Sprache und Kultur 3, 2021. S. 69–102.

Schoeps, Julius H.: Im Kampf um die Freiheit. Preußens Juden im Vormärz und in der Revolution von 1848. Hamburg 2022. 368 S.

Scholz, Rüdiger; Schöfer, Erasmus: Briefwechsel. Die publizistische Arbeitsgemeinschaft und Freundschaft zweier westdeutscher Sozialisten. Hrsg. von Rüdiger Scholz. Weilerswist-Metternich 2023. 396 S.

Scholz-Lübbering, Hannelore: Mascha Kaléko. Die Dichterin der Großstadt Berlin und ihre Jahre im Exil. – In: Unter dem Signum der Grenze. Literarische Reflexe einer (aktuellen) Denkfigur. Nina Nowara-Matusik (Hrsg.). Göttingen 2022. (Andersheit – Fremdheit – Ungleichheit; 13). [„Ausgewählte Beiträge des Sammelbandes gehen auf die internationale Tagung ‚Ein-/Be-/Abgrenzungen: literatur- und sprachwissenschaftliche Perspektiven‘ zurück, die [...] am 29.9.–30.9.2021 veranstaltet wurde“]. S. 175–188. [URL: https://doi.org/10.14220/9783737014960, letzter Zugriff: 9.7.2024].

Scholz-Lübbering, Hannelore: Rezeption und Forschung in der DDR. – In: Bettina von Arnim Handbuch. Hrsg. von Barbara Becker-Cantarino. Berlin 2019. (De Gruyter Reference). S. 638–649.

Schrader, Hans-Jürgen: Der Prosaist als Verseschmied. Werkrelevantes in Raabes Lyrik. – In: Jahrbuch der Raabe-Gesellschaft 52, 2011. S. 115–139.

Schrader, Hans-Jürgen: Raabes Briefwerk bis zum Ende seiner Stuttgarter Jahre. Bemerkungen zu William Websters Edition „Wilhelm Raabe: Briefe 1842–1870“. – In: Jahrbuch der Raabe-Gesellschaft 49, 2008. S. 143–162.

Schubert Liedlexikon. Hrsg. von Walther Dürr, ... 3. Aufl. Kassel; Basel 2023. 887 S.: Notenbeisp.

Schuhmann, Maurice: Geistreiches Berlin und Potsdam. Ein philosophiegeschichtlicher Städteführer. Berlin 2021. 180 S.: Ill.

Schumann, Robert; Schumann, Clara: Schumann-Briefedition. – Ser. 2: Freundes- und Künstlerbriefwechsel; Bd. 7, 1+2: Briefwechsel Robert und Clara Schumanns mit Jenny Lind-Goldschmidt, Wilhelmine Schöder-Devrient, Julius Stockhausen, Pauline Viardot-Garcia und anderen Sängern und Sängerinnen. Hrsg. von Jelena Josic ... Köln 2023. 1132 S.: Notenbeisp. (Schumann-Briefedition; 2, 7. 1+2). – Bd. 27.1+2: Robert und Clara Schumann im Briefwechsel mit Korrespondenten in Österreich, Ungarn und Böhmen. Hrsg. von Klaus Martin Kopitz ... Köln 2023. 1739 S. (Schumann-Briefedition; 2, 27. 1+2).

Schulz, André: Das Israelitische Krankenhaus und die Familie Heine. – In: Groß-Borsteler Bote 2022, 4. S. 11–14. [URL: https://www.grossborstel.de/das-israelitische-krankenhaus-und-die-familie-heine-i/, letzter Zugriff: 9.7.2024].

Schwartz, Johannes: Kunsthändler als Akteure im NS-Kunstraub. Die Geschäfte von Emil Backhaus und Karl von der Porten sowie ihre Beziehungen zu den Museen der Stadt Hannover. – In: Regionaler Kunsthandel – eine Herausforderung für die Provenienzforschung?! Eine Dokumentation der Tagung „Regionaler Kunsthandel – eine Herausforderung für die Provenienzforschung?!“. Hrsg.: Christopher M. Galler, Jochen Meiners. Niedersächsisches Ministeriums für Wissenschaft und Kultur. Heidelberg 2022. (Veröffentlichungen des Netzwerks Provenienzforschung in Niedersachsen; 3. Celler Beiträge zur Landes- und Kulturgeschichte; 52). S. 90–166. [URL: https://books.ub.uni-heidelberg.de/arthistoricum/catalog/book/978, letzter Zugriff: 9.7.2024].

Scrivener, Michael: Rethinking Margin and Center in Anglo-Jewish Literature. – In: Romanticism / Judaica. A Convergence of Cultures. Ed. by Sheila A. Spector. Farnham 2011. S. 157–168.

Seidenspinner, Wolfgang: Authentizität. Kulturanthropologisch-erinnerungskundliche Annäherungen an ein zentrales Wissenschaftskonzept im Blick auf das Weltkulturerbe. – In: Kunsttexte.de 2007, 4: Denkmalpflege. S. 1–20. [URL: https://edoc.hu-berlin.de/handle/18452/497, letzter Zugriff: 9.7.2024].

Selbmann, Rolf: Literarische Briefe. Bruchstücke einer Mediengeschichte. Würzburg 2022. 267 S.: Ill.

Senn, Rolf Thomas: In Arkadien. Friedrich Wilhelm IV. von Preußen. Eine biographische Landvermessung. Berlin 2013. 445 S.: Ill.

Shvabrin, Stanislav: Between Rhyme and Reason. Vladimir Nabokov, Translation, and Dialogue. Toronto [u. a.] 2019. XV, 419 S.

Siguan, Marisa: Schiller in Spanien im 19. Jahrhundert. Ein romantischer Autor. – In: Literatura i compromis. Miscellània en honor del prof. Dr. Knut Forssmann. Associació de Germanistes de Catalunya. Ed. de Macià Riutort i Jordi Jané. Tarragona 2006. (Forum / Associació de Germanistes de Catalunya; [13]). S. 349–364.

Simonis, Annette: Gautier und die transmediale Ästhetik des Balletts. – In: Théophile Gautier. Ein Akteur zwischen den Zeiten, Zeichen und Medien. Hrsg. von Kirsten von Hagen und Corinna Leister. Berlin 2022. (Studienreihe Romania; 39). S. 119–138.

Simpson, Patricia Anne: Industrial Humor and Rammstein's Postmodern Politics. – In: Rammstein on Fire. New Perspectives on the Music and Performances. Ed. by John T. Littlejohn and Michael T. Putnam. Jefferson, NC 2013. S. 9–29.

Sina, Kai: TransAtlantik. Hans Magnus Enzensberger, Gaston Salvatore und ihre Zeitschrift für das westliche Deutschland. Göttingen 2022. 219 S.

Smola, Klavdia: Wiedererfindung der Tradition. Russisch-jüdische Literatur der Gegenwart. Wien [u. a.] 2019. 464 S.: Ill. (Bausteine zur slavischen Philologie und Kulturgeschichte / A: Slavistische Forschungen; NF 88). [Zugl.: Greifswald, Univ., Habilitationsschr., 2016].

Spector, Sheila A.: Samuel David Luzzatto's Judaization of Rousseau. – In: Romanticism / Judaica. A Convergence of Cultures. Ed. by Sheila A. Spector. Farnham 2011. S. 139–154.

Sprengel, Peter: Capri-Romantik. Gerhart Hauptmanns Versdichtung ‚Die blaue Blume‘ als Beitrag zu einer „Poesie der Poesie“. – In: Jahrbuch des Freien Deutschen Hochstifts 2010, 2011. S. 385–409.

Stead, Evanghelia: Goethe's ‚Faust I‘ Outlined. Moritz Retzsch's Prints in Circulation. Leiden 2023. 450 S.: Ill. (Library of the written Word; 113. The industrial World; 8). [Chapter 10: „Ink Worlds“. S. 303–322]. [URL: https://doi.org/10.1163/9789004543010, letzter Zugriff: 9.7.2024].

Steckmeier, Björn: Mit blanken Füßen fing alles an – 30 Jahre Mangas in Deutschland. – In: Comixene 2012, 113. 13 S.

Steffen, Katrin: Bilder eines imaginierten Kollektivs. – In: Deutsch-polnische Erinnerungsorte. Robert Traba; Peter Oliver Loew (Hrsg.). – Bd. 1: Geteilt – gemeinsam 1. Unter Mitarb. von Maciej Górny und Kornelia Kończal. Paderborn 2015. S. 741–777.

Steiger, Claudio: „Das nennst du Kunst?". Zwei Arten von Memorialkultur in Wilhelm Raabes „Der Lar". – In: Jahrbuch der Raabe-Gesellschaft 60, 2019. S. 31–59.

Steinecke, Hartmut: Brochs Hofmannsthal-Essay. Ein kulturwissenschaftliches Epochenbild? – In: Hermann Broch und die Künste. Hrsg. von Alice Stašková; Paul Michael Lützeler. Berlin 2009. [Internationale Tagung in Prag, 26.–28. Juni 2008]. S. 219–232.

Stockhorst, Stefanie: Panegyrik und Post-Patronage. Gelegenheitslyrik im 21. Jahrhundert am Beispiel der Auftragsdichtungen zur Frankfurter Buchmesse im Jahr 2008. – In: Zeitschrift für Germanistik NF 33, 2022: Gelegenheitslyrik in der Moderne. Tradition und Transformation einer Gattung. S. 311–337.

Stöber, Rudolf: Deutsche Pressegeschichte. Von den Anfängen bis zur Gegenwart. 3., überarb. Aufl. Konstanz 2014. 379 S.: Ill., graph. Darst., Kt. (Kommunikationswissenschaft).

Strobel, Jochen: Gedichtanalyse. Eine Einführung. Berlin 2015. 348 S.: Ill. (Grundlagen der Germanistik; 59. ESV basics).

Strobel, Jochen: Der Romantiker als homo academicus. August Wilhelm Schlegel in der Wissenschaft. – In: Jahrbuch des Freien Deutschen Hochstifts 2010, 2011. S. 298–338.

Strohmeier, Sophie: Séances with Sisi. Romy Schneider, Kristen Stewart, and other Women who gaze into Darkness. – In: The Kenyon Review 45, 2023, 3. S. 137–152.

Stückemann, Frank: Georg Christoph Friedrich Gieseler (1760–1839). Sechs Jahrzehnte ‚asketische' Volksaufklärung in Minden-Ravensberg zwischen Absolutismus und Vormärz. – In: Ders.: Von Voltaire bis Volkening. Volksaufklärung und Gegenaufklärung in Westfalen. Hrsg. von Peter Heßelmann. Bielefeld 2023. (Veröffentlichungen der Literaturkommission für Westfalen; 101). S. 397–448.

Stückemann, Frank: Georg Gieseler und Heinrich Zschokke in der Herforder ‚Westphalia'. – In: Ders.: Von Voltaire bis Volkening. Volksaufklärung und Gegenaufklärung in Westfalen. Hrsg. von Peter Heßelmann. Bielefeld 2023. (Veröffentlichungen der Literaturkommission für Westfalen; 101). S. 449–476.

Stückemann, Frank: Justus Möser (1720–1794) als „spiritus rector" einer überregionalen und überkonfessionellen Publizistik in Westfalen. – In: Ders.: Von Voltaire bis Volkening. Volksaufklärung und Gegenaufklärung in Westfalen. Hrsg. von Peter Heßelmann. Bielefeld 2023. (Veröffentlichungen der Literaturkommission für Westfalen; 101). S. 297–204.

Stückemann, Frank: Konsequenzen des Vernunfthasses und satirischer Notwehr. Zwei Lesarten von Theodor Gieseler, ‚Der Religionszwist zu Bacherau' (1838). – In: Ders.: Von Voltaire bis Volkening. Volksaufklärung und Gegenaufklärung in Westfalen. Hrsg. von Peter Heßelmann. Bielefeld 2023. (Veröffentlichungen der Literaturkommission für Westfalen; 101). S. 511–540.

Stückemann, Frank: Möser, Schwager und Benzler als Volksaufklärer des Luthertums im nordöstlichen Westfalen. Zur Entstehung und Zusammenarbeit der Intelligenzblätter in Minden, Osnabrück und Lemgo zwischen 1754 und 1784. – In: Ders.: Von Voltaire bis Volkening. Volksaufklärung und Gegenaufklärung in Westfalen. Hrsg. von Peter Heßelmann. Bielefeld 2023. (Veröffentlichungen der Literaturkommission für Westfalen; 101). S. 63–78.

Stückemann, Frank: „Muth haben dürfen, sich nicht allein von kleinlichem Sectengeiste und unvernünftiger Intoleranz, sondern auch von aller antichristlichen Symbololatrie entfernt zu zeigen.". Ökumenizität und Unionsgedanke in Natorps ‚Quartalschrift für Religionslehrer' (1804–1808). – In: Ders.: Von Voltaire bis Volkening. Volksaufklärung und Gegenaufklärung in Westfalen. Hrsg. von Peter Heßelmann. Bielefeld 2023. (Veröffentlichungen der Literaturkommission für Westfalen; 101). S. 477–510.

Süselbeck, Jan: Tertium non datur. Gustav Freytags „Soll und Haben", Wilhelm Raabes „Hungerpastor" und das Problem des Literarischen Antisemitismus – eine Diskussion im Wandel. – In: Jahrbuch der Raabe-Gesellschaft 54, 2013. S. 51–72.

Suhrbier, Hartwig: Gefeiert und Gehasst. Der Demokrat und Satiriker Ludwig Reinhard. Stavenhagen, Reuterstadt 2023. 272 S.: Ill. [Kap. 4: „Autor im Vormärz 1836–1849". S. 28–50].

Surynt, Isabela: Zwischen Aufwertung und Legitimierung oder Über das im Kanon eingeschlossene kulturelle Gedächtnis. – In: Deutsch-polnische Erinnerungsorte. Robert Traba;

Peter Oliver Loew (Hrsg.). – Bd. 4: Reflexionen. Unter Mitarb. von Maciej Górny und Kornelia Kończal. Paderborn 2013. S. 273–287.

Sutton, Geoffrey: Concise Encyclopedia of the original Literature of Esperanto. 1887–2007. New York, NY 2008. X, 728 S.

Swellander, Michael: Alloyed Truth. The historiographical and political Importance of Error in Ludwig Börne's Journalism. – In: The German Quarterly 95, 2022, 3. S. 244–259.

Tautz, Birgit: Between the Court and the Port, but never Part of a Nation. Friederike Brun's domesticated Cosmopolitanism. – In: Germany from the Outside. Rethinking German cultural History in an Age of Displacement. Ed. by Laurie Ruth Johnson. New York [u. a.] 2022. (New Directions in German Studies). S. 37–59.

Tetzlaff, Stefan: August von Platens ‚Die verhängnisvolle Gabel‘ [1826]. Zur Reflexion auf Zeitkonzepte im nachromantischen Schicksalsdrama. – In: Die Kalibrierung literarischer Zeit. Strukturwandel am Ende der Goethezeit. Stephan Brössel, Stefan Tetzlaff (Hrsg.). Marburg 2022. (Schriften zur Kultur- und Mediensemiotik; 20). S. 109–128.

Teufel, Annette: Der „un-verständliche" Prophet. Paul Adler, ein deutsch-jüdischer Dichter. Dresden 2014. 553 S. (Lesecher ... Judentum in Mitteleuropa; 3). [Zugl.: Dresden, Techn. Univ., Diss., 2011/12]. [Kap. II.2: „Der ‚romantische Dichter‘". S. 33–50].

Text und Bild. Europäische Buchkultur aus 5 Jahrhunderten. Die Sammlung Ricklefs in der Universitätsbibliothek Erlangen-Nürnberg. Ausstellung 4.5. – 31.5.2011. Katalog: Christina Hofmann-Randall. Erlangen 2011. 247, V11 S.: Ill. [URL: https://nbn-resolving.org/urn:nbn:de:bvb:29-opus4-42529, letzter Zugriff: 9.7.2024].

Tilmann, Elisabeth; Stubenrauch, Eva: „Lie still, lie silent, utte rno cries". Das Schlaf- und Wiegenlied als Provokation. – In: Zeitschrift für Germanistik NF 33, 2022: Gelegenheitslyrik in der Moderne. Tradition und Transformation einer Gattung. S. 383–408.

Torralbo Caballero, Juan de Dios: Las traducciones alemanas de Juan Valera. Paráfrasis, versiones y poemas. – In: Estudios Franco-Alemanes 1, 2009. S. 243–265. [URL: https://doi.org/10.21071/estfa.v1i, letzter Zugriff: 9.7.2024].

Ullrich, Heiko: Raabes „Stopfkuchen" und die Darstellung Südafrikas in der deutschen Literatur des 18. und 19. Jahrhunderts. – In: Jahrbuch der Raabe-Gesellschaft 58, 2017. S. 104–142.

Utz, Peter: „Niemals citieren". Carl Spittelers gebildete Bildungskritik. – In: Zur Aktualität von Spittelers Texten. Komparatistische Perspektiven = Quelle actualité pour Spitteler? Hrsg. von Stefanie Leutenberger. Bielefeld 2021. (Colloquium Helveticum; 50). S. 128–143. [URL: https://publikationen.ub.uni-frankfurt.de/solrsearch/index/search/searchtype/collection/id/26263, letzter Zugriff: 9.7.2024].

Van Hulle, Dirk: A Poetics of the Doppelgänger. Beckett as Self-Translator. – In: Samuel Beckett and Translation. Ed. by José Francisco Fernández and Mar Garre García. Edinburgh 2021. S. 193–208.

Vivarelli, Vivetta: Vineta del Danubio. La letteratura tedesca in ‚Tempo curvo a Krems‘. – In: Firenze per Claudio Magris. A cura di Ernestina Pellegrini … Florenz 2021. (Biblioteca di studi di filologia moderna; 59). S. 109–118. [URL: https://doi.org/10.36253/978-88-5518-338-3, letzter Zugriff: 9.7.2024].

Volobuef, Karin: Gonçalves Dias und die deutsche Klassik. – In: Germanistik im Konflikt der Kulturen. Hrsg. von Jean-Marie Valentin. – Bd. 8: Universal-, Global- und Nationalkulturen / Nationalliteratur und Weltliteratur. Bern [u. a.] 2007. (Jahrbuch für Internationale Germanistik; 84. Akten des ... Internationalen Germanisten-Kongresses; 11). S. 295–302.

Vreden, Julia: Die E-Musik und der Rhein im 19. Jahrhundert. – In: „Refugium einer politikfreien Sphäre"? Musik und Gesellschaft im Rheinland des 19. und 20. Jahrhunderts. Eine Publikation anlässlich des 200-jährigen Bestehens des Düsseldorfer Musikvereins e. V. Hrsg. von Helmut Rönz … Wien; Köln 2023. (Stadt und Gesellschaft; 9). S. 85–100.

Wagner, Meike: Politiken des Öffentlichen zwischen Aufführung und Druck. Der Theaterskandal um Robert Prutz' ‚Moritz von Sachsen‘ (1844) und seine Folgen. – In: Vormärzliche Verleger zwischen Zensur, Buchmarkt und Lesepublikum. James M. Brophy … (Hrsg.). Ostfildern 2023. (Schriften der Siebenpfeiffer-Stiftung; 12). S. 143–160.

Walsh, Stephen: The beloved Vision. Music in the romantic Age. New York, NY 2022. IX, 421 S., 8 Tafeln.

Wand, Paul: Laudatio zur Sonderausstellung von Werner Löwe: „Im Garten des Dichters. Zeichnungen und Collagen". – In: Storm-Blätter aus Heiligenstadt 2021, 24. S. 6–16.

Weber, Ronald: Peter Hacks – Leben und Werk. Berlin 2018. 605, XXXI S.: Ill.

Webster, William: Drei Kameraden und ein Alleingänger. Vier Stuttgarter Literaten und der deutsch-französische Krieg. – In: Jahrbuch der Raabe-Gesellschaft 48, 2007. S. 111–134.

Wegner, Peter-Christian: Literatur auf Porzellan. – In: Mitteilungsblatt der Keramik-Freunde der Schweiz 2011, 124. S. 3–35. [URL: https://doi.org/10.5169/seals-395210, letzter Zugriff: 9.7.2024].

Weigel, Sigrid: Spuren, Linien, Klänge und die graphische Notation als Grenzfall. Theoretische Überlegungen zur musikalischen Schrift im Anschluss an Derrida. – In: Musikalische Schreibszenen = Scenes of musical Writing. Federico Celestini, Sarah Lutz (Hrsg.). Paderborn 2023. (Theorie der musikalischen Schrift; 4). S. 3–37. [URL: https://doi.org/10.30965/9783846767146, letzter Zugriff: 9.7.2024].

Weigel, Sigrid: Die Stimmen der Toten. Schnittpunkte zwischen Mythos, Literatur und Kulturwissenschaft. – In: Zwischen Rauschen und Offenbarung. Zur Kultur- und Mediengeschichte der Stimme. Hrsg. von Friedrich Kittler … 2. Aufl. Berlin 2008. (Einstein-Bücher). S. 73–92.

Weiler, Christina M.: Memory and Self-Reclection in Sophie Tieck Bernhardi von Knorring's Fairy Tale „Der Greis im Felsen" (1800). – In: Memory in German Romanticism. Imagination, Image, Reception. Ed. by Christopher R. Clason … New York; London 2023. (Routledge Studies in Nineteenth Century Literature). S. 95–116.

Weingartz, Hans: Von der Liegenden mit Kind bis Mother Earth. Kunstwerke im öffentlichen Raum von Bonn 1950 bis heute. Bonn 2022. 128 S.: Ill.

Weissmann, Dirk: Antinazismus, Patriotismus, humanistisches Ideal. Zum Deutschlandbild des französischen Widerstandskämpfers und Germanisten Jacques Decour (1910–1942). – In: Germanistik im Konflikt der Kulturen. Hrsg. von Jean-Marie Valentin. – Bd. 8: Universal-, Global- und Nationalkulturen / Nationalliteratur und Weltliteratur. Bern [u. a.] 2007. (Jahrbuch für Internationale Germanistik; 84. Akten des … Internationalen Germanisten-Kongresses; 11). S. 97–102.

Werner, Klaus: Vom Ideologem zum Text. Zur ostdeutschen Romantik – inklusive Eichendorff-Rezeption. – In: Athenäum 10, 2010. S. 143–181. [URL: https://edoc.hu-berlin.de/handle/18452/174, letzter Zugriff: 9.7.2024].

Werner, Marion: Vom Adolf-Hitler-Platz zum Ebertplatz. Eine Kulturgeschichte der Kölner Straßennamen seit 1933. Köln [u. a.] 2008. 448 S.: Ill., graph. Darst., Kt. [Zugl.: Köln, Univ., Diss., 2005].

Wertheim, David J.: German Jewry and the Development of the Jewish Question in the Nineteenth Century. – In: Oxford History of modern German Theology. Ed. by Grant Kaplan and Kevin M. Vander Schel. – Vol. 1: 1781–1848. Oxford 2023. S. 684–698.

Wetenkamp, Lena: Von Aussichten zu Einsichten. Zur Interdependenz von äußerer und innerer Wahrnehmung in Wilhelm Raabes Eisenbahnszenen. – In: Jahrbuch der Raabe-Gesellschaft 61, 2020. S. 167–185.

Wichern, Amanda; Wichern, Johann Hinrich: Mein liebster Heini – Meine herzensliebe Amanda. Briefe in Auswahl 1837–1857. Gerhard K. Schäfer (Hrsg.). Göttingen 2023. 696 S.: Ill.

Wie, Yuqing: Das Rosenhaus in Stifters Nachsommer. Ein Pfirsichblütenquell im deutschen Sprachraum? – In: Literaturstraße 12, 2011. S. 157–167.

Wierzcholska, Agnieszka W.: Der Fiedler im Schmutz der Gasse. – In: Deutsch-polnische Erinnerungsorte. Robert Traba; Peter Oliver Loew (Hrg.). – Bd. 1: Geteilt – gemeinsam 1. Unter Mitarb. von Maciej Górny und Kornelia Kończal. Paderborn 2015. S. 197–216.

Wilhelm Raabe-Bibliographie 1972–2020. Hrsg. von Andreas Blödorn und Madleen Podewski. XV, 936 S. (Jahrbuch der Raabe-Gesellschaft; Sonderbd. 62/63. 2021/2022, 2023).

Wilke, Rainer: Zur musikalischen Struktur der „Ungleichzeitigkeit des Gleichzeitigen". Das Jahr 1826 und Quartette von Beethoven und Schubert. – In: Jahrbuch der Braunschweigischen

Wissenschaftlichen Gesellschaft 2017, 2018. S. 311–329. [URL: https://doi.org/10.24355/dbbs.084-201807191132-0, letzter Zugriff: 9.7.2024].

Will, Wolfgang: Der Zug der 10000. Die unglaubliche Geschichte eines antiken Söldnerheeres. München 2022. 314 S.: Ill.

Windisch-Laube, Walter: Ein faustdicker Raabe?! Noch einmal: „Die Akten des Vogelsangs" als ‚geheime Quelle' von Thomas Manns „Doktor Faustus". – In: Jahrbuch der Raabe-Gesellschaft 49, 2008. S. 114–142.

Wisse, Ruth R.: No Joke. Making Jewish Humor. Princeton, NJ 2013. 279 S.

Wolf, Norbert Richard: ‚Wenn ich ein Vöglein wär ...'. Der Status der Emotionalität im Modalfeld des Deutschen. – In: Linguistische Treffen in Wrocław 17, 2020, 1. S. 355–366. [URL: https://doi.org/10.23817/lingtreff.17-29, letzter Zugriff: 9.7.2024].

Wulf, Andrea: Fabelhafte Rebellen. Die frühen Romantiker und die Erfindung des Ich. Aus dem Engl. von Andreas Wirthensohn. München 2022. 525 S.: Ill. [Magnificent Rebels <engl.>]. [Kap. 9: „‚Erhabne Freiheit'. Winter 1797–Frühjahr 1798: Die Morgendämmerung der Romantik". S. 191–209].

Yitian, Yang: Eine Untersuchung zu den Strategien der Gedichts- und Liedtextübersetzung aus einer funktionalen Perspektive. – In: Literaturstraße 17, 2016. S. 463–475. [URL: https://journals.ub.uni-heidelberg.de/index.php/litstr/issue/view/4318, letzter Zugriff: 9.7.2024].

Zeller, Christoph: Veltens Erbe. Geld und Geist in Wilhelm Raabes „Die Akten des Vogelsangs". – In: Jahrbuch der Raabe-Gesellschaft 54, 2013. S. 95–126.

Židé v českých zemích. Společná cesta dějinami. Kateřina Čapková, Hillel J. Kieval, eds. Ydání první. Praha 2022. 453 S.: Ill.

Zimmermann, Bernhard: Odysseus – Metamorphosen eines griechischen Helden. – In: Ders.: Spurensuche. Studien zur Rezeption antiker Literatur. Freiburg i. Br. 2009. (Rombach-Wissenschaften; 5). S. 9–26.

Zimmermann, Bernhard: ‚Poeta exul'. Zur Bewältigung des Exils in der griechisch-römischen und deutschen Literatur des 19. und 20. Jahrhunderts. – In: Ders.: Spurensuche. Studien zur Rezeption antiker Literatur. Freiburg i. Br. 2009. (Rombach-Wissenschaften; 5). S. 55–74.

Zimmermann, Harro: Friedrich Schlegel oder die Sehnsucht nach Deutschland. Paderborn [u. a.] 2009. 453 S.

Zimmermann, Reiner: Giacomo Meyerbeer. Eine Biografie nach Dokumenten. 2. Aufl. Berlin 2014. 352 S.: Ill.

Ziolkowski, Theodore: Uses and Abuses of Moses. Literary Representations since the Enlightenment. Notre Dame, IN 2016. XII, 352 S.

Živolupova, Natal'ja Vasil'evna: Dostoevskij i inye chudožestvennye miry. Nižnij Novgorod. Djatlovy Gory 2020. 320 S.

Zvinyatskovsky, Volodymyr: Chytachka-tsarivna. Sens remistsentsiy u romani Ol'hy Kobylyans'koyi = Princess as a Reader. The Sense of the Reminiscenses in Ol'ha Kobylyans'ka's Novel. – In: Filolohichni Traktaty 15, 2023, 1. S. 72–78. [URL: https://tractatus.sumdu.edu.ua/index.php/journal/issue/view/52, letzter Zugriff: 9.7.2024].

Zweig, Stefan: Zwiesprache des Ich mit der Welt. Schriften zu jüdischer Literatur, Kunst, Musik und Politik. Hrsg. von Eva Plank. Würzburg 2023. 575 S. (Schriftenreihe des Stefan Zweig Zentrum Salzburg; 14).

3 Literarische und künstlerische Behandlung von Person und Werk

3.1 Literarische Essays und Dichtungen

Borstel, Gaby von; Eickmeyer, Peter: Heinrich Heine. Eine Lebensfahrt. 2. Aufl. Bielefeld 2023. 63 S.: Ill.

Eisenacher, Frank-Walter: Heinrich Heine. Die Sicht eines Göttinger Wurstfabrikanten. – In: Göttinger Stadtgespräche. Persönlichkeiten aus Kultur, Politik, Wirtschaft und Wissenschaft erinnern an Größen ihrer Stadt. Hrsg. von Christiane Freudenstein. Neue Ausg. Göttingen 2016. S. 91–98.

Enzensberger, Hans Magnus: Leichte Gedichte. In Bilder gesetzt von Jan Peter Tripp. Berlin 2023. 82 S. (Insel-Bücherei; 1521). [Gedicht „Ein Liedchen zum Andenken Heinrich Heines". S. 62–63].

Falb, Daniel: Deutschland. Ein Weltmärchen. (In leichter Sprache). Berlin 2023. 160 S. (Reihe Lyrik; 84). [„... begibt sich der Band in einen Intertext mit Heinrich Heines berühmtem Wintermärchen (1844) und schreibt dessen Deutschlandkritik für das 21. Jahrhundert fort."].

Gespenster. Nach August Strindberg, Henrik Ibsen, Heinrich Heine. Fassung Sebastian Hartmann unter Verwendung der Übersetzungen von Heiner Gimmler. Red. Claus Caesar. Berlin 2017. 39 S.: Ill. (Programm; Nr. 118). [Spielzeit 2016/17, Premiere am 24. Februar 2017, Deutsches Theater].

Haarmann, August: Eine Fahrt zur Kolumbus-Ausstellung in Chicago 1893. Hrsg. von Rolf Spilker. Osnabrück 2018. 116, XXXII S.: Ill. (Eine Publikation des Museums Industriekultur Osnabrück). [Gedicht frei nach Heine. S. 12].

Klein, Ernst: Bernstein und Hüneberg. Fünf Jahrhunderte Deutsch-Jüdische Familiengeschichte. [Ill. von Stefan Zander]. Volkmarsen 2020. 300 S.: Ill. [Gedicht: „Theresienstädter Idyll (Frei nach Heine)" von Otto Bernstein. S. 188].

Kuschel, Karl-Josef; Drobinski, Matthias: Ich lerne durch Begegnung. Ein Leben im Dialog mit Literaturen und Religionen. Ostfildern 2023. 259 S. [Kap.: „Das Exemplarische am ‚Fall' des Heinrich Heine". S. 146–148 und weitere Bezüge].

Land, Ulrich: Heines Strich durch die Rechnung. Historisch angelehnter Roman. Zürich 2022. 203 S.

Lieber ein lebendiger Hund als ein toter Löwe! Ein theatraler Rundgang mit Texten von Heinrich Heine. [Premiere am 5. September 2020 im und um das Schauspielhaus, Düsseldorf]. D'haus, Düsseldorfer Schauspielhaus; Red.: Felicitas Zürcher. Düsseldorf 2020. 15 S.: Ill. (D'haus; Programm; 120. Spielzeit 2020/21).

Noon, Alistair: Paradise takeaway. Reading 2023. 70 S. [Gedicht XIV (ohne Titel) mit Heinrich-Heine-Bezug. S. 39–43].

Ruff, Klaus Jörg: Deutschland. Ein Frühlingsmärchen. Norderstedt 2020. 24 S.

Suvin, Darko: Defined by a Hollow. Essays on Utopia, Science Fiction and political Epistemology. Oxford [u. a.] 2010. XXXIII, 582 S. (Ralahine Utopian Studies; 6). [Gedichte „Doctrine: More Departures from Heine #14". S. 376–377 und „Three Doctrines from Heine". S. 415–416].

Teller, Neville: One Man's Israel. Bloomington, IN 2008. X, 255 S. [Gedicht „The Case of Otto Schwarzkopf" von Shmuel Huppert. S. 120–121].

3.2 Werke der Bildenden Kunst

Bella, János: Gemälde 2017–2020 = Festmények 2017–2020. Red.: Waltraud Bella. Lektorat/Übers.: Markus Bella. Backnang 2020. 79 S.: Ill. [„Die Loreley H. Heine". S. 20; „‚Denk ich an Deutschland in der Nacht ...' Heinrich Heine (1844)". S. 21].

Borstel, Gaby von; Eickmeyer, Peter: Heinrich Heine. Eine Lebensfahrt. 2. Aufl. Bielefeld 2023. 63 S.: Ill.

Knobling, Harald; Pöllot, Antje: Spiegel-Geschichten. Graphic Novels. Hrsg. von Stephanie Falkenstein. Norderstedt 2018. 160 S.: Ill. (Schriftenreihe des Städtischen Museums Kitzingen; 12). [Ausstellung im Städtischen Museum Kitzingen 2018, Projekt-Seminar am Armin-Knab-Gymnasium Kitzingen 2016–2018]. [Zeichnung von Xiao Tang: „Marie Antoinette" (Originaltext: Heinrich Heine). S. 101–110].

Kommt gleich hinterm Dom. Das Standardwerk für Früh-Fans. 111 Jahre Cölner Hofbräu P.
   Josef Früh. 1904–2015. Cölner Hofbräu P. Josef Früh KG. Köln 2016. 114 S.: Ill. [Plakat
   „Heimlich Heine"].
Nel: 2022 – der Jahresrückblick. Mit Texten von Bodo Baake und Gerlinde Sommer. Essen 2022.
   127 S.: Ill. [Karikatur „Deutschland: Ein Wintermärchen?". S. 81].
Poet der Alltagssprache. – In: Postfrisch 2022, 6. S. 32–33. [Heine-Briefmarke].

3.3 Werke der Musik, Vertonungen

Bigazzi, Massimiliano: Der Tod, das ist die kühle Nacht. Lied su una poesia di Heinrich
   Heine. Versione per voce e orchestra. Privatdruck 2019. [URL: https://escholarship.org/uc/
   item/65v450p2, letzter Zugriff: 9.7.2024].
Boon, Dante: Bacherach. (Female voice, violin & piano). Haan 2014. [„Der zweite Becher war
   schon eingeschenkt"].
Britta: Das schöne Leben. Christiane Rösinger: Gesang, Gitarre. Berlin 2006. 1 CD. [2: „Wer
   wird Millionär?" mit Heine-Bezug].
Callejon: Retrospektive. Hamburg 2021. 2 CD (28, 21 Min.) + 1 Booklet. [CD 2, Song 3: „Lore-
   ley" (nach „Ich weiß nicht, was soll es bedeuten")].
Even, Pierre: „Du bist wie eine Blume". Drei Lieder nach Heinrich Heine. Op. 47. Wiesbaden
   2007. [Nr. 1 „Du bist wie eine Blume"; Nr. 2 „Aus meinen Tränen spriessen"; Nr. 3 „Ich hab
   mir lang den Kopf zerbrochen"].
Fatal ist mir das Lumpenpack. Eine Hommage an Heinrich Heine. Von Matthias Almstedt und
   Christian Gömpel. Winnenden 2023. 1 CD.
Fehlfarben: Handbuch für die Welt. Herne 2007. 1 CD. [11 „Das schöne Herz" (Text: Heinrich
   Heine)].
Gomringer, Nora; Scholz, Philipp: Peng Peng Peng. Dresden 2016. 1 CD. [17: „Sie sassen und
   tranken" (Text: Heinrich Heine)].
Graf, Thomas H.: Die Lorelei. Wind Quintet. Flöte, Oboe, Klarinette, Horn, Fagott. Bonn 2015.
   [„Ich weiß nicht, was soll es bedeuten"].
Joana: Tun wir was dazu. Lieder Deutsche Revolution 1848/49. Joana Emetz. Adax Dörsam: Gi-
   tarre ..., Claude Boesser-Ferrari: E-Gitarre ..., Peter Grabinger: Klavier ... und weitere. Mann-
   heim 2019. 1 CD (53 Min.) + Booklet (95 S.: Ill.). [„Am Teetisch" (Text: Heinrich Heine)].
Kammerjazz Kollektiv: Wintermärchen. Héloïse Lefebvre, Geige. Sebastian Peszko, Bratsche.
   Susanne Paul, Violoncello. Daniel Stawinski, Klavier, Komposition. Fürstenfeldbruck 2021.
   1 CD.
Keipert, Helge: Der Werwolf. Karlsdorf 2016. 1 CD. [„Die Nixen"; „Die Begegnung" (Texte:
   Heinrich Heine)].
Kuhnert, Reinhard: Die Wahrheit bleibt inkognito. Garstige Lieder. Halle (Saale) 2023. 200 S.:
   Notenbeisp. + 1 CD. [„Denkt ihr an Deutschland". S. 72; „Heinrich Heine". S. 129–130].
Linss, Yara: Poems. All compositions by Yara Linss. [Interpr.:] Yara Linss; Joachim Lenhardt;
   Andreas Blüml; Peter Fulda; Alex Bayer; Werner Treiber. Fürth 2011. 1 CD + Booklet. (Edi-
   tion Metropolmusik; 1). [„Ein Jüngling liebt ein Mädchen" (Text: Heinrich Heine)].
Medtner, Nikolai Karlovich: Drei Gedichte von Heine. Für Singstimme und Klavier, opus 12,
   1907 (dt/ru). Niederhausen 2022. [Op. 12, Nr. 1 „Lieb Liebchen ..."; Op. 12, Nr. 2 „Lyri-
   sches Intermezzo, Fichtenbaum" („Ein Fichtenbaum steht einsam"); Op. 12, Nr. 3 „Berg-
   stimme" („Ein Reiter durch das Bergthal zieht")].
Pahn, Bettina: O, wie beseligend = O how enchanting. Clara Schumann & Fanny Hensel. Bettina
   Pahn, Soprano. Christine Schornsheim, Fortepiano. Neuhausen 2022. 1 CD (61 Min.) + 1
   Booklet (23 S.: Ill.). [„Was will die einsame Träne" / Fanny Hensel; „Loreley" / Clara Schu-
   mann; „Schwanenlied op. 1, 1" / Fanny Hensel; „Am leuchtenden Sommermorgen" / Fanny
   Hensel].

Perler, Réne: Der letzte Gruß. Lieder. By Hermann Levi, Brahms, Schumann, Herzogenberg, Duparc. Interpreten: René Perler (Bassbariton). Edward Rushton (Klavier). Zollikerberg 2021. 1 CD (71 Min.) + 1 Booklet (44 S.: Ill.). [„Der Mond ist aufgegangen" / Hermann Levi; „Allnächtlich im Traume" / Hermann Levi; „Abends am Strande" op. 45 Nr. 3 / Robert Schumann; „Dein Angesicht" op. 127 Nr. 2 / Robert Schumann; „Das ist der alte Märchenwald" op. 69 Nr. 1 / Heinrich von Herzogenberg].

Redel, Martin Christoph: Nachtstück für Klarinette und Klavier. „Denk ich an Deutschland in der Nacht …". Partitur und Stimme. Opus 96. Berlin 2021. (BB 3701).

Rösinger, Christiane: Songs of L. and Hate. Christiane Rösinger: Gesang und Akkustikgitarre. Berlin 2010. 1 CD. [Heinrich-Heine-Zitat im Cover; 7: „Hauptsache Raus!" (mit Heine-Bezug); 10: „Kleines Lied zum Abschied" (mit Heine-Zitat)].

Rösinger, Christiane: Was jetzt kommt. Ausgewählte Songtexte. Mainz 2022. 187 S. [„Ich würde Flyer drucken lassen". S. 83; „Wer wird Millionär". S. 120; „Hauptsache raus!"; S. 142. „Kleines Lied zum Anfang". S. 148, alle mit Heine-Bezug].

Schandmaul: Narrenkönig. München 2002. 1 CD + 2 Booklet. [2. „Das Seemannsgrab" mit Loreley-Bezug].

A Tribute to Zupfgeigenhansel. Legendäre Lieder neu interpretiert. Von Feuerschwanz, NoRMAhl, Henkersmahlzeit, Mr. Fabulous & vielen anderen. Winnenden 2023. 1 CD. [13: „Mein Kind wir waren Kinder" / Matthias Almstedt (Text: Heinrich Heine)].

Zimmermann, Georg: Allemann oben, allemann unten. Duisburg 2019. 1 CD + 1 Booklet (8 ungez. S.). [2. „K.O.N.S.U.M." und 9. „Gemeinsam Alleine" mit Heine-Bezug].

4 Rezensionen

Borstel, Gaby von; Eickmeyer, Peter: Heinrich Heine. Eine Lebensfahrt. 2. Aufl. 63 S.: Ill. – Rez. von Jan von Holtum: Die Lebensfahrt Heinrich Heines. Eine Graphic Novel und Ausstellung zum 225. Geburtstag in: ALG-Umschau 2022, 67. S. 16–17.

Brüggenthies, Raphaela: „Heilge Schwelle". Der frühe Heine – ein jüdisch-christliches Itinerarium. Göttingen 2022. 464 S. – Rez. von Renate Stauf in: Theologische Literaturzeitung 2023, April. o. S.

Danneck, Anna: „Mutterland der Civilisazion und der Freyheit". Frankreichbilder im Werk Heinrich Heines. Würzburg 2020. 282 S. (Epistemata Würzburger Wissenschaftliche Schriften / Reihe Literaturwissenschaft; 919). – Rez. von Walther Müller-Jentsch in: Literaturwissenschaftliches Jahrbuch NF 62, 2021. S. 470–473.

Goetschel, Willi: Heine and critical Theory. London [u. a.] 2019. xii, 311 S.: Ill. – Rez. von Cord-Friedrich Berghahn in: Germanisch-romanische Monatsschrift 72, 2022, 2. S. 243–245. – Rez. von Sebastian Wogenstein in: seminar 57, 2021, 4. S. 426–429.

Heine, Heinrich: Atta Troll. Sogno di una notte d'estate. A cura di Fabrizio Cambi. Sanremo 2020. 201 S. – Rez. von Ana Cristina De Castro Goñi in: Skopos 2022, 13. S. 151–152. [URL: https://www.uco.es/ucopress/ojs/index.php/skopos/issue/view/1180, letzter Zugriff: 9.7.2024]. – Rez. von Maria Carolina Foi in: Studi germanici 2021, 19. S. 19–28. – Rez. von Micaela Latini in: Studi germanici 2021, 19. S. 28–29.

Heine, Heinrich: Libro de las canciones. Trad. e. introd. Jose Luis Reina Palazon. Ourense 2009. 713 S. (Linteo Poesia; 18). – Rez. von Antonio Fernández Díez in: La torre del Virrey 33, 2023, 1. S. 53–54. [URL: https://revista.latorredelvirrey.es/LTV/article/view/1170, letzter Zugriff: 9.7.2024].

Heine, Heinrich: Sämtliche Werke in vier Bänden. Komm. von Bernd Kortländer, … Lizenzausg., unveränd. Nachdr. der 6. Aufl. 1992. Darmstadt 2022. 3858 S. – Rez. von Ulrich Klappstein: Eher Gediegenes für den Bücherschrank. Zur Neuauflage der Sämtlichen Werke Heinrich Heines im Jubiläumsjahr in: literaturkritik.de vom 6.1.2023. 1 S. [URL: https:// literaturkritik.de/heine-saemtliche-werke,29391.html, letzter Zugriff: 9.7.2024].

Heine, Heinrich: Traumbilder. Sprecher: Christian Brückner; Musik: Michael Wollny. – Rez. von Nikolaus Gatter in: Ausgezeichnet! 2023. S. 57.

Heine und Nietzsche. Ästhetische Korrespondenzen. Hrsg. von Maria Carolina Foi, ... Rom 2019. 204 S. – Rez. von Guglielmo Gabbiadini in: In: Studi germanici 2022, 21. S. 266–270. – Rez. von Markus Ophälders. in: Studi germanici 2022, 21. S. 270–276. – Rez. von Hans-Gerd Seggern in: Nietzsche-Studien 51, 2022, 1. S. 387–393.

Mayr, Sabine: Von Heinrich Heine bis David Vogel. Das andere Meran aus jüdischer Perspektive. Innsbruck 2019. 354 S.: Ill. – Rez. von Ralf Bogner in: Germanistik 62, 2021, 1/2. S. 279–280. – Rez. von Martin Scheutz in: Mitteilungen des Instituts für österreichische Geschichtsforschung 129, 2021, 2. S. 512–515.

Melrose, Ian; Neumann, Ian: Heine gets the Groove. Osnabrück 2021. 1 CD (ca. 60 Min.) + 1 Booklet (23 S.). – Rez. von Angela Ballhorn in: Akustik-Gitarre 2021, 4. S. 14.

Prochnik, Georg: Heinrich Heine. Writing the Revolution. New Haven; London 2020. 319 S. – Rez. von John M. Jeep in: Choice 58, 2021, 8. S. 775. – Rez. von Tommy Olofsson: Där Harry mötte Kalle in: Axess 2022, 4. S. 91–93. [URL: https://urn.kb.se/resolve?urn=urn%3Anbn%3Ase%3Alnu%3Adiva-112930, letzter Zugriff: 9.7.2024].

Recht, Rechtswissenschaft und Juristen im Werk Heinrich Heines. Thomas Vormbaum (Hrsg.). Berlin 2006. VI, 146 S. (Juristische Zeitgeschichte / 6; 27). – Rez. von Heinz Müller-Dietz in: Goltdammer's Archiv für Strafrecht 154, 2007, 12. S. 710.

Sousa, Karin: Heinrich Heines „Buch der Lieder". Differenzen und die Folgen. Tübingen 2007. 234 S. (Untersuchungen zur deutschen Literaturgeschichte; 131). [Zugl.: London, Univ., Diss., 2006]. – Rez. von Michel Perraudin in: The modern Language Review 105, 2010, 1. S. 593–594.

5 Allgemeine Literatur mit Heine-Erwähnungen und -Bezügen

Bogdahn, Achim: Unter den Wolken. Meine Deutschlandreise auf die höchsten Berge aller 16 Bundesländer. München 2022. 416 S. (Heyne Hardcore). [Kap. 1: „Der Brocken / Sachsen-Anhalt (1141,2 Meter)". S. 13–33].

Bücherorte. Europas schönste Ziele für alle, die das Lesen lieben. Konzept und Red.: Jennifer Valentin. Gestaltung: Ulrike Lang. Text: Susanne Lipps. Ostfildern 2023. 312 S.: Ill. (KUNTH Reise-Inspiration).

Caldart, Isabella; John, Anette: 101 literarische Orte in Frankfurt und Rhein-Main. Frankfurt 2023. 216 S.: Ill.

Czollek, Max: Desintegriert euch! München 2020. 5. Aufl. 206 S. (btb; 71914).

Czollek, Max: Gegenwartsbewältigung. München 2023. 203 S.

Czollek, Max: Versöhnungstheater. 2. Aufl. München 2023. 173 S.

Ecker, Christopher: Herr Oluf in Hunsum. Roman. 2. Aufl. Halle 2022. 231 S.

Gaudi, Paul F.: Neues vom Spaziergänger. Gedanken im Park. Magdeburg 2022. 148 S.

Giese, Thomas: „Anton Reiser" im Goethe-Museum. Das Goethe-Museum zeigt noch bis Ende des Monats eine Ausstellung über Karl Philipp Moritz (1756–1793). – In: Terz 32, 2023, 3. 3 S.

Güçyeter, Dinçer: Unser Deutschlandmärchen. Roman. Berlin 2022. 213 S.: Ill.

Hacke, Axel: Das Beste aus aller Welt. – In: Süddeutsche Zeitung Magazin 2022, Nr. 48 vom 2.12.2022. S. 50.

Hacks, Peter: Stücke. Berlin 2018. 726 S. (Der junge Hacks; 2).

Heine Haus Hamburg: Jahresbericht 2022. 26 S.: Ill.

Heisch, Peter: Herzensangelegenheiten. – In: Sprachspiegel 67, 2011, 5. S. 133–136. [URL: https://doi.org/10.5169/seals-422004, letzter Zugriff: 9.7.2024].

Holocaust. Die Geschichte der Familie Weiß. Regie: Marvin Chomsky; Drehbuch: Gerald Green; Kamera: Brian West; Musik: Morton Gould; Darsteller: Meryl Streep, James Woods, Michael Moriarty, Fritz Weaver, Rosemary Harris, … München 2008. 2 DVD (ca. 415 Min.).

Klonovsky, Michael: Der Held. Ein Nachruf. München 2011. 144 S.

Knorr, Herbert: Loreley auf Morderney. – In: Fiese Friesen. Inselmorde zwischen Watt und Dünen. Peter Gerdes (Hrsg.). 2. Aufl. Messkirch 2022. S. 98–125.

Leipziger Buchmesse. Hrsg. von Thomas Kohlwein. Klagenfurt 2023. 680 S. (Europa Erlesen).

Liesenfeld, Ute: Spaziergänge zur Kunst in Düsseldorf. 3. Aufl. Stuttgart 2023. 128 S.: Ill.

Literarischer Streifzug durch Regensburg. Impressionen von Goethe bis Wim Wenders. Michael Kohlhäufl … (Hrsg.). Mit Fotogr. von Uwe Moosburger. Regensburg 2022. 192 S.: Ill.

Mendlewitsch, Doris: Düsseldorf. Reisen mit Insider-Tipps. [Mit City-Atlas]. 9., akt. Aufl. Ostfildern 2008. 139 S.: Ill., graph. Darst. (Marco Polo).

Münzel, Joachim: Lore Ley und der Reisende aus einer anderen Welt. Ahrensburg 2023. 397 S.

Noll, Wulf: Schöne Wolken treffen. Eine Reisenovelle aus China. [Nachdr. der Ausg. Eutin 2014]. Schiedlberg 2023. 360 S.

Özdamar, Emine Sevgi: Sonne auf halbem Weg. Die Istanbul-Berlin-Trilogie. Köln 2006. 1055 S.: Ill.

Petrowskaja, Katja: Vielleicht Esther. 7. Aufl. Berlin 2022. 285 S. (Suhrkamp Taschenbuch; 4596).

Philipp, Christian: Kindheit in der Sowjetischen Besatzungszone 1945–1949. Dresden 2023. 92 S.: Ill. [„Heimatfest 1950 in Elstra und 1949 die Vorbereitungen dazu". S. 71–74].

Roter Himmel. Filmregisseur: Christian Petzold; Drehbuchautor: Christian Petzold; Kamera: Hans Fromm; Schauspieler: Thomas Schubert, Paula Beer, Matthias Brandt, … München 2023. 1 DVD (99 Min.) + 1 Booklet.

Sanyal, Mithu M.: Identitti. Roman. München 2021. 430 S.

Schilling, Wolfgang: Thale. Sagenhaft natürlich. Blankenburg 2022. 252 S.: Ill. [Kap.: „Dichter erobern die Harzberge". S. 158–161].

Schlögel, Karl: Terror und Traum. Moskau 1937. München 2022. 811 S.: Ill.

Schulze, Ingo: Ein Schwede in Stockholm. – In: Ders.: Der Amerikaner, der den Kolumbus zuerst entdeckte …. Essays. Frankfurt a. M. 2022. S. 257–261.

Seiler, Lutz: Turksib. – In: Ders.: Die Zeitwaage. Erzählungen. Berlin 2015. (Suhrkamp Taschenbuch; 4628). S. 91–108.

Seufert, Michael: Die Bille. Hamburgs unbekannte Schöne. [Fotogr. von:] Michael Zapf. Hamburg 2022. 224 S.: Ill.

Shoemaker, Lisa: Englisch kochen. Göttingen; Berlin 2007. 220 S. (Gerichte und ihre Geschichte).

Summerscale, Kate: Das Buch der Phobien und Manien. Eine Geschichte der Welt in 99 Obsessionen. Stuttgart 2023. 351 S.

Viernau, Thomas L.: Krähwinkeltod. Ein Krimi. Bremen 2019. 405 S.: Ill.

Wolfe, Thomas: Schau heimwärts, Engel. Eine Geschichte vom begrabenen Leben. Roman. Aus dem amerikan. Engl. übers. und umfassend komm. von Irma Wehrli. Nachw. von Klaus Modick. Zürich 2009. 781 S. [EST: Look homeward, Angel <engl.>].

Veranstaltungen des Heinrich-Heine-Instituts und der Heinrich-Heine-Gesellschaft e. V. Januar bis Dezember 2023

Zusammengestellt von Leah Biebert und Nadine Hoffmann

15.01.2023	Kuratorenführung durch die Sonderausstellung „Heinrich Heine – Lebensfahrt" Führung: Jan von Holtum, M.A. Veranstalter: Heinrich-Heine-Institut
16.01.2023	„Der innere Schimmer". Theaterstück über Rose Ausländer mit Manuela Alphons, Heiko Mönnich, Tatjana Pasztor, Alina Skorik, Nicola Thomas und Anton Tsirin Inszenierung: Friederike Felbeck Komposition: Alla Zagaykevych Musik: Boleslav Martfeld (Klavier) Übersetzung ins Ukrainische: Peter Rychlo Veranstalter: Friederike Felbeck, Heinrich-Heine-Institut, Bildungs- und Gedenkstätte Max-Leven-Zentrum Solingen e. V., Jüdische Gemeinde Duisburg-Mülheim/Ruhr-Essen
22.01.2023	Das Symphonische Palais Musik: Yu Matsuda (Violine), Katarzyna Narkevic (Violine), Catherine Ribes (Viola) und Jérôme Tétard (Violoncello) Veranstalter: Heinrich-Heine-Institut
26.01.2023	Deutsch-ukrainische Lesung mit Texten von Heinrich Heine Moderation: Nora Schön M.A. (Heinrich-Heine-Institut) Rezitation: Iryna Satunovska (Lehrerin für Sprache und Literatur), Alexander Shyian (Deutsch-ukrainisches Informations- und Kulturzentrum e. V.) Veranstalter: Heinrich-Heine-Institut
31.01.2023	Konzert zu Jürg Baurs Todestag Musik: Helmut C. Jacobs (Akkordeon), Maria Jarovaja (Querflöte), Sebastian Langer (Klarinette), Katrin Simon (Gitarre), Mariko Sudo (Klavier), Ji-Yeoun You (Klavier) Veranstalter: Heinrich-Heine-Institut
11.02.2023	Literarischer Treff der Heinrich-Heine-Gesellschaft mit Wulf Noll Moderation: Jan Michaelis Veranstalter: Heinrich-Heine-Gesellschaft

S. Brenner-Wilczek (Hrsg.), *Heine-Jahrbuch 2024,* Heine-Jahrbuch, https://doi.org/10.1007/978-3-662-70169-0

14.02.2023	„Dieser Liebe toller Fasching / Dieser Taumel unsrer Herzen" Heines Liebeslyrik mit Musik Rezitation: Ina Rottstegge Musik: Jiando (Klavier) Veranstalter: Heinrich-Heine-Institut
22.02.2023	Kuratorinnenführung durch die Sonderausstellung „Heinrich Heine – Lebensfahrt" Führung: Lisa-Marie Petry, M.A. Veranstalter: Heinrich-Heine-Institut
26.02.2023	Das Symphonische Palais – „Von Barock bis Broadway" Musik: Andrés Eloy Aragón Ayala (Horn), Joao Pedro Pereira de Abreu (Posaune), Lionel Jaquerod (Trompete), Bassam Mussad (Trompete), Hugues Spielmann (Tuba) Veranstalter: Heinrich-Heine-Institut
05.03.2023	Text & Ton – „Und ich werde fast wie Du". Heines Freundschaften Moderation: Nora Schön, M.A. Rezitation: Falk Philippe Pognan Musik: Fietje Schlegelmilch (Klavier) Veranstalter: Heinrich-Heine-Institut
08.03.2023	„Ein Herz sich erfinden" Musikalisch-literarischer Abend mit Texten von Esther Kinsky Rezitation: Maximilian Hilbrand, Katharina Schumacher Musik: Gunda Gottschalk (Violine), Christian Lorenzen (Synthesizer) Veranstalter: Heinrich-Heine-Institut
12.03.2023	Internationale Gitarrenmatineen – „Tango de Concierto" Musik: Cesar Angeleri (Gitarre), Germán Prentki (Cello) Veranstalter: Heinrich-Heine-Institut
14.03.2023	„Leise und doch laut?!" Frauenstimmen aus den Jahrhunderten Moderation: Dr. Sabine Brenner Wilczek, Gaby Köster Rezitation: Katharina Hannappel Veranstalter: Heinrich-Heine-Institut
18.03.2023	Soirée und Buchpremiere: „Heinrich Heine – Eine Lebensfahrt" Moderation: Jan von Holtum, M.A. Veranstalter: Heinrich-Heine-Institut Förderung: Kunst- und Kulturstiftung der Stadtsparkasse Düsseldorf, Sparkassen-Kulturstiftung Rheinland
19.03.2023	Das Symphonische Palais Musik: Gabriel Sorel Bala-Ciolanescu (Viola), Alina Bercu (Klavier) Veranstalter: Heinrich-Heine-Institut
23.03.2023	Die neue Comic-Kunst des Erzählens. Aktuelle Literaturadaptionen Vortrag: Lisa-Marie Petry, M.A. Veranstalter: Heinrich-Heine-Institut
29.03.2023	Mitgliederversammlung der Heinrich-Heine-Gesellschaft Veranstalter: Heinrich-Heine-Gesellschaft
29.03.2023	Lesung mit Christine Westermann „Die Familien der anderen. Mein Leben in Büchern" Veranstalter: Heinrich-Heine-Gesellschaft
31.03.2023	Kindermuseumsnacht „Ab durch Raum und Zeit" Mit Rätsel- und Kreativstationen in den Ausstellungen Lesung: Jörg Hilbert („Ritter Rost und das magische Buch") Veranstalter: Kulturamt der Landeshauptstadt Düsseldorf, Heinrich-Heine-Institut

04.04.2023	„Gute Nacht, Harry!" in Berlin Rezitation: Victor Maria Diderich, Jasmin-Nevin Varul Musik: „Gute Nacht, Harry!"-Jazz-Ensemble Veranstalter: Heinrich-Heine-Institut, Heinrich-Heine-Gesellschaft
06.04.2023	„Ob hoch oder tief – jetzt wird gedruckt" (Osterferienprogramm) Veranstalter: Heinrich-Heine-Institut
08.04.2023	Literarischer Treff der Heinrich-Heine-Gesellschaft mit Stefanie Hohn Moderation: Jan Michaelis Veranstalter: Heinrich-Heine-Gesellschaft
12.04.2023	„Mit Nadel und Faden – Heines Buchbindewerkstatt" (Osterferienprogramm) Veranstalter: Heinrich-Heine-Institut
22.04.2023	Nacht der Museen Mit Führungen durch die Ausstellungen und literarisch-musikalischem Programm Multimedia-Lesung: Gaby von Borstel, Peter Eickmeyer („Heinrich Heine – Eine Lebensfahrt") Inszenierung: Anette Daugardt, Uwe Neumann („Die Matratzengruft") Musik und Rezitation: „Gute Nacht, Harry!"-Jazz-Ensemble, Victor Maria Diderich, Jasmin-Nevin Varul Veranstalter: Kulturamt der Landeshauptstadt Düsseldorf, Heinrich-Heine-Institut
23.04.2023	Internationale Gitarrenmatineen – „Lucifer Drowning in a Sea of Light" Musik: Max Clouth (Gitarre), Sophie-Justine Herr (Cello), Kabuki (Synthesizer) Veranstalter: Heinrich-Heine-Institut
27.04.2023	„Geistesarbeit" – die Kulturwissenschaften in der Praxis Buchvorstellung und Diskussion: Prof. Dr. Volker Dörr, Prof. Dr. Steffen Martus, Prof. Dr. Alexander Nebrig, Prof. Dr. Carlos Spoerhase Moderation: Dr. Enno Stahl Veranstalter: Heinrich-Heine-Institut, Heinrich-Heine-Universität
29.04.2023	Buchpräsentation: „Heinrich Heine – Eine Lebensfahrt" im Literarischen Salon NRW auf der Leipziger Buchmesse Veranstalter: Heinrich-Heine-Institut, Literaturbüro NRW Förderung: Kunst- und Kulturstiftung der Stadtsparkasse Düsseldorf, Sparkassen-Kulturstiftung Rheinland
03.05.2023	Der Düsseldorfer Grupello Verlag – Bruno Kehrein zum Gedenken Moderation: Dr. Jürgen Kron, Dr. Enno Stahl Beiträge: Melanie Florin, Nora Gomringer, Tatjana Kuschtewskaja, Wolfgang Reinke, Philipp Schiemann Musik: Mathias Höderath (Klavier) Veranstalter: Heinrich-Heine-Institut, VS-NRW Gruppe Region Düsseldorf
07.05.2023	Das Symphonische Palais – Familienkonzert „Es erklingen alle Bäume" Konzert: Andreas Boege (Oboe), Katharina Prokop (Fagott), Nicole Schrumpf (Klarinette), Uwe Schrumpf (Horn), Juliane Wahl-Völker (Flöte) Marionetten-Theater: Ausschnitt aus „Ein Sommernachtstraum" Veranstalter: Heinrich-Heine-Institut, Düsseldorfer Marionetten-Theater

07.05.2023   Tag der Nachhaltigkeit
              Workshops: „In Heines Geldbeutelmanufaktur", „Gefaltete Gedichte", „Lese-
              zeichen aus Stoff"
              Konzert: Familienkonzert „Es erklingen alle Bäume"
              Nachhaltigkeitsmesse
              Veranstalter: Heinrich-Heine-Institut

10.05.2023   Literatur und Religion
              Vortrag: Prof. Dr. Volker Dörr
              Begegnungen im Werk von Heinrich Heine
              Heinrich Heine und der Orient
              Veranstalter: Heinrich-Heine-Institut, ASG-Bildungsforum

13.05.2023   Literarischer Treff der Heinrich-Heine-Gesellschaft
              mit Reinhard Strüven
              Moderation: Jan Michaelis
              Veranstalter: Heinrich-Heine-Gesellschaft

14.05.2023   „Reisebilder" – Konzert mit Lesung
              Musik: Alica Koyama Müller (Klavier), Lukas Plag (Violoncello)
              Rezitation: Katharina Hannappel
              Veranstalter: Heinrich-Heine-Institut, Robert-Schumann-Gesellschaft

20.05.2023   Clara und ihre Freunde – Zusammen!
              Libretto und Inszenierung: Friederike Felbeck
              Schauspiel: Karin Pfammatter
              Musik: Sam Lucas (Violoncello), Aleksey Semenenko (Violine), Ani Ter-Mar-
              tirosyan (Klavier), Rheinstimmen Ensemble: George Clark, Julia Hagenmüller,
              Eva Marti und Gabriel Sin (Gesang)
              Veranstalter: Heinrich-Heine-Institut, Friederike Felbeck
              Förderung: Ministerium für Kultur und Wissenschaft Nordrhein-Westfalen,
              NRW KULTURsekretariat, Kulturamt der Bundesstadt Bonn, Kulturamt der
              Landeshauptstadt Düsseldorf

21.05.2023   Internationale Gitarrenmatineen
              Musik: Frank Bungarten (Gitarre)
              Veranstalter: Heinrich-Heine-Institut

21.05.2023   Internationaler Museumstag
              Führung mit Rezitation durch die Dauerausstellung
              Führung: Nora Schön, M.A.
              Rezitation: Paula Götz
              Kuratorinnenführung durch die Sonderausstellung
              „Heinrich Heine – Lebensfahrt"
              Führung: Lisa-Marie Petry, M.A.
              Veranstalter: Heinrich-Heine-Institut

24.05.2023   Düsseldorfer Literaturtage
              Experimentale
              Workshopleitung: Mark Met und Carola Willbrand (Bildende Künstler*in),
              Lenah Flaig (Tänzerin/Performerin), Sabine Schiffner (Lyrikerin)
              Veranstalter: Heinrich-Heine-Institut

25.05.2023   Literatur und Religion (Düsseldorfer Literaturtage)
              Vortrag: Hajo Jahn
              Begegnungen im Werk von Else Lasker-Schüler
              Die vielen Facetten des Prinzen Jussuf
              Rezitation: Marina Matthias
              Veranstalter: Heinrich-Heine-Institut, ASG-Bildungsforum

25.05.2023– 29.05.2023	Bücherbummel auf der Kö Veranstalter: Heinrich-Heine-Institut, Heinrich-Heine-Gesellschaft
27.05.2023	Düsseldorfer Literaturtage Poetry Slam: U20-Meisterschaften, Halbfinale 2 Veranstalter: Heinrich-Heine-Institut, Literaturbüro NRW, zakk
30.05.2023	Düsseldorfer Literaturtage Juri Andruchowytsch: „Radio Nacht" Moderation: Maren Jungclaus Musik: Olena Kushpler (Klavier) Veranstalter: Heinrich-Heine-Institut, Literaturbüro NRW, zakk
01.06.2023	Düsseldorfer Literaturtage Dinçer Güçyeter: „Unser Deutschlandmärchen" Moderation: Najima El Moussaoui Veranstalter: Heinrich-Heine-Institut
02.06.2023	Düsseldorfer Literaturtage „Deutschland. Ein Wintermärchen" Szenische Lesung mit dem Ensemble EigenArt Veranstalter: Heinrich-Heine-Institut
03.06.2023	Düsseldorfer Literaturtage Comic-Workshop „HEINE – Einseitig?" mit Peter Eickmeyer Veranstalter: Heinrich-Heine-Institut
03.06.2023	Düsseldorfer Literaturtage Angela Steidele: „Aufklärung" Moderation: Maike Albath Veranstalter: Heinrich-Heine-Institut
04.06.2023	Düsseldorfer Literaturtage Dževad Karahasan: „Einübung ins Schweben" Moderation: Dr. Lothar Schröder Veranstalter: Heinrich-Heine-Institut
06.06.2023	Literatur und Religion Vortrag: Prof. Dr. Karl-Josef Kuschel Begegnungen im Werk von Rainer Maria Rilke Vom Islam, von Buddha und der Stärke der Engel Veranstalter: Heinrich-Heine-Institut, ASG-Bildungsforum
07.06.2023	Kuratorenführung durch die Sonderausstellung „Heinrich Heine – Lebensfahrt" Führung: Jan von Holtum, M.A. Veranstalter: Heinrich-Heine-Institut
22.06.2023	Buchvorstellung „Adolf-Uzarski-Lesebuch" mit Prof. Dr. Bernd Kortländer Moderation: Dr. Enno Stahl Veranstalter: Heinrich-Heine-Institut
25.06.2023	Text & Ton – Heinrich Heine in Paris Moderation: Nora Schön, M.A. Rezitation: Falk Philippe Pognan Musik: Fietje Schlegelmilch (Klavier) Veranstalter: Heinrich-Heine-Institut
06.07.2023	An die Bütte, fertig, los – Stellt euer eigenes Papier her! Veranstalter: Heinrich-Heine-Institut

08.07.2023	Literarischer Treff der Heinrich-Heine-Heine-Gesellschaft mit Roland Scheel-Rübsam Moderation: Jan Michaelis Veranstalter: Heinrich-Heine-Gesellschaft
09.07.2023	Lyrikmarathon IV Veranstalter: Heinrich-Heine-Institut, Jüdische Gemeinde Düsseldorf, Nelly-Sachs-Haus
16.07.2023	Dichtergarten für Musik I „Wie ist doch die Musik so etwas höchst Wunderbares" Vortrag: Dr. Ingrid Bodsch Musik: Judith Hoffmann (Sopran), Nare Karoyan (Klavier) Rezitation: Ina Rottstegge Veranstalter: Heinrich-Heine-Institut
18.07.2023	Adventure School: Sommer, Sonne, Comic-Zines Veranstalter: Heinrich-Heine-Institut
20.07.2023	„Ich möchte schön gemalt werden". Heinrich Heine im Porträt Führung: Christian Liedtke, M.A. Veranstalter: Heinrich-Heine-Institut
28.07.2023	„Gute Nacht, Harry!" VIII – „Ich will viel reisen und viel sehen!" Rezitation: Paula Götz, Victor Maria Diderich Musik: „Gute Nacht, Harry!"-Jazz-Ensemble Moderation: Dr. Sabine Brenner-Wilczek Veranstalter: Heinrich-Heine-Institut
30.07.2023	Kuratorenführung durch die Sonderausstellung „Heinrich Heine – Lebensfahrt" Führung: Jan von Holtum, M.A. Veranstalter: Heinrich-Heine-Institut
06.08.2023	Familienrallye für Klein und Groß – „Wo bist du, o Möpschen?" Veranstalter: Heinrich-Heine-Institut
13.08.2023	Internationale Gitarrenmatineen – Quartett Mondo Chôro Musik: Henrique Gomide (Akkordeon), Anais Pasanau Miró (Klarinette), Álvaro Severino (Gitarre), Carl Zinsius (Perkussionist) Veranstalter: Heinrich-Heine-Institut
20.08.2023	Finissage der Sonderausstellung „Heinrich Heine – Lebensfahrt" Führung: Gaby von Borstel und Peter Eickmeyer Veranstalter: Heinrich-Heine-Institut Förderung: Kunst- und Kulturstiftung der Stadtsparkasse Düsseldorf, Sparkassen-Kulturstiftung Rheinland
02.09.2023	ToyPiano-Festival Annette von Droste-Hülshoff und die Musik ihrer Zeit Musik: Frederike Möller (Klavier) Veranstalter: Heinrich-Heine-Institut
10.09.2023	Tag des offenen Denkmals – Auf den Spuren von Heinrich Heine Führung: Lisa-Marie Petry, M.A. Veranstalter: Heinrich-Heine-Institut
11.09.2023	Sprechen und Schreiben über die Klimakrise Workshop mit Kathrin Röggla Veranstalter: Heinrich-Heine-Institut

13.09.2023	„… und überhaupt ist Düsseldorf eine der freundlichsten Städte, die ich kenne!"
	Clara Schumann zum Geburtstag
	Rezitation: Claudia Hübbecker
	Musik: Ani Ter-Martirosyan (Klavier)
	Veranstalter: Heinrich-Heine-Institut, Clara Schumann Initiative Düsseldorf
14.09.2023	Gedenken an Klas Ewert Everwyn
	Vorträge: Achim Raven, Wulf Noll
	Veranstalter: Heinrich-Heine-Institut, VS-NRW Gruppe Region Düsseldorf
15.09.2023	Kathrin Röggla liest aus „Das Wasser"
	Veranstalter: Heinrich-Heine-Institut
16.09.2023	Vernissage der Sonderausstellung „Dichter? Liebe!"
	Grußwort: Dr. Sabine Brenner-Wilczek
	Führung: Nora Schön, M.A., Lisa-Marie Petry, M.A., Jan von Holtum, M.A.
	Lesung: Paula Luy
	Musik: Mathias Höderath (Keyboard)
	Veranstalter: Heinrich-Heine-Institut
17.09.2023	Internationale Gitarrenmatineen
	Musik: Yuki Saito (Gitarre)
	Veranstalter: Heinrich-Heine-Institut
23.09.2023	Literarischer Treff der Heinrich-Heine-Gesellschaft
	mit Barbara Zimmermann
	Moderation: Jan Michaelis
	Veranstalter: Heinrich-Heine-Gesellschaft
24.09.2023	Dichtergarten für Musik II
	Vortrag: Dr. Christina Thomas
	Rezitation: Jonathan Schimmer
	Musik: Ville Enckelmann
	Veranstalter: Heinrich-Heine-Institut
28.09.2023	Führung durch die Sonderausstellung „Dichter? Liebe!"
	Veranstalter: Heinrich-Heine-Institut
04.10.2023	Kunst zum Tragen – Taschendruck mit Gelplatten
	(Herbstferienprogramm)
	Veranstalter: Heinrich-Heine-Institut
08.10.2023	Text & Ton – „Mit meiner Familie steh ich auf gutem Fuß"
	Heinrich Heines Verwandtschaft
	Moderation: Nora Schön, M.A.
	Rezitation: Falk Philippe Pognan
	Musik: Fietje Schlegelmilch (Klavier)
	Veranstalter: Heinrich-Heine-Institut
11.10.2023	Heines magische Buchbinde-Werkstatt (Herbstferienprogramm)
	Veranstalter: Heinrich-Heine-Institut
17.10.2023	Sieglinde Geisel: „Page-99-Test"
	Veranstalter: Heinrich-Heine-Institut
19.10.2023	Mythisches Denken in Heinrich Heines „Romanzero"
	Vortrag: Dr. Philipp Ritzen
	Veranstalter: Heinrich-Heine-Institut
21.10.2023	Ilma Rakusa liest aus „Kein Tag ohne"
	Veranstalter: Heinrich-Heine-Institut
22.10.2023	Internationale Gitarrenmatineen
	Musik: Georg Göbel-Jakobi (Gitarre), Peter Kroll-Ploeger (Gitarre)
	Veranstalter: Heinrich-Heine-Institut

22.10.2023	Biparcours-Rallye mit „Inspektor Grau" Veranstalter: Heinrich-Heine-Institut
26.10.2023	Führung durch die Sonderausstellung „Dichter? Liebe!" Veranstalter: Heinrich-Heine-Institut
28.10.2023	„Anspielungen – Heinrich Heine & Robert Schumann. Ein Abend voller Lieder" Musik und Kabarett: Timm Beckmann (Klavier) Gesang: Robin Grunwald (Tenor) Veranstalter: Heinrich-Heine-Institut
29.10.2023	Das Symphonische Palais Musik: Katrin Beyer (Violine), Meriam Dercksen (Klarinette), Henrike Graf (Horn), Michael Polyzoides (Violoncello), Catherine Ribes (Viola), Daniel Tauber (Violine) Veranstalter: Heinrich-Heine-Institut
02.11.2023	Navid Kermani: „Das Alphabet bis S" Moderation: Dr. Lothar Schröder Veranstalter: Heine Haus Literaturhaus Düsseldorf, Heinrich-Heine-Institut
12.11.2023	Konzert Jürg Baur zu Ehren Musik: Rebecca Broberg (Sopran), Oliver Drechsel (Klavier), Jorge Isaac (Blockflöte), Hanui Kim (Violoncello), Mia Köseoglu (Viola), Ulrich Leykam (Klavier), Violeta Petrenko (Violine) Veranstalter: Heinrich-Heine-Institut
18.11.2023	Literarischer Treff der Heinrich-Heine-Gesellschaft mit Tatjana Kuschtewskaja Moderation: Jan Michaelis Veranstalter: Heinrich-Heine-Gesellschaft
19.11.2023	Dichtergarten für Musik III Rezitation: Katharina Hannappel Musik: Tobias Koch (Klavier) Veranstalter: Heinrich-Heine-Institut
26.11.2023	Das Symphonische Palais Musik: Joao Pedro Pereira de Abreu (Solo-Posaune), Jan Henrik Perschel (Bassposaune), Arno Pfeuffer (Bassposaune), Daniel Téllez Gutiérrez (Solo-Posaune) Veranstalter: Heinrich-Heine-Institut
28.11.2023	Adriana Altaras: „Besser allein als in schlechter Gesellschaft. Meine eigenwillige Tante" Veranstalter: Heinrich-Heine-Institut, Jüdische Gemeinde Düsseldorf
06.12.2023	Nikolauskonzert der Anton Rubinstein Musikakademie Musik: Studierende der Internationalen Musikakademie Anton Rubinstein Veranstalter: Heinrich-Heine-Institut
09.12.2023	26. Internationales Forum Junge Heine-Forschung Begrüßung: Dr. Sabine Brenner-Wilczek, Prof. Dr. Volker Dörr, Felix Droste Vorträge: Arianna Amatruda, M.A., Agoussou Combiete Ayenou, Felicia Borner, M.A., Johannes Wedeking, M.A Veranstalter: Heinrich-Heine-Institut, Heinrich-Heine-Gesellschaft, Institut für Germanistik der Heinrich-Heine-Universität Düsseldorf

10.12.2023	Solidaritätslesung für Israel in Düsseldorf Veranstalter: Literaturbüro NRW, Heinrich-Heine-Institut, Stiftung Gerhart-Hauptmann-Haus, Mahn- und Gedenkstätte, Respekt und Mut – Düsseldorfer Beiträge zur interkulturellen Verständigung, Jüdische Gemeinde Düsseldorf
13.12.2023	Kurator*innenführung durch die Sonderausstellung „Dichter? Liebe!" Veranstalter: Heinrich-Heine-Institut
15.12.2023	„Gute Nacht, Harry!" X „Mein Kopf ist ein zwitscherndes Vogelnest" Rezitation: Victor Maria Diderich, Paula Luy Musik: Julia Sade Anglin (Gesang), Simon Axler (Saxophon), Sören van Batteraey (Bass), Paul von Chamier (Leitung, Schlagzeug), Nils Königsberg (Gitarre), Fietje Schlegelmilch (Klavier) Veranstalter: Heinrich-Heine-Institut

Ankündigung
28. Forum Junge Heine-Forschung
Heinrich-Heine-Institut, Düsseldorf
13. Dezember 2025

Gesucht werden neue Arbeiten und Forschungsansätze, die sich mit dem Werk des Dichters, Schriftstellers und Journalisten Heinrich Heine beschäftigen oder die Heine-Zeit thematisieren. Die Forschungsergebnisse können auf Bachelor- und Masterarbeiten, Dissertationen oder laufenden, nicht abgeschlossenen Studien basieren und im Rahmen halbstündiger Vorträge einem interessierten und einem fachkundigen Publikum präsentiert werden.

Das Forum Junge Heine-Forschung ist international und interdisziplinär; es weist eine mehr als zwanzigjährige Tradition auf. Am 13. Dezember 2025, dem 228. Geburtstag Heines, laden das Heinrich-Heine-Institut der Landeshauptstadt Düsseldorf, die Heinrich-Heine-Gesellschaft e. V. und das Institut für Germanistik der Heinrich-Heine-Universität Düsseldorf zum 28. Mal zu diesem besonderen Kolloquium ein.

Die anfallenden Fahrt- und Übernachtungskosten werden für alle Referentinnen und Referenten übernommen. Die Heinrich-Heine-Gesellschaft lobt für das beste Referat einen Geldpreis aus. Die Auswahl erfolgt durch eine Fachjury. Der prämierte Vortrag wird im Heine-Jahrbuch 2026 publiziert. Informationen zur Konzeption und Ausrichtung bieten die Berichte in den Heine-Jahrbüchern von 2001 bis 2024.

© Der/die Herausgeber bzw. der/die Autor(en), exklusiv lizenziert an Springer-Verlag GmbH, DE, ein Teil von Springer Nature 2024
S. Brenner-Wilczek (Hrsg.), *Heine-Jahrbuch 2024,* Heine-Jahrbuch,
https://doi.org/10.1007/978-3-662-70169-0

Für die Anmeldung eines Referats ist es erforderlich, ein kurzes Exposé (ca. 1 Seite) sowie ein Curriculum Vitae per E-Mail einzureichen. Stichtag ist der 1. Oktober 2025.

Heinrich-Heine-Institut
Landeshauptstadt Düsseldorf
Bilker Straße 12–14
40213 Düsseldorf

Dr. Sabine Brenner-Wilczek, Direktorin
E-Mail: sabine.brennerwilczek@duesseldorf.de
Tel.: +49 211-8992902
https://www.duesseldorf.de/heineinstitut

Hinweise für die Manuskriptgestaltung

Für unverlangt eingesandte Texte und Rezensionsexemplare wird keine Gewähr übernommen. Ein Honorar wird nicht gezahlt.

Es gelten die Regeln der neuen deutschen Rechtschreibung.

Bei der Formatierung des Textes ist zu beachten: Schriftart Times New Roman 14 Punkt, linksbündig, einfacher Zeilenabstand, Absätze mit Einzug (erste Zeile um 0,5 cm); ansonsten bitte keine weiteren Formatierungen von Absätzen oder Zeichen vornehmen, auch keine Silbentrennung.

Zitate und Werktitel werden in doppelte Anführungszeichen gesetzt. Langzitate (mehr als drei Zeilen) und Verse stehen ohne Anführungszeichen und eingerückt in der Schriftgröße 12 Punkt. Auslassungen oder eigene Zusätze im Zitat werden durch eckige Klammern [] gekennzeichnet.

Außer bei Heine-Zitaten erfolgen die Quellennachweise in den fortlaufend nummerierten Anmerkungen. Die Anmerkungsziffer (Hochzahl ohne Klammer) steht vor Komma, Semikolon und Doppelpunkt, hinter Punkt und schließenden Anführungszeichen. Die Anmerkungen werden als Endnoten formatiert und stehen in der Schriftgröße 10 Punkt am Schluss des Manuskriptes. Literaturangaben haben die folgende Form:

- Monographien: Vorname Zuname des Verfassers: Titel. Ort Jahr, Band (römische Ziffer), Seite.
- Editionen: Vorname Zuname (Hrsg.): Titel. Ort Jahr, Seite.
- Artikel in Zeitschriften: Vorname Zuname des Verfassers: Titel. – In: Zeitschriftentitel Bandnummer (Jahr), Seite.
- Artikel in Sammelwerken: Vorname Zuname des Verfassers: Titel. – In: Titel des Sammelwerks. Hrsg. von Vorname Zuname. Ort Jahr, Band, Seite. Verlagsnamen werden nicht genannt.

© Der/die Herausgeber bzw. der/die Autor(en), exklusiv lizenziert an Springer-Verlag GmbH, DE, ein Teil von Springer Nature 2024
S. Brenner-Wilczek (Hrsg.), *Heine-Jahrbuch 2024,* Heine-Jahrbuch,
https://doi.org/10.1007/978-3-662-70169-0

Bei wiederholter Zitierung desselben Werks wird in Kurzform auf die Anmerkung mit der ersten Nennung verwiesen: Zuname des Verfassers: Kurztitel
[Anm. XX], Seite.

Bei Heine-Zitaten erfolgt der Nachweis im laufenden Text im Anschluss an
das Zitat in runden Klammern unter Verwendung der Abkürzungen des Siglenver-
zeichnisses (hinter dem Inhaltsverzeichnis) mit Angabe von Band (römische Ziffer) und Seite (arabische Ziffer), aber ohne die Zusätze „Bd." oder „S.": (DHA I,
850) oder (HSA XXV, 120).

Der Verlag trägt die Kosten für die von der Druckerei nicht verschuldeten Kor-
rekturen nur in beschränktem Maße und behält sich vor, den Verfasserinnen oder
Verfassern die Mehrkosten für umfangreichere Autorkorrekturen in Rechnung zu
stellen.

Das Manuskript sollte als „Word"-Dokument oder in einer mit „Word" kom-
patiblen Datei per E-Mail (an: sabine.brennerwilczek@duesseldorf.de) eingereicht
werden.

Mitarbeiterinnen und Mitarbeiter des Heine-Jahrbuchs 2024

Davina Beck, M. A., Johannes Gutenberg-Universität Mainz, Deutsches Institut, Jakob-Welder-Weg 18, 55128 Mainz

Leah Biebert, M.A., Heinrich-Heine-Institut, Bilker Str. 12–14, 40213 Düsseldorf

Dr. Sabine Brenner-Wilczek, Heinrich-Heine-Institut, Bilker Str. 12–14, 40213 Düsseldorf

Elena Camaiani, Heinrich-Heine-Institut, Bilker Str. 12–14, 40213 Düsseldorf

Dr. Hermann-Peter Eberlein, Universität Bonn, Evangelisch-theologische Fakultät, Rabinstr. 8, 53111 Bonn

Dr. Doris Fouquet-Plümacher, Fuggerstr. 19, 10777 Berlin

Prof. Dr. Volkmar Hansen, Haydnstraße 2g, 41462 Neuss

Nadine Hoffmann, M.A., Heinrich-Heine-Institut, Bilker Str. 12–14, 40213 Düsseldorf

Jan-Birger von Holtum, M.A., Heinrich-Heine-Institut, Bilker Straße 12–14, 40213 Düsseldorf

Prof. Dr. Joseph A. Kruse, Heylstraße 29, 10825 Berlin

Hon.-Prof. Dr. Stefan Lüddemann, Universität Osnabrück, Institut für Germanistik, Neuer Graben 40, 49074 Osnabrück

Prof. Dr. Eckart Pastor, rue de l'esplanade 12/43, B-4141 Banneux (Sprimont), Belgien

PD Dr. Martin Schneider, Universität Hamburg, Institut für Germanistik, Von-Melle-Park 6, 20146 Hamburg

Nora Schön, M.A., Heinrich-Heine-Institut, Bilker Str. 12–14, 40213 Düsseldorf

Dr. Ronald Weber, August-Bebel-Str. 20a, 15344 Strausberg

Johannes Wedeking, M.A., Flurstraße 48, 42781 Haan

© Der/die Herausgeber bzw. der/die Autor(en), exklusiv lizenziert an Springer-Verlag GmbH, DE, ein Teil von Springer Nature 2024
S. Brenner-Wilczek (Hrsg.), *Heine-Jahrbuch 2024,* Heine-Jahrbuch,
https://doi.org/10.1007/978-3-662-70169-0

GPSR Compliance

The European Union's (EU) General Product Safety Regulation (GPSR) is a set of rules that requires consumer products to be safe and our obligations to ensure this.

If you have any concerns about our products, you can contact us on ProductSafety@springernature.com

In case Publisher is established outside the EU, the EU authorized representative is:

Springer Nature Customer Service Center GmbH
Europaplatz 3
69115 Heidelberg, Germany